本文库获得厦门大学哲学社会科学繁荣计划项目
“中国发展道路的理论与实践研究”（2013-2017年）的资助

厦门大学马克思主义与中国发展研究文库

意识形态、日常生活与空间

——西方马克思主义社会再生产理论研究

林密 著

中国社会科学出版社

图书在版编目(CIP)数据

意识形态、日常生活与空间：西方马克思主义社会再生产理论研究／林密著．—北京：中国社会科学出版社，2016.6

（厦门大学马克思主义与中国发展研究文库）

ISBN 978－7－5161－8353－3

Ⅰ.①意… Ⅱ.①林… Ⅲ.①西方马克思主义—再生产—研究 Ⅳ.①F014.6

中国版本图书馆 CIP 数据核字(2016)第 133288 号

出 版 人　赵剑英
责任编辑　田　文
特约编辑　陈　琳
责任校对　张爱华
责任印制　王　超

出　　版　中国社会科学出版社
社　　址　北京鼓楼西大街甲 158 号
邮　　编　100720
网　　址　http://www.csspw.cn
发 行 部　010－84083685
门 市 部　010－84029450
经　　销　新华书店及其他书店

印　　刷　北京君升印刷有限公司
装　　订　廊坊市广阳区广增装订厂
版　　次　2016 年 6 月第 1 版
印　　次　2016 年 6 月第 1 次印刷

开　　本　710×1000　1/16
印　　张　24.75
字　　数　393 千字
定　　价　89.00 元

《马克思主义与中国发展研究文库》
编　委　会

马克思主义是引领中国发展的理论指南
（总序）

近代以来，面对中国“二千年未有之大变局”，种种迥异的思潮和主义粉墨登场，又纷纷黯然退去了，唯有马克思主义在复杂多变的国内外形势下成长壮大并取得最终胜利。这不是偶然因素造成的结果，而是具有历史必然性的社会发展规律之体现。在马克思主义的指引下，我国确立的社会主义基本制度为当代中国一切发展进步奠定了根本政治前提和制度基础，随之而来的社会主义建设道路探索为新的历史时期开创中国特色社会主义提供了宝贵经验、理论准备、物质基础，改革开放以来，我国成功开创并坚定不移地沿着中国特色社会主义道路前进，取得了史诗般的成就。在可以预见的今后很长时期内，马克思主义将是继续引领中国发展的理论指南。回望过去，展望未来，我们可以毫不夸张地说，不了解马克思主义，就不了解中国二十世纪以来的历史、现状和未来。

马克思主义的引领不是马克思主义的简单套用，而是要求我们必须把马克思主义与发展变化的时代特征和中国实际相结合，与时俱进，不断推进马克思主义的理论创新，从而使得马克思主义始终保持旺盛的生命活力。苏联解体的深刻教训之一就是把马克思主义教条化了。马克思主义经典作家反复强调，任何固守本本的思想都是要不得的，马克思主义基本原理的实际应用随时随地都要以当时的历史条件为转移。当然，修正主义以发展马克思主义的名义放弃马克思主义的基本立场和基本观点的做法是我们绝对不能同意的。

目前，中国特色社会主义现代化和中华民族的伟大复兴已经不是遥远的梦想，而是现实可期的事业。然而，我们必须充分估计到面临的困难和问题。如何加快完善社会主义市场经济体制和加快转变经济发展方式，如何坚持走中国特色社会主义政治发展道路和推进政治体制改革，如何扎实推进社会主义文化强国建设，如何在改善民生和创新管理中加强社会建设，如何大力推进生态文明建设等等，这些都需要我们从马克思主义的基本立场和基本观点出发给予理论的解答。

厦门大学《马克思主义与中国发展研究文库》基于马克思主义与中国的紧密联系，试图贡献自己绵薄的力量，深化马克思主义理论研究。《文库》的基本思路之要点在于：一是坚定的马克思主义立场。我们坚决反对种种否定马克思主义和要求埋葬马克思主义的错误观点，力求阐扬马克思主义的当代意义，为马克思主义的合法性辩护。二是强烈的创新意识。我们偏重于深入研究马克思主义经典文本并突破成见的创新之作，偏重于结合时代新特征新情况创造性地发展马克思主义的前沿研究。三是凸显中国问题。我们聚焦于中国新形势下的各种深层矛盾和话题，青睐于从马克思主义角度对中国问题的深入分析和研究。四是倡导“让马克思主义说中国话”。我们竭力避免食古不化和食洋不化的作品，始终不渝地追求具有中国特色、中国风格、中国气派的学术话语体系之佳作。

编者

2013 年 5 月

目　录

中篇 日常生活：从生产方式到生活方式

下篇 空间：从空间中的生产到空间生产

导　论

一　选题的缘起与研究意义

（一）本研究的缘起

近年来，如何理解马克思主义哲学的当代性在国内学术界是热门话题之一。这本身见证了时代发展对于深化理论研究的内在要求。这个话题之所以兴起，有着复杂的原因。其中很重要的一条是，伴随着西方各种激进思潮的译介与研究的推进，国内学术界对于经典马克思理论的耕犁也逐步深入，掀起了一股“回到马克思”的学术热潮。与此同时，中国改革开放的推进已经站在了资本全球化浪潮的前面，由此呈现出来的复杂的现实语境，恰恰构成了中国马克思主义哲学研究工作者的另一个亟待深入解读的“文本”。如何准确地把握历史唯物主义的精髓，并将之应用于当下现实语境的分析，成了许多学者推进研究的重心。这一点，从学者们对历史唯物主义当代性的积极追问便可见一斑。当然，这个问题的复杂性在于，我们不能无视马克思之后的西方学者对马克思主义哲学的各种批评，而直接在当代现实与经典马克思主义作家的文本之间寻找关联和答案。因此，对于这个问题的探讨，有着一个绕不过去的环节，即如何站在历史唯物主义的立场上审视并回应西方学者在过去的一个半世纪中对马克思的种种批评。

事实上，马克思对现代社会的批判或者说是对资本主义的批判，存在着多个维度。《资本论》作为一个未完成的计划，其核心贡献之一在于，它将我们对现代资本主义批判最核心的问题和逻辑架构大致地呈现出来了。当然，在很多很重要的细节问题上并没有详细展开。因此，这也在理论上导致了很多理论纠纷，因为，当我们依据马克思来对现代社会进行解剖的时候，不同的人从不同的角度能够从马克思那里汲取不同的资源。在这个过程中，突出了马克思资本分析理论的某些方面，也引起了很大的争论。鉴于此，我们必须思考，西方学者分别从什么角度批评马克思？他们的批评在何种意义上是合理的？作为他们批判靶子的马克思是否是他们批判逻辑延伸出来的“幻象”，抑或是被主流或正统马克思主义误读了的“马克思”？马克思主义哲学是一个封闭的知识或教义体系吗？或者，如果马克思主义哲学是一个向现实变迁与各种思潮时刻保持开放性的思想系统，那么，这种开放性又通过什么来维系并呈现出来？……要想回答以上这些问题，无疑意味着一个巨大的学术工程，很显然也不是一本专著所能解决的问题。但这不妨碍我们将之作为研究的期待继承下来，寻找一个合适的切入点来为回答这些问题打开一个可能的思考向度。

在过去的一个半世纪中，马克思遭受到了来自经济学、社会学、哲学等多种学科的各种批评。在众多批判当中，占据了主流并引起了马克思主义阵营内外广泛讨论的主要有以下几方面：在经济学领域中，成为批判靶子的主要是马克思的劳动价值论及其抽象方法、利润率来源及“利润率趋向下降”等理论，代表人物为庞巴维克（Eugen Bohm-Bawerk）、萨缪尔森（Paul A Samuelson）、凯恩斯（John Maynard Keynes）等；在社会学领域中，韦伯（Max Weber）选择从与马克思相同的论域来阐发不同的见解，旗帜鲜明地批判了“唯物史观”，将其指为一种片面的“经济的解释”，并通过强调地位集团的作用来冲淡马克思关于阶级和阶级冲突的核心观点，同时通过论证民族国家的独立作用来反对马克思的国家观，进而将分析的矛头直指社会主义现实运动中的“无产阶级专政”的“官僚专政”实质；迪尔凯姆（Émile Durkheim）不满于马克思主义对经济因素和阶级斗争的过分重视，认为阶级冲突是一种次要现象，是欧洲新型工业社会和分工缺乏管理所导致的。此外，马克思关于社会两极分化与工人阶级日益贫困化的趋势论断，在时代变迁中也遭遇到了新的挑战。这表现为局部工人阶级生活水平的改善、中产阶级的兴起、工人阶级不愿革命等问题上。这些问题的出现构成了伯恩施坦打开马克思主义理论“修正”之门的现实论据，同时也是“服务阶级”、“小资产阶级”以及“新工人阶级”等新概念的现实支撑，也引发了工人阶级是否还革命或工人阶级为何不起来革命、知识分子是否是一个可能的替代阶级等问题的诸多探讨。女性主义运动的蓬勃发展也在理论上对马克思主义提出了重新审视家务劳动、劳动力与性别再生产及其关系等一系列问题。随着消费社会问题的兴起，关于阶级主体的寻求问题更加凸显了。历史唯物主义的一些经典概念与命题的内涵与边界以及相关关系方面（如“基础与上层建筑”、“生产方式”等）也引发了诸多争论，甚至被指具有生产中心主义、技术决定论或历史目的论的重大嫌疑；在战后日渐凸显的消费社会图景中，“生产”这一概念在马克思历史理论中长期占据的核心地位被消费、符号或象征、语言或文化等取而代之。另外，随着资本主义的时空布展，人类生存的空间维度的重要性日益凸显，在这样的背景中，马克思的历史叙事被批评为一种存在着明显时间偏好的片面言说，与之对应的是，马克思关于一个阶级剥削压迫另一个阶级的问题式，似乎也须转变为一个地方的人群剥削另一个地方的人群的新范式，等等。不难预见，随着时空语境的不停变迁，马克思将遭遇到的批评之声似乎只会越来越多。当然，这从反方面也见证了马克思主义哲学的不可跨越性。

从上述的种种批判来看，时空前提的改变（资本主义本身的调整与时代变化提出的新问题）、论述逻辑的预设（生产中心、线性进步、目的论色彩、时间偏好）与理论的现实实践效应（正统或主流马克思主义的理论与实践的双重困境），这三方面似乎共同构成了马克思招致批判的主要依据。在理论与逻辑的深层，普遍性与特殊性、必然性与偶然性、结构与主体等矛盾似乎构成了历史唯物主义不可克服的内在逻辑困境。例如，就马克思的历史理论来说，结构与主体的关系问题引起了更多的关注。这一关注体现在界划青年马克思与老年马克思的学术旨趣中，体现在存在主义与结构主义的争论中，也体现在消费社会批判或日常生活批判有关主体的探寻中，以及法兰克福学派关于文化工业的反思中。在不少西方学者看来，结构与主体的矛盾构成了马克思历史叙事中的一道永远无法愈合的伤口。例如，佩里·安德森（Perry Anderson）在《当代西方马克思主义》这本小册子里提出这样的一个观点：在马克思本身的研究思路中，结构和主体是一个远未厘清的关系。他认为，在解剖资本主义内在逻辑的时候，马克思将资本主义的内在矛盾定格在资本主义生产关系与生产力的结构性矛盾之中；而寻找历史前进的动力之时，拉动历史行进的重任却落在了无产阶级的肩上。前者无疑是偏向结构的视角，而后者凸显的却是主体之维。这二者的关系在马克思的批判思路之中究竟是一种什么样的关系呢？对此，马克思本人在其有生之年也未能给出明确的解释。这为后来的马克思主义阵营内部的理论分裂埋下了祸根。当历史与思想的车轮行至20世纪，结构与主体分为两种思路，成为西方马克思主义内部争论的中心问题，具体化为结构主义与存在主义的思潮之争。① 暂且不论安德森的这一思路是否将问题简单化处理了，他无意中切中了一个很重要的问题，这为我们站在马克思主义的立场上回应种种质疑并重新思考历史唯物主义的当代性开启了一个思考向度，即马克思的社会结构思想与历史变革学说之间的逻辑关联。

泛泛而言，在第二国际与苏东正统马克思主义之外探寻新出路的西方马克思主义，在一个与马克思不同的时空语境中所做的种种努力，亦可视为在被正统马克思主义的“经济决定论”撕裂了的结构与主体之间寻找沟通桥梁的尝试。从理论形式与主题来看，西方马克思主义学者纷纷转向了意识形态、文化、日常生活、生态、性别、空间等这些被传统马克思主义视为次要的领域。理论的这种“形式的转移”与“主题的创新”，一方面表现为时代变迁的理论反映；另一方面似乎也指涉了马克思主义经典作家在元理论建构方面的某些不足。在主流的西方马克思主义学者看来，历史唯物主义绝不是一个封闭的教条体系，而是一个能与时俱进的开放系统。正是基于这样的立场，在回应时代变迁和其他学科的思想冲击的过程中，西方马克思主义从不同的理论视角推进了马克思的资本主义批判事业。同时也在理论上提出了更新历史唯物主义的诉求。那么，我们该如何定位西方马克思主义对资本主义批判的推进，如何看待他们试图更新历史唯物主义的种种尝试呢？具体而言，如何审视他们的理论更新与马克思思想和方法的承继关系、批判的逻辑支点与现实变迁之间的内在关联，以及不同时空境遇中的不同视角之间的内在相关性？很显然，对于这些问题的回答，存在着不同的理论视角或不同

---

① 参见［英］佩里·安德森《当代西方马克思主义》，余文烈译，东方出版社1989年版。

的理论切入点。那么，合适的理论切入点在哪?

从理论对象来看，从马克思到西方马克思主义都分享着一个共同的思考对象，即资本主义的矛盾运动机制。只不过，马克思聚焦于探讨资本主义的历史性及其不可克服的内在矛盾。到了西方马克思主义那里，由于所处的时空语境的变化，这个问题便凸显为“资本主义何以幸存”的问题。也就是说，探讨资本主义的运动机制及其内在界限是他们的共同焦点。就资本主义社会的解剖过程来说，这个问题主要表现为社会关系的生产和再生产问题，它既构成了马克思乃至当代西方左派解剖现代社会结构的一个核心视角，也是马克思社会批判理论最重要的贡献之一。当然，不论是在马克思那里，还是在西方马克思主义那里，对于资本主义动力机制或社会再生产机制的研讨总是与对历史变革主体的探寻紧密相连的。问题的复杂之处在于，资本主义的运动机制与内在矛盾的呈现形式在不同的时空境遇中有着不同的表现形式。这就决定了，对于资本主义社会关系再生产机制的研究或历史主体的探寻就存在着多种理论视角。因此，问题的关键在于：如何将各个时期的资本主义批判在一个逻辑平台上呈现出来，进而识别出从马克思到西方马克思主义学者对现代资本主义批判最核心的问题和逻辑构架，以及不同理论视角之间的逻辑关联，由此推进我们对马克思社会批判理论的当代性理解，让历史唯物主义抖落各种外加的理论指责和本不应承担的历史重负，以更加真实的面貌走进当代，指导我们当下的理论思考和实践探索。

（二）研究的意义与旨趣

在历史唯物主义那里，人们物质生活的生产和再生产构成了历史的本体。这并不意味着，历史唯物主义只关注经济过程这一维度。在《政治经济学批判》（1857—1858 年经济学手稿）导言（简称“《57—58 手稿》导言”）中，关于生产一般的两个抽象的说明，马克思提炼了生产的一般规定，即“一切生产都是个人在一定社会形式中并借这种社会形式而进行的对自然的占有”。[①] 他强调，关于生产，我们不能停留在资产阶级经济学家的一般抽象规定上，因为他们试图掩盖历史性

① 《马克思恩格斯全集》第 30 卷，人民出版社 1995 年版，第 28 页。

生产的差异性，从而将资本主义生产方式包装为自然的、永恒的必然性。与之相对，马克思强调我们所谈论的生产，“总是指一定社会发展阶段上的生产——社会个人的生产”①。“在社会中进行生产的个人，——因而，这些个人的一定社会性质的生产”才是我们分析的真正出发点。此外，必须注意的是，“每种生产形式都产生出它所特有的法权关系、统治形式等等”②。这就意味着，完整的生产方式分析，必须不仅包含生产过程中的各种关系的生产和再生产过程的研究，还必须包含与之相应的法权关系、统治形式等方面的再生产过程的研究，其最终的落脚点在于人的社会性和全面素质的如何生成的问题。进而言之，理论的焦点表现为特定生产形式借以再生产的社会形式的再生产问题。

事实上，从马克思分析视野中资本逻辑的生成与发展机制来看，这个社会形式的再生产问题不仅包括了经济领域中的扩大再生产问题，也包括了与之相应的法权关系、统治形式的再生产问题，此外，还应该包括与之相对应的意识形态的再生产问题——实际上，这一点直指人的社会性与各种素质、能力与需要的再生产问题。例如，马克思在《资本论》第一卷对拜物教问题的分析，正是从无产阶级的视角揭示了意识形态再生产对于资本再生产的重要意义。总体而言，在解剖资本主义社会这种有史以来最为复杂的社会机体过程中，马克思始终坚持的是一种总体性、矛盾内生性与运动的视角。在探究资本主义生产劳动过程中，他多次强调了这样的一个观点，即资本主义的整个再生产过程表现为价值与关系两个不可分离的方面，其中资本主义生产关系的生产与再生产远比物质产品和资料的生产与再生产过程来得重要。③ 从整个社会生活层面来说，生产关系的再生产是探讨人在特定社会形式中的生存方式的生产和再生产的必要环节。可见，马克思关于社会再生产的思想，本身并不局限于经济过程的扩大再生产分析，经济过程的分析，经由社会关系再生产的分析，最终直指一定社会形式中人们生存方式的生产和再生产问题。

---

① 《马克思恩格斯全集》第30卷，人民出版社1995年版，第26页。

② 同上书，第29页。

③ 参见《马克思恩格斯全集》第30卷，人民出版社1995年版，第72、450—451页等。

当然，马克思的再生产理论侧重点在于探讨资本主义运动的内在边界与社会关系异化的深层机制，因而相关研讨主要是限制在严格的政治经济学研究视域当中展开，对于经济异化与社会关系、人的生存方式（体现为意识形态等问题）之间的关系的论述只是提纲挈领式的。与马克思再生产理论不同的地方在于，西方马克思主义面临的资本主义再生产机制更加复杂了，马克思所强调的远比物质条件再生产更为重要的社会关系再生产，从总体上溢出了狭义的资本主义生产过程，扩散到生产之外的社会生活当中，并且，生产过程之外的社会生活过程中的社会关系再生产问题占据了主导性的地位。例如，阿尔都塞在讨论资本主义劳动力再生产机制时，就明确指出，资本主义社会关系再生产已经溢出了马克思的生产过程视野，扩散到了社会生活的方方面面。这也是他提出"意识形态国家机器"言说的逻辑支撑。这其实也是马克思之后的西方马克思主义共同面临的现实情境，也是他们从各个主题和视角切入，试图深化和拓展马克思再生产理论过程中提出自己的资本主义社会再生产研究时必须穿透的理论难题。也正是在这个意义上，西方马克思主义的资本主义再生产理论与马克思的社会再生产理论有着明显的异质性。但他们无疑分享了的一个共同的理论主题，即资本主义社会再生产的内在矛盾与边界。当然，从马克思严格限于经济过程中的社会再生产理论，发展到西方马克思主义的社会再生产研究，在理论上需要一个过渡。

恩格斯晚年书信中对历史唯物主义核心命题的补充性解释为后来的思考打开了一个新的向度。恩格斯在晚年书信中多次重申了历史唯物主义的经典命题："……根据唯物史观，历史过程中的决定性因素归根到底是现实生活的生产和再生产。"① 为避免历史唯物主义被简单化为经济决定论，晚年恩格斯在 1893 年 7 月 14 日致梅林的信中，对于经济基础与上层建筑的辩证关系进行了补充性的反思。他写道："此外，被忽略的还有一点，这一点在马克思和我的著作中通常也强调得不够，在这方面我们两人都有同样的过错。这就是说，我们最初是把重点放在从作为基础的经济事实中探索出政治观念、法权观念和其他思想观念以及由这些观念所制约的行动，而当时是应当这样做的。但是我们这样做的时候为了内

① 《马克思恩格斯选集》第 4 卷，人民出版社 1995 年版，第 695 页。

容而忽略了形式方面，即这些观念是由什么样的方式和方法产生的。”①

有趣的是，伴随着资本逻辑的时空拓展及其丰富多样的呈现方式，后来的西方马克思主义者似乎冥冥中感悟了恩格斯的省思，纷纷将理论的焦点问题转向了恩格斯所言及的“形式”方面，即“观念是由什么样的方式和方法产生的”。这个问题，具体表现为西方马克思主义对意识形态、文化与日常生活等方面的聚焦，不论是从宏大的哲学逻辑，如青年卢卡奇（Ceorg Lukacs），还是从现实政治斗争的策略研究，如葛兰西（ Antonio Gramsci），抑或是宽泛的社会生活批判转向，如列斐伏尔（Henri Lefebvre）、鲍德里亚（Jean Baudrillard）等，又或是具体生产过程中的微观探讨，如阿兰·图海纳（Alain Touraine）、布洛维（M. Burawoy）等，他们无疑都延续并拓展了马克思关于社会再生产机制的探索。差别在于，如果说，马克思更多地关注资本主义生产方式及其形成的宏大社会关系结构的内在矛盾机制，那么，后来的西方马克思主义学者的焦点在于研究资本主义社会关系再生产在经济过程之外的领域中的运行机制。

当然，这种理论层面上的差异与理论研究对象——资本主义的现实变迁有着莫大的关联。因此，社会再生产问题的研究旨趣之一，也正是在于识别出从马克思到西方马克思主义的理论建构与其现实对象之间的关联，以及他们彼此之间的理论关联。这种关联，决不是一种学术臆断或虚构的概念游戏，而是深深植根于资本主义现实的变迁以及揭示这种变迁的内在矛盾与机制的理论冲动中。关于这一点，伊格尔顿（Terry Eagleton）在分析西方马克思主义文化理论的生成逻辑时，提供了一个值得玩味的思考视角：“资本主义需要一个还没有存在过的人类，在办公室里，他们谨慎矜持；在购物中心里，他们却疯狂放肆。”② 我们不妨将伊格尔顿的这个提法进行转换，对于从马克思到西方马克思主义的左派思想家而言，社会再生产的研究焦点或问题式在于：资本主义为了获取长足的发展和激发更大的活力，为了更好地实现资本积累，他们需

① 《马克思恩格斯选集》第4卷，人民出版社1972年版，第500页。

② ［英］伊格尔顿：《理论的兴衰：20世纪80年代以前文化理论的发展》，载《马克思主义美学研究》第8辑，广西师范大学出版社2005年版，第214页。

要的是一种什么样的观念体系或意识形态，需要的是一种什么样的政府或国家，需要的是一种什么样的生活方式设计和社会个体，需要的是一种什么样的空间形式……当我们这样发问的时候，马克思的资本主义批判理论与现代社会之间马克思与西方马克思主义之间以及西方马克思主义学者之间的内在关联也就浮现出来了。

因此，本论题聚焦于西方马克思主义在风云变幻的20世纪当中对资本主义社会关系再生产的相关论述，一方面审理现实语境变迁中的思想史（以对资本主义的理解为中轴），透视其理论与实践的动态关联和辩证关系；另一方面，测度他们对经典马克思主义的资本主义批判思路的分析和批判的合理性与种种误读，进而寻求一种立足于时代变迁语境中的思想对话，凸显马克思主义哲学的当代性。以此为关照，必须审理这样的一个问题：社会关系再生产问题并不是资本主义社会所独有的，那么，资本主义社会中的社会关系再生产的独特性何在？某种意义上来说，马克思在现代性的发端之处，在资本主义生产关系逐步占据了主导性地位的上升时期，为这个问题的解答列下了一个宏大的分析纲要，但许多具体层面的分析受限于其个人精力与时代情境而无法详细展开，现在看来是有待具体展开的。西方马克思主义立足于一个明显异质于马克思时代的资本主义时期，所侧重展开的具体分析，是否真的彻底溢出了马克思的分析构架（分析范式），让后者彻底过时了，这还是一个需要进一步审理的课题。对于这个问题的审理，视角和路径并不唯一。更重要的问题，透过这个专题的审理，我们将看到，在他们的理论视域中，资本主义关系再生产的新特质与马克思对资本主义内在结构和历史机制的分析究竟是一种什么样的关系，西方马克思主义学者的历史分析及其呈现出来的未来可能性空间又将是一幅什么样的图景，以及它与马克思历史理论的重合度或者异质性等问题。

基于本项研究的这些问题意识，我们认为，以再生产为理论视角的探讨具有以下优点：

（1）从方法论上的个人中心主义视角、诉诸直接性或停留在现代世界的碎片化生活体验和感知层面，上升到对历史进程的总体性过程的视域，由此识别现代性进程的内在矛盾及其演变，从而为把握越来越复杂的资本主义社会机体和社会生活表象的动力机制、探寻“可能的世界”并描绘其前进的路径，提供了一种理论与实践相结合的可能性。从单子式独立个体的抽象分析，发展到基于主导性生产方式研究的阶级分析，这是历史唯物主义为我们探寻社会历史变革主体指明的正确路径。这也为历史变革主体的自我意识的正确孕育，自身力量的壮大并最终挣脱资本关系再生产的循环网络，为进一步的集体行动奠定创造了意识前提。从这个角度来说，青年卢卡奇的研究其实包含了不少富有启发性的思考。应该来说，他推进了马克思关于拜物教以及对 1848 年革命失败的理论反思，并将自己遭遇的新的时空前提进一步理论化。在论述无产阶级而不是资产阶级才是理论认识与实践行动统一的历史主体这个问题上，卢卡奇抓住的是他们在社会生活生产和再生产这一庞大物化结构当中的地位这一逻辑支点。“如果资本的物化被熔化为它的生产和再生产的不停的过程，那么在这种立场上，无产阶级就能意识到自己是这一过程的真正的……主体。”①

（2）再生产的总体视角有助于我们告别线性因果关系的机械思路，拒斥单向性的决定论模式，认识和把握复杂社会机体的矛盾运动过程及其呈现出来的多层次、多样态的现象，进而把握社会现象的过程与本质，揭示其运动发展的趋势，为探索改造现实的可能路径与主体力量奠定必要的认识基础。这正是马克思历史唯物主义之理论与实践辩证统一的品质和要求。诚如哈维（David Harvey）的分析所示，社会历史变迁的机制是一个现实生活的生产和再生产所主导并决定了的多环节相互作用的复杂过程，其中，起最终决定作用的物质生活的生产再生产过程与其他环节之间的关系，并非常识所青睐的因果关系，而是一种各个环节相互作用并且主导因素将其他各种矛盾内在化了的辩证过程。② 我们应当警惕那些停留在表面的、直接性的现象认知范式（物化意识结构的认知方式），而应采取中介性的、总体性的辩证视角。从这个角度来看，卢卡奇对于深陷物化意识中的、诉诸直接性和形式理性这种资产阶级认知方式的批判无疑是值得肯定的。

---

① ［匈］卢卡奇：《历史与阶级意识》，杜章智等译，商务印书馆 1992 年版，第 268 页。

② 参见［美］戴维·哈维《正义、自然和差异地理学》，胡大平译，上海人民出版社 2010 年版。

（3）强调社会历史运动机制的总体性特质，呈现当下现实的“抽象的具体性”，推崇社会历史研究的过程辩证法与总体性原则。卢卡奇指出，马克思对于资本主义的研究方法继承了黑格尔辩证法的精髓，即将思维与存在理解为过程的统一和总体，坚持了历史过程与结构总体性的辩证统一。马克思的辩证法是一种总体性的辩证法。无独有偶，哈维将马克思的历史辩证法解读为一种过程辩证法，强调过程对于物和关系等组织化、物化固化了的社会存在的优先性。并且，唯有在过程当中，社会历史的总体性才得到呈现。在资本主义社会，这种过程的体现正是资本逻辑的扩张和运动，表现为社会关系的生产和再生产。再生产研究视角所倚重的方法论实际上是抽象上升到具体的方法论要求。抽象上升到具体，在一般意义上是一种思维层面的认识过程和方法。事实上，它深植于资本主义现实变迁的动态过程中。这种方法的提炼，源自一种社会历史的过程辩证法，在根本意义上将人们把握现实、认识过去和展望未来所依赖的概念构架植根于现实生活过程的历史变迁。在探寻现实生活变迁的动力机制时，马克思的资本主义研究带给我们的启发在于，必须抓住其中起决定作用的生产方式及其主导的社会关系再生产的问题。抓住了这种“特殊的以太”和“普照的光”，我们才能审视生活中的其他现象和环节，现实生活的“抽象的具体性”才得到了科学的呈现。并且，这种呈现并不止步于认识论上的旨趣，而是直接通达改造现实的实践活动。

总之，认知对象的特性决定了关系再生产的理论视域的必要性。资本主义生产方式是有史以来最为复杂的社会化大生产形式，资产阶级社会是有史以来最为复杂的矛盾结构与动态机体。物性实存、意识（包含无意识）与心理、现实的物质生活、关系（人与人、人与自我、人与自然）空间等，构成了我们理解资本主义变迁及其矛盾运动的机制和边界的几大层次。只有借助关系再生产的视角，才能将它们融为一体，并基于主导的社会生产方式分析，呈现出资本主义动态的、总体的社会结构与运动过程。这对于我们把握历史行进的脉络、社会变迁的机制、社会变革主体的生成、发育和壮大，以及探求可能的未来世界，都提供了一个卓越的理论视角。

二　关于社会再生产研究的问题域设定、研究进路与研究概览

（一）关于社会再生产研究的问题域设定

从国内外主流的相关文献来看，自马克思《资本论》发表之后，关于社会再生产问题的研究呈现为多元化多学科参与的特点，但主要体现在经济学、社会学与人类学等领域中，主要涉及了身体、家庭、教育与性别等内容的再生产问题。这其中尤以社会学中有关社会生活中的微观权力机制、关系与结构的再生产研究为主流，代表人物如布尔迪厄（Pierre Bourdieu）、阿兰·图海纳、吉登斯（Anthony Giddens）、N. 卢曼（Niklas Luhmann）等。从马克思主义思想传统来看，关于再生产的问题的研究明显地呈现为两个阶段，并分别侧重于价值再生产与关系再生产两个层面。从根本上来说，他们的共同主题其实是延续了马克思关于资本主义内在矛盾与发展界限的批判性思考，只不过不再是像马克思那样聚焦于资本主义生产方式与生产关系的矛盾运动这一核心视轴，而是更多地转向了生活方式与个体社会存在方式等视角来展开。尽管关注点和切入点不同，但他们无疑都继承了马克思资本分析的核心问题式——资本的发展界限究竟何在？套用列斐伏尔的表述来说，此即资本主义何以在当代幸存。

从源头来看，马克思在《资本论》及其手稿中坚持的研究视角在于：资本主义再生产问题包括了物质生产资料、价值、关系和人的生产与再生产等多层次的内容，其中资本主义生产关系的再生产远比物质资料的再生产来得重要，而人的生存方式的生产和再生产是理论批判的最终落脚点。因此，在马克思那里，虽然并未详细展开，但从他的分析逻辑来看，社会再生产的研究应不仅包括了经济过程的生产与再生产，还包括了使经济生产能连续进行的其他与经济过程并无直接相关的社会条件的再生产。

但是，自《资本论》之后，就再生产“条件”的范围和它们同生产方式的关系问题，在马克思主义者中间引发了重大的争论。一方面的观点主张，资本主义生产关系再生产的主导过程是在经济基础中展开，

因此不言而喻地构成了生产方式本身的内涵。另一方面的观点认为，再生产高度依赖生产方式之外的社会生活过程，并且后者具有相对的独立性，它为特定生产方式的生产和再生产提供条件或制造问题，因此构成了资本主义研究的可能突破口，因而也是阶级斗争的可能对象。这两方面的争论在一般层面上表现为经济领域的再生产与文化意识等“上层建筑”的再生产两个维度。前者的主要视线也是围绕经济领域的再生产及其界限来探讨，以第二国际的卢森堡（Rosa Luxemburg）、布哈林（Nikolai Ivanovich Bukharin）、希法亭（Rudolf Hilferding）、考茨基（Karl Kautsky）等为主要代表，列宁的帝国主义论与曼德尔（Ernest Mandel）的晚期资本主义理论都可以视为这一路向的进一步延伸与发展；就后者来说，正是西方马克思主义的理论聚焦点所在，也是本书研究的焦点问题。意识形态、现实的物质生活（日常生活）、空间，是他们将马克思的“关系再生产”向度进一步拓展和具体化的三个主要维度。尽管各自的理论表述、逻辑支撑和现实指涉各不相同，但他们分享着共同的关注焦点——资本主义何以幸存？

当然，必须强调的是，西方马克思主义对于资本主义社会再生产机制的研究，核心聚焦点在于生产过程之外的社会生活之中，在理论形式与论说逻辑上采取了明显异质于马克思的思路，他们以各种方式告别了马克思再生产理论的政治经济学研究与批判这一核心视域，从而也将马克思基于生产方式分析之上的社会关系再生产视角进行了重要的转换。更进一步而言，西方马克思主义对资本主义社会关系再生产研究，已经不再基于政治经济学研究之中的生产方式分析，而是将之置换为社会存在方式与生活样态。这一重要的逻辑转换，决定了他们的论说方式、理论资源与斗争策略的多样化、异质性。因此，从理论的根本逻辑上来说，西方马克思主义的社会再生产研究不能简单地视为马克思再生产理论的具体化。当然，他们共同的理论旨趣——资本主义内在矛盾与发展导向的研究和批判，构成了他们相互之间可以沟通和比照的逻辑支撑。因此，本书关于社会再生产问题的研究，紧紧扣住这一主题来梳理。至于西方马克思主义再生产理论与马克思再生产理论的根本异质性，以及西方马克思主义内部代表人物之间的差异性，都不是本书致力于探究的重点问题。另外，更广阔的社会学、人类学、性别理论、生态理论等方面的相关探讨，无法一一顾及，只有在它们与资本主义机制、动力与界限问题有密切关联的情况下，才进入本研究的视域。这在一定意义上构成了本书的缺陷，但也为将来的进一步研究指明方向。

（二）社会再生产问题的研究进路

就资本主义再生产界限的研究而言，马克思主义思想阵营当中也可分为两大路向。其一，坚持将再生产的问题限定在政治经济学研究视域之中，认为经济基础的研究更为关键，社会生活其他层面的研究相对来说是次生的；其二，认为随着资本主义的时代变迁，仅限于政治经济学的研究视野是不够的，容易在理论与现实之间产生断裂，而时移世易，再生产研究也应推进至狭义生产过程之外的更广阔的社会生活当中。

（1）政治经济学视域中的再生产问题

关于资本主义经济过程的扩大再生产问题的研究，集中体现在《资本论》第2卷第18章至第21章等内容中。其中，马克思具体研究了社会总资本不同部分的再生产问题，不仅是价值量的再生产，同时也是物质的再生产。马克思把社会生产分为生产资料的生产与消费资料的生产这两大部类，并把再生产分为简单再生产和扩大再生产两种类型。简单再生产意味着，全部剩余价值被资本家以非生产性的方式消费了（也就是说，完全被用来购买消费品）；扩大再生产则意味着资本家将全部剩余价值的一定份额用以购买追加资本（可变的和不变的），以便扩大现有生产规模。

在马克思之后，马克思关于经济过程的再生产分析及其现实效应问题引发了不少马克思主义思想家的研究兴趣和争论，其中包括了卢森堡、希法亭、鲍威尔、列宁、布哈林、格罗斯曼和罗斯多尔斯基等人。他们讨论的焦点在于资本主义经济危机与再生产的问题。其中，卢森堡与布哈林的争论具有重要的意义，引发了较为广泛的注意。卢森堡于1913年、1915年先后分别写作了《资本积累论》和《资本积累——一个反批判》，具体阐发了她对马克思扩大再生产的理解。[①] 在她看来，马克思的再生产公式是一个建立在只有工人与资本家组成的“纯粹资本主义”想象之上的，并不适用于当下的现实分析。在这种纯粹的想象模型中，资本主义扩大再生产将面临消费不足的问题。然而现实却不是如此。在卢森堡看来，这个公式应当揭示出这种需求的不足；额外的有效需求必须在公式之外产生，也就是说，额外的有效需求必须产生于资本主义制度之外，这就是为什么，资本家必须不断地在非资本主义世界寻找新的市场。因此，她主张引入“非资本主义”这一“第三者”因素。卢森堡的论点引起了激烈的争论。布哈林认为卢森堡未能把握马克思再生产理论的方法论实质，将科学抽象与现实具体对立起来。他认为，马克思的再生产理论本身是一个自足性的内在动力机制，就探讨资本主义崩溃而言，必须坚持把资本主义视为“矛盾的统一”，资本主义社会运动的过程是资本主义矛盾的再生产的过程，而扩大再生产的过程正是其内在矛盾的扩大再生产的过程。因此，无须引入资本主义体系外的“第三者”因素。[②]

卢森堡对马克思再生产理论的批评，其理论价值并不局限于政治经济学范围内的争论，而是为马克思主义传统对资本主义运动界限的研讨引入了另一个思考范式，即资本主义体系与非资本主义体系之间的关系问题，这就溢出了马克思以英国为假想模型的纯粹资本主义内部的分析框架。很显然，卢森堡这一思路的拓展，对应于资本主义发展到垄断帝国主义并掀起全球殖民运动高峰的这一现实。后来，不平衡发展理论以及曼德尔对晚期资本主义的分析在很大程度上是沿着卢森堡的路线继续推进。因此，就资本主义何以幸存这一命题而言，卢森堡指明了一个新的探索方向，即非资本主义。卢森堡无意中为后来的西方马克思主义研究开拓了一个新路向。诚如布罗代尔（Fernand Braudel）所戏称的那般，资本主义发展壮大的过程表现为从自己家里（流通领域）走出，

① 参见［德］罗莎·卢森堡《资本积累论》，彭尘舜、吴纪先译，生活·读书·新知三联书店 1959 年版；罗莎·卢森堡、布哈林：《帝国主义与资本积累》，梁丙添等译，黑龙江人民出版社 1982 年版。

② 参见［德］罗莎·卢森堡、布哈林《帝国主义与资本积累》，梁丙添等译，黑龙江人民出版社 1982 年版。

走进别人家里（生产领域），然后扩散至政治、文化和日常生活等方方面面。[①] 套用布罗代尔的表达式，对于西方马克思主义来说，资本主义正是因为掌握了意识形态、殖民了日常生活、占有并再生产空间等方式，成功地实现了其自身的扩大再生产。而这绝非仅仅是经济意义上的，而是整体社会关系的生产和再生产。例如，列斐伏尔就将卢森堡问题的答案改写为“日常生活”，即资本主义通过对“日常生活”的殖民取得了幸存和活力，从而开启了西方左派关于日常生活批判理论的转向。

（2）社会生活领域中的社会关系再生产研究

马克思关于资本主义社会再生产的思考，绝非局限于狭义的经济生产过程中，其理论视角内在地包含了资本主义生产过程之外的更为广阔的社会生活领域，延伸至那些使特定生产方式能够继续存在所必需的社会生活过程之中。例如，马克思曾经提供了一个例子，揭示了资本力量为了确保劳动力的再生产，是如何动用各种手段防止那些处在失业高潮中的技术工人移居外国。[②] 此外，在《57—58 手稿》导言中，马克思明确将狭义经济环节的生产视为更为广义社会再生产总体过程的一个因素。当然，马克思有关政治经济学方法论的研讨采取了提纲挈领的方式，并没有具体阐明，要实现社会总体再生产到底需要哪些环节和哪些社会过程介入。在某种意义上，后来的西方马克思主义正是聚焦于马克思所未能详细阐发的再生产环节，对影响甚至某种程度上决定了资本主义生产方式的实现扩大再生产的环节进行了更为详细的研究。就本书的讨论域而言，西方马克思主义关于社会关系再生产的研讨依据主题先后，大致可以分为以下三个方面：意识形态、日常生活与空间。

第一，关于意识形态与资本主义社会再生产的问题研究，发端于青年卢卡奇的《历史与阶级意识》。在这部被誉为西方马克思主义“圣经”的开端性著作中，卢卡奇以泰勒制资本主义生产过程的分析为蓝本，至少从以下三个方面拓展了马克思关于资本主义社会关系再生产的

---

① 参见［法］布罗代尔《15 至 18 世纪的物质文明、经济和资本主义》第 1 卷，顾良译，生活·读书·新知三联书店 1992 年版。

② 参见《资本论》第 1 卷，人民出版社 1975 年版，第 633 页。

研究。其一，关于劳动者心理结构的物化与劳动过程的合理化的分析。卢卡奇探讨了泰勒制生产过程中的合理化机制问题，指出，这是一种深入工人“灵魂”的机械化。卢卡奇的物化分析思路，实质上指涉了生产过程中工人的认同机制的生产，而这一点恰恰是泰勒制的生产体系（机器、技术与分工）与生活的普遍商品化过程推动的。其实质是资本主义生产合理化逻辑向社会生活方方面面渗透的过程，并渗透进了人们的内心，因而在意识层面上表现为一个无所不包的物化意识结构。时隔半个多世纪后，美国马克思主义社会学家布洛维对于生产过程中“同意”的生产机制分析，在逻辑上其实是与卢卡奇前后呼应的。其二，资产阶级哲学的二律背反实质上是资本主义物化结构的哲学反映。卢卡奇并没有停留在意识形态的层面上对资产阶级哲学的内在矛盾进行泛泛地批判，而是指明了这种矛盾的现实根源。实际上，资产阶级哲学的内在矛盾，恰恰揭示这种与资本主义物化结构相一致的历史观与意识形态的再生产。这也证明，资本主义社会的生产和再生产，不仅仅表现为资本本身的扩大和再生产过程，同时也包含了资产阶级意识的再生产过程。例如，当卢卡奇论及资产阶级的“虚假意识”问题时，他指出，“使资产阶级的阶级意识成为‘虚假’意识的界限是客观存在的，它就是阶级地位本身。它是社会经济结构的客观结果，决不是随意的、主观的和心理上的。”① “那些二律背反是资产阶级社会存在的基础，是由这个社会——当然是以混乱和从属的形式——连续不断地生产和再生产出来的。”② 其三，总体性、阶级意识与资本主义关系再生产。卢卡奇对资本主义社会结构的总体性的揭示，显示了他对马克思社会结构有机体思想的深层领悟，而这样的总体性视野，也为他有关阶级意识的论证与资本主义有机整体再生产之间的关系论证打开了路径；卢卡奇在哲学逻辑上论证了无产阶级作为潜在的主客体同一和重现历史总体性的最终实现者具有历史必然性，其焦点问题在于阶级意识；阶级意识的现实指涉，意在突破物化的心理结构和破碎化了的现实，重现总体性的世界，而这一点，实质上也在心理和意识层面上斩断资本主义关系再生产的链

---

① ［匈］卢卡奇：《历史与阶级意识》，杜章智等译，商务印书馆 1992 年版，第 108 页。

② 同上书，第 227—228 页。

条。至于无产阶级如何突破这种意识的再生产过程的论证是否科学，另当别论，但至少为后来的西方马克思主义学者打开了一条思路。此即，在社会存在与社会意识之间的裂隙总是存在的，而且在不同的历史时期的表现形式和复杂程度是不一样的。而那些受到社会现状压迫和奴役的群体要想成为变革历史的主体，那就必须冲破各种意识形式的迷雾、把握真实的历史进程，因此意识形态在理论上必然是一个焦点问题。对应于无产阶级解放的现实语境，面对资本主义生产方式自身的调整和社会整体的文明化、和谐化进程，无产阶级革命意志的衰退和斗争的空间分裂，实际上将意识形态问题研究的重要性以现实教训的形式凸显出来了。很显然，对这个问题的研究，不能局限于狭义的经济过程当中，必须转向更为广阔的社会生活中，更加细致地描绘社会变革主体得以培育与壮大的可能性图景。从这个思路上来看，晚年卢卡奇对日常生活异化问题的关注和法兰克福学派的文化工业批判、列斐伏尔的日常生活批判等都是一脉相承的。

与此同时，葛兰西立足于意大利的特殊语境，对列宁十月革命成功后的欧洲无产阶级革命的走向及其现实斗争策略问题展开了深入的思考，提出了文化霸权理论。葛兰西霸权思想的另一个十分重要的现实背景是福特主义的生产方式及其社会再生产问题。他不仅考察了美国福特主义生产过程中的合理化与劳动者的机械化问题，还分析了现代职业教育的兴起和现代技术发展之间的关联，以及资本对劳动者在生产之外的社会生活方式的监管与重塑问题。① 葛兰西对国家与市民社会领域中的文化霸权问题的思考，实际上是继列宁之后大大深化和推进了马克思主义国家理论的研究。葛兰西对国家的市民社会内涵与意识形态的控制权的研讨意在揭示，现代资产阶级国家已经是强制与同意的结合体，其作为制造和维持“同意”的实践与理论活动的复合整体，表现出“武力和同意，统治和领导权，暴力和文明”的二重性；国家不仅仅是强制——政治社会，更是民意——市民社会。资产阶级已经意识到，要维持他们的统治，仅仅依靠政治上的强权和暴力是不够的，必须通过教会、学校、工会等社会机构对人们日常生活进

① 参见［意］安东尼奥·葛兰西《狱中札记》，葆煦译，人民出版社1983年版。

行潜移默化的渗透与影响，将统治阶级的意识形态一点一滴地渗透到民众中去，不断制造着大众的“同意”，这样方可强化统治阶级的统治。这种大众同意的生产，实质上是在社会生活中不断生产和再生产着对统治阶级合法性的认同。因此，作为一种革命斗争策略，无产阶级的革命动员更需要一场文化意识形态中的革命，它要求无产阶级具有比自己历史性的阶级敌人更广、更好地传播自己世界观的聚合能力，即需要一种不同于传统知识分子的有机知识分子，打破统治阶级对意识形态和文化霸权的垄断，推动无产阶级的自我认知。可见，葛兰西对文化霸权的思考及其对知识分子的社会功能的定位，都深植于整个社会生产结构及其社会关系的动态再生产过程之中。这也从侧面印证了资本主义生产关系再生产的复杂性、隐蔽性与意识形态化等特质。葛兰西的文化霸权理论引发了西方激进左派的“葛兰西转向”，推动了阿尔都塞、列斐伏尔、米利班德、普兰查斯以及哈贝马斯等人对马克思主义国家理论的重新审视。时隔半个多世纪以后，美国马克思主义社会学家布洛维对垄断资本主义生产过程中的“同意”机制的分析，亦是深受葛兰西影响的结果。

阿尔都塞（Louis Pierre Althusser）沿着葛兰西所开启的新思路，把霸权问题的分析植入应着时代变迁的要求，在资本主义社会呈现为由生产主导型转向消费主导型社会的具体历史情境中，从社会关系再生产的角度重新定位了意识形态的功能，同时也推动了马克思主义国家理论的重新定位。他理论思考的焦点在于：在现代社会中，个体主体是如何被纳入到资产阶级社会结构之中而成为其当事人的。他试图站在马克思主义角度重新审理资产阶级社会的再生产问题，从而实际回答无产阶级阶级性的弱化问题。为此，他重新界定了马克思的意识形态概念，意在从理论逻辑上揭示资产阶级的意识形态国家机器如何在传统的生产过程之外把资本主义生产关系再生产出来，从而维持自身统治的。[①] 他分析了意识形态国家机器的运行机制、特征及其根本目的——资本主义剥削关系及其合法性的再生产。依据他的分析，宗教、教育、家庭、政治、法律、工会、传播系统、文化等都构成了意识形态国家机器的具体运行机

① 参见［法］阿尔都塞《哲学与政治》，陈越编，吉林人民出版社 2003 年版。

构，它们发生作用的领域既包括公共领域，更包括私人领域，后者是主要的作用领域。而发挥作用的主要方式则是非暴力的、意识形态的隐蔽方式——规训与隐蔽的说服。总之，意识形态将具体个体“询唤”为具体的“主体”。可见，阿尔都塞实际上是将葛兰西从阶级视角出发的文化霸权理论推进至现实生活中的个体层面，在关系再生产这个逻辑点上却又回到了马克思的思考语境。问题在于，既然他将意识形态视为历史进程中永远在场的无意识结构，那么，各个时代的意识形态在本质上是否存在根本的界划？无产阶级的意识形态何以打破资本主义关系再生产的链条，冲破资本主义意识形态的无意识结构？换句话说，马克思历史辩证法视域中的历史主体的生成问题，在阿尔都塞对意识形态的泛化视域中无疑成为了一个巨大的问号。

第二，日常生活与资本主义社会再生产问题。诚如孙伯鍨先生所言，“如果说经济异化必定要以意识形态为中介才能得到发展，那么意识形态的异化则是以日常生活为中介的。”① 卢卡奇与葛兰西对意识形态问题的理论探讨，实际上将马克思的社会再生产思想推进到狭义经济生产过程之外的广阔社会生活之中。对意识形态异化的问题探讨在逻辑上自然将顺延至资本主义社会中的日常生活的批判分析。日常生活批判理论的转向有其现实的依据。随着福特制的全面推广，资本主义的经济生活过程越发地呈现为一种自组织的自发结构，生产力的长足发展及其带来的财富增长，主要资本主义国家的福利主义推行，使人们对当下的生活越来越满意，社会的丰裕化和消费浪潮的席卷之下，沦为“单向度的人”；与此同时，资本主义越来越通过现代科学技术将人们整合到当下的社会生活进程中，从而顺利地编织着自身合法性的神话，实现了资本主义关系在深度（个体心理结构）和广度（社会生活的方方面面）上的全面扩展和再生产，此即资本主义幸存的奥秘所在。受此影响，西方马克思主义学者逐渐远离经济学和政治斗争的理论视域，弱化了阶级问题的理论牵引力，聚焦于普罗大众在日常生活中的平凡存在，重点揭示资本主义关系在日常生活这个领域当中的再生产问题。这其中，现代社会中的平凡个体，不再以生产过程中陷于物化或异化困境的劳动者形

---

① 孙伯鍨：《卢卡奇与马克思》，南京大学出版社 1999 年版，第 346—347 页。

象登台，也不再以街头巷尾或议会上为争取各自利益而斗争的阶级一员的身份亮相，而是作为一个为柴米油盐烦、被变幻莫测的媒介与景观迷惑、不断追逐消费过程中转瞬即逝的短暂满足感的、单子式、单向度的消费者或“空心人”闯进理论的视野。个体在现代性浪潮中的自我认同的困境（人与人、人与自我）和寻求突破的路径成了理论反思的最终落脚点，这也见证了这样的一个理论问题：在万物商品化的最高层次上，身体、情感、想象等都成为了资本主义社会再生产的前提/结果。左派理论家们的理论设计能否成为迷失自我的普罗大众的指路明灯，已经成为一个需要进一步考察的问题摆在了我们的面前。

首先举起日常生活批判这一面理论旗帜的马克思主义学者是列斐伏尔。列斐伏尔不满传统理论对日常生活的忽略，指出现代性的进程已经让日常生活成为了一个重要的理论问题。对现代工业社会中的日常生活的研究，将揭示资本主义社会新的统治特质与运行机制。事实上，资本主义正是通过对日常生活的殖民获得了长治久安的基础。因此，就马克思主义研究传统而言，必须将日常生活视为一个位于基础和上层建筑之外的独立平台。现代资本主义的日常生活表现出了前所未有的特质，列斐伏尔将之概括为“消费被控的官僚社会”①。他分析了日常生活中消费被控的方式和路径：广告与主体幻象、欲望的生产；被设计的“日常生活”；被合理管制的现代休闲等。在这个消费隐性被控的时代，通过对人们的欲望和需要的编码与重新编码，资本主义成为一个意义自足的结构和系统，主体的意义和价值都由它来界定。这样一来，日常生活彻底落入了资本逻辑的“魔爪”，沦为了资本主义组织化社会结构的控制对象。与之相伴的是，生产的意识形态和创造性行为的意义被消费的意识形态取代，同时被取代的还有工人阶级的理想和价值取向。在这个过程中，资本主义关系顺利地得到了合法性的确证和再生产。可见，通过对消费社会的批判，列斐伏尔实际上揭示了日常生活如何在现代资本主义再生产过程中与国家、政治结成一体，从而成为维持资产阶级统治的前提之一。因此，他的日常生活批判理论并非仅在理论上填补了一个传统研究所忽视的空白，而是实际上揭示了一个对解放政治来说至关重

---

① Henri Lefebvre, *Everyday Life in the Modern World*. London: The Athlone Press, 2000.

要的问题——正是在发达资本主义时代，日常生活成为社会关系生产与再生产的重要领域，这个问题正是构成对经典马克思主义挑战的核心问题之一。

与此同时，德波（Guy Debord）的景观社会批判从另一个角度揭示了现代日常生活如何彻底沦为资本主义生产关系及其合法性再生产的重灾区。德波拓展了马克思的拜物教批判，在一个电子媒介高度发达的时空语境中，为传统的三大拜物教分析补充了景观拜物教的维度。在德波看来，现代社会的日常生活分为资本、商品与景观世界三个层次。其中，"景观就是现实"、"景观就是资本"，并且，"景观是幻觉的最普遍形式"，因为景观代表了影像对欲望主体的建构（替代了真实欲望），这正是资本逻辑在日常生活中为获取认同与合法性而不断进行的无意识渗透。因此，影像或景观的普遍化，实质上意味着资本主义生产方式的第二次"物化"。德波对商品的影像化特质的揭示、对电子媒介手段的分析，实际上在日常生活的层面上探讨了科技更新对人们生活与思考方式的冲击，以及它们与资本主义关系再生产的关系。这一点，与本雅明（Walter Benjamin）关于机械复制时代的艺术生产机制的探讨、法兰克福学派关于文化工业的思考、布尔迪厄与威廉斯（Raymond Henry Williams）等思想家对电视文化的研究以及麦克卢汉（Marshall McLuhan）的媒介文化批判等等也是一脉相通的。

列斐伏尔与德波的分析思路在鲍德里亚那里得到了延续和扩展。与法兰克福学派深入理性之根并聚焦于人的自我再生产问题的文化工业批判不同，鲍德里亚的消费社会批判处处显露着结构主义的分析视野。就消费社会批判理论而言，列斐伏尔与鲍德里亚分享着共同的现实前提，即被里斯曼指称为资本主义"第二次革命"的消费时代的来临。现代生活中的方方面面，从物到符号或景观乃至观念，都沦为消费对象。消费，已经成为资本主义社会的"神话"，其中承载着资产阶级社会鼓噪的平等观念与"丰裕社会"以及不断增长的神话。社会生活的方方面面都被动员起来，参与制造这种消费"神话"。鲍德里亚和列斐伏尔一样，将消费社会中"需要"的生产机制视为分析的焦点问题。他指出，消费社会的核心路径在于控制、制造和再生产人们的"需要"，使生产出来的主体内在地切合于消费社会的需求结构，并且乐于追逐消费社会制造出来的各种消费需求；消费成了一个自足、自我再生产的体系，而主体则沦为了它的产品和属性。在这个过程中，个体主体表现为积极融入消费过程当中，自觉地认可和接受消费的各种动员，并呈现为一种无意识的认知结构。因此，消费成为现代人存在或建构认同的主导方式。这种经济生活层面的“神话”生产，掩盖了资本逻辑得以运行的剥削机制，因此与资本主义生产方式乃至整个社会制度的合法性再生产实质上是一种同谋的关系。不同于列斐伏尔的地方在于，鲍德里亚从物的视角切入，将消费社会批判的思路推进到符号化分析的层面，将消费社会的深层逻辑定义为物的符号化与符号体系中的主体和关系。德波的景观社会批判聚焦于物能否景观化，受此启发，借助符号学理论，鲍德里亚将这个命题改成了物能否符号化是消费社会的本质要求。消费社会作为一个主动的结构（双重含义：大众主动地进入这个符号系统；消费过程成为了物体系/符码体系的主动行为），类似于符号学的结构，个性化的要求和实现（主体性的体现）都是符号体系编码的结果；个体主体的社会、个人的生存价值与意义的实现都必须在消费社会的物—符号体系中进行，他们对消费体系的认同构成了自我确证和再生产的前提，因而也构成了消费社会的符号体系的再生产的细小节点；整个消费过程都表现为对主体这个幻象和制造出来的“需要”的再生产过程，因而是资本逻辑所主导的合法性再生产过程。

可见，从列斐伏尔到鲍德里亚，以消费社会为核心焦点的日常生活批判理论，实质上揭示了日常生活对于资本主义关系再生产的重要意义，也构成了挖掘内在矛盾、争夺与培育抗争主体的重要环节。然而，这种酣畅淋漓的批判背后，历史变革主体的生成问题也成为了一个巨大的问号。因为，资本主义生产过程的内在循环过程已经完全掌控了日常生活自身的秩序节奏，使日常生活世界变成了一个被消费欲望的符号体系所操纵和奴役的重灾区，这是一个日常生活严重异化的时代，这是一个被时尚、休闲、旅游、汽车、广告、电视、网络等无形的亚体系所掌控的世界。在这种消费意识形态的滚滚浪潮之中，人们很难找到一种共同的历史进步与发展的理想或价值目标，也没有了统一的、自觉的阶级意识，取而代之的是流行的消费导向和盲目的文化无意识。从而历史“终结了”，阶级退隐了，主体消亡了，“生产之镜”被打破了，取而代之的是“消费之镜”。于是，列斐伏尔求助于日常生活的“瞬间”、“节日的复活”、“改变日常性”，为的是“让日常生活成为艺术品”；鲍德里亚将焦点定位在交换普遍化带来的意义沦丧问题上，最终诉诸以象征暴力为实质的知识恐怖主义。他们给出的抗争方案，一方面见证了资本主义难以抗拒的活力；另一方面也说明了他们对资本主义关系再生产的分析始终缺少一些重要的层面。从这个角度来说，列斐伏尔后期的空间转向是挣脱这种理论困境的一个积极尝试，从而在理论逻辑的建构上，为资本主义关系再生产的研究补上了至关重要的空间之维。

第三，空间与资本主义社会关系的再生产。关于这个问题的探索，在马克思的资本主义生产方式批判中已经处于萌芽的状态。这一点从马克思《资本论》写作计划中未能实现的有关世界市场、殖民问题等分析意图可见一斑。在20世纪早期，空间问题的凸显体现在马克思主义思想阵营中对于帝国主义和世界市场的研究，代表人物包括了卢森堡、希法亭、列宁和布哈林等人。他们把有关剥削、地理扩张、领土冲突和统治等主题，生动地跟资本积累的理论联系在一起。尤其卢森堡为完善马克思再生产理论而引进的资本主义与非资本主义的思考视角，在逻辑上将资本主义再生产的空间维度第一次清晰地呈现出来了。20世纪70年代以来，“空间转向”在西方社会批判理论学界成为一个有趣的学术现象，对历史唯物主义的传统解释形成了巨大的冲击。这一“空间转向”的领头人物正是列斐伏尔。在出版于1972年的《马克思主义观点与城市》一书中，列斐伏尔对不同时期的资本主义剥削与再生产方式进行了比较。他指出，20世纪早期之前，资本主义的发展主要依赖的是对劳动的剥削和基本生产资料的再生产。因此，资本主义生产关系的再生产主要表现为生产工具（机器等）、商品和劳动力在各种具体的社会法规（劳动协议与合同、民事法等）的再生产，并且这种再生产是在维护资本主义剥削体系的国际暴力机器（军队、警察以及殖民行政管理机构等）的控制下进行的。这实际上是一种以资本关系为内核的空间组织结构，资本关系的再生产就是资本空间的再生产。在这个由资本主义国家打造的“消费受控制的官僚社会”中，人们的日常生活实践遭到了资本关系的普遍殖民，资本的逻辑已经呈现出一种工具化了的“空间规划”。在以城市为中心主题的系列过渡性研究中，列斐伏尔的日常生活批判逐渐凸显了空间的视域。在他看来，城市化的实质是对日常生活的现代性空间化，正是通过这种战略性的“规划”，资本主义成功地生产和再生产了其基本的社会关系，从而得以幸存。在《资本主义的幸存》（1973）与《空间生产》（1974）中，列斐伏尔关于空间与社会关系再生产的中心议题更加明确地凸显了。在列斐伏尔看来，资本主义正是通过建构一种日显包容性、工具性和神秘化的空间，隐匿于幻象和意识形态面纱之后，从批判的视野中消隐，从而获得幸存。资本主义空间不同于其他各种空间的地方在于，它凭借其独特的同质化、分离化与等级化等同步进行的空间策略有效地实现了其社会关系的生产和再生产。“这种既联系又矛盾的空间正是生产关系再生产得以实现的空间。正是通过向空间引入多样性矛盾的方式，这种空间才造就了再生产”，“资本主义发现自己已有能力淡化（如果不是彻底解决的话）一个世纪以来的各种内部矛盾。因此，在《资本论》之后的一百年中，资本主义成功地实现了‘发展’。我们无法估算其代价，但我们的确知道资本主义获得增长的方式：占有空间，并生产空间”。①

社会批判理论“空间转向”的另一个主要推动者是戴维·哈维。哈维继承并推进了列斐伏尔的空间研究。在他看来，对“资本主义怎样生产了它的地理”这个问题的忽略，是传统资本主义研究的致命缺陷。而对这个问题长期而深入的思考，推动着哈维紧紧围绕资本积累和阶级斗争两大主题探讨资本主义条件下的城市化进程，进而提出了将历史唯物主义升级为历史地理唯物主义的主张。立足于对马克思《资本论》长达30余年的重新研读，哈维发现，马克思对资本主义生产方式的分析实际上是一种空间分析，它是从资本积累的动力机制出发来理解资本主义的空间过程。从这种空间分析的视角来看，资本、阶级等其实是资本积累运动的过程与构造。城市并不是一种物性存在，而是一个内在于资本主义生产过程中的运动过程。劳动力、商品以及货币资本的变化流动，亦是一种生产的空间组织和空间关系的运动过程。因此，哈维主张，对于历史唯物主义的基石——物质生产概念，不能当作一般的概

① Henri Lefebvre, *The Survival of Capitalism* , *Reproduction of the Relations of Production.* London, 1978, p. 96.

念范畴来理解，必须从一定的历史形式来考察，换言之，只能根据生产关系的一定的历史结构方可理解其精髓。在其自认为十分重要但却一直未能引起学界重视的著作《资本的界限》（1982）一书中，哈维更是坚持了马克思《资本论》的方法论原则，深入阐释了当代空间结构的生产与资本之间的关系，并从资本积累的角度探寻城市变迁背后的动力机制。也正是在研究资本主义空间景观是如何生产和再生产的过程中，以及在研读和重构马克思的《资本论》及其方法论精髓的过程中，哈维试图打造更具解释力的历史分析范式，在其中，时间—空间、部分—整体、主体—客体等维度是辩证统一的。为此，他致力于将马克思的历史辩证法解读为一种过程辩证法，强调过程对于物和关系等组织化、物化或固化了的社会存在的优先性。并且，唯有在过程当中，社会历史的总体性才得到了呈现。在资本主义社会，这种过程的体现正是资本逻辑的扩张和运动，表现为社会关系的生产和再生产。

（三）国内外相关研究概览

从既有的国内外相关文献来看，如果不以资本主义变迁与社会批判为核心旨趣，而仅就探讨社会再生产的宏观或微观机制，那么，与之相关的研究文献将涉及社会学、人类学、经济学、广义的文化理论等众多学科，真可谓汗牛充栋、多点开花、不胜枚举。即便如此，专门以社会再生产为中心议题的研究并不多见，这其中，有关西方马克思主义社会再生产问题及其理论变迁的内在逻辑研究，更是一片尚未充分开垦的新领域。当然，国内外的许多研究已经为本论题的开展奠定了良好的基础，主要分为以下几种类型：

1. 关于资本主义变迁的经验史研究与理论探讨

国外学者方面的代表性著作有霍布斯鲍姆（Eric Hobsbawm）的年代四部曲：《革命的年代》（江苏人民出版社 1999 年）、《资本的年代》（江苏人民出版社 1999 年）、《帝国的年代》（江苏人民出版社 1999 年）以及《极端的年代》（江苏人民出版社 1998 年）。霍氏的年代四部曲，立足于左派的立场，呈现了 1789—1991 年这一资本主义崛起和发展的重要时段中政治、经济、文化意识形态和日常生活等方面的变迁过程。类似的相关研究还包括了杰奥瓦尼·阿瑞基（Giovanni Arrighi）的《漫长的20世纪》（江苏人民出版社2001年）、哈特与奈格里（Antonio Negri）的《帝国》（江苏人民出版社2005年）、斯科特·拉什（Scott Lash）、约翰·厄里（John Urry）的《组织化资本主义的终结》（江苏人民出版社2001年）、《符号经济与空间经济》（商务印书馆2006年）、波兰尼（Karl Polanyi）：《大转型：我们时代的政治与经济起源》（浙江人民出版社2007年）、乔治·里茨尔（George Ritzer）：《社会的麦当劳化——对变化中的当代社会生活特征的研究》（上海译文出版社1999年）等等。以上作者分别从不同的视角描绘了资本主义发展的动力机制以及造成的经济、文化与社会生活的巨大变迁。为本论题聚焦于资本主义关系再生产的变迁及其理论反映奠定了坚实的基础。此外，值得专门一提的是，在探讨资本主义变迁中聚焦于生产过程与管理方式变迁的研究值得高度注意，代表性人物与著作有：詹姆斯·P. 沃麦克（James P. Womack）、丹尼尔·T. 琼斯（Daniel T. Jones）等：《改变世界的机器》（商务印书馆1999年）、《精益思想》（商务印书馆1999年）、《丰田精益生产方式》（中信出版社2008年）；斯图尔特·克雷纳（Stuart Crainer）：《管理百年：20世纪管理思想与实践的批判性回顾》（海南出版社2003年）；克里斯托弗·A. 巴特利特（Christopher A. Bartlett）：《个性化的公司》（江苏人民出版社1999年）等，上述这些以资本主义生产过程中的变迁为焦点的研究，为我们反思西方马克思主义再生产研究的不足并定位布洛维"回到生产"的学术旨趣提供了很好的经验史研究材料。

国内方面，针对当代资本主义新变化的总体性研究主要以李琮、徐崇温为代表。主要成果有：李琮：《当代资本主义论》（社会科学文献出版社1993年）、《当代资本主义的新发展》（经济科学出版社1998年）、《经济全球化新论》（中国社会科学出版社2005年）等。徐崇温：《当代资本主义新变化》（重庆出版社2004年）、《世纪之交的社会主义与资本主义》（河南人民出版社2002年）等。以及关凌等：《当代资本主义新变化》（人民出版社2006年）；严书翰、胡振良：《当代资本主义研究》（中共中央党校出版社2006年）；胡连生、杨玲：《当代资本主义的新变化与社会主义的新课题》（人民出版社2000年）；刘国平、范新宇：《国际垄断资本主义时代：世界经济与政治的最新发展》（经济科学出版社 2004 年)；刘昀献：《国际垄断资本主义论》（河南人民出版社 2005 年)。这里选取的只是这一方面研究比较有代表性的文献，与之相关的研究成果在此不一一列出。总体而言，该领域的研究自 20 世纪 90 年代以来取得了许多重大成果，对于我们全面深刻认识当代资本主义的新变化提供了巨大的帮助，也为我们梳理资本主义再生产理论的专题研究提供了理论基础。但是，这些研究中存在的一个共同的问题就是研究仍主要集中在文献收集和现象描述层面，对于当代资本主义发展的本质逻辑缺乏自觉的分析。值得一提的是，张一兵教授领衔的南京大学马克思主义研究团队群策群力合著的《资本主义理解史》（六卷本）弥补了以上的这些不足。从内容上来看，这套六卷本的《资本主义理解史》是对过去一个半世纪以来在马克思主义内部理解资本主义的全程全景式梳理。它不是简单地以时间为线索串起来的故事汇，也不是各种相关理论的大拼盘，更不是面面俱到的资料堆积，而是围绕资本主义的认识这一专题，以历史和逻辑的顺序展开，深入探究了从马克思恩格斯至当今国外马克思主义左派学者关于资本主义理解和认识的发生、发展的思想史。

2. 关于马克思经典著作的研究

近十余年来，伴随国内学术界有关马克思主义经典文本的研究的推进和深化，逐渐形成了一批高质量的研究成果，为本论题深入挖掘从马克思到西方当代激进理论的内在逻辑变迁提供了极为重要的基础。主要的代表性著作有：孙伯鍨：《探索者道路上的探索》（南京大学出版社 2002 年)、《卢卡奇与马克思》（南京大学出版社 1999 年)；孙伯鍨、姚顺良：《马克思主义哲学史》第 2 卷第二、三章（北京出版社 1996 年)；张一兵：《回到马克思》（江苏人民出版社 1999 年)、《历史辩证法的主体向度》（南京大学出版社 2002 年)；唐正东：《斯密到马克思》（南京大学出版社 2002 年)；胡大平：《回到恩格斯》（江苏人民出版社 2010 年)；吴晓明：《历史唯物主义的主体概念》（上海人民出版社 1993 年)；张一兵、姚顺良等：《马克思哲学的历史原像》（人民出版社 2009 年）等。上述的经典理论研究，为本课题把握马克思再生产思想提供了扎实的理论平台，奠定了科学的研究方法。这一点对于本书立足于历史唯物主义的立场上，更准确地评估西方马克思主义社会再生产研究的理论得失奠定了理论基础。

3. 关于西方马克思主义的专题研讨或个案分析

随着20世纪80年代国内对西方马克思主义的引介，西方马克思主义在国内的研究已经形成了一批蔚为壮观的学术成果。相关研究以人物评介和专题研究为主流，大致可以分为以下几类：

第一类，以西方马克思主义的当代资本主义理论为专题的总体性研究。代表著作有：李青宜：《“西方马克思主义”的当代资本主义理论》（重庆出版社1990年）；李小兵：《资本主义的文化矛盾与危机》（中共中央党校出版社1991年）；尹树广：《国家批判理论：意识形态批判理论，工具论，结构主义和生活世界理论》（黑龙江人民出版社2002年）；韩秋红、李百玲：《传承还是断裂？西方马克思主义及其当代资本主义观》（中央编译出版社2004年）；张一兵、胡大平：《西方马克思主义哲学的历史逻辑》（南京大学出版社2003年）；胡大平、张亮等：《资本主义理解史第五卷：西方马克思主义的资本主义批判理论》（江苏人民出版社2009年）；仰海峰：《西方马克思主义的逻辑》（北京大学出版社2010年）。总体说来，对于西方马克思主义的当代资本主义理论专题研究在国内学术界尚不多见，尽管西方马克思主义的批判矛头直接指向了当代资本主义，国内西方马克思主义研究的相关著作成果中也都或多或少地涉及对当代资本主义的理解，但是从这一角度入手的总体分析并不多，对于西方马克思主义的分析仍主要集中在其内在理论发展逻辑的梳理与把握上。当然，这些以梳理概念的内在关联和总体逻辑变化为焦点的研究，自觉或不自觉地将西方马克思主义的理论建构与现实资本主义社会批判联系起来了，这就为本课题选取再生产的理论视角，深入探讨理论与现实变迁之间的内在关联指明了方向和奠定了基础。特别值得一提的是，胡大平教授与张亮教授等合著的《资本主义理解史第五卷：西方马克思主义的资本主义批判理论》（江苏人民出版社2009年），直接聚焦于西方马克思主义的资本主义批判理论，依据理论发展与资本主义历史变迁，凸显了资本主义时代认知与考察对于其理论发展的基础性支撑，从而区分出了国家资本主义批判、消费社会批判、晚期资本主义批判与全球资本主义批判四种主导的资本主义批判模式。该项研究为本书的构思与写作奠定了核心的方法论框架与主导性的研究视角。

第二类，关于流派或西方马克思主义某个代表学者的个案研究。代表性著作有：孙伯鍨：《卢卡奇与马克思》（南京大学出版社 1999 年）；张一兵：《文本的深度耕犁：西方马克思主义经典文本解读》第一、二卷（中国人民大学出版社 2004 年、2008 年）、《问题式、症候阅读与意识形态：关于阿尔都塞的一种文本学解读》（中央编译出版社 2003 年）、《反鲍德里亚：一个后现代学术神话的祛序》（商务印书馆 2009 年）；衣俊卿：《20 世纪新马克思主义》（中央编译出版社 2002 年）、《人道主义批判理论：东欧新马克思主义述评》（中国人民大学出版社 2005 年）；刘怀玉：《现代性的平庸与神奇：列斐伏尔日常生活批判哲学的文本学解读》（中央编译出版社 2006 年）；胡大平：《后革命氛围与全球资本主义：德里克“弹性生产时代的马克思主义”研究》（南京大学出版社 2002 年版）；张亮：《阶级、文化与民族传统：爱德华·P.汤普森的历史唯物主义思想研究》（江苏人民出版社 2008 年）、《“崩溃的逻辑”的历史建构：阿多诺早中期哲学思想的文本学解读》（中央编译出版社 2003 年）；仰海峰：《走向后马克思：从生产之镜到符号之镜》（中央编译出版社 2004 年）、《实践哲学与霸权：当代语境中的葛兰西哲学》（北京大学出版社 2009）；戴阿宝：《终结的力量：鲍德里亚前期思想研究》（中国社会科学出版社 2006 年）；夏凡：《乌托邦困境中的希望：布洛赫早中期哲学的文本学解读》（中央编译出版社 2008 年）；欧力同、张伟：《法兰克福学派研究》（重庆出版社 1990 年）；李青宜：《阿尔都塞与“结构主义的马克思主义”》（辽宁人民出版社 1986 年）；张西平：《历史哲学的重建：卢卡奇与当代西方社会思潮》（生活·读书·新知三联书店 1997 年）；夏莹：《消费社会理论及其方法论导论：基于早期鲍德里亚的一种批判理论建构》（中国社会科学出版社 2007 年）；傅永军：《法兰克福学派的现代性理论》（中国社会科学出版社 2007 年）；等等。以上的这些类型的著作，虽然与社会再生产问题的研讨并无直接的关系，但它们分别从各自的角度对西方马克思主义某一学者或某一流派进行了深入解读，为本题研究的顺利开展廓清了理论地平，并且，其中不少研究直接构成了本书部分章节内容的准备工作与研讨前提。

第三，国外相关研究的总体概况。国外自20世纪70年代以来，面对资本主义的最新发展相应发生了理论上的重大转变，另一方面，面对这些转变也开始进行理论上的反思。因此，与本研究相关的国外先期研究可以分为以下两种：

其一，针对20世纪70年代以来资本主义发生的最新变化所展开的分析探索和理论论争。本书美国马克思主义地理学家戴维·哈维在《后现代的状况：对文化变迁之缘起的探究》（商务印书馆2003年）中探究了20世纪70年代前后的政治—经济实践与文化实践的剧烈变化的根源，分析了资本积累机制的空间策略与实质。美国学者乔治维·里茨尔在《社会的麦当劳化》（上海译文出版社1999年）一书中，从社会生活方式的变迁角度分析了福特主义与后福特主义之间的区别，以及这种区别所导致的现代生活方式的深刻变革。对应于这一社会历史的变迁，思想领域也引发了一系列反响：西方马克思主义在逻辑上走向尽头，开始了以鲍德里亚为代表的文化转向，马克思主义的基本理论也受到挑战。总体说来，这些研究纷繁芜杂，按照其理论特质，主要可以概括为西方左派对资本主义国家及其霸权批判、晚期资本主义分析、全球资本主义分析和后现代主义思潮话语抗议等不同模式。这些模式可以看作是对当代资本主义最新发展的理论回应，同时也与此前已经出现的多种模式存在内在的关联，即第二次世界大战前对垄断资本主义（帝国主义）的批判和第二次世界大战后对消费资本主义的批判，等等。

其二，针对上述思潮，以及20世纪左派社会理论的整体逻辑发展所进行的理论反思。其中最明显的反思便是对20世纪左派社会理论的典型代表西方马克思主义，特别是法兰克福学派相关理论的回顾与反思，代表性作品有佩里·安德森的《西方马克思主义探讨》（人民出版社1981年）、《当代西方马克思主义》（东方出版社1989年），施密特（Alfred Sehmidt）的《历史和结构：论黑格尔马克思主义和结构主义的历史学说》（重庆出版社1993），本·阿格尔（Ben Agger）的《西方马克思主义概论》（中国人民大学出版社1991年），马丁·杰（Martin Jay）的《法兰克福学派史》（广东人民出版社1996年）、《西方马克思主义与总体性》①，丹尼斯·德沃金（Dennis Dworkin）的《文化马克思主义在战后英国：历史学、新左派和文化研究的起源》（人民出版社2008年）等。此外，特里·伊格尔顿的《理论的兴衰：20世纪80年代以前文化理论的发展》、《马克思主义与文学批评》等，弗雷德里克·詹姆逊（Fredric Jameson）的《文化转向》、《晚期资本主义的文化逻辑》等文献也提供了富有启发性的反思视角。另一方面是针对20世纪70年代以来西方左派社会理论思潮的整体批判性分析，代表性作品有贝斯特和凯尔纳的《后现代理论》（中央编译出版社1999年）、肯迪斯和方坦纳编的《后现代主义与社会研究》（重庆出版社2006年）等等。上述著作对于我们把握当代资本主义社会发展与资本主义批判逻辑的变迁的内在关联提供了富有启发性的理论视角，对于本书研讨西方马克思主义的社会再生产理论及其变迁实质具有显著的意义和价值。

总体说来，该项研究所需要的相关资料充分，并已有其他研究作为参考。依托这些文献，本研究坚持历史和逻辑相统一的方法，聚焦于社会关系再生产这一视角，深入梳理马克思西方马克思主义的社会再生产理论及其逻辑变迁。

三 研究的焦点问题、总体策略与方法

（一）本书的研究焦点

本书的研究焦点问题在于探究资本主义社会作为一种总体或结构如何实现自己的再生产。如果说，马克思在其《资本论》及其手稿中试图定义出资本主义社会再生产的本质与内在矛盾，并且已经暗含了多种可能的层次，揭示了资本主义再生产机制的复杂性、层次性和矛盾性，那么，马克思之后的社会发展变迁给马克思主义研究者提出的任务则在于，穿透马克思所未能遭遇的复杂时空情境，始终牢牢盯住资本主义生产方式的不变本质，抓住资本主义生产方式这种“普照的光”和“特殊的以太”在现代社会再生产中的作用机制，识别出再生产的表现层

① Martin Jay, *Marxism and Totality: The adventures of a Concept from Lukács to Habermas.* Cambridge: Polity Pr., c1984.

次与特定时空境遇中凸显出来的矛盾的某一方面，以及它们之间的逻辑关系，从而定义出资本主义生产方式的变与不变。因此，再生产理论变迁过程中呈现出来的这些理论面向绝非理论家们的杜撰，而是深深地植根于社会历史的真实变迁。本书的任务在于，描绘出他们如何借助思想史的资源将现实问题理论化，并且在这个理论化过程中，对于我们重新理解马克思的历史唯物主义提出了什么样的挑战，我们又该如何坚持历史唯物主义的核心方法和立场来回应这些问题。此外，借助西方马克思主义的研究视角，我们将跟随着他们，在时代更替与经验变迁的历史过程的洪流中，进一步完善马克思所致力于探究的资本主义问题。在这个过程中，我们将聚焦于资本与劳动的矛盾运动过程，探寻社会再生产的各种层面及其相互关系，并思考它们之间的关系如何体现了资本主义生产方式在历史进程中的“内在化”力量。同时，我们还要关注，资本主义关系再生产的复杂过程是否一帆风顺、毫无抵抗的可能性？如果答案是否定的，那么又是什么力量或过程蕴含着反抗的可能性或突破口，进而言之，它们是如何将资本主义一步步逼向了自己的“界限”。关于资本主义的界限问题，这究竟是一个理论逻辑设定了的必然存在，还是说必须在运动的过程中，诉诸辩证法的视角才能加以把捉的、具体的、内生性矛盾？这是需要通过本项研究来进一步探讨的。在这基础上，更好地审视、承继和推进马克思所未尽的探寻“未来的可能性”的事业。

基于上述的理论期待，在本书中，我们将重点思考西方马克思主义对社会再生产的内容与层次的分析，并基于再生产的理论视角，评估他们对历史行动主体的探索，思考历史主体的生成性与曲折性问题。同时，也在这个过程中，围绕方法论与逻辑构架等问题，梳理他们对于历史唯物主义提出的挑战。

关于社会再生产的层次性问题，我们始终坚持历史唯物主义的基本立场，但同时也充分肯定历史唯物主义是一个向历史开放的方法论系统。就再生产而言，我们始终坚持历史唯物主义的基本命题，即人们物质生活总体的生产和再生产是决定社会现象与各种意识形式的历史之本。马克思反对泛泛地谈论生产的一般形式，而强调理论的对象总是一定社会形式中进行的生产。在一定社会阶段中占据主导地位的生产方式及其生产关系的生产和再生产过程，构成了马克思社会历史研究的中心问题。从一种生产方式占据主导地位的过程以及之后的时空拓展而言，社会再生产的内容必将呈现出多个层面，其中不仅涉及人与自然的关系，还包括了人与人、历史传统、意识观念与生活方式等多方面多层次的内容。例如，在资本主义生产方式的批判过程中，马克思将社会再生产分为资本（价值的再生产）再生产和关系（包含了生产当事人的再生产以及相应生产关系的再生产）再生产两个层次，并且强调后者相对于前者的重要性，同时也探讨了工人阶级的日常生活中的拜物教意识，探讨了艺术生产与物质生产的不平衡性等问题。马克思之后，再生产问题在西方马克思主义那里先后呈现为以下几个层面：意识形态（生产当事人的无意识结构与意识形态及其组织机构）、日常生活（含义更为宽泛的物质生活层面）、空间（从物性空间走向过程性、关系性空间）。此外，以布洛维等人为代表的相关研究，实际上将西方马克思主义所遗忘的另一个层面凸显出来，即狭义生产劳动过程中的变迁（如管理问题）等。有关这些问题的研究无疑将深化和拓展马克思主义的资本主义研究，同时也加深我们对历史唯物主义的理解。

毫无疑问，伴随着资本主义再生产问题研究推进的，是他们对历史行动主体的研究。因此，基于再生产视域之下的历史主体及其生成过程，构成了本书的核心关注之一。20 世纪以来的社会主义运动的不断失败，以及资本主义社会福利化过程中工人阶级革命热情的退潮等现实问题的冲击，让西方学者开始纷纷质疑马克思关于历史变革及其主体的论证逻辑。西方马克思主义立足资本主义的现实变迁而对马克思的“纠偏”和“完善”，其焦点问题也在于在新的时空前提下寻找革命主体的位置或生成空间。当他们把理论更新的点锚定在社会关系再生产这一逻辑节点上时，恰恰也提醒我们：我们不能停留在马克思关于历史主体与现实革命力量的现成论述上，而必须抓住他的思考范式，从社会关系再生产的视角来看历史主体的生成问题。借此，我们将发现，在马克思那里，从再生产视角来看，存在着三层含义的历史主体：一般历史发展层面上的历史主体及其变迁（广义历史唯物主义视域中的历史主体）、研究和批判资本主义的过程中对历史主体生成逻辑的具体化（狭义历史唯物主义与历史主体的生成）、关于特定历史阶段或现实历史与社会变革进程中的历史行动主体的研究（工人阶级斗争策略以及拜物教等问题）。在这三个层次的视野中，我们将找到更合适的理论视角来回应西方学者对马克思历史主体理论的批判，来审视西方马克思主义学者的相关发展。①

（二）总体研究策略与方法

本书关于再生产问题的研究采取了按照历史与逻辑相统一的研究原则，依据资本主义社会组织构架与生活经验变迁的时代发展顺序，围绕各个时期西方马克思主义学者面对的核心主题呈现他们的思考。并尝试在这个过程中揭示出，各个主题的更替并非他们自身理论逻辑发展的必然，而是植根于资本主义现实的变迁，同时也得益于他们对历史唯物主义方法论精髓的认知深化与灵活应用。

在资本主义发展的各个阶段或新的变化之中，社会关系再生产的主导层面或体现在理论上的呈现及其逻辑，每一个阶段每一个代表人物的分析都将完整地包含三方面的要素：对现实的判定（背景）、支撑该判定的方法论或历史认识论（叙事）、理论的现实导向与政治策略（策略）。在各个阶段，对社会再生产的各个侧重层面的研究，都将坚持以上三个层面的分析的统一，并指出不同学者不同视角之间的逻辑关联，同时与马克思的社会再生产思想进行比较与分析。

在具体的研究过程中，在理论上将涉及以下几个问题：时间与空间、主体与客体、整体与部分、特殊与普遍、形式与内容等辩证关系，并试图依据各个时期各个学者的理论视角，从完整的再生产视角给出辩证的分析。在马克思主义哲学的基本命题上，我们将重新遭遇基础与上层建筑的关系问题、阶级或历史主体的“式微”问题（历史与结构或结构与主体的关系等）。因此，在分析过程中，以下三个思考方向是贯穿本书的问题式：（1）基础与上层建筑的辩证关系。西方马克思主义对于“上层建筑”的研究偏好，构成了传统马克思主义有关基础与上层建筑关系认知的巨大挑战。从而衍生了一系列需要直面并深入检视的

① 本书对历史唯物主义主体概念的三种层次区分，受到了孙伯鍨先生的启发。在《卢卡奇与马克思》一书中，孙伯鍨先生区分了理解历史主体的三种视角：社会发展理论中的主体问题（历史科学）、社会批判理论中的主体问题（价值立场）、社会变革理论中的主体问题（现实斗争）。参见孙伯鍨《卢卡奇与马克思》，南京大学出版社 1999 年版，第 152—167 页。

问题，比如社会关系再生产在社会历史语境中的具体展开及其内在层次这一问题的理论化，对于历史唯物主义经典命题提供了什么样的新挑战，在什么意义上推进了我们对经典命题的理解，对于我们立足于当代社会历史实践需要重新理解马克思的社会结构思想并继承马克思的社会结构分析与批判的方法论精髓有何理论价值，以及如何彰显马克思资本主义社会结构“解剖学”的当代意义等。（2）历史（过程）与结构，或主体与结构（符号）的关系。在识别出社会关系再生产的思想在马克思的社会结构思想之中的逻辑地位之后，进一步识别出马克思的社会结构思想与其社会历史形态理论、历史与解放思想的关系；以此为逻辑构架，分析各个阶段有关关系再生产思想的分析思路对这个主题的思考，其现实指向、理论价值和哲学方法的得失；就这个主题而言，最终的理论旨趣在于揭示马克思对于历史主体的生成机制的理论阐发，西方左派理论家们在各自的现实语境中对于历史主体和解放政治学的思考及其理论与现实意义，并分析他们的得失。（3）历史发生学、抽象上升到具体与再生产研究的方法论模型更新。从马克思到西方当代左派的现实分析与理论阐发，在一定意义上推进了我们对历史唯物主义的核心方法论的理解。马克思提出的抽象上升到具体，在后来西方马克思主义的“具体”视野中如何呈现？从卢卡奇的“辩证的总体观”到阿尔都塞的过度决定论，再到哈维的过程辩证法，从时间到空间，从结构到过程，从普遍性到特殊性再回到“最低限度的普遍性”或“内化”了普遍性的特殊性等这些问题无疑将促进我们更深入地理解马克思资本分析所坚持的历史发生学方法与总体性视野。

（三）关于本书的其他说明

随着西方马克思主义研究在国内的迅猛发展，有关西方马克思主义的研究专著如雨后春笋般涌现，无疑大大推进了我们对西方马克思主义的认知。总体而言，国内相关研究大致可以分为以下三类：由点入面的人物评介式研究、主题式探讨和整体逻辑及其转换的研究。本书的研究与写作努力吸收以上三种研究的优点，并试图在写作方法与论述结构上做一些新的尝试。尽管如此，本书主要属于一种主题式的研讨，是围绕再生产这一核心视角展开并聚焦于西方马克思主义资本主义批判理论的专题研究。这就注定了本书在研究与写作过程中将困难重重。

一方面，本书重点关注的是西方马克思主义学者对资本主义再生产问题的研究（不论是有意还是无意，是显性论述还是隐性框架），因此相对于人物评介式研究而言，就无法面面俱到。例如，本书对阿尔都塞的研究，集中聚焦于他对意识形态概念的理解以及他的“意识形态国家机器”言说，至于其他有关马克思文本解读方法、马克思思想发展历程中“意识形态”与“科学”两大阶段的划分和“断裂说”等更广为人知、影响甚巨的内容就无法呈现了。又如，有关鲍德里亚的研究，本书主要聚焦于其早期阶段的消费社会批判理论，至于其中后期的转向——特别是他在《生产之镜》中开启的反思和批判马克思政治经济学研究范式的思路，以及他试图在前现代世界中找寻可供整体替代资本主义的象征交换体系等思想，也就无法完整地呈现在本书之中。这既是一种难以避免的遗憾，也是一种不得不采取的研究策略。另外，考虑到德波的景观社会批判与列斐伏尔、鲍德里亚的消费社会批判，在逻辑上具有较高的互文性，本书不做专题研讨，而是将之分散到各处相关的论述当中。总之，作为一项主题式的研讨，本书无法兼具人物评介式研究的全面性、深入性等优点，也无法一一对每个人物进行思想史定位和功过得失的完整评估。

另一方面，由于本书的研究主旨并非要对整体的西方马克思主义进行定位和评价，也不是要再现完整的西方马克思主义的内在逻辑及其转换，因此本书无法再现完整的学界所公认的西方马克思主义代表人物与流派。例如，为国内学界所熟知的存在主义马克思主义代表人物萨特（Jean-Paul Sartre）、前苏东的人道主义“新马克思主义”、主张中立化与科学化的“分析的马克思主义”、生态主义马克思主义等人物或流派，在本书当中无法一一详细呈现。当然，这并不意味着他们的研究不重要，而是本书的研究主题与偏好决定的。因为，本书主要关注的是西方马克思主义在不同的资本主义发展时段当中，面对明显异质于马克思的新时空语境，他们凸显了资本主义再生产机制的哪些方面或哪些维度，这些维度对于资本与劳动双方而言意味着什么，是否存在矛盾与冲突或改造的可能性等等，以及，他们对这些问题的思考与他们的理论建构之间的内在关联。

事实上，当我们采取这一研究视角来审理西方马克思主义时，我们也是以另一种不完整的方式将其整体逻辑变迁呈现了出来。在这个过程中，我们将“意识形态”、“日常生活”与“空间”列为先后出现的三个主题。在此，简单交代一下这三个主题之间的逻辑关系。这三个主题，既代表了西方马克思主义资本主义研究与批判主题的先后顺序，也是资本主义自身再生产机制先后呈现出来的主要维度，因此，就社会再生产机制研究而言，以这三个主题来提炼西方马克思主义的再生产研究，实际上是一种历史与逻辑相统一的尝试。下面，结合本书的总体研究思路来简单论述这个问题。

首先，第一个主题，意识形态问题是本书上篇重点研讨的内容，主要考察对象是卢卡奇、葛兰西和阿尔都塞。意识形态问题的凸显，是资本主义社会结构转型与无产阶级运动挫折的共同产物。不论是卢卡奇对资本主义社会中从生产到社会生活方方面面的物化、合理化意识结构的揭示，还是葛兰西有关美国福特主义监管和控制工人生产之外的生活与思想的揭示，以及阿尔都塞所面临的消费社会情境，他们都共同揭示了一个事实，资本主义通过意识形态操控的方式，在生产过程内外都确立和加强了自身的统治地位，一方面实现了资本主义关系的再生产；另一方面也以隐性说服的方式取得了人们的合法性认同。并且，资本主义主导下的意识形态再生产机制是一个隐蔽的过程，不仅体现在生产过程中，还体现在生产之外的社会生活之中。因此，从卢卡奇到阿尔都塞，他们的分析视野，逐渐走出了马克思的阶级分析框架，泛化为普遍性的主体关系。并且，他们也告别了马克思有关意识形态虚假性、辩护性的认知方式，更加强调意识形态对于资本主义合法性和霸权确立的能动作用。

当然，不论是从阶级分析视角还是从主体关系视角来讨论意识形态与资本主义再生产的问题，主要反思的是一个无意识层面的问题，主要还是停留在宏大的理论逻辑层面上。但是，如果这个问题要具体展开并深入探讨，就必须转向更为微观也更为具体的日常生活研究。因为只有在这个层面上，我们才能看到，资本逻辑所成功渗透的意识形态领域在人们的日常生活当中是怎么发挥作用的，更具体地说，是怎么助长了资本关系的再生产。随着战后资本主义社会的复兴，福利社会与丰裕社会的特征更加明显，消费社会的分析逐渐成为重要的理论议题凸显出来了。消费社会问题批判的核心焦点，其实是人们的日常生活方式已经不可避免地沦为了资本逻辑的操控对象。资本逻辑通过控制人们的需求、欲望以及欲望的满足方式，成功塑造了一种由资本逻辑主导了的日常生活，借此，资本主义社会关系及其合法性顺利实现了再生产。如此一来，资本主义再生产研究的核心问题式，就从马克思视野中的生产方式再生产转为了生活方式再生产。这是本书中篇的论述主题，主要包括了法兰克福学派、列斐伏尔与鲍德里亚早期的消费社会批判。

随着战后城市化进程的加剧，日常生活批判的核心代表人物列斐伏尔逐渐意识到，资本主义幸存的奥秘不仅在于对日常生活的“殖民”，更在于对空间的殖民和再生产。也就是说，我们已经不能简单将资本主义生产理解为空间中展开的生产，而必须理解为资本主义空间本身的生产。实际上，正是空间的视域中，意识形态批判与日常生活批判视域都得到了融合。因为，空间生产理论，包括了人们的意识形式、生活想象与生活方式、人与自然的关系等等内容的再生产过程，因此实际上呈现了资本主义社会总体构架的再生产过程。在此基础上，哈维进一步完善了列斐伏尔的空间分析。一方面，哈维从宏观的全球资本流动与劳动分工、中观的城市空间研究和微观的身体空间研究，揭示了资本积累的时空机制及其内在矛盾；另一方面，通过梳理思想史中的辩证法，提出了过程—关系辩证法以及社会生活多环节且相互内化于过程之中的社会分析模型，不仅为具体的空间分析提供了方法论框架，同时也构成了资本主义社会再生产研究的方法论模型。这是本书下篇的论述重点。

实际上，这三个主题具有一定的重合性，在研究与表述的过程当中其实很难真正做到泾渭分明的界定。例如，有关列斐伏尔的案例分析，其实涵括了这个三个主题，但其主体思想是在后两个主题当中展开。为了主题论述的需要，本书将其断为两部分，先后呈现在“日常生活”与“空间”这两个主题当中。这在一方面见证了西方马克思主义学者相关研究的方法、视野与时俱进的特征，另一方面也见证了资本主义社会关系再生产核心机制的转换问题。因此，在列斐伏尔的个案分析上，我们看到了西方马克思主义学者在理论与实践、历史与逻辑、时间与空间、结构与主体等方面寻求辩证统一的积极尝试。实际上，这也是我们在研究过程中努力要揭示的特质。另一方面，这些主题也是再生产研究的核心问题意识，正是基于这些主导性的问题意识，本书对西方马克思主义代表人物和主导思想进行了分类，但并不意味着他们本身的研讨就是按照这些主题展开的。事实上，在同一个主题下，他们的研讨方式和论述逻辑存在着明显的异质性。但他们所指涉的研究对象和问题意识在内在逻辑上是可以相互沟通的。例如，就日常生活问题研究而言，法兰克福学派的主要代表人物虽然并未直接以“日常生活”为题展开研讨，但他们对文化工业和消费现象的研究，与列斐伏尔早中期、鲍德里亚早期的消费社会批判分享了共同的现实视野。他们所指涉的问题实质，对于我们把握日常生活对于资本主义社会再生产机制的意义，具有同样重要的启发意义，因此，可以视为一种不言而喻的理论共性。当然，这种共性，不是理论形式本身呈现出来的，而是由他们的研讨所包含的问题意识以及该问题意识所指涉的现实本身决定的。

基于以上的思路，本书的创新之处主要有以下三方面：其一，抓住再生产的理论视角，梳理了西方马克思主义资本主义研究逻辑的推进过程，并在这个过程中提炼出三个主题，这三个主题既是理论表述的逻辑，同时也是资本主义再生产过程先后凸显出来的层次，因此是一种历史与逻辑的统一。其二，在梳理西方马克思主义再生产研究的发展过程中，紧紧抓住的是资本与劳动的矛盾运动过程，以此为基础评估西方马克思主义的理论得失，同时对西方马克思主义与马克思的再生产分析思路进行比较分析，揭示历史唯物主义的时代开放性与当代意义。其三，通过社会再生产的分析视角，推进了我们对基础与上层建筑的辩证关系、对于历史唯物主义视域中的主体概念以及无产阶级解放策略等问题的认识。立足于马克思主义的立场，对西方马克思主义有关马克思的质疑和批判进行了尝试性的辩护和回应。

本书的不足之处也很明显，主要有以下三方面：其一，由于采取主题式的研讨方式，未能呈现西方马克思主义的完整面貌和逻辑。对于文中涉及的部分代表人物，因论述需要，只选取与本论题密切相关的论述，因而无法一一再现其思想全貌，也未能基于再生产问题来评估和定位所涉人物的理论得失。这在一定程度上构成了定位西方马克思主义再生产发展的逻辑脉络的不足之处。其二，受限于论题，本书主要聚焦与社会生活过程中的再生产问题研究，对于经济学和社会学等论域中的再生产问题未能展开，这就给本书从更开阔的视域下评估西方马克思主义的理论贡献造成了困难。其三，本书未能基于马克思主义立场对有关资本主义经验变迁的历史展开研究和评述，而这一点对于评析西方马克思主义学者所展开的现实分析以及基于此生发的理论表述而言，无疑是重要的。

总体而言，本书始终将西方马克思主义视为资本现实变迁的理论反映，因此，其研讨与逻辑也将随着资本主义本身的发展，呈现出一种时空语境的开放性。基于这种历史发展与理论逻辑所共享的开放性，一方面我们将看到马克思资本研究的时代局限性与其方法论体系的历史开放性；另一方面也将采取更灵活的姿态来评估西方马克思主义的研究。我们并不会因为某一西方马克思主义学者提供的结论过于悲观或给出的斗争策略过于浪漫主义而将之全盘否弃，我们更为关注的是他们的研究为我们理解资本主义再生产的机制提供了哪些启发。

值得注意的是，西方马克思主义的探索毕竟是有其历史与时空语境的局限，并不能简单地套在中国现实语境的分析当中。中国改革开放三十多年的发展历程实际上是一个空前的历史“文本”。中国人当下的生活情境，从形式上来看，早在半个多世纪以前就已进入了西方马克思主义的分析视野，例如文化工业与消费社会批判以及空间生产等问题。但这并不意味着我们对西方左派批判时空界限的忽略，事实上，中国当下正在进行的现代性过程，其规模、剧烈程度以及复杂性均数倍于西方的“时空压缩”过程，并且中国人独有的文化传承、生活观念与方式等方面的因素都是再生产研究所不可忽略的重要层面。因此，我们的研究并非要向他们寻求一个具体可靠的答案或可行的行动策略，而是将其理论视野与方法继承下来，并借助他们的分析让完整而真实的马克思抖落不该背负的各种条条框框，以更轻松的、更灵活的姿态走进当下中国的现实语境，导引我们的理论研究和现实分析。这一点，实际上也构成了本书从再生产视角评估西方马克思主义研究意义的现实落脚点，也是马克思主义中国化研究的应有的题中之义。

最后，我们不妨细细回味威廉斯在《文化与社会》一书结尾留下的意味深长之语，并将之带入到西方马克思主义的理论探索与现实思考之中：

“有些观念和思维方式包含着生命的种子，有些（或许就深藏在我们的心中）则包含着致命的种子。能不能认识这些种类，并且加以指出而使人们能共同认识这些种类，委实可能就是我们的未来之所在。”①

① ［英］威廉斯：《文化与社会》，吴松江、张文定译，北京大学出版社 1991 年版，第 416 页。

上　篇

意识形态：从阶级关系到主体关系

西方马克思主义是20世纪马克思主义传播与发展过程中的独特产物。在其发端之处，他们的焦点问题，一方面表现在通过批判第二国际教条主义、经济主义、机械主义等倾向，以及批判资产阶级实证主义的研究方法，努力追寻一个本真性的马克思；另一方面更体现在，立足一个迥异于马克思的时空语境中推进马克思的资本主义批判事业，从中揭开无产阶级革命失败与挫折的原因，同时积极探索扭转失败形势的可能性。

在这个过程中，从卢卡奇、葛兰西，到后来的阿尔都塞等人，先后将意识形态的重要性凸显了出来。通过分析资本主义社会组织构架的变迁，揭示了意识形态对于资本主义社会再生产的重要意义，同时也试图提供应对之策。具体而言，卢卡奇起步于泰勒制生产过程的物化现象分析，指认了资本主义物化—合理化机制溢出了生产过程，渗透到政治、法律乃至人们的灵魂深处这一事实，实际上凸显了意识形态问题对于资本主义再生产的重要意义，从而也构成了无产阶级解放策略的重要突破口。葛兰西以美国福特主义为分析蓝本，指认了福特主义作为一种全面的社会生活体系，对劳动者进行意识形态渗透和规训的重要事实，进而提出了其著名的霸权理论，并将之视为无产阶级解放策略的重要前提和方式。阿尔都塞以消费社会为现实情境，将葛兰西的意识形态思考作了重要的推进，并且明确将之置入到资本主义再生产这一问题式当中进行考察，从而指认了资本主义劳动力再生产主要是在生产过程之外中展开这一事实。这既构成了无产阶级在新的历史时期探索激进行动可能性的重要前提和严峻挑战，也是马克思主义面临历史行动主体不可避免走向“消隐”的理论困境。应该来说，这一理论困境并非阿尔都塞所独自面对的，而是消费社会时代与结构主义思潮等多重冲击之下共同凸显出来的时代焦虑。

总体而言，意识形态问题的凸显，见证了20世纪西方马克思主义作为一种独特思潮在其发端之处所凸显出来的敏锐的时代嗅觉。这一理论嗅觉所导向的，实际上是资本主义社会关系再生产机制对于意识形态的严重依赖。换言之，意识形态构成了资本主义在20世纪得以幸存并蓬勃发展的重要维度。从这个角度来看，尽管卢卡奇、葛兰西和阿尔都塞等人的时代视野、理论支撑与研讨方式都各不相同，但他们的研讨所共同指向的这一问题意识构成了他们异质性言说背后的共同问题式。而他们的意识形态研究，无疑继承了马克思的拜物教批判，并作出了重要的推进：即从生产过程分析的中心视野，走向了生产之外的社会生活之中。这并不是一种理论逻辑的标新立异，而是根源于他们对资本主义现实发展逻辑的考察。当然，这种逻辑推进也有其界限，一旦抹去了意识形态的阶级性与生产之基，就容易成为一种以社会抽象个体为核心视域的主体关系研究。这也使有关历史行动主体的生成问题研究陷入了困境。

第一章　从生产到意识的物化过程与资本主义再生产

在《历史与阶级意识》一书的新版序言（写于 1967 年）中，卢卡奇[①]对该书中所反映出来的自己青年时代思想的得失进行了总结。对于在该书中的一些错误思想，他相当坦荡，毫不避讳且进行了有力的辩护。他努力提醒读者，该书的思想是扎根于那个时代以及当时流行的各种思潮之中。诚如他所言，“当时，一场重大的、世界历史性的转变正在努力寻找一种理论表述。即使一种理论未能说明这场巨大危机的客观本质，它仍旧可以提出一种典型的观点，并因而获得某种历史的合法性。”[②] 事实上，对我们而言，青年卢卡奇的相关言说是否算得上那个时代的“典型”倒不是最重要的，最重要的是，他为我们理解那个时代的“世界历史性的转变”或“巨大危机的客观本质”究竟作出了多少有益的探索？换言之，我们无意通过考证他的“物化理论”与阶级意识言说在当时理论界的“典型”性来印证其相关研究的“历史合法性”，我们更愿意将其理论的“历史合法性”探究聚焦于他的理论探索对于穿透其所处时代提供了哪些启发性思考。

在这本被誉为西方马克思主义的“圣经”的《历史与阶级意识》中，青年卢卡奇不仅为西方马克思主义奠定了重要的研究路向与研究基调，也为后来的马克思主义研究开辟了一系列新的主题。诚如书名所示，无产阶级的阶级意识问题构成了卢卡奇的思考重心，有关物化问题

---

① 卢卡奇（1885—1971），匈牙利马克思主义哲学家、美学家，西方马克思主义哲学的“奠基人”。主要著作有：《历史与阶级意识》（1923 年）、《理性的毁灭》（1954 年）、《美学》（1963 年）、《关于社会存在本体论》（1970 年）等。

② ［匈］卢卡奇：《历史与阶级意识》，杜章智等译，商务印书馆 1992 年版，第 21 页。

的研讨、总体性原则的阐发以及无产阶级革命言说的推进，都是围绕这个重心展开的。国内以往的研究更多地聚焦于对卢卡奇的人本主义基调和黑格尔色彩的指证，因为这两个方面确实构成了西方马克思主义作为一种独特的思潮流派所特有的核心特质。问题在于，在这样的研究聚光灯中，卢卡奇的言说所包含的对资本主义现实与变迁的启发性探究与思考，总是静默地躲在不起眼的角落之中。鉴此，立足于国内外有关青年卢卡奇的研究基础之上，本书将聚焦于卢卡奇的阶级意识问题，探讨其所包含的社会再生产思想。

第一节　物化的社会结构与物化意识

卢卡奇立足于现实的物化社会结构与物化意识问题，提出辩证的总体性原则，将之视为无产阶级从资产阶级的物化意识困境中突围并最终敲碎物化结构的指南。在凸显其历史研究的人本主义基调的同时，也从侧面将意识形态对于资本主义长治久安的重要意义揭示出来了。在这一过程中，卢卡奇所强调的辩证的总体性原则，实际上是马克思资本主义研究所强调的社会再生产总体视野的一个要求，这对于抵抗经济主义、机械决定论等解读偏向无疑是一个重要的方法论武器。同时，基于这样的方法论基调，卢卡奇推进了有关历史变革主体的生成问题的研究，他对意识形态的重要性的强调和论证，为整个西方马克思主义奠定了主导性的研究路向。

一　物化：从生产过程到意识结构

1. 青年卢卡奇的研讨语境

前面提到，卢卡奇将自己在《历史与阶级意识》中的理论思考，定位为“一场重大的、世界历史性的转变”的一种理论表述。那么，卢卡奇所说的“世界历史性的转变”或“巨大危机”指的是什么呢？从卢卡奇的讨论语境来看，不外乎如下几个方面：

其一，资本主义的变化。19 世纪末 20 世纪初，资本主义世界发生了一些新的变化，即马克思在《资本论》当中所预言的资本集中和垄断过程更加明显了。维多利亚时代的自由资本主义开始逐渐向垄断资本主义和帝国主义过渡。资本主义通过发展更为先进的工业技术，并通过海外殖民扩张，获得了巨大的发展活力，并缓和了资本家与工人阶级之间的冲突，在很大程度上延宕了马克思所预言的资本主义内在矛盾的爆发。就生产过程中的变化而言，泰勒制生产和管理科学的革命，为资本主义的认知模式带来了巨大的冲击，也在马克思主义阵营内部引发了持久的理论斗争。

其二，俄国十月革命的胜利与欧洲无产阶级运动的困境。帝国主义围绕殖民地的斗争，引爆了第一次世界大战。而随着第一次世界大战的爆发，国际社会主义运动分裂成相互对立的民族派系，最终导致了第二国际在理论和实践上的破产。俄国十月革命的爆发和列宁主义的异军突起，以及作为一种特殊的社会主义实践模式，给欧洲的无产阶级运动带来了巨大的冲击。许多欧洲国家的共产党人都试图模仿俄国无产阶级革命的模式，但他们所发动的革命或起义无一例外都以失败告终。面对资本主义世界的变迁和革命实践的失败结局，欧洲的共产党领袖和理论家们都开始反思这一革命道路，代表人物如卢卡奇、葛兰西等。在反思过程中，无产阶级的阶级意识问题成了焦点问题。

其三，马克思主义思想阵营内部基于现实变迁与革命实践反思的理论斗争。伴随着资本主义变化与无产阶级革命实践的挫败，马克思主义思想阵营内部开始对政治实践与理论展开论争。恩格斯之后的第二国际对马克思主义采取了经济主义、机械决定论式的庸俗化解读，作为反抗，伯恩施坦却迈向了修正主义、机会主义的路线。这些错误的理论倾向使马克思主义的理论与实践陷入了重大的脱节，而在马克思那里原本辩证统一的阶级斗争之主体向度与客体向度陷入分裂。列宁领导的十月革命的胜利，激发了卢卡奇、柯尔施和葛兰西等人对马克思历史辩证法的主体向度的极大兴趣。在资本主义的垄断趋向与帝国主义特征越来越明显，阶级冲突日渐缓和而无产阶级的革命意志并未如预期的那般高涨的情况下，如何从第二国际的理论误区中拯救马克思的辩证法并唤醒无产阶级的革命意识，就成为了他们共同的思考焦点。

在这样的历史情境中，卢卡奇开启了对现实问题的理论思考。他立足于资本主义物化社会结构与物化意识普遍性的现实分析，从哲学的逻辑视角发掘历史主体的阶级意识和行动意志，从而建构了他的阶级意识言说，也为后来的西方马克思主义学者奠定了意识形态研究的重要路向。

2. 资本主义劳动过程的物化与合理化

前面已经指出，无产阶级的阶级意识是卢卡奇要重点研讨的核心问题。如果说，卢卡奇对黑格尔主客同一辩证法的强调，构成了他论证无产阶级必将具备其应有的阶级意识并肩负起改造历史之使命的主导逻辑，那么，同样值得注意的是，他的这一论证逻辑恰恰是以资本主义物化现实结构的分析为切入点和前提的。这一点，充分体现在他对资本主义物化社会结构与物化意识的分析当中。①

卢卡奇对资本主义物化社会结构的分析继承了马克思的商品拜物教分析思路，同时也融合了韦伯的合理化与科层制分析。② 他以新兴的泰勒制为理论分析的现实样本，通过分析资本主义的这种发端于生产过程之中并推进到个体心灵与灵魂的合理化与物化结构，一方面呈现了泰勒制对人们的社会生活方式（不仅是生产方式）造成的普遍性影响；另一方面，也凸显了资本主义社会再生产的合理化机制及其包含的多重向度。

就资本主义物化结构的分析而言，卢卡奇承继了马克思关于拜物教与商品分析的方法和结论，不过，他意图拓展马克思未能展开论述的部分，即无产阶级何以陷入商品拜物教的社会机制。因此，他一开始就将自己的思考重心置于资本主义商品形式对于社会结构的影响这一问题之中，其论证主旨在于“把物化理解为整个资产阶级社会普遍的、结构

① 值得一提的是，国内有关卢卡奇物化思想的研究，更多的是聚焦于卢卡奇的“物化”概念与马克思的“异化”概念的异同比较，并基此探讨卢卡奇物化思考的得失与根本的逻辑缺陷。相关的研讨可以参见孙伯鍨的《卢卡奇与马克思》、张一兵的《文本的深度耕犁》（第1卷）等。以此为基础，本书聚焦于探索的是，卢卡奇的物化分析对于认识资本主义现实与变迁逻辑有何启发，更直接而言，对于资本主义社会再生产机制及其变迁的研究提出了什么样的创见。

② 韦伯对资本主义基本条件的分析，肯定了一个基本核心——劳动者与劳动客观条件的分离，这一点恰恰是站在马克思的研究基础上的。如果坚持这一核心判断，那么，韦伯所着重分析的那些被认为并未得到马克思足够重视的要素，例如新教伦理、官僚体制等议题，亦可纳入到资本对劳动控制的中心视角下来分析，亦即资本力量实现自我再生产的宏大机制中。就有关韦伯对青年卢卡奇物化理论的影响这一个问题而言，无疑是一个重要的思考向度。

上的基本现象。”[1] 卢卡奇指出，商品交换与商品关系在社会发展的原始阶段就存在了，但拜物教问题却是现代资本主义的特有现象。“一个商品形式占支配地位、对所有生活形式都有决定性影响的社会和一个商品形式只是短暂出现的社会之间的区别是一种质的区别。因为有关社会的所有主观现象和客观现象都按照这种区别获得质上不同的对象性形式。”[2] 因此，对于卢卡奇而言，问题的关键在于思考，“商品交换及其结构性后果在多大程度上能影响整个外部的和内部的社会生活?”[3] 商品交换对社会结构的影响，就成为了卢卡奇要重点考察的问题。很显然，从历史上来看，商品交换并不是一开始就成为决定社会内部结构的主导性力量，并使商品形式成为社会生活的基本形式。要实现这一点，就必须达到这样的阶段，其中商品形式渗透到了社会生活的方方面面，并且按照自己的逻辑和需要来改造这些方面，从而使生产、生活的社会结构建立内在的必然联系并结成同一的总体结构。现代资本主义无疑实现了这一点，它使商品形式成为社会生活的普遍性统治形式，并且呈现为一个内部关系错综复杂且难以被人们看清的物化结构。“在资本主义发展开始之时，经济关系的人的性质有时看得还相当清楚，但是，这一发展越继续进行，产生的形式越错综复杂和越间接，人们就越少而且越难于看清这层物化的面纱。”[4]

为了揭开这层蒙在社会生活诸多外观之上的神秘面纱，卢卡奇沿着马克思拜物教分析的思路，对现代资本主义生产过程展开了分析。从生产过程来看，资本主义商品逻辑的普遍性已经在客观与主观方面都制约着人类劳动过程。从客观方面来看，随着科学技术和生产系统的提升，现代资本主义的劳动过程中的合理化原则已经遍及生产过程的方方面面，劳动过程被按照机器系统的需求来切割和重新组合，呈现出物化、量化与可计量化的特征。劳动的经典内涵，即主体客体化并通过改造客体来确证和壮大主体力量的过程，在泰勒制为代表的资本主义生产体系

---

① ［匈］卢卡奇：《历史与阶级意识》，杜章智等译，商务印书馆 1992 年版，第 162 页，脚注 1。

② 同上书，第 144 页。

③ 同上。

④ 同上书，第 146 页。

当中，已经蜕变为围绕机器运行合理性而进行的机械化、碎片化、抽象化的局部操作。传统有机统一的劳动方式也被现代的劳动合理化原则彻底终结了。从主观方面来看，在劳动合理化的进程中，劳动者只是作为机器的延伸和附属，丧失了劳动的主体性。围绕机器生产流水线进行的合理化、可计量化分工，只是让劳动者成为生产线上的孤立原子，劳动者之间的联系必须通过机器来中介。劳动的合理化，决定了劳动者对生活只能采取直观的态度，时间也丧失了其流变、生成的性质，成为了物化、量化、空间化的惰性结构。对劳动者而言，合理化劳动成了与其人格、主体性相对立的异己化力量。总之，劳动已经彻底沦为资本主义商品生产的一个要素，劳动力的普遍商品化印证了资本主义商品逻辑的普遍性。

不仅如此，劳动过程的合理化和物化进程并不局限于生产流水线上，而是在广度上溢出了生产过程，渗透进社会生活的方方面面，涉及国家、法律等领域；同时在深度上推及至劳动者的心灵与灵魂的层面，呈现出一种无意识的物化意识结构。劳动过程的合理化与物化对社会生活的渗透，实际上呈现了资本主义社会关系再生产的多重内涵。

3. 合理化、物化对社会生活的普遍性渗透与资本主义再生产的多重内涵

我们知道，马克思的历史唯物主义有一个基本论断，即人们物质生活的生产和再生产过程决定了整个社会的上层结构及其相应的意识形式。卢卡奇自然秉承了这一原则，不过，就研究商品形式对社会结构的影响这一议题而言，卢卡奇主张不能像第二国际主流理论家那样以经济主义或还原主义等机械决定论的方式来运用这一原则，必须在马克思的社会再生产的辩证总体视野中展开。卢卡奇以马克思在《资本论》当中有关“生息资本”的讨论为例，探讨资本主义再生产的核心机制。[①]其中，马克思以“生息资本”为例，说明资本主义再生产过程是如何再生产自己的前提，前提与结果在这个过程中是如何不断换位的，并且，作为再生产的结果如何表现为一种独立于生产过程之外，成为生产

---

① ［匈］卢卡奇：《历史与阶级意识》，杜章智等译，商务印书馆 1992 年版，第 156—157 页。

本身的一种前提或原因。这就意味着，我们对资本主义经济现象的考察不能诉诸直接性，不能停留在分析物化的直接性层面上，必须由这些表现为独立因果力量的物化表象深入到这种物化表象得以生产和再生产的过程中。

卢卡奇的物化分析也遵循了这样的思想。他指出，生产过程中体现出来的物化、合理化、可算性等特质，一方面必将渗透至社会生活的方方面面；另一方面也必须以整个社会结构的物化、合理化为劳动过程合理化维系和发展的前提。这是因为，“如果工厂的内部组织形式没有集中地表现出整个资本主义社会的结构，那么这种组织形式要起到上述作用——即使在工厂内部——是不可能的。”[①] 卢卡奇强调，要使劳动过程中的合理机械化成为可能，除了使那些被迫“自由”且除了出卖自身劳动力否则无法存活的劳动者成为整个社会的普遍命运以外，如下条件是必需的：“社会整个需要的满足要以商品交换的形式来进行。生产者同其生产资料的分离，所有自然生产单位的解体和破坏等等，现代资本主义产生的所有经济—社会前提，都在促使以合理物化的关系取代更明显展示出人的关系的自然关系。”[②] 可见，经济计算的合理化及其对社会生活的渗透，前提是资本主义对社会结构的普遍支配并生产和再生产着该结构。“建立在私有经济计算基础上的资本主义合理化，在生活的每一个方面都要求合乎规律的局部细节和偶然的整体有相互联系；它以这样一种社会结构为前提；它在对社会实行支配的情况下生产和再生产这种结构。”[③] 如此看来，资本主义生产过程的组织形式与整个资本主义社会结构共同呈现出合理化或物化的特质，并且它们互为前提。这一点，是由资本主义生产方式本身决定的。资本主义生产方式为了维系自我和不断扩大再生产，必须将自己的前提不断地再生产出来，并将之作为整个社会生活结构再生产的前提。这也就决定了，资本主义合理化过程必将由生产劳动过程向生产之外的社会生活渗透，使之成为整个社会生活的普遍性；不仅如此，作为结果的社会生活结构之普遍合理化和

---

① ［匈］卢卡奇：《历史与阶级意识》，杜章智等译，商务印书馆1992年版，第152页。

② 同上书，第153页。

③ 同上书，第166页。

物化，反过来成为了生产劳动过程合理物化的前提。在这个过程中，卢卡奇揭示了资本主义再生产的多重内涵。

第一，资本主义再生产的历史维度。马克思在《资本论》及其手稿中早已说明，资本主义生产方式的扩大再生产过程，同时也是不断打破自然、历史与文化界限的过程。这个过程，表现为资本主义对各种前资本主义生产关系和生产形式的改造和吸收过程，从而实现了在更高的历史阶段上将自身再生产出来。卢卡奇忠实地继承了马克思的这一思考，并将之作为研讨劳动合理化过程对前资本主义形式改造的要点，从中提炼出资本主义合理化过程的历史维度。卢卡奇指出，现代资本主义为实现其发展，一方面要根据自己的需要来改变自身的生产关系；另一方面也要改变那些在前资本主义社会中孤立地存在的生产或生活形式，"使它们适应现代资本主义的整个系统，把它们变成使整个社会从现在起彻底资本主义化的统一过程的一些环节（商业资本，货币作为财富或货币资本起作用等等）"。①

第二，资本主义社会再生产的国家、法律维度。借助韦伯有关企业与国家的结构共性的相关论述，卢卡奇将生产劳动过程中的合理化原则推进到国家和法律的层面，从而指认了如下事实：资本主义生产的合理化、可计算性与可预见性要求，必须要求一种与之相应的政治、法律形式。"要使资本主义生产完全产生效果的前提成为现实，这种变化过程就必须遍及社会生活的所有表现形式。这样，资本主义的发展就创造了一种同它的需要相适应的、在结构上适合于它的结构的法律、一种相应的国家等等。"② 事实上，从劳动过程到国家、法律，整个社会生活对合理化、可计算性和可预见性的要求已经取得了一致。卢卡奇援引了马克斯·韦伯的如下论述印证了这一问题："现代资本主义企业内部首先建立在计算的基础上。为了它的生存，它需要一种法律机构和管理系统，它们的职能至少在原则上能够根据固定的一般规则被合理地计算出来，像人们计算某一架机器大概可能的功率一样。……同资本主义营利的那些古老形式相反，现代资本主义特有的东西是：在合理技术基础上

---

① ［匈］卢卡奇：《历史与阶级意识》，杜章智等译，商务印书馆 1992 年版，第 159 页。

② 同上书，第 158 页。

的严格合理的劳动组织，没有一个地方是在这种结构不合理的国家制度内产生的，而且也决不可能在那里产生。因为这些现代企业形式由于固定资本和精确的计算而对法律和管理的不合理性是极为敏感的。它们只有在这样的地方才能产生出来，在这里，法官像在具有合理法律的官僚国家中那样或多或少是一架法律条款自动机，人们在这架机器上投进去案卷，再放入必要的费用，它从下面就吐出或多或少具有令人信服理由的判决：因此法官行使职责至少大体上是可以计算出来的。”①

卢卡奇指出，基于生产劳动的合理物化结构与法律、国家的合理化之间的内在关联，现代资本主义官僚体制问题就可以得到更好的理解了。科层制的官僚统治结构以及相关的意识形式，适应于资本主义经济的社会—经济前提，表现为资本主义生产方式生产和再生产的结果和前提。“法律、国家、管理等等形式上的合理化，在客观上和实际上意味着把所有的社会职能类似地分成它的各个组成部分，意味着类似地寻找这些准确相互分离开的局部系统合理的和正式的规律，与此相适应，在主观上也意味着劳动同劳动者的个人能力和需要相分离产生意识上的类似结果，意味着产生合理的和非人性的类似分工，如我们在企业的技术—机器方面所看到的那样。”② 总之，从生产到国家、法律的合理化共性，证实了卢卡奇的重要指认——合理物化已经构成了“整个资产阶级社会普遍的、结构上的基本现象”，同时这也凸显了资本主义社会再生产的国家内涵。这一点，在葛兰西和阿尔都塞那里作为意识形态研究的重要议题得到了进一步的拓展，从而揭示了国家的意识形态教化功能及其对资本主义再生产的意义。

第三，资本主义再生产的心理与意识结构。卢卡奇指出，资本主义为了实现社会的统一经济结构，必须同时造就一种普遍的统一的社会意识结构。换言之，资本主义物化结构的再生产过程必须侵入到人们的意识当中，取得人们的意识形态认同。那么，这个过程是如何发生的呢？卢卡奇指出，这是通过物化生产结构的“可计算性”、合理化对人们的“心灵领域”与“伦理领域”的双重渗透来实现的。

---

① ［匈］卢卡奇：《历史与阶级意识》，杜章智等译，商务印书馆1992年版，第159页。
② 同上书，第162页。

前面已经指出，在客观生产过程中，劳动力已经完全沦为商品，并被劳动过程肢解，导致劳动过程与人格的分离、人的精神能力遭受到机械化的摧残、压抑等后果。但这些并没有激起应有的激烈反抗，为什么呢？卢卡奇认为，这是因为物化的合理性已经深入到工人的“灵魂”当中。“随着对劳动过程的现代‘心理’分析（泰罗制），这种合理的机械化一直推行到工人的‘灵魂’里：甚至他的心理特性也同他的整个人格相分离，同这种人格相对立地被客体化，以便能够被结合到合理的专门系统里去，并在这里归入计算的概念。”① 卢卡奇认定，工人灵魂深处的这种普遍存在的物化意识，是资本主义物化加剧过程的表现和必然趋势，其表现形式与商品性质取得了一致，即可计算性。“这种可计算性形式必然成为这种商品性质真正直接性的表现形式，这种商品性质——作为物化的意识——也根本不力求超出这种形式之外；相反，它力求通过‘科学地加强’这里可理解的规律性来坚持这种表现形式，并使之永久化。”②

对这种可计算性（合理计算）原则的依赖，并非劳动工人独有的现象，同时也体现在社会生活的其他成员身上。这是由物化意识结构的普遍性与资本主义社会再生产机制决定的。资本主义物化结构就像资本主义生产的“自然规律”一样渗透到了社会生活的方方面面，在人类历史上第一次实现了使整个社会臣服于同一的经济过程，而所有社会成员的命运都将由这一过程和“自然规律”决定。不仅生产之外的国家、法律、教育和伦理塑造等方面已经与生产物化结构同质化，而且人的责任感、服务精神、道德感也都臣服于这种合理化分工结构中。“所有这一切都表明，分工像在实行泰罗制时侵入‘心灵领域’一样，这里侵入了‘伦理领域’。但是，对于整个社会来说，这并没有削弱作为基本范畴的物化意识结构，而是加强了它。……只有资本主义才随同实现整个社会的统一经济结构，产生出一种——正式的——包括整个社会的统一的意识结构。”③ 因此，不仅工人对合理计算性原则产生了灵魂上的

① ［匈］卢卡奇：《历史与阶级意识》，杜章智等译，商务印书馆1992年版，第149页。
② 同上书，第156页。
③ 同上书，第163页。

认同和依赖，社会生活中的其他成员，如企业家、技术员甚至法律工作者都是如此。他们在意识结构的物化特质上不存在本质区别，只是量的差别而已。①

总之，泰罗制的合理计算性原则成功入侵了心灵领域和伦理领域，致使物化意识结构在整个社会生活层面上成为了基本的范畴，具有无可阻挡的普遍性，并且不断地被加强和再生产。② “正像资本主义制度不断地在更高的阶段上从经济方面生产和再生产自身一样，在资本主义发展过程中，物化结构越来越深入地、注定地、决定性地沉浸入人的意识里。”③ 很显然，卢卡奇的这个论断同时也是在提醒我们，资本主义再生产除了在经济层面展开，必须同时也在人的意识层面进行。后者在社会生产的矛盾运动过程中，以物化的社会生活结构来掩盖社会关系的异化特质，从而确保了资本主义生产方式本身的剥削本质的隐蔽性和可再生性。具体来说，这种社会关系的异化特质，并不是常人可以轻易识别出来的，这主要是因为，人们的认识过程或者说意识过程也遭受到了物化结构的入侵与殖民，并且通过主导的伦理价值观的引导，辅之以法律法规和国家管理体制，获得了人们从“灵魂”到“伦理”的认同。因此，这个过程具有无意识的隐蔽特征，在客观效应上延宕了资本主义的经济危机和社会危机，为资本主义社会关系的再生产不断地注入动力。这一问题，在阿尔都塞的意识形态国家机器理论，以及法兰克福学派、列斐伏尔与鲍德里亚等人对消费社会的研究当中得到了进一步的拓展和延伸。

二　物化意识与总体性图景的消隐

有关资本主义合理物化过程从生产向法律、国家和意识结构的渗透与蔓延这一过程的描述，说明了卢卡奇对资本主义再生产的思考，实际上印证了马克思有关资本逻辑全面社会化的论断，并将商品的普遍性或资本逻辑的普遍性论题的实质，清晰地概括为资本主义劳动合理化过程

---

① ［匈］卢卡奇：《历史与阶级意识》，杜章智等译，商务印书馆 1992 年版，第 161 页。

② 同上书，第 162—163 页。

③ 同上书，第 156 页。

对社会生活的全面渗透和掌控。这也意味着，资本主义再生产过程从生产过程向生产之外社会生活的全面渗透。当然，卢卡奇的言说旨趣并不在于指正资本主义再生产的拓展和深化，以及再生产的相关表现形式与实现方式。他的论说要旨在于说明社会生活的物化现象与其产生基础的分离，并且，如果我们不深入探究这种物化结构的产生基础，即资本主义生产关系的生产和再生产的总体过程，那么，生活中的物化现象总是处于未知、不可理解的状态。而这一点，无疑将助长那种与物化结构相适应的物化意识，从而有利于资本主义生产关系的再生产；但对于肩负变革历史和创造更美好未来的无产阶级而言，这种物化意识则是必须破除的认识迷障。意识到这一点仅仅是万里长征的第一步，因为在冲破资本主义物化意识结构的道路上无疑存在着诸多障碍。

第一，物的"可计算性形式"成为了一种新的物性、新的客观性，并取代了原初意义上的真正物性，成为了物化结构与物化意识的保护色。以卢卡奇之见，资本主义合理性的客体化过程，亦即物化结构的社会渗透过程，掩盖了物的直接物性，使其获得一种新的客观性，即一种新的物性。那么，卢卡奇所指认的"新的物性"是指什么呢？很显然，这种新的客观性和物性，不是原初意义上的自然存在，而是一种经由物化意识结构而呈现出来的附着在物体之上的"可计算性形式"，并且这种新的"物性"形式"仅仅在它们偶然进行交换的时代才不具有，它消灭了它们原来的、真正的物性"[①]。这也意味着，对这种新的物性形式的认知，必须在资本主义商品关系的运动当中才能凸显其本质，"因此只能根据工业资本主义的本质来理解，但是，它们在资本主义社会的人的意识中则表现为资本纯粹的、真正的、非伪造的形式。正因为在这些形式中，在直接商品关系中隐藏的人们相互之间以及人们同满足自己现实需要的真正客体之间的关系逐渐消失得无法觉察和无法辨认了，所以这些关系必然成为物化意识的社会存在的真正代表。这时，商品的商品性质，即抽象的、量的可计算性形式表现在这种性质最纯粹的形态中：因此，在物化的意识看来，这种可计算性形式必然成为这种商品性质真正直接性的表现形式，这种商品性质——作为物化的意识——也根

---

① ［匈］卢卡奇：《历史与阶级意识》，杜章智等译，商务印书馆 1992 年版，第 154 页。

本不力求超出这种形式之外；相反，它力求通过‘科学地加强’这里可理解的规律性来坚持这种表现形式，并使之永久化。”① 总之，在卢卡奇看来，这种借由物化意识结构显现的新物性，构成了我们穿透物化社会结构必须克服的重大障碍。

第二，日常世界的专门化与学科专业细化，让社会历史的总体性图景消隐了。现代科学的发展，日渐变成“一种具有局部特殊规律的形式上的封闭系统”，反而使其现实基础在方法论上成为无法认知和把握的。②“各专门科学由于远离其概念形成的物质基础都有意识地放弃了对整体的认识。”③ 由于社会生活的物化结构与其产生基础之间的关系，并未得到很好的认知，这就给资本主义物化意识的生长和蔓延提供了良好的机会。这种被资本主义合理化原则渗透了的物化意识，形成了认同和接纳破碎化、原子化社会现象的认知结构，并将之视为合理的。因此，日常生活中的人们总是认为工作的专门化、学科的专业细化等都是理所当然的，至于社会历史的整体景象在消隐这一事实，则更显得无关紧要。这就加剧了社会现象与其现实基础的分离。卢卡奇指出，在这种分离的过程当中，资产阶级的思想与方法是主要的推动力，不仅反映和加剧了这种物化意识，还为其展开合法性论证。因此，资产阶级的物化思想与方法论原则自然是卢卡奇要集中火力重点攻破的理论碉堡。

第三，资产阶级思想与方法是物化结构与物化意识的理论反映。在卢卡奇看来，资产阶级学说，往往停留在自己创造的直接性之中，他们倡导的实证科学的方法论，实际上是将研究对象从现实总体中抽离出来，使之成为孤立的对象；他们主张和推动的科学的分工与专门化，使现实总体被肢解为破碎的、具体的对象。社会历史的总体性图景在这种思想认知体系中成为破碎的存在。并且，有一些资产阶级的思想家，试图将这种情况上升为一种不受时间限制的人类社会生存的一般形式，如西美尔等，一直停留在物化现象的外观兜着圈子，“……他们也始终停留在分析物化的直接性上面，从不试图从各种客观上最后派生出来、最

---

① ［匈］卢卡奇：《历史与阶级意识》，杜章智等译，商务印书馆 1992 年版，第 155—156 页。

② 同上书，第 169 页。

③ 同上书，第 175 页。

远离资本主义真正生命过程的形式，即从最表面化的和最空洞的形式深入到物化的根本现象。”① 在资产阶级经济学那里，这一点就更加明显了。我们知道，马克思正是在对资产阶级政治经济学的方法论批判当中建构和深化了历史唯物主义的。其中很重要的一点，就是批驳资产阶级政治经济学割裂社会现象与其历史本质的做法，把看似孤立的经济现象与其赖以产生和维系的现实基础统一于社会历史的运动过程中。很显然，卢卡奇继承了马克思的这一批判视角。卢卡奇以“边际效用论”为例，说明资产阶级经济学只见局部不见整体，只见物不见过程及其社会属性的根本缺陷。卢卡奇进一步指出，资产阶级经济学思想的这种局限性实际上也根源于资本主义社会经济结构。更具体而言，是生产过程中的合理化、可计量化的规律系统，造成了总体认知的不可能性。因而，他们对于经济系统的危机的认知，仅限于偶然性、暂时性的角度，危机对他们而言表现为不可理解的。② 与资产阶级经济学一样，资产阶级法学也具有一种与现实物化结构相适应的合理化特质。卢卡奇指出，资产阶级法学是物化结构的权力关系的表达，它掩盖了其得以产生的真实基础，使背后的权力关系的变化变得模糊不清。③

那么，我们如何才能避免陷入这种支离破碎的形式主义，在各自孤立割据的专门学科中建立统一体呢？卢卡奇认为，这就需要一种内部统一的、哲学的方法从内部加以改造。然而，资产阶级哲学却没有这种能力。以康德为典型代表的资产阶级哲学却陷入了二律背反之中，陷入了现象与“物自体”的二元对立结构中，在实质上构成了物化现实结构与物化意识的哲学表达。这样看来，现代资产阶级思想堵住了抓住问题本质的道路，这正是资本主义阶级结构决定了的阶级位置、立场决定的。“在资产阶级社会的基础上，要使立场来一个根本性的变化，是不可能的。”④

---

① ［匈］卢卡奇：《历史与阶级意识》，杜章智等译，商务印书馆 1992 年版，第 157—158 页。

② 参见［匈］卢卡奇《历史与阶级意识》，杜章智等译，商务印书馆 1992 年版，第 169—170 页。

③ 同上书，第 172—175 页。

④ 同上书，第 176 页。

相比之下，黑格尔的辩证法倒具有一种总体性的观点。但是，这是一种以抽象的概念范畴体系体现出来的总体性，需要进行唯物主义的改造。这一任务落到了马克思的身上。马克思将黑格尔的总体性原则进行了唯物主义的改造，将之落实到社会历史总体运行机制的分析当中，即表现为对资本主义生产方式及其再生产过程总体的历史科学研究。令人遗憾的是，马克思的这种历史的、辩证的总体性思想遭到了后来的曲解，僵化为一种机械的经济决定论，从而丧失了研究社会历史运动的总体性视野，同时也无法从无产阶级的总体性主体视角出发来把握资本主义的矛盾运动。因此，当务之急就是要从资产阶级思想迷障当中拯救马克思的总体性辩证法。事实上，辩证法的总体性原则构成了卢卡奇抗拒资产阶级物化意识形态的解毒剂，也是在新的历史情境论证无产阶级阶级意识与历史主体地位的逻辑支点。

第二节　社会—历史的总体性与“辩证的总体观”

前面已经论证指出，资产阶级的思想方式诉诸直接性，对物化现象采用直观的态度，并将之指认为合理的、自然永恒的现实，从而丧失了社会历史总体性的视野，掩盖了更为根本的社会历史过程，从而也遮蔽了改造现实的历史行动的可能性。卢卡奇指出，要破除资产阶级物化思想的认识迷障，必须凸显一种历史的“辩证的总体观”。在卢卡奇看来，对总体性原则的强调，并非理论逻辑上的标新立异，而是由社会历史的总体性本质决定的。

一　社会—历史的总体性

首先，社会历史是一个总体性的过程。卢卡奇指出，从人们对社会历史的认识过程来看，历史的本质好像表现为认知范式、概念和框架的变化，但实际上，这些概念范畴不过是对人们在社会实践活动以及在实践活动过程中结成的社会关系的反映。因而，历史并不是一种抽象、神秘的过程，也不是一种只能诉诸超验力量才能得到解释的过程，在根本上，历史是人们自身活动的产物，是人们具体社会存在形式不断变化的历史。“历史不再是在人和事物身上发生的难以捉摸的过程，只有用超验力量的介入才能加以说明，或者只有同对历史来讲是超验的价值联系起来才能变得有意义。历史一方面主要是人自身活动的产物（当然迄今为止还是不自觉的）；另一方面又是一连串的过程，人的活动形式，人对自我（对自然和对其他人）的关系就在这一过程中发生着彻底的变化。……历史正是在于，任何固定化都会沦为幻想：历史恰恰就是人的具体生存形式不断彻底变化的历史。”① 唯心主义之所以陷入历史是意识自我发展之产物的认识误区，是因为唯心主义哲学家们往往从观念、意识或想象中去探寻历史的运动，从而使人们远离了历史真正得以产生的基本条件，最终坠入了关于历史的观念神话之中。在卢卡奇看来，黑格尔的历史观就是这样的一个典型。

马克思通过扬弃黑格尔的唯心主义辩证法，从历史现象走进了历史过程之中，从而找到了概念神话产生的现实根源，即人们“现实生活的生产和再生产”。马克思恩格斯强调，“现实生活的生产和再生产”是我们认知历史和定位自我的基础，是我们清算以往各种对历史的神话建构的立足点。从根本上来说，现实生活的生产和再生产是一个总体的过程，其中包括了经济、政治、意识形态等多重内容。因此，作为人们现实实践活动结果的历史，本身就是一个总体的过程，而不是某种抽象的、神秘主义的过程，也不是资产阶级诉诸直接性的认知范式所捕捉的事实与现象的简单累积。资产阶级经济学家由于缺乏这种总体性的历史视野，将经济范畴视为一种自然、永恒的非历史存在，没有认识到各种范畴、概念都是人与人的一定关系的反映；所有社会关系的物化以及相应的概念范畴，背后都隐藏着人们在社会现实活动中结成的相互关系，只有透过这些社会关系，我们才能看到社会发展的真实过程。因此，卢卡奇强调，如果我们要对任何特定时代的经济总体展开研究，那么就必须“把经济本身理解为总体，理解为社会现实”。这是因为，“科学想了解的一定的经济总体的生产和再生产，必定变成一定的社会总体的生产和再生产过程。”② 在这个意义上，我们才能更好地理解，卢卡奇为

---

① ［匈］卢卡奇：《历史与阶级意识》，杜章智等译，商务印书馆 1992 年版，第 274—275 页。

② 同上书，第 64 页。

何将辩证法一以贯之的主题设定为对历史过程总体的认知。“辩证方法不管讨论什么主题，始终围绕着同一个问题转，即认识历史过程的总体。所以，对辩证方法来说，‘意识形态的’和‘经济的’问题都失去了自己互有的、固定不变的异性，并相互汇合起来。某一问题的历史实际上变成诸问题的历史。某一问题的文献表达方式（即科学表达方式），表现为某一历史整体的表达方式，表现为这一历史整体的各种可能性、界限和问题的表达方式。因此，从文献上探讨某一问题，能够最完全地表达历史过程的难点。哲学变成为历史哲学。”①

当然，在卢卡奇看来，肯定历史是一个总体性的过程，同时也就意味着，总体性意识的获得与历史主体的生产也是一个历史的过程，从而，历史的总体过程也是打破物化结构、消除物化意识并把历史把握为人的实践活动产物的过程。关于这一点，在论述无产阶级阶级意识的重要性以及历史主体的生产性问题时将进一步展开。

其次，资本主义社会是一个“复杂的有关联的统一”，即一种总体性的社会构架。我们知道，马克思在《资本论》及其相关手稿中多次明确地将资本主义社会定义为各种社会关系的总和，并且指出资本主义社会是有史以来最为复杂的有机整体。卢卡奇继承了马克思的这一论断，并进一步强调了资本主义社会构架的总体性特质及其物化结构。卢卡奇强调，“任何一个前资本主义社会——在经济上——都没有像资本主义社会那样构成一种有关联的统一。”② 这就决定了，我们对资本主义这种复杂的总体性结构的认知，不能停留在直观的、孤立现象的层面。“只有在这种把社会生活的孤立事实作为历史发展的环节并把它们归结为一个总体的情况下，对事实的认识才能成为对现实的认识。”③在晚年写就的《关于社会存在的本体论》中，卢卡奇延续了关于资本主义社会是一个总体性结构的看法。不过，不同于青年时期的物化视角，晚年卢卡奇立足于劳动这一概念范畴，将社会存在视为一个由诸多环节和部分构成的有机整体，其中各个环节和部分处于一种相互关联、

---

① ［匈］卢卡奇：《历史与阶级意识》，杜章智等译，商务印书馆 1992 年版，第 85 页。

② 同上书，第 110 页。

③ 同上书，第 56 页。

相互作用的关系整体中。“劳动作为发展了的社会存在范畴，只有在一个过程性的并且在过程中自我再生产着的社会整体中才能获得自己真正的、相应的实存。”①

总之，肯定了社会历史是一个总体的过程，这就意味着我们不能像资产阶级学者那样简单地诉诸直观和感性，将历史理解为现象之和，从而无法穿透资本主义物化结构的意识迷障。因此，认识对象的总体性特质决定了我们对它们的认识必须采取辩证的总体观。

二　“辩证的总体观”与社会再生产研究的方法论构架

通过上述的研讨，卢卡奇实际上为他所强调的总体性原则奠定了本体论基础，即作为总体过程的社会历史。在此基础上，卢卡奇进一步将辩证法的真正对象锁定为作为总体的社会历史过程，而不是资产阶级思想方式所青睐的直接性对象或现象，从而强调了辩证法的总体性原则，即要从总体性的视角来透视现实。具体而言，卢卡奇强调的辩证总体观具有以下四个方面的内涵：

第一，强调社会生活的整体性、总体性特质，同时将总体性原则视为马克思的辩证法的核心要领。关于社会生活的总体性特质，前面已有详细论述，此处不再赘言。至于马克思辩证法的总体性原则，卢卡奇认为这是马克思的历史科学区别于资产阶级科学的关键要点。“马克思的辩证法，旨在把社会当作总体来认识”，不存在独立的各学科，只有统一的历史科学，关于作为总体的社会发展的科学。② “不是经济动机在历史解释中的首要地位（Vorherrschaft），而是总体的观点，使马克思主义同资产阶级科学有决定性的区别。”③ 在社会历史的总体性视野下，重新审视环节与总体或部分与整体的辩证关系。

第二，社会的总体性是在运动过程中呈现的，这一点实际上涉及历史生成性的重新界定。不同于唯心主义从概念、意识等范畴的运动来把握历史的运动机制，辩证的总体观强调必须从现实生活生产和再生产这

① ［匈］卢卡奇：《关于社会存在的本体论》下卷，白锡堃等译，重庆出版社 1993 年版，第 140 页。

② ［匈］卢卡奇：《历史与阶级意识》，杜章智等译，商务印书馆 1992 年版，第 77 页。

③ 同上书，第 76 页。

个主导性过程出发，来把握历史的生产性问题。因此，相对孤立的现象和直接性的现实而言，过程具有本体和逻辑上的优先性。

第三，对总体性的认知要借助中介范畴。社会历史的总体性本质决定了，我们对总体性的认知不能诉诸资产阶级惯常采用的经验主义视角，不能停留在现象和直接事实上，而必须借助中介范畴。

第四，主体与客体的统一、理论与实践的统一是总体性原则的内在要求。立足于社会总体生产和再生产的总体性视野，无产阶级终将突破资产阶级的物化意识之网，意识到自己在社会历史中的主体地位，从而为导向一种总体性的实践和未来可能性指明方向。

从卢卡奇的言说逻辑来看，历史过程的逻辑优先性和历史主体的生成性构成了总体性原则的本体论基础，环节与总体的关系之辨、中介范畴的重要性是辩证总体观的认识路径。这二者最终的落脚点是论证无产阶级在物化的历史情境中恢复主体地位的现实可能性。在整个的论证过程中，卢卡奇的总体性原则恰恰构成了社会再生产研究的方法论骨架。接下来，我们将重点从环节与总体的关系、过程的逻辑优先性、总体性的中介范畴与历史主体的生成性这几个方面分别考察卢卡奇的总体性思想。

其一，总体性视野下的部分与整体、环节与总体的辩证关系。在卢卡奇看来，资产阶级学者的思维方式简单地诉诸直接性、简单规定性或偶然性、纯粹反思性，使社会历史的认知对象被硬生生地从社会历史过程中抽离出来，成为了孤立的现象或事实，达到的只是孤立的、偶然的或暂时性的认知，无法实现对社会历史总体的整体认知，从而取消了总体整体对孤立部分、环节的方法论优越性。“随着总体的被取消，各个孤立的部分的反思联系似乎就是适合一切人类社会的没有时间性的规律”[①]。这种认知方式一旦运用于理解历史事实与变迁，那么社会变迁的实质和各历史阶段之间的本质差别就被屏蔽了。鉴此，卢卡奇强调，必须坚持马克思的总体性思想，坚持“辩证的总体观”，使孤立事实上升为现实的总体认知。“只有在这种把社会生活中的孤立事实作为历史发展的环节并把它们归结为一个总体的情况下，对事实的认识才能成为

① ［匈］卢卡奇：《历史与阶级意识》，杜章智等译，商务印书馆1992年版，第57页。

对现实的认识。"[①] 因此，"在思维中再现和把握现实的唯一方法"是"辩证的总体观"，这一方法的正确性，只在于对该方法的"真正物质基础"保持清醒的认知。值得注意的是，卢卡奇强调辩证总体观的"真正物质基础"乃"资本主义社会及其生产力和生产关系的内在对抗性"[②]。这一强调，实际上不仅将马克思的方法论与资产阶级的方法论区别开来了，而且也将马克思的总体观与黑格尔的总体观在实质层面上彻底地区分开来了。

"……马克思主义把辩证的过程把握为和历史的发展本身相同一的。作出这样一种方法论的论断仅仅是基于纯结构方面的事实，即个别的环节不是机械的总体的部件（这一总体也许可以由这些部件拼装而成，从这种观点又会产生出把认识把握为无限进展的观点），而是在个别的环节中隐藏着从其本身发展出总体的全部丰富内容的可能性。然而这只有在下述条件下才有可能：如果环节被把握为环节，即把握为通向总体的过渡点；如果那种超越直接性的运动把环节（自在地不再是两种反思规定的明显矛盾）变成为辩证过程的环节，如果那种超越直接性的运动不是僵化为停滞，僵化为一种新的直接性。"[③]

这一点，是卢卡奇紧随马克思的总体性思想，将资本主义现实研究与批判应采取的总体性再生产视角凸显出来了。也正是基于马克思生产方式分析的再生产视角，卢卡奇一方面重释了总体与环节的辩证关系，"简言之，辩证方法的本质在于——从这种立场来看——全部的总体都包含在每一个被辩证地、正确地把握的环节之中，在于整个的方法可以从每一个环节发展而来。"[④] 另一方面，卢卡奇强调必须将环节与总体置于动态的关系当中，从而戳穿资本主义物化现象的独立性、自然自主性表象。"总体的范畴决不是把它的各个环节归结为无差别的统一性、

---

① ［匈］卢卡奇：《历史与阶级意识》，杜章智等译，商务印书馆 1992 年版，第 56 页。

② 同上书，第 58 页。

③ 同上书，第 255 页。值得一提的是，卢卡奇的有关总体与环节的关系论述，实际上与后来哈维从空间视域提出的社会生活多环节相互内化的观点有着异曲同工之妙。虽然，我们无法找到直接的证据证明哈维的相关言说是受到了卢卡奇的启发，但有一点是可以肯定的，他们对环节与过程总体的辩证关系的认知，是基于一种总体性的社会再生产视野之中。关于这一点，在哈维部分的研讨将会得到更清晰地呈现。

④ 同上书，第 254 页。

同一性。只有在这些环节彼此间处于一种动态的辩证的关系，并且能被认为是一个同样动态的和辩证的整体的动态的辩证的环节这层意义上，它们在资本主义生产制度中所具有的表面的独立和自主才是一种假象。”①

上述可见，卢卡奇坚持了马克思的总体性思想，认为只有坚持辩证的总体观，才能穿透日常生活所呈现出来的认知客体的直接的对象性形式（在资本主义社会中，往往是一种拜物教形式，一种统治的意识形态），揭示其现实产生的社会过程，或者说将认知对象置入到社会过程中去辩证把握，并且基于各对象性形式与整体的动态关系及其变化过程中来认识。特别值得深入思考的地方在于，卢卡奇强调的“辩证的总体观”，似乎着力点在于凸显“部分同整体的辩证关系”。可是这样的分析重点，反而为我们的理解带来一定的困难：即从物化世界的直接对象性形式到揭示物化现象的本质——人与人的社会关系，这个过程与“部分同整体的辩证关系”究竟存在着什么样的关联？

要回答这个问题，我们必须跳出形式逻辑意义上的“部分同整体的辩证关系”，并且要真正地实现在部分与整体之间的辩证观，必须回到马克思有关再生产思想的相关论述中，将“整体”界定为一种总体的社会历史运动，而不是一种静止的部分之和或“结构”。我想，这大概也是为什么在这部分的论述之后，卢卡奇援引的是马克思关于再生产包含了物性与关系两个不可分割方面的经典论述，并强调了这样一个值得深思的论断：“科学想了解的一定的经济总体的生产和再生产，必定变成一定的社会总体的生产和再生产过程。”②

概而言之，部分与整体、环节与总体之间的辩证关系，必须置入历史的动态过程当中来考察。只有借助“超越直接性的运动”，过程中的环节及其与整个过程的辩证关系才能得到更为清晰的认识。这一点，也就是意味着卢卡奇必然要转向对过程的逻辑优先性的强调。无独有偶，哈维在试图从空间视角来对历史唯物主义进行升级时，他也首先重点阐

---

① ［匈］卢卡奇：《历史与阶级意识》，杜章智等译，商务印书馆 1992 年版，第 61 页。

② 同上书，第 64 页。

发了一种社会生活多环节且相互内化于过程之中的过程辩证法。[①]

其二，过程对孤立事实或现象的逻辑优先性。在卢卡奇看来，要理解环节与总体的辩证关系，必须从社会过程的总体视角来看待。只有在过程中，我们才能考察不断变化的客体或现象之间的关系，以及它们之间存在着什么样的相互作用。因此，只有坚持“辩证的总体观”才能将现实理解为社会过程。对于认识资本主义的本质而言，更应如此。因为，“只有这种总体观能揭破资本主义生产方式所必然产生的拜物教形式，使我们能看到它们不过是一些假象，这些假象虽然看来是必然的，但终究是假的。”[②] 这些假象，掩盖了客体之间的真正关系，是统治阶级的意识形态。这同时也是资本主义社会中的拜物教，因为这种直接的“对象性形式”实际上掩盖了人与人之间的社会关系的实质。资产阶级就习惯于停留在这些假象或直接的“对象性形式”上，并将这些认识对象从过程中孤立出来，树立为理论与实践的最高偶像，量化、僵化的认知，无法真正理解直接的现实性。这样，诉诸直接性达到的认识与活生生的社会现实总体过程之间就存在着不可克服的矛盾。可见，资产阶级停留在“事实”层面，而真正历史科学的研究要穿透“事实”，研究事实产生和存在的社会基础。只有打破了“事实”的优先性，那么任何现象的“过程”性质就得到了揭示，事实不过是过程的一个环节。“因此只有当‘事实’的这种方法论上的优先权被打破了，当任何一种现象都具有过程的性质这一点被认识了，人们才能懂得，即使是人们习惯称之为‘事实’的东西也是由过程组成的。然后人们才能懂得，‘事实’也只是整个过程的一部分，是分离出来的、人为地孤立的和僵化了的环节。这样人们也就同时懂得了，为什么当整个过程的过程式本质还是极其纯净，还没有被物化所僵化、所污染的时候，和事实相比，这样的整个的过程就代表着真正的更高级的现实性。”[③]

可见，辩证法的真正对象不是经验的、孤立的“事实”，而是决定着这些“事实”及其呈现方式的社会过程或社会生活的对抗性过程与

① 参见本书第九章第二节的相关论述。

② ［匈］卢卡奇：《历史与阶级意识》，杜章智等译，商务印书馆 1992 年版，第 62 页。

③ 同上书，第 273 页。

结构。[1] 在卢卡奇看来，这就是为什么只有辩证的总体观才能够使我们将现实把握为社会过程的原因，也正是为什么在马克思的方法论当中，过程总是具有相对于事实与现象的逻辑优先性。

其三，总体性借由中介过程得以彰显。前面指出，总体性的方法论要求把整个社会当作一个动态的总体过程来理解，其中各个要素、各种直接呈现的现象或“事实”都处于一种复杂的关联之中，并且这种关联只有通过采取过程的动态视野才能呈现。那么，这里的“过程”究竟是一种什么样的样态呢？卢卡奇认为，这一过程实际上是一种中介过程。历史的总体或作为总体的历史，不是个别历史事实或事件的机械总和，它也不是一种与经验事实相对立的抽象先验的历史观察原则。作为总体的历史，它实际上是一种现实的力量，这种力量构成了个别事实的现实性和可知性的基础。因此，对于历史科学而言，我们必须从对孤立的、相互无内在联系的单个事实的认知，深入到对“真正的结构形式”的探寻，这才是一种总体的历史研究。也就是说，为了把握历史真正的变化，我们应从直接性等生活认知的假象，走向对事物“关系”和事物相互作用的研究。在这个过程中，历史的本质表现为人们借以与他人和世界发生关系的结构形式的变化。单个人物的个性或特性必须通过这种结构形式的研究才是可能的。值得注意的是，在卢卡奇的言说语境中，中介不仅仅是我们穿透社会生活现象“直接性”特质的认识论工具或途径，同时也是整个总体性社会客观结构的显现。“中介的范畴作为克服经验的纯直接性的方法论杠杆不是什么从外部（主观地）放到客体里去的东西，不是价值判断，或和它们的存在相对立的应该，而是它们自己的客观具体的结构本身的显现。”[2] 不仅如此，历史的现实性只能在复杂的中介过程中实现，并且也必须在这个中介过程中被认识。很显然，卢卡奇多次强调的“复杂的中介过程”，实际上就是人们借以与世界和他人发生关系的社会结构形式，而这种结构形式是由占据主导地位的生产方式的生产和再生产过程决定的。卢卡奇认为，通过对这个

---

① ［匈］卢卡奇：《历史与阶级意识》，杜章智等译，商务印书馆 1992 年版，第 268—270 页。

② 同上书，第 245 页。

中介过程与社会形式的研究，我们能找到现实本身的构造原则和运动趋势，在这个意义上，思想的起源与历史的起源是统一的。然而，资产阶级思想对直接性的热衷，数量化的认知方式，歪曲了事物总体过程的对象化形式，即歪曲了“真正的对象性”，从而使现象与中介过程陷入了不可调和的分离状态。这是一种方法论的两重性，也是一张阻碍我们把握历史本质的形式理性之“网”，是一种对历史的变迁和创造过程采取了削足适履的行径。总而言之，资产阶级的认知方式不但无助于我们穿透日常生活中所遭遇的各种直接性，而且只会保存和强化这种直接性。① 相比之下，无产阶级对他的社会存在的意识不存在这样的二重性分裂。工人常常能直接感知自己社会存在的物化特质，以及被奴役、被剥夺、被分裂的状态，因而具有反抗和斗争的意志，具有超越直接性回到客观的总体过程的需求和潜力。

其四，历史总体的生成与无产阶级主体意识的恢复。在卢卡奇看来，总体性不是一种外在的“应该”，不是一种先验的逻辑预设，而是历史本身的生成问题。这种历史的生成性，或者说社会存在的生成性，不是黑格尔意义上的抽象概念体系中的概念生成性，也不是抽象意义上的普遍变化，更不是空洞无物的时间流逝，“而是那种关系的不停的产生和再生产”②。在卢卡奇看来，这一点恰恰构成了马克思对黑格尔辩证法的超越，即把一种依赖概念范畴矛盾运动的生成性，植根于社会历史的总体进程中，历史地、具体地界定为占据主导地位的社会生产方式及其决定的社会关系的生产和再生产过程。卢卡奇强调，只有将历史的生产性定位为占据主导地位的社会关系的不停的产生和再生产，我们才可能突破资产阶级见物不见人的物化思维，无产阶级才能跳出资产阶级布下的思维方式，在历史发展中准确地定位自己和认识自我，从而挣脱资本主义商品关系的客体定位，意识到自己在社会历史中的主体地位。“当无产阶级只意识到商品关系时，它只能意识到自己是经济过程的客体。因为商品是被生产的，工人作为商品，作为直接的产品，至多只能

---

① ［匈］卢卡奇：《历史与阶级意识》，杜章智等译，商务印书馆1992年版，第235—238页。

② 同上书，第268页。

是这一机器中的机械的动轮而已。但是，如果资本的物化被溶化为它的生产和再生产的不停的过程，那么在这种立场上，无产阶级就能意识到自己是这一过程的真正的——尽管是被束缚的和暂且是不自觉的——主体。"① 将社会过程摆在优先地位，既是突破资产阶级"直接性"幻境的指南，也是历史主体生成性的一种可能空间。卢卡奇指出，相比于停留在现象与事实表象的资产阶级而言，立足于社会生活的主导过程（劳动与资本的直接关系）中的无产阶级，具有将这个主导过程与远离这个过程的其他社会形式联系起来的需要和潜力，并将之置入了辩证的总体之中来加以认识，从而为穿透现实生活的物化外观打开了道路。"对无产阶级来说，由于它是从辩证地讲是明确的形式（劳动和资本的直接关系）出发的，并把远离生产过程的那些形式和这些形式联系了起来，把它们放到了辩证总体之中来认识，因此，它就打开了完全窥透物化形式的道路。"② 可见，在卢卡奇看来，无产阶级的总体性视野这一潜能，必须从社会总体过程当中获得。换言之，正是基于社会再生产的总体视角，将生产过程中的诸环节，放置在社会生活的总体过程中，看到它们彼此之间的内在关联，由此突破了物化现象的孤立性、直接性、合理性等认知迷障。这里的方法论阐述，真正实现了历史唯物主义所强调的逻辑与历史的同一。

从上述四个方面来看，卢卡奇强调的"辩证的总体观"，并不仅仅是一种认识方法，更包含了他对社会历史总体的生成性、结构性、中介性等特质的指认。从方法论根源上来说，马克思在《57—58 手稿》导言中强调的"抽象上升到具体"的方法是这一总体性思想的方法论模板。卢卡奇之后，威廉斯将文化作为社会生活方式总体运动过程的考察视角，阿尔都塞的矛盾多元决定论，哈维的社会生活多环节相互内化之说，都延续并融合了过程性、中介性和生成性的辩证总体观。通过后面的研究，我们将发现，这种总体性原则对于我们抗拒资产阶级的物化思维、把握历史发展的深层机制、识别资本主义生产方式的时代变迁并探寻历史变革主体的生成性与未来的可能性等都是一个重要的思想武器。

---

① ［匈］卢卡奇：《历史与阶级意识》，杜章智等译，商务印书馆 1992 年版，第 268 页。
② 同上书，第 274 页。

因此，从这个角度来看，卢卡奇的“辩证的总体观”实际上为西方马克思主义的社会再生产研究奠定了主导的方法论框架。

第三节 阶级意识与历史主体的生成

前面已经论证指出，在卢卡奇看来，资产阶级的思想方式存在着如下三方面的危害。其一，诉诸直接性、直观等，与物化经济结构和生活方式的适应，丢失了历史总体性的视野，掩盖了更为根本的社会历史过程，从而也遮蔽了改造现实的历史行动的可能性。其二，强调科学性、精确性、合理化和可计算性、可预测性等，实际上根源于资本主义的经济生产方式当中，并且这种资本主义的合理化原则并未止步于生产过程中，而是在广度和深度上不断发展：在广度上，表现为法律、国家官僚行政体系的合理化与物化等；在深度上，物化不仅潜入心灵与灵魂，而且构成了人文学科和哲学思考的现实基础，造成的是资产阶级深刻的二律背反，一方面试图解救破碎了的主体；另一方面因找不到现实之根而走向概念逻辑的独断主义，或者让历史的生成性内涵仅限于概念体系中运动，并以此取代现实的运动。其三，由于摒弃的是历史发展的总体视野，在探索个人社会存在意义与位置时，从个体主义的视角出发，看到的只是个人与社会形式的冲突与矛盾，看不到特定历史时期这种个体—社会冲突的资本主义特质，从而将资本主义社会本身的内在冲突泛化为历史永恒的普遍主题，忽略了人的社会关系本质，也在根本上抛弃了马克思基于生产方式分析视野中的阶级斗争学说，事实上是从马克思那里已经科学论证了的两大社会集团分立对抗的历史冲突模式，倒退回个体对抗社会的一般形式。这是那些深陷于资产阶级意识形态而未能充分自觉的庸俗马克思主义的病因所在，机会主义、修正主义等都在此列。

卢卡奇有关物化、合理化的研究，意在揭示社会生活的物化结构与其产生基础之间的分离，并且，资产阶级的思想方式作为物化意识的集中代表，横亘其中，收编和改造了大众的日常意识。卢卡奇的这一指认，意在揭示无产阶级阶级意识何以堕入物化意识的圈套，成了怎么也飞不出物化结构之五指山的孙大圣。作为对策，卢卡奇祭出的是“辩证的总体性”这一方法论大旗，意在抗击资产阶级的物化思维，彰显社会生活的总体性本质，从资本主义合理化体系中拯救那些破碎的、零散的迷失主体，使其意识到自己并不是社会生活的客体，也不是商品洪流中的商品，而是历史的真正主体，并且是作为总体的主体。卢卡奇主张，社会历史的总体性本质不仅决定了对其认知的方式应是“辩证的总体观”，同时也决定了作为社会历史的认知主体与行动主体，本身也应是一种总体性的主体。不过，无产阶级要认识到这一点，就需要形成属于自己的真正的阶级意识。

那么，在卢卡奇的思路中，无产阶级的阶级意识是如何出场的呢？是不是仅仅是一种理论逻辑上的预设呢？在本书看来，尽管卢卡奇试图借助黑格尔的主客同一逻辑来论证无产阶级主体性终将复归的必然性，因此显示出一定的唯心主义或人本主义色彩，但我们应该同时注意到，卢卡奇对无产阶级阶级意识的定位，以及对于无产阶级主体性意识的复归的研讨，实际上也暗含了一条符合历史科学研究的思考路径。在本书看来，这主要体现在以下三个维度：坚持社会历史的总体性视角，反对从个体存在的视角来看待社会历史；基于社会再生产总体过程中的“阶级意识”概念；历史主体生成的复杂性、曲折性与必然性。

一　作为“总体的主体”的阶级

在卢卡奇看来，如何认识历史和社会的变迁，以及如何在社会历史变迁中定位历史主体，是一个至关重要的问题。

在这个问题上，资产阶级的认识方式主张的是一种方法论的个体中心主义，也就是从个体存在的视角来看待社会与历史。这种认知范式实际上试图将我们引向一种固化、自然化、绝对化的历史观，或者神秘主义、相对主义等。历史认知中的个体视角（即把单个的人作为一切事物的尺度），导向的只是概念的神话或神秘主义，由于无法看清世界与历史总体的轮廓，容易寻求一种“强大有力的因果决定论”。因此，卢卡奇坚持马克思的历史科学的研究思路，坚持社会历史的总体性和认识方式上的总体观，反对将历史冲突简化为个体与社会形式冲突的做法，强调必须坚持马克思阶级分析的视野，亦即坚持将历史冲突的实质定位为社会集团与社会集团之间的冲突和对抗，并且这两大社会集团之间的对抗与冲突，以及相应的意识形态冲突，都应植根于生产方式的总体分析之中。换言之，卢卡奇认为，阶级分析的视野是“辩证的总体观”的要求与体现，是基于历史过程总体研究的视野中才能得到确认并坚持的科学认识。

首先，卢卡奇强调了社会历史的总体性本质，这一本质决定了我们的认知方式应采取总体的视野，而不能像资产阶级学者那样，停留在经验层面，从个体存在的视角出发来看待历史。尽管我们知道，人是一切社会事物的尺度，是从物的形式转向以人之间社会关系的具体为中心。但任何抽象的、单个的“个人”都不是历史研究的真正对象。历史研究的主要对象是人的世界的结构，动态的变化着的关系形式的体系。这是因为，历史既是人的活动的产物，也是人的社会活动形式及其与自我的关系形式得以展开和变化的过程。停留在经验层面的事实，是一种将历史固定化的错误企图。“历史正是在于，任何固定化都会沦为幻想：历史恰恰就是人的具体生存形式不断彻底变化的历史。”① 必须拒绝从个别现象的纯历史角度来理解历史，必须将之视为人的具体生存形式不断变化的历史，各种生存形式之间的联系“更多地是通过它们在总体中的相互地位和作用而形成的”，坚持这一点，历史才真正地变为人的历史。“这是因为在历史中再也不会有任何最终不能回溯到人，回溯到人与人的关系的东西。”②

在这一点上，绝对主义、相对主义都不能把现实具体地把握为历史过程。相对主义的问题在于将自己的研究对象始终锁定为僵化不变的对象性形式。如果不能穿透特定的社会对象性形式，并找到其历史现实之基，那么，对这种僵化不变的对象性形式的认知，不是无产阶级所需要的“真理”。因此，这种相对主义的认知，无助于无产阶级找到现实斗争的方向，只是变着戏法对现状的曲线肯定。在这个意义上，卢卡奇提出了真理的阶级立场性与客观性根基问题。“真理只能具有一种与各个阶级的立场及其相应的对象性形式有关的‘客观性’。只有当人类清楚地洞见了自身的生存基础，并据此对这种基础加以改造的时候，真理才会具有一种全新的面貌。一旦理论和实践达到了统一，一旦现实有了改

① ［匈］卢卡奇：《历史与阶级意识》，杜章智等译，商务印书馆 1992 年版，第 275 页。
② 同上。

变的可能，绝对和它的‘相对的’对立面就完成了它们的历史使命。”①同样，绝对主义也没能帮助人类洞悉自己的现实基础。在卢卡奇看来，“绝对无非就是思想的僵化，就是把思想神秘地、绝对地变得没有能力把现实具体地把握为历史过程。”② 黑格尔试图克服绝对主义的僵化问题，让思想范畴处于一种概念的运动过程中，使真理“相对化”，即将较低环节的真理的“客观性”，纳入到更具体更全面的总体之中，因而获得了不同于之前的意义。这是黑格尔在历史中发现的一种思想运动，然而，也仅仅是思想范畴的运动而已。马克思通过对历史过程的本质的研究，找到了这种思想运动的现实根基，即物质生活的生产和再生产这一总体的历史运动。“由于马克思把辩证法变成了历史过程本身的本质，因此这种思想运动同样也只是表现为整个历史运动的一部分。历史成了构成人的环境世界和内心世界，人力图从思想上、实践上和艺术上等等方面加以控制的各种对象性形式的历史。”③ 这是一种历史的辩证法，社会历史的界限是变动的，社会存在形式变成了过程，“被把握为具有具体的历史的形态，被把握为过程本身的环节”④。基此，马克思对人采取了一种历史的、辩证的看法。人总是作为具体总体的社会的一个环节，必须置入到社会这一具体总体中才能加以定位和认识。因此，在马克思那里，人，不再是抽象的概念范畴，也不是经验的个体存在，而是历史辩证发展过程的同一的主体—客体。⑤

相比之下，资产阶级的认知范式，导向的是人的抽象存在性，见物不见人。马克思主义的“人道主义”批判路径，揭示了资本主义的压制、摧残人性的东西，但却在现象层面的非人性与社会经济结构的分析之间挖了一道无法跨越的鸿沟，只能借助道德、神话或形而上学的力量来反抗现实的不合理性，根本找不到现象的根基，因而无法指出解决问题的出路。同样，宗教信仰与学说对人的现实存在（经验之维）与真

---

① ［匈］卢卡奇：《历史与阶级意识》，杜章智等译，商务印书馆1992年版，第278—279页。

② 同上书，第277页。

③ 同上书，第278页。

④ 同上。

⑤ 同上书，第279页。

实存在（主观向往）的理解陷入了一种二重性，导向或追求的是一种摆脱物性、肉体的内在性，亦即超验的历史哲学，实际上与资本主义意识形态基本结构是吻合的。卢卡奇以宗教乌托邦思想为例，认为其在经验与空想之间同样也存在着无法克服的二重性问题。“当布洛赫把经济当作是客观的事物，而灵魂、内在的等等东西必然与之相对立时，他就是忽视了恰恰是真正的社会革命才能变革人的具体而现实的活动，他就是忽视了人们习惯上称之为经济学的东西无非就是关于这种现实生活的对象性形式的体系。”①

这种非历史的抽象主体观，实际上也渗透进了社会主义阵营当中。以社会民主党的指导思想为例，卢卡奇批判地指出，社会民主党将辩证实践的统一体分裂为经验主义和空想主义，资产阶级社会的物化直接性不但没有得到消除，反而得到了进一步的确认。他们主张的经济决定论，实际上是对生产的自然规律的屈从，遁入物化意识，与资产阶级一道陷入了存在的直接性中，从而将无产阶级拉入了资产阶级的物化意识形态大合唱。这实际上是一种隐蔽的对资产阶级的全面投降，对于历史行动主体在历史过程的职能的认识，陷入了经济宿命论与“合道德的”空想社会主义的二元论。社会民主党的历史认识与方法论基础，无疑是符合资产阶级的阶级利益的。②

可见，从抽象的或者经验的个体出发，注定要迷失总体，找不到变革历史的路径。卢卡奇主张，必须从阶级的视角出发，社会历史总体的视野才能坚持，才能从物化的对象性中看到过程，看到改造历史的路径。

那么，为什么说阶级的视角才是对社会历史发展总体性的坚持呢？在卢卡奇看来，这其中有一个重要的逻辑过渡，即作为总体的社会生产方式分析。换句话说，卢卡奇认为，我们对阶级的理解和把握，并不是依据抽象的道德和伦理期待，而是根据生产方式的分析。这一点，是从马克思的历史科学当中继承下来的一个基本判断。卢卡奇指出，马克思关于阶级概念的定义，植根于一定生产方式的分析之上，也就是从社会

---

① ［匈］卢卡奇：《历史与阶级意识》，杜章智等译，商务印书馆 1992 年版，第 284 页。

② 同上书，第 288—290 页。

再生产的总体过程来看，而不是简单的经济条件或利益的一致性。他以马克思在《路易·波拿巴的雾月十八日》中的论述为证，其中马克思分析了“小资产阶级”在利益冲突和斗争中的表现及其与社会经济关系变迁的关系，并探讨了具有共同利益和社会地位的小农何以无法形成一个阶级的原因。[①] 因此，卢卡奇认为，对历史主体的分析，应坚持马克思的思路，即基于生产方式和社会总体再生产过程的分析，因为后者乃社会历史的真正主体和认知对象，其过程总体性的特质决定了我们对它的认知应采取辩证的总体视野。在理解社会历史冲突及其表现形式时，阶级斗争的视野实际上是生产方式总体性视野的认识产物。生产方式，阶级斗争（而不是个体主义视野下的零散的反抗，或个体对抗社会形式的斗争），辩证的总体观，都是历史唯物主义区别于其他理论研究的关键要点。[②]

卢卡奇指出，资产阶级意识辩证法的基础总是个体，但它对整个经济运行的机制却是从“自然规律”的角度来理解，这样就在根本上阻碍了资产阶级意识对社会总体的认知，因而与社会经济总体的运行原则与意识的总体性特质总是冲突的，这就造成了理论与实践之间不可克服的对立。在这样的认识范式中，我们感受到的历史冲突总是表现为个体与社会形式的冲突，如此一来，主导性的生产方式及其决定的社会关系就可以避开大众的质询与问责了。让卢卡奇感到愤慨的是，第二国际时代的不少马克思主义学者不自觉地跳入了资产阶级意识辩证法的陷阱。

卢卡奇以马克斯·阿德勒为例，对这种认识误区展开了批判。卢卡

---

① ［匈］卢卡奇：《历史与阶级意识》，杜章智等译，商务印书馆 1992 年版，第 116—117 页。

② 这一认识要点，实际上构成了评估卢卡奇理论探索之得失的重要观测点，只是在主流相关研究的视野中，并不突出。这与卢卡奇的表述形式和逻辑依赖有莫大的关联。但毫无疑问，反对个体主义的方法论原则，强调阶级分析的视野，并将之归因于生产方式分析的总体性内涵，是历史唯物主义的重要路径，也是我们反思和评估后来西方马克思主义走向得失的重要依据。这个问题的重要性，透过哈维的历史—地理唯物主义主张将得到进一步凸显。哈维对后现代主义的批判分析为什么值得肯定，也可以从这一视角得到很好的理解。哈维将资本积累与阶级斗争统一起来并坚持到底，揭示了资本主义再生产过程的多环节且相互内化的特性，并基此呼吁各种受后现代主义影响的激进行动必须从孤立的、散裂的、过分强调特殊性的状态走出来，向一种联合的、看到必要的普遍性的阶级斗争视野中回归。参见［美］戴维·哈维《正义、自然和差异地理学》，胡大平译，上海人民出版社 2010 年版。

奇意识到，马克斯·阿德勒试图对马克思主义辩证法进行“改良”，使之区分于形而上学的辩证法，并将之定性为“一门实证科学”，从而将构成辩证法基础的历史发展中的矛盾运动，简化为“个人的私利同限制它的社会形式之间存在对立”这样一种“对抗”。卢卡奇敏锐地指出，这样的简化造成的后果是，“表现在阶级斗争中的客观的经济对抗消失了，剩下的只是个人同社会的冲突。这就是说，无论是资本主义社会的产生还是它的问题和崩溃，都不能看做是必然的。……资产阶级社会的结构在这里也被确定为一般社会的普遍形式。”卢卡奇认为，这种观点导向的是一种康德式的历史哲学。①

无独有偶，卢卡奇分析了鲍威尔之流之所以沦为资本主义意识形态附庸的方法论根结，即方法论上的个体主义。这种与资产阶级意识形态相符的认知，对于探寻改造世界的“行动可能性”而言是致命的伤害。它导向的是以下两种结果：其一，陷入以“永恒自然规律”呈现的外在世界对个体的压抑、统治霸权之中，只能按照认识到的规律来行动；另一种是向内寻求改变自我的方式，以此改变看世界的方式，从而间接地改变了世界（伦理学）。对此，卢卡奇辛辣地讽刺道：“由于世界的机械化必然使其主体、即人本身一同机械化，这种伦理学也就始终是抽象的，即使同与世界隔离开来的人的总体相比，它也只是规范性的，而不是真正能动的、能创造对象的。它始终只具有规定和要求的性质。”②总之，在卢卡奇看来，奥托·鲍威尔之流虽然扛着的是马克思主义的旗号，但在考察社会经济现实时恰恰“放弃了对历史过程作总体的考察，即黑格尔和马克思的方法”，因而在探讨行动可能性问题上也必将回到康德学派的规范伦理学那里去。③

在上述的论述基础上，卢卡奇提出了这样的论断：“破坏对总体的考察，就要破坏理论和实践的统一。行动，实践——马克思把实践的要求放在他关于费尔巴哈的提纲之首——按其本质，是对现实的冲破，是对现实的改变。但是，现实只能作为总体来把握和冲破，而且只有本身

---

① ［匈］卢卡奇：《历史与阶级意识》，杜章智等译，商务印书馆1992年版，第59—60页。

② 同上书，第90页。

③ 同上。

是一总体的主体，才能做到这种冲破。”①

那么，在卢卡奇看来，这里提到的能冲破现实的作为总体的“主体”，显然不是个体，而是阶级。在此，卢卡奇再次提醒我们注意阶级视角对于个体主义视角的优越性，并指出这种优越性的原因在于：“只有阶级才能在行动中冲破社会现实，并在这种现实的总体中把它加以改变。”正是基于这样的视角，我们对社会做出的批判才是总体的、辩证的，理论与实践的辩证统一就不是空喊的口号。“在这种不可分的辩证统一中，阶级既是历史—辩证过程的原因，也是它的结果；既是历史—辩证过程的反映，也是它的动力。无产阶级作为社会思想的主体，一下子打破了无所作为的困境，即由纯规律的宿命论和纯意向的伦理学造成的困境。”②

基于上述的逻辑，卢卡奇如下的断言更值得细细体味：“对马克思主义来说，如果对资本主义历史局限性（积累问题）的认识成为生命攸关的问题，那么它之所以如此，是因为只有在这种联系中，在理论与实践的统一中，社会革命，即对社会总体的总体改造的必然性才显得是有根据的。只有在这种联系的可知性和对它的认识能被理解为变化过程的产物时，辩证方法的圆圈——它的这种规定也来自黑格尔——才能封口。”③

虽然，卢卡奇在表述这一论断的时候，带有很明显的黑格尔痕迹。但他的论断无疑切中了马克思主义研究的一个核心主题，即资本主义内在界限的研讨。这个问题亦可具体化为资本主义积累如何实现及其界限何在的问题。从马克思，到卢森堡，以及后来的空间生产理论，都是紧紧地围绕这个问题展开研究。这个问题之所以重要，卢卡奇已经提醒我们了，是因为它直接导向的是“对社会总体的总体改造的必然性”这一问题。当然，结合他前面关于阶级视角的重要性的论断（他虽未能详细展开，但实际上在马克思那里是有机统一的方面——生产方式分析与阶级视野的紧密关联），实际上，资本运动界限的研讨直接导向的还

① ［匈］卢卡奇：《历史与阶级意识》，杜章智等译，商务印书馆1992年版，第90—91页。

② 同上书，第91页。

③ 同上书，第91—92页。

包括对“社会总体的总体改造”的现实可能性的探索，或者说对改造社会的行动可能性的寻求。此即马克思在其政治经济学研究当中不可忽略的主体维度。这些深层的逻辑关联，确如卢卡奇所言，必须坚持对社会历史的过程研究采取一种辩证的总体观才能揭示。换句话说，必须回到社会生活总体的生产和再生产过程这个视角。

综上可见，卢卡奇对阿德勒、鲍威尔之流的分析，体现了他坚持从社会生产方式分析的视角来定位阶级，反对个体主义的认知方式。这是对马克思阶级分析思路的继承，这种继承实际上也体现了历史分析的社会再生产研究思路。为什么这么说呢？我们知道，马克思的阶级斗争学说，实际上是把我们对历史运动过程中的矛盾对抗方式的认知，从个体对抗个体或个体对抗集体的视角提升到了集团对抗集团的视域中去。这种集团（阶级）的界定方式深深地扎根于人们围绕其社会生活的生产和再生产的方式之中，在一般的历史层面上是劳动形式的变迁。从劳动者与劳动客观条件的最初同一（与之相应，占据主导地位的主体对抗方式是个体对抗个体，或个体对抗集体），到资本主义生产方式下的劳动者与劳动客观条件的分离（与之对应的占据主导地位的主体对抗方式，表现为作为劳动者一方的无产阶级和占据了劳动客观条件的资产阶级之间的对抗），历史对抗的方式历经了从个体之间到集团之间的过程。马克思的思考留给我们的最重要遗产之一，就是我们对历史矛盾的承载主体及其斗争趋势的探讨，必须深深地扎根于特定历史时期占据主导地位的生产方式的分析。如果离开了马克思的这一思路，那么，集团对抗集团的历史冲突这一理解模式，很容易就倒退至个体零散的、破碎的斗争模式，并且将空泛无所针对的社会形式或某一特殊性族类（如民族、性别、宗教等）作为斗争对象。在这个意义上，我们来看卢卡奇对总体性辩证视野的强调、哈维力图打造的社会生活各过程各环节相互内化的认知方式，意在挽救马克思以来处于被分裂、被离散化、孤立化等危险之中的阶级斗争视野。在这里，我们不妨联系一下哈维对于那些分裂的、离散化了的激进运动（如女性主义、生态主义、环保主义、种族主义等）的分析，以及他对后现代思潮的警惕，对资本力量收编甚至利用这些零散化的斗争的能力和现实发展趋势的深刻指认。过分强调特殊性，忽略必要的普遍性，陷入的将是向个体对抗社会整体的认知范式的倒退。马克思的阶级分析，正是一种能穿透特殊性、个别性与暂时性社会现象外观，从而直指其内在性、普遍性与必然性的分析。诚如马克思在《57—58 手稿》导言中以生产一般规定为例所指明的思想，保持一定限度的普遍性、一般性，对于我们更好地识别历史各阶段之间的本质差别是必要的。阶级分析的视野，实际上是一种从特殊性上升到普遍性，同时又确保了普遍性向特殊性保持开放性的历史视野。以此参照，我们可以更好地反思消费批判理论、法兰克福学派等对于历史主体的思考的得失。

当然，我们不能简单地认为卢卡奇就真的已经完全站在了马克思的思想高度上来看待历史主体问题。从前文卢卡奇对阿德勒、鲍威尔等人倒退至个体对抗社会形式的认知模式的批判当中，我们看到，从阶级斗争的视野来看待历史进程与保持一种“辩证的总体观”的阶级自我意识，它们之间的逻辑关系确如卢卡奇所揭示的那般紧密。然而，卢卡奇更多的是从认知方式的对比当中来阐发这个议题，并未深入到这种认知方式变迁的社会历史根源。换个角度来讲，社会历史的总体性本质，决定了我们的认知方式应该是一种“辩证的总体观”。因此，这就要深入特定的生产方式的生产和再生产过程中来理解社会历史的总体性，由此才能穿透资产阶级理论学者依据孤立的、专门化的概念术语编织出来的无内在联系的、永恒化、自然化的“事实”之网，从而看到这些“事实”背后的现实历史进程；也是基于生产方式的分析视野，我们看到历史的对抗性及其表现形式在资本主义社会中注定是以阶级的形态呈现的，也唯有通过阶级斗争的视野，资本主义再生产机制中的内在矛盾与冲突才能真正浮出水面。卢卡奇无意击中了真理，可惜他对“总体”的论证如何得出的并不在意，而是着力于强调这种方法的重要性及其与黑格尔哲学的亲缘关系，因此整个的论证过程总是偏离了生产方式分析的再生产视野，显示出对哲学逻辑的强烈依赖。关于这一点，卢卡奇作了如下的辩解：“本书只想指出方法问题，因此在这里不可能说明马克思的方法如何使一系列问题获得完全新的阐明，如何产生出古典经济学不曾看到，更不要说解决的新问题，以及古典经济学的许多虚假问题是如何消失的。”① 然而，此处被卢卡奇忽略的环节，恰恰构成了他后面论证阶级意识问题的逻辑裂隙。总体而言，卢卡奇在面临理论阐发的十字路口时，令人遗憾地选择了一条偏离了代表正确方向的主干道的支路。尽管如此，他的探讨至少为我们指明了一个正确的方向，而他所行驶的支路，总是在离主干道不远的地方。

二　社会再生产视野中的阶级意识

前面的分析已经阐明，从社会集团的视角来认识历史行动或历史变革主体，只是方法论上的第一步；还必须将历史主体的分析推进到生产方式的分析。并且，在卢卡奇看来，完整的生产方式分析必须包括对意识形态的社会功能的考察。为什么呢？前面指出，生产发展的历史，其社会冲突形式实际上是两大对立的社会集团之间的冲突。但作为单个的社会个体，是否意识到自己的社会集团属性，以及真正应该斗争的对象，并不是一个想当然的问题。这个问题，也体现为后来的左派理论转向消费社会分析时始终萦绕着的焦虑——工人阶级何以不革命了？因此，生产过程中的物化问题，在卢卡奇那里，就延伸至心理与无意识的层面。进而，提出不能将一般的、日常的“实际心理意识状态”等同于“阶级意识”，关于这二者的区分，实际上是一种关于特殊性与普遍性、局部与整体、短期利益与长期利益的区分。那么，如何避免这种混淆呢？卢卡奇认为，必须坚持从一种社会历史发展的总体视野来定位“阶级意识”这一概念。

在“阶级意识”一文中，卢卡奇批判机会主义只是立足于局部、结果、症状以及局部利益角度来看待阶级意识，并不是从总体过程、从事情本身以及长远的利益斗争过程来考察阶级意识，因而陷入了现象层面之中，将无产者在特定历史情境下的“实际心理意识状态”指认为“阶级意识”。在卢卡奇看来，这二者存在着本质的差异，这种差异必须从社会历史发展的总体视野中才能得到更为清晰的揭示。“任何一种机会主义的根子就在于：它是从结果，而不是从原因；是从部分，而不是从整体；是从症状，而不是从事情本身出发；它不是把局部利益和它

① ［匈］卢卡奇：《历史与阶级意识》，杜章智等译，商务印书馆 1992 年版，第 78 页。

为之而进行的斗争，看作是为最后的斗争进行的教育的手段（最后的斗争结果取决于心理的意识接近于赋予的意识的程度），而看作是某些自身有价值的东西，或至少是某些自身就是通向目标的东西；一句话，它混淆了无产者实际的心理意识状态和无产阶级的阶级意识。”①

卢卡奇强调，只要坚持从总体性视角对现实采取辩证的、历史的、具体的研究，我们就不难发现各种类型的生活意识及其特征“是由人们在生产过程中的地位的类型决定的”。更直接地说，阶级意识归因于生产过程中的地位。“阶级意识因此既不是组成阶级的单个个人所思想、所感觉的东西的总和，也不是它们的平均值。”② 在卢卡奇看来，这是一种马克思主义者应当自觉坚持的规定。因为，“这一规定从一开始就建立了把阶级意识同经验实际的、从心理学的角度可以描述、解释的人们关于自己的生活状况的思想区别开来的差异。”意识到这种差异，也就初步具备了对资产阶级式经验具体研究的警惕性。正如卢卡奇多次援引的马克思的那句论断所揭示的那样，如果经验表象与本质是直接同一的，那么一切科学都是多余的。马克思所努力创立的历史科学，其鲜明的阶级立场与方法论视野决定了它不可能与资产阶级一道停留在经验现象层面上，包装现实或粉饰太平，而是要穿透社会现象捕捉其历史生成机制和内在矛盾，因而导向的是对现实的科学研究与批判，并基此探索改造现实的行动可能性。对于这一点，卢卡奇始终保持着高度的理论自觉。也正是这种方法论的自觉，推动着他对阶级意识这一问题的研究走向。卢卡奇强调，看到阶级意识与一般经验感觉和思想的差异是不够的，还必须进一步研究这些差异在历史进程中各个阶级的表现以及对他们实践活动的影响。

“当然我们不能只是停留在确定这种差异或甚至只是一般地形式主义地把由此产生的关系固定下来。我们更应该研究：第一，这种差异在不同的阶级是否按照它们对经济的和社会的总体（它们是这一总体的组成环节）的不同关系而有所不同，以及这一不同是否大到形成了质的差别。第二，客观经济总体，赋予的阶级意识和人们关于自己的生活

---

① ［匈］卢卡奇：《历史与阶级意识》，杜章智等译，商务印书馆 1992 年版，第 134 页。
② 同上书，第 105 页。

状况的实际心理思想之间的不同关系对社会发展在实践上具有什么样的意义。因此，也就是阶级意识的实践的历史的功能是什么？”①

卢卡奇此处的发问，实际上提醒我们要从社会再生产的总体过程来理解意识形态问题和看待阶级意识问题，从而也为我们理解马克思的拜物教理论打开了一个重要的维度。此即，不再是止步于揭示意识形态的迷惑性、虚假问题，而是转向思考其对资本主义再生产意味着什么，对我们思考和探索改造现实的行动可能性意味着什么。这个问题的思考，在一定意义上是由马克思主义理论发展与现实斗争情境和需要在历史进程中的脱节而产生的研究空白和理论冲动。

卢卡奇提醒我们，现实生活中的人们对于自己所置身于其中的“社会的经济总体”的认识总是存在限度的。除了受到情况各异的现实生活状况和生活中琐碎的欲望、偏见的阻碍之外，“他们那个时代的社会经济结构为他们规定的界限和他们在这一社会经济结构中的地位却是不允许被跨越的。”② 基此，卢卡奇将阶级意识视为一种人们对自身的社会经济地位的无意识。“阶级意识——抽象地、形式地来看——同时也就是一种受阶级制约的对人们自己的社会的、历史的经济地位的无意识。”③ 当我们将这些“无意识”指认为“虚假”或“假象”时，基于的核心视角是它们与它们赖以产生的客观的经济结构之间的内在关联。换句话说，日常生活确实充斥着各种各样经不起真正历史科学考验的“虚假”意识或“假象”，它们不过是客观经济结构在思想观念上的反映。但真正的历史科学分析，不能停留在这些“虚假”或“假象”的现象层面上，也不能止步于对他们作出否定的判断，而是要揭示出这些意识形态层面的反响与现实的社会历史进程总体之间的真正联系，并在探究这种真实联系的过程中探寻改造现实的行动可能性。这才是历史唯物主义对待意识形态问题的基本立场，也是卢卡奇在方法论上试图坚持的东西。他说，“阐明一般地讲事物在什么样的情况下，才能真正揭露假象，才能达到和总体的真正联系，就是依靠客观可能性的范畴进行细

---

① ［匈］卢卡奇：《历史与阶级意识》，杜章智等译，商务印书馆 1992 年版，第 105 页。

② 同上书，第 105—106 页。

③ 同上书，第 106 页。

致历史分析的任务。"[①] 卢卡奇进一步指出，如果一个阶级不能真正认识到自己的"无意识"及其与现实社会总体的关系，那么，它就注定无法采取有意识的改造行动，因而注定是"被动的阶级"。

"因为如果从特定的阶级地位这样一个立场出发，竟全然不能觉察现实社会总体的话，因为如果连对自身的利益所作的归因于这些利益的深刻思考也没有涉及这个社会的总体的话，那么一个这样的阶级就只能起被统治的作用，就决不能影响历史的进程，无论是维持这一进程，还是推动这一进程。这样的阶级一般地讲注定是被动的阶级，注定是在统治阶级和肩负革命的阶级之间无所作为地左右摇摆，它们也可能奋起，但它们的奋起必然具有空洞初步的和无目标的特点，即使偶然取得了胜利，最后也注定要失败的。"[②]

上述可见，卢卡奇对阶级意识重要性的考察，是基于社会运动整体的视域之中展开的。更具体地来说，是在阶级斗争（包含暴力的显性方式与非暴力的隐性方式）中社会发展的组织方式以及统治阶级一方如何实现和维护自身利益的视野中来考察阶级意识的重要作用。在这个意义上，我们才能准确理解卢卡奇为何强调阶级意识表现为最终起决定性作用因素的理论深意，从而避免简单地将卢卡奇的这个论断定性为不值一批的唯心主义谬论。且看卢卡奇的论述："首先，一个阶级的利益能得到实现的条件常常只有依靠最残忍的暴力（例如资本原始积累）。第二，正是在暴力问题上，正是在阶级与阶级之间赤裸裸的生死斗争的情况下，阶级意识的问题才表现为最终起决定性作用的因素。"[③] 由此可见，当卢卡奇说阶级意识在历史发展中起"决定性作用"时，我们不应该忽略他的讨论前提，即从整个社会总体的矛盾运动中，从社会总体再生产的分析视野中看待历史冲突的实质。因为，在卢卡奇的思路当中，社会发展过程中的矛盾和冲突总是容易被意识形态给掩盖或弱化；而受到历史进程压迫和剥削的社会集团，也时刻面临着现实认知与主体意识觉醒的困境，因而在直观感觉和现实处境之间总是存在着跨越不过

① ［匈］卢卡奇：《历史与阶级意识》，杜章智等译，商务印书馆 1992 年版，第 106 页。
② 同上书，第 106—107 页。
③ 同上书，第 107 页。

的鸿沟，改造现实的“行动可能性”也被不断地延宕。这就需要在日常意识和符合历史发展趋势的阶级行动之间，补上阶级意识的这个环节。在这个意义上，卢卡奇才凸显了阶级意识的“决定性作用”。正是意识到阶级意识在阶级利益表达和斗争的过程中的“决定性”作用，卢卡奇认为如下的问题并不是一个简单的学术区分，而是一个至关重要的问题：“有关的阶级在实行历史赋与它们的行动时‘有意识地’和‘无意识地’到什么程度，运用‘正确的’和‘虚假的’意识又到什么程度。”[①]“……对于一个阶级的实际决定具有生死攸关重要意义的则是它们对于历史发展赋与的问题是否清楚明了和有能力加以解决。”[②]

同样，卢卡奇对资产阶级意识形态“虚假”指认，也是基于一种社会关系再生产的过程当中的功能性判断。在卢卡奇的语境中，当我们指责资产阶级的阶级意识是一种“虚假”意识时，指的是这种意识试图掩盖它与客观经济社会结构的关系，以及它得以产生的现实根基。我们对这种意识形态的定性，也恰恰是回到它赖以产生和维持的社会经济结构与总体进程当中，从而看到这种虚假意识的历史界限。并且，卢卡奇提醒我们必须意识到，“使资产阶级的阶级意识成为‘虚假’意识的界限是客观存在的，它就是阶级地位本身。它是社会经济结构的客观结果，决不是随意的、主观的或心理上的。”不仅如此，卢卡奇强调，无产阶级对直接性的克服程度、超越的可能性及其意识，绝不是理论逻辑上的推演，而是历史发展的产物。只不过，无产阶级对这种社会总体的意识需要一系列的中介运动。[③] 令人遗憾的是，卢卡奇并没有对他所重视的“中介运动”展开具体论述，但从后面他对马克思辩证法之于以往各种形式辩证法的超越性的论述来看，历史的生成性与过程的总体性构成了这一“中介运动”的实质。卢卡奇有一个极为精彩的论断，他指出，对社会存在的生成性的认知，并不是抽象意义上的普遍变化，也不是空洞无物的时间流逝，“而是那种关系的不停的产生和再生产”。这一点，恰恰构成了马克思对黑格尔辩证法的超越，即把一种依赖概念

---

① ［匈］卢卡奇：《历史与阶级意识》，杜章智等译，商务印书馆 1992 年版，第 107 页。

② 同上书，第 108 页。

③ 同上。

范畴矛盾运动的生成性，置入社会历史的总体进程中，历史地、具体地界定为占据主导地位的社会生产方式及其决定的社会关系的生产和再生产过程。[①] 有关辩证法的研讨，再次显示，卢卡奇所强调的辩证总体观，并不是静态结构中相对于部分存在的整体，而是一种与历史生成环节相对应的总体过程。

总之，在论述资产阶级意识形态的虚假性时，卢卡奇显然并不愿意简单地停留在对资产阶级思想的虚假性、虚伪性等特质的直接指认上，而是探究决定这种思想形式的社会历史过程，探究这种思想形式与现实经济结构的关系，从而为真正的克服和改造指明方向。也是在这样的论证思路中，无产阶级的阶级意识的重要性和历史必然性才得到了更为辩证的阐发。总体而言，卢卡奇的这一思路，坚持了马克思社会再生产的总体视野。我们知道，马克思之所以能超越资产阶级意识形态的直接性，在于他对历史过程的辩证理解，这种理解是把现象与本质的关系置入历史总体运动的过程当中，在这个过程看到了现象背后隐藏的真实过程，以及现象与这一真实过程的内在同一。就特定的社会经济结构剖析而言，这种辩证过程的历史分析视野表现为，将那些被资产阶级视为孤立的事实置入整个经济结构再生产的动态过程中，从而分析其内在矛盾与发展趋势。在这一点上，卢卡奇无疑深有领会。卢卡奇极其精当地指出，马克思关于社会客体不是物，而是人与人的社会关系这一认识，也是基于社会总体再生产的视野下得出的，因而也只能坚持社会总体再生产过程的视野，才能准确理解这一命题的内涵。资产阶级之所以见物不见人，那是因为他们的反思范畴将社会存在的对象性形式从总体的社会历史过程中抽离出来了，成为了孤立的、静止的对象，并且，这样的认知方式与社会总体的物化结构是相适应的，也在根本上利于这种物化结构的生产和再生产，因而在根本上切合资产阶级的利益。无产阶级处于这个过程当中，他们的非人化处境让他们处在一种挣脱这种物的直接性形式的内在冲动，也促使他们努力穿透物的直接性对象形式，捕捉其背后掩盖了的总体进程。一旦立足于这种总体过程，那么，一种导向行动

---

① ［匈］卢卡奇：《历史与阶级意识》，杜章智等译，商务印书馆 1992 年版，第 267—268 页。

的阶级自我意识也就具备了现实可能性，与资本力量的对抗就从历史的偶然性转化为历史的必然性，也就完成了从社会再生产总体过程的客体或资本主义再生产这一宏大机器的动轮，向社会历史过程的主体的自我意识的转换。显而易见，卢卡奇对无产阶级的阶级意识之于资产阶级意识的历史优越性、能动性方面的论述，恰恰也是坚持了这种再生产总体过程的分析视野。不过，他更着意于强调的是，准确的认知与意识对于阶级行动的重要意义。这一点，显然也是基于现实斗争困境的思考或理论冲动。

此外，卢卡奇对阶级意识重要性的凸显，实际上也进一步阐发了在马克思那里多次暗示过的一个思想，即阶级意识的斗争是劳资对抗的重要战场。这个战场往往是在看不见的柴米油盐的琐碎日常生活中展开，就劳资矛盾运动的分析过程而言往往表现在分配、流通和消费等与生活直接相关的环节。由于意识的复杂性，统一的、自觉的阶级意识的形成过程不可能是一帆风顺、水到渠成的过程。这是社会生活结构本身的多重性和复杂性决定了的。诚如马克思多次暗示的那样，现象与本质从来都不可能简单而直接地同一，需要一种真正的历史科学来穿透。也正因为如此，一方面，我们在回到马克思经典著述的过程中要对意识形态斗争的问题及其与社会经济结构的内在关系给予更多的重视；另一方面，在面对马克思之后的西方社会批判理论的意识形态主题转向、日常生活批判转向、空间转向等时，也要坚持马克思资本社会批判的总体视角，从社会再生产的视野中来看待他们的理论转向背后所指涉的更为根本的社会历史过程，以此才能对他们的理论贡献与误区形成更为准确的评估。

三 历史主体生成的曲折性与必然性

1. 历史主体的生成性

通过前面的分析，我们已经看到资本主义物化结构的普遍性，它将人与人的全部关系物化、抽象化，使人们沉溺于见物不见人的物化意识之中。而无产阶级作为这一社会化过程的焦点，承担的是“远离人的、甚至是非人的客观性”，他们的“一切‘人’的因素”都被资本主义从其直接社会存在中剥夺了，成为物化的、社会化的人。那么，如何才能改变这种局面呢？或者说，推动无产阶级冲破直接性的网络实现作为“总体的主体”存在的关键要素是什么呢？卢卡奇答曰：需要基于社会过程总体视野下的阶级意识。对于无产阶级而言，必须形成对社会历史总体的认识，在历史过程中捕捉其中的矛盾，并认识这种矛盾对于总体发展的意义，基此在实践上打破现实存在的物化结构。当然，这种打破物化结构的实践，前提在于对过程的固有矛盾本身的认识。

“如果对于每一个生活在资本主义社会中的人来说，物化是必然的直接的现实的话，那么它的克服也必须采用这样的形式：不断地、一再地努力通过与具体表现出的全部发展的矛盾具体联系起来，通过认识到这些矛盾对于全部发展所具有的固有意义，从实践上打破存在的物化结构。但是必须坚持如下几点：第一，这种打破只有作为对过程固有矛盾本身的认识才有可能。只有当无产阶级的意识能够指出发展的辩证法客观上要求采取，然而它自己又无力采取的步骤时，无产阶级的意识才能成长为过程本身的意识，无产阶级才能成为历史的同一的主体—客体，它的实践才能改造现实。如果无产阶级不能采取这一步骤，那么矛盾不但得不到解决，而且会在更高的层次上，用不同的形态，更加强烈地由发展的辩证动力再生产出来。这就是发展过程的客观必然性。”①

卢卡奇的上述论述，实际上为我们理解20世纪无产阶级运动不断走向衰落、沉寂这一历史现象提供了一个重要的视角。无产阶级的意识之所以重要，因为它并不是既定的现实，而是在现实发展过程中不断成长的一种可能性，但这种可能性在资本主义矛盾运动的过程中，却无法避免被纳入到资本再生产的宏大过程中去，成为其中的一个动力来源。意识形态、消费转向以及空间议题等，从不同的视角对这个问题进行了揭示。例如，哈维就独具慧眼地从空间这一议题印证了卢卡奇的预言，亦即由于对资本主义矛盾运动过程总体及其内在矛盾的认识缺失，放弃了统一的阶级行动的普遍性诉求，转而围绕各自散裂的特殊性利益与诉求组织起分散且各自孤立的反抗和斗争，最终总是被资本力量收编和改造。劳资的矛盾不但没有得到解决，反而在“更高的层次上”，以空间

---

① ［匈］卢卡奇：《历史与阶级意识》，杜章智等译，商务印书馆1992年版，第290页。

的这一形态实现了资本力量和逻辑的再生产。①

肯定总体性意识对于总体性实践的重要性只是一方面，而问题在于，为什么就只有无产阶级才有突破物化现实的可能性呢？卢卡奇的回答是，“无产阶级地位的特殊性的基础是，对直接性的超越这时具有一种——朝着社会总体前进的意向；因此它……处于一种朝着这种总体前进的不断的运动之中，即处于一种直接性不断自我扬弃的辩证过程之中。”②

为了印证这一点，卢卡奇援引了马克思有关工人起义的论述。在卢卡奇看来，马克思对西里西亚纺织工人起义的肯定，在于看到了他们并不局限于眼前利益，而是考虑到更长远的东西。这一点在方法论意义具有重要的价值。因为在卢卡奇看来，这一点意味着，无产阶级具有对现实生活中这种直接既定东西的远离倾向，这种远离对于探索客体的结构，探究自身的社会存在以及指导行动的意识等方面具有重大意义。在这一点上，无产阶级与资产阶级的立场存在着明显的区别。③ 对资产阶级而言，这种远离意味着将时空上分隔的对象纳入到资本主义合理化体系中，强化的是资本主义的同一化逻辑，使现象呈现社会的自然规律的形式，从而强化和再生产了资本主义的规律结构，最终的效果是不断确立和保护资产阶级的现实结构与原则。对无产阶级而言，对这种“远离”的意识，亦即对直接性的超越，意味着“行动对象的客观属性的变化”④，并且“那些被把握为社会发展的环节，即把握为辩证整体的环节的对象开始变成流动的，变为过程的一部分。由于这一运动最内在的核心是实践的，它的出发点必然是行动，而且是最强有力地、最坚决地抓住行动的直接对象，以便通过它们的总的结构性的变化而使硕大的整体也开始发生变化。”⑤

值得注意的是，卢卡奇在这里所指认的“远离”问题，实际上是

---

① 参见［美］戴维·哈维《正义、自然和差异地理学》，胡大平译，上海人民出版社2010年版。

② ［匈］卢卡奇：《历史与阶级意识》，杜章智等译，商务印书馆1992年版，第259页。

③ 同上书，第260—261页。

④ 同上书，第260页。

⑤ 同上书，第261页。

后来列斐伏尔、哈维等人从空间视角揭示出来的时空差异问题，这个问题，在哈维那里被作为普遍性与特殊性的辩证分析的视角呈现，并且揭示了劳资斗争中重要的，但是一直没得到足够重视的空间维度。在卢卡奇那里，他的理论分析实际上也触及了这个问题，但这不是他的焦点，因为他的焦点专注于分析无产阶级穿透资本主义社会直接性的可能性与必然性，以及这一点对于打破资本主义社会结构的重要意义。当然，卢卡奇的分析，更多的是聚焦于认识论意义上的差别，具有明显的服务于理论斗争的痕迹。相比之下，哈维则坚定地从资本主义生产方式再生产（具体而言就是资本积累机制的研讨）视角，探讨时空的差异以及无产阶级的历史境遇的差异，对于资本主义经济结构的再生产的意义，以及对于无产阶级斗争的考验。在理论上，表现为长远利益与眼前利益、局部利益与整体利益之间的冲突，在方法上是特殊性与普遍性的缠斗。哈维虽不如卢卡奇那么乐观，但他的乐观是建立在对资本积累机制内在困境的分析之上，也建立在无产阶级作为历史力量不断成长的趋势上，因而更加令人信服。而到目前为止，卢卡奇的乐观是建立在一种阶级立场上，建立在一种似乎存在着的历史道义对公平正义的允诺的基础上，从而也是建立在理论逻辑的立场上。究其根由，卢卡奇缺乏的是基于生产方式矛盾运动过程分析之下的主体发展研究。这一点表现为，他对无产阶级反抗资本力量的必然性和现实可能性的论证，更多地停留在青年马克思的人本逻辑之中，尽管卢卡奇给这一逻辑套上了辩证的总体观这一方法论外壳，并试图以此统摄马克思前后期存在明显差异的资本主义研究思路。这一点，可以体现在“异化”范畴在马克思前后期言说的方法论意义上的根本异质性。①

当然，卢卡奇的论证并不会简单地止步于无产阶级具有远离资本主义物化结构之直接性的倾向和可能性问题。对他来说，意识到物化关系的直接性和被超越的必要性只是第一步，更关键的问题在于消除这种物化结构。卢卡奇指出，物化关系的表现形式“决不是纯粹思想的形式，而是当代资产阶级社会的对象性形式，因此，对它们的消除如果是真正的消除的话，就不能是一场简单的思想运动，而必须提高为是对它们作

① 相关研究参见孙伯鍨《卢卡奇与马克思》，南京大学出版社 1999 年版。

为社会生活形式的实际消除。任何一种想坚持纯粹认识的认识必然导致对这些形式的重新肯定。”[①] 可见，资产阶级思想方式不过是资本主义生产方式再生产的重要构成部分，无产阶级对这种再生产结构总体的打破必须以总体的历史意识为前提，否则只是不自觉地沦为资本主义再生产机器上的螺丝钉。但是，无产阶级对资本主义社会物化现象的认识与揭露，并不意味着实践上的马上消除。也就是说，从认识真正变为实践需要一个过程，而这个过程同样也是由社会发展过程决定的。“很清楚，不管我们如何正确地认识了社会现象的过程性，不管我们如何正确地揭露了这些现象的僵硬物化的假象，我们并不能因此就在实践上消除了这种假象在资本主义社会中的‘现实性’。这种认识能真正变为实践的时机同样是由社会发展过程决定的。”[②] 卢卡奇的这一论述，倒是让他免除了被指责为历史唯心主义或唯意志论的嫌疑。

2. 历史主体成长的曲折性与复杂性

如果说，基于社会发展过程的视野一方面让卢卡奇坚定了历史主体终将突破物化结构与物化意识的成长性，另一方面也让卢卡奇意识到了意识与行动之间的距离；那么，同样是基于社会历史发展过程的多样性、复杂性和不平衡性问题，卢卡奇意识到了历史主体成长的曲折性和复杂性。

卢卡奇指出，随着资本主义物化的不断扩散和加剧，资产阶级思想越来越无法将物化现象置入总体的历史过程中加以把握。“随着这种矛盾的不断尖锐，无产阶级不但越来越有可能用它的积极的内容来取代这些空洞破裂的外壳，而且——至少是暂时地——也面临着在意识形态上屈服于资产阶级文化的这种极其空洞和腐朽的形式的危险。就无产阶级的意识来说，发展是不会自行发挥作用的，旧的直观的机械的唯物主义所不能理解的真理，即变革和解放只能出自自己的行动，‘教育者本身必须受教育’，正在变得越来越适用于无产阶级。客观的经济发展只能确立无产阶级生产过程中的地位，这种地位决定了它的立场；客观的经济发展只能赋予无产阶级以改造社会的可能性和必要性。但是，这一改

① ［匈］卢卡奇：《历史与阶级意识》，杜章智等译，商务印书馆 1992 年版，第 263 页。
② 同上书，第 300 页。

造本身却只能是无产阶级自身的自由的行动。”①

除了资本主义物化结构与物化意识的扩散之外，无产阶级力量与意识发育的不平衡问题同样也构成了无产阶级改造社会的自由行动的障碍。卢卡奇指出，无产阶级并不是铁板一块，而是处在分裂的状况之中。“这不仅因为存在着民族的或‘社会的’层次，而且在同一工人阶层的阶级意识内也有着不同的层次。经济和政治的分离是这方面最突出，同时也是最重要的例子。”② 无产阶级不仅在时间、空间上处于分裂的状态，而且在直接利益与最终目标之间也存在着分裂。因此，无产阶级的意识发育情况不一，存在着层次性、差异性，地域的隔离性、特殊性等问题。③

“这些层次一方面是客观历史的必然性，是意识的客观可能性的差异（如和文化问题相比，政治和经济所具有的相对的紧密联系），但另一方面，它们又标志着在存在着意识的客观可能性的地方，心理的阶级意识和对全局的相应认识之间存在的各种层次。但是，这些层次不能完全归结为经济的和社会的原因。关于阶级意识的客观理论是关于它的客观可能性的理论。问题的层次和经济利益的层次在无产阶级内部达到什么样的程度，很遗憾还没有被人尽可能全面地研究过，然而这方面的研究一定会产生十分重要的成果。”④

此外，机会主义者倡导的学说，在客观效应上暗合了资产阶级的意识形态诉求，即阻止无产阶级形成总体的、同一的、普遍性的阶级意

---

① ［匈］卢卡奇：《历史与阶级意识》，杜章智等译，商务印书馆 1992 年版，第 304 页。

② 同上书，第 139 页。

③ 卢卡奇无意中触及了战后空间批判转向的一个重要议题，资本积累的空间策略与不平衡发展。对这个问题的认识，主流的认知却是一种实证主义、自然主义的方式，即卢卡奇所说的，将“社会体系的各个环节割裂开来”，这种主导性的认知无疑暗合了人们的认知习惯，却也遮蔽了生活现象背后的主导过程。从空间理论的视角来说，使空间以当下景观呈现的主导社会过程是怎样的这一问题并不在资产阶级空间言说和认知范式之中。因此，哈维主张效仿马克思拜物教批判的逻辑来打破资产阶级的空间认知迷障：想想每日三餐的食物来源及其制造加工的整个流程。这一看似随意的想象，实际上打破了社会生活各个环节的孤立表象，在不同的时空之间实现自由的穿梭，从而对生活现象背后的主导过程形成一种总体的认知。哈维的这一看似随意的发问，实际上是对马克思穿透拜物教迷障的方式的巧妙运用。参见［美］戴维·哈维《正义、自然和差异地理学》，胡大平译，上海人民出版社 2010 年版。

④ ［匈］卢卡奇：《历史与阶级意识》，杜章智等译，商务印书馆 1992 年版，第 140—141 页。

识，反而使其停留在社会经济生活的碎片化、细节层面上，亦即停留在社会生活的表象层面，放弃了对决定这些表象与细节的真实社会历史进程的总体性认知。无产阶级的阶级意识成长过程中的误区、弯路和曲折性，以及在理论形态上的反映（诸如庸俗马克思主义、机会主义等学说），恰恰印证了无产阶级从自发性上升为自为阶级的过程中必须经历的"直观教育"过程。从社会总体发展的视野来看，这种一定程度上表现出来的与其阶级地位相冲突的认识误区或局限于局部利益、眼前利益的实践斗争，都是阶级意识成长的必要阶段。

卢卡奇认为，马克思对于阶级意识发展的曲折性有着充分的理论自觉，其早期哲学的一大主旨就是批判各种有碍于我们认知社会真实历程的各种意识形态学说，旨在为无产阶级打造一种能导向"改造世界"的、理论与实践辩证统一的学说。并且，马克思强调，无产阶级意识需要不断的自我批评。因为无产阶级的阶级意识的成熟显然不是一蹴而就的过程。

"阶级意识尽管不具有心理的现实性，但确实不是纯粹虚构的东西，而且正是它的现实性解释了为什么无产阶级革命的进程会历尽艰辛、屡遭挫折，会不断地回归到它的出发点，以及马克思在《路易·波拿巴的雾月十八日》的有名篇章中提到的要不断地进行自我批评。"[①] 同样，卢卡奇也强调无产阶级要在斗争的过程中不断自我批评。因为，"连革命工人的意识状态和真正无产阶级意识之间也是存在有距离的，因此，我们决不能忽略这一距离。"[②] 当然，虽然我们肯定无产阶级在意识形态方面还有很远的路要走，不能对此抱有幻想，也无速成之法。但也不能因此而陷入悲观，必须看到"活跃在无产阶级身上的趋向于在意识形态上克服资本主义的力量。"卢卡奇坚信，无产阶级的阶级意识虽然是一个必然遭受曲折、反复甚至倒退的复杂发展过程，但最终的导向是一种总体的社会历史意识。因为，无产阶级关于眼前利益与长远利益、局部利益与整体利益等方面的矛盾，必将在社会经济运行的过程中被克服，与资产阶级意识形态与其利益的根本性冲突不同。

---

① ［匈］卢卡奇：《历史与阶级意识》，杜章智等译，商务印书馆 1992 年版，第 136 页。

② 同上书，第 142 页。

总体而言，卢卡奇对这个问题的重视，说明他并不是简单地认为，如果无产阶级在理论上被赋予了正确的阶级意识，就能告别各种资产阶级意识形态的误导或者说空想社会主义的影响，实现真正的主客体同一，进而完成自己的历史使命。相反，卢卡奇认为，无产阶级的阶级意识并非理论的预设或先验提供的，而是必须在历史的发展中，在遭遇痛苦、弯路等"历史的直观教育"中才能形成其阶级意识。考虑到历史在卢卡奇那里是一种主体实践活动的过程，是一种历史的生成性，那么，理论（阶级意识）的作用则是在于让无产阶级在不断反抗资本力量的过程中培育、发展和完善阶级意识。这就是卢卡奇为什么要凸显阶级意识的重要性的原因。由此也可看出，卢卡奇对阶级意识重要性的强调，并不是要让理论凌驾于现实发展之上，而是让一种更积极的主体行动介入历史的发展，在壮大自身力量、完善阶级意识的同时推动历史的发展，使反抗现存不合理世界的"自觉意愿"上升为一种"有积极作用的阶级意识"。这种上升自然是在阶级斗争的经济必然性和历史冲突的过程中实现的。显而易见，卢卡奇坚持并发扬了马克思的观点：阶级意识的发展和历史主体的成长深深植根于社会经济结构的总体改造过程中。从这个角度来看，卢卡奇的这种阶级意识观，在很大程度上是一种基于社会再生产总体视野中的历史唯物主义式的探索。卢卡奇主张不能停留在阶级意识成长的曲折性、反复性层面上，应该看到任何阶级意识趋向成熟的趋势，看到那些在这种反复中逐渐壮大的无产阶级力量。在这一点上，卢卡奇自觉地秉承了马克思的历史辩证法的精神，即这种在既存不合理世界中探索未来可能性的美好世界的乐观积极精神，这种精神在后来的列斐伏尔、哈维等人那里得到了更为积极的回响。

第二章　作为总体生活方式的福特主义及其霸权问题

在西方马克思主义发端之处，卢卡奇对阶级意识问题的凸显与理论阐发，扎根于资本主义泰勒制生产方式与物化社会结构的现实思考之中。无独有偶，西方马克思主义的另一创始人——葛兰西[①]对意识形态问题的思考也是落实于资本主义社会组织结构的思考视域之中。通过对美国福特主义的研究，葛兰西发现资本主义再生产过程实际上已经掌控了人们的整个生活方式。资本主义再生产过程对社会生活的渗透已经不是逻辑上的趋势，而是事实。在这个过程中，经济、政治和思想意识等，都呈现为一个有机的整体。不难发现，葛兰西对福特主义的思考，与卢卡奇对泰勒制物化合理化向政治、法律与意识的渗透过程的研究相映成趣。这一点实际上构成了他们在新的时代语境探索无产阶级解放事业共同应对的挑战。在这样的现实与理论情境中，凸显马克思哲学的实践品质与辩证法的主体向度就十分必要了。这也就是为什么葛兰西要将马克思哲学定位为一种实践哲学，其中政治、经济、哲学等都是有机总体的构成。不仅如此，葛兰西对国家和市民社会的关系重新定位，作为政治、经济与意识形态有机统一的霸权概念，以及有关运动战和无产阶级争夺霸权策略的探索，都是基于资本主义现实变化的研究和马克思哲学的重新定位之上。葛兰西的研究，一方面揭示了资本主义强大而复杂

---

① 葛兰西（1891—1937），生于撒丁尼亚岛，意大利著名马克思主义哲学家，意大利共产党的缔造者之一。1926 年被法西斯警察逮捕入狱，1937 年因病于狱外医院逝世。在长达 10 余年的牢狱生活中，葛兰西留下了大量的关于马克思主义和意大利政治的思考，他提出的文化霸权等理论成为了欧洲左派的思想资源。其主要著作包括早期政论，以及后人整理出版的《狱中札记》、《狱中书简》等。

的社会再生产机制；另一方面也揭示了意识形态研究和斗争对于无产阶级解放事业的重要性。

第一节　资本主义社会组织结构的新变化

19 世纪末到 20 世纪初，资本主义社会开始了一次转型，即从维多利亚时代的自由竞争资本主义转向了垄断资本主义。这一转型，在生产过程中表现为从自由资本主义时期的工场手工业生产方式转向了福特主义的大规模流水线生产；在社会结构与国家层面上，从自由竞争时代的市场体系转向了以科层制为核心的官僚组织化体系，国家大大加强了对经济活动的干预，资本集中与垄断的趋势日益明显。此种情形下，国家与市民社会之间的界限较之以前就更加模糊了，呈现出哈贝马斯所指认的“国家社会化”与“社会国家化”的特质。[①]

时代发展的这一新特点，对理论研究和资本主义批判提出了新的挑战，例如，就市民社会与国家的关系问题，以及经济基础与上层建筑的关系辨识，都必须予以重新考察。并且，更为重要的是，资本主义社会组织形式的这种转型，对于无产阶级运动而言，究竟带来了何种意义上的重大挑战，构成了马克思主义研究不得不面对的问题。如果说，从生产过程到社会生活方方面面的合理化、物化过程的研究，构成了卢卡奇论证无产阶级阶级意识重要性和必要性的现实前提；那么，福特主义及其对社会生活方式组织形式的强大形塑力，则构成了葛兰西的霸权理论与无产阶级解放策略新思考的现实基础。

一　葛兰西对福特制的全面考察

葛兰西对福特主义进行了全面的考察，从社会生产过程到社会文化生活、意识形态、政治以及伦理道德等，其思考视角还引入了历史与文化的积淀问题。

从生产过程来看，福特主义的自动化、大规模化生产对劳动者提出

---

① ［德］哈贝马斯：《公共领域的结构转型》，曹卫东等译，上海学林出版社 1999 年版，第 179 页。

更高的要求。在传统的工场手工业时代，劳动者的劳动虽然已经开始受到时间和空间的限制，但他们在劳动过程中尚能体现自己的个体技艺。进入了机器大生产时代，特别是随着泰勒的科学管理思想的提出，劳动者就彻底沦为了机器和现代技术的附庸。泰勒依据科学算计的原则，将人的劳动过程划分为细小的环节，剪除了劳动者多余的、无助于提高效率的动作，以专业化的分工大大推动了劳动生产率的提高。同时，也形成了以合理计算原则和现代技术为基础的管理思路。1914 年，福特率先采用八小时工作制，并大大提高工人的报酬，从而将社会的生产组织形式带进了机械化分工与科学管理相结合的大规模流水线生产时代。生产组织形式的更新，以及薪酬的提升，使劳动者心甘情愿地沦为机器与现代科技的奴隶。不仅如此，劳动者在生产之外的社会生活也受到了福特主义的操控。后者是葛兰西重点思考的方面。

从生产过程之外来看，福特主义生产体系对劳动者的社会生活提出了更多的要求。前面已经指出，在福特制的生产系统中，资本家所需要的劳动者，决不是传统的那种拥有艺术想象力或创造力或随时能给人意外之举的劳动者，而是一个能“保持一种心理生理的平衡”的人，同时也是一个能像机器一般按照规律和流程施展自身力量的可以预测成本、可以控制的“工具”化主体。为了实现这一点，资本主义的管理者不仅要在生产过程中加强对工人的监管，同时也要加强对劳动者业余生活的监管。这就是为什么他们会如此“关心”劳动者私生活的重要原因。那么，他们究竟是怎样做到这一点的呢？

葛兰西发现，资本家对劳动者的私生活通过各种手段进行了干预。例如，资本主义通过对社会舆论和道德倾向的引导，通过高工资的激励，甚至通过出台禁酒令等法律法规等各种手段、各种形式来对工人的性生活以及工人的酗酒等可能影响他们“肌肉和神经”以及“体力效能”等行为的约束、管制。他们还特别重视塑造和培育工人的敬业精神和服从纪律的素质，重视培育工人与他人协调合作的能力。葛兰西指出，所有这些在工人社会生活当中表现出来的变化，不过是资本主义劳动过程的合理化要求的自然延伸，是为资本主义社会关系的再生产服务的。可见，资本主义劳动合理化过程和这一过程对社会生活组织形式的重塑，都是资本主义社会再生产总体过程的表现和实现方式。只有基于这种从生产过程出发并坚持社会再生产的总体视角，我们才能更好地理解葛兰西所指认的事实，即反对酗酒和荒淫无度的性等这种破坏劳动力的日常生活行为何以成为了国家的职责？资本主义工业化进程为何迫切需要的是一夫一妻制和性的相对稳定？为什么“清教徒”式的生活会获得社会主流的广泛认可和推崇？为什么资本力量对工人私生活的关注和介入这一倾向，到了一定时期则成为了那种与清教主义相配合的国家意识形态？为什么上层阶级糜烂的生活方式，与那些试图使劳动群众适应新的劳动生产形式需要而施加的种种强制之间会形成冲突，并表现为在社会上引起普遍关注和争论的道德问题甚至心理上的分歧?①

二　作为一种“全面的生活方式”的福特主义

葛兰西对福特制的思考，并不是从单纯的生产制度来考察的。在他的分析视野中，历史和文化的积淀构成了一个重要的视角。例如，关于美国的福特主义为什么在欧洲遭受抵制以及在欧洲的未来命运会如何的问题，葛兰西也提供了自己的思考。他指出，美国崇尚劳动的精神，没有历史的包袱，没有传统的束缚，让“热爱劳动的天赋”得到了最大程度的发挥。这种拼命劳动的精神风尚遭到了欧洲的抵制。他们本能地感受到了新的劳动和生产形式所蕴含的对他们目前生活方式的巨大挑战。那么，美国的这种新的劳动文化或者说“新生活方式”能否迫使欧洲大陆的政治经济结构基础也发生美国式的改变呢？葛兰西对此显然充满了信心。正如他所言，“问题在于：美国能不能（或者它已经在做）以自己经济生产（也就是间接地）的无情的压力迫使欧洲在它那过分陈旧的社会经济结构中进行改革。这种改革反正是要发生的，不过速度较为缓慢而已，可是这时这种改革则已经直接地作为美国‘万能’的反作用出现了。换句话说，是否引发了欧洲文明物质基础改造过程，并且这种过程在今后长期发展中（而且这种过程甚至不是很长的，因为在我们这个时代，一切都比过去的时期发生得快）就要造成现有文

① 葛兰西有关“美国主义和福特主义”等相关论述，可参见［意］安东尼奥·葛兰西《狱中札记》，葆煦译，人民出版社1983年版。

明形式的改革和新文明的强制的诞生呢?”①

又如，在讨论人口成分的合理化配置问题时，他对欧洲（以意大利为例）与美国进行了比较。葛兰西指出，欧洲由于无法摆脱的历史的原因，存在着一大批并不直接从事生产或者终身对生产事业贡献甚微的食利阶层，并且有相应的福利政策与法律法规来维持这种状况，它们的人口构成中直接劳动人口的比例显然不利于资本生产的快速发展和资本积累的拓展。相比之下，美国不存在欧洲这样的“历史的和文化的”负担，“没有这些被过去各个历史阶段所遗留下来的寄生的渣滓”，因而能形成巨大的资本积累，并且能够充分投入资本主义生产、流通与消费的各个环节中，从而也为福特主义这种能实现资本高效利用和合理循环的生产体制的形成和发展奠定了良好的社会基础。“由于有了这些已经被历史过程合理化了的先决条件，于是就能比较容易地使生产和劳动合理化，巧妙地把力量的运用（取消以地域原则为基础的工人的工团主义）同说服的方法（高工资，各种社会慈善事业，巧妙的政治和思想宣传）配合起来，从而使国家的全部生活从属于生产的利益。领导权产生于工厂，并且为了自己的实现仅仅须要最小数量的在政治和思想方面的职业中间人。”②

从再生产的过程来看，福特制的成功在于资本主义能克服历史与空间的障碍，将社会生活的各种因素和力量动员起来，服务于资本生产的总体过程。葛兰西虽然是从人口构成的合理与否这个问题来看待历史与文化的因素对于资本积累的重要影响，但实际上从他对福特制获得巨大成功之原因的相关分析来看，历史与文化的积累因素只是一个窗口，透过它我们看到的是生产和劳动合理化的推行过程，看到的是资本主义领导权从生产到社会生活方方面面扩展的过程，因而也看到了这个过程的同一性。这一点，不由得让人联想到韦伯的合理化理论，以及后来的“社会的麦当劳化”现象，即资本主义生产过程的合理化、效率、可计算性、可控制性等特质和要求在人们的日常饮食、生活习惯与思维等方

① ［意］安东尼奥·葛兰西：《狱中札记》，葆煦译，人民出版社 1983 年版，第 416 页。

② 同上书，第 389 页。

方面面的布展过程。[①] 从这个视角来看，福特主义并不是一个单纯的生产体制，而是一种总体的生活方式。福特制在欧洲遇到的阻碍也只是暂时的，而它在美国的成功有其无可阻挡的必然性，只不过因为少了历史与文化的负担，这种必然性的显现才少了许多曲折。二战之后，当法国思想界将日常生活与消费社会批判作为一个极为重要的主题推到思想前台时，不过是福特制所暗含的劳动合理化过程或者说美国式的生活麦当劳化过程对欧洲全面征服的思想投影。从一定意义上来说，这些也是可视为葛兰西有关福特制思考的迟到了的思想回应。有趣的是，时隔半个多世纪后，美国的马克思主义地理学家哈维从空间生产的理论视域中积极地回应了葛兰西的探索。哈维更加明确地将福特主义定义为一种全面的生活方式，而不是单纯的生产体制。

在《后现代的状况》一书中，哈维对福特主义的生产体制及其相应的社会生活方式、国家职能、宏观层面的意识形态、工会组织等形式进行了综合分析，从而主张不应将福特主义视为一种单纯的生产体制，而是一种总体的、全面的生活方式。这里头，不仅意味着生产自动化流水线上的去技术化劳动特质、科学管理与计划；也不仅意味着消费方式的引导与塑造，国家对资本主义的积极配合与参与调控，福利主义与凯恩斯主义都应纳入到对福特主义的认识框架中，并且工会组织与资本—国家利益的协调、配合等。在意识形态上，无批判性的实用主义、功能主义，以及对效率和有效性的鼓吹，使得福特主义下的资本主义在政治、经济、文化等方面的和谐统一和稳定性、秩序性更加明显。因此，哈维提出：

“战后的福特主义必须被看成较少是一种单纯的大规模生产的体制，而更多的是一种全面的生活方式。大规模生产意味着产品的标准化和大众消费；意味着一种全新的美学和文化的商品化，像丹尼尔·贝尔那样的许多新保守主义者后来都把它看作是不利于保护劳动道德和其他被信以为真的资本主义的优点。福特主义也以各种非常明确的方式建立了现代主义的美学并为它出了一份力——尤其是现代主义美学对于功能

---

① 参见［美］乔治·里茨尔《社会的麦当劳化：对变化中的当代社会生活特征的研究》，顾建光译，上海译文出版社 1999 年版。

性和有效性的爱好，而国家干预主义的各种形式（受官僚主义—技术理性的原则指引），以及赋予这种体制以连贯性的政治权力的结构，则依靠了通过各特殊利益势力的平衡而结合在一起的大众经济民主的各种概念。"①

哈维对福特主义的解读，恰恰避免了那种必须在生产与消费之间做一个选择的尴尬难题。消费社会批判的理论假设，也受到了冲击。这就要求必须从作为社会生活总体的生产和再生产角度来理解社会变迁的机制，以及各种附带的表现，如国家、文化、意识形态等。此外，哈维有关福特制生产方式必须被视作一种全面的生活方式的观点，亦可以与威廉斯将文化定性为一种总体的生活方式的观念进行链接。② 从生产方式到全面的生活方式的跳跃，从文化到总体的生活方式的跨越，玩的决不是概念游戏，他们的共性其实在于，立足于社会结构的历史动态过程的视野，从整个社会层面的生产和再生产这个角度来理解和定位的。回到葛兰西的思考语境来看，也正是基于社会再生产的总体视野，作为一种总体社会生活方式的福特主义必然要求一种与之相应的意识形式。在这种意识形式当中，国家、法律、伦理道德等等都呈现为一种合理、合法的形态，并不断地获取人们的"同意"。因此，以福特主义的现实研究为基石，葛兰西提出了他的霸权理论。

第二节　再生产视域下的霸权概念及其对意识形态研究的拓展

对福特主义的研究，让葛兰西充分意识到了资本主义社会关系再生产的全面扩张性和普遍性，并且，资本主义社会组织结构的转型和人们的社会生活方式的变迁实际上都植根于资本主义生产方式的发展与变化。在这个过程中，资本主义国家或统治阶级的意识形态表现为一种强大的同意机制。当然，这些都是葛兰西在狱中思考所捕捉到的资本主义

① ［美］哈维：《后现代的状况》，阎嘉译，商务印书馆 2003 年版，第 179 页。

② 参见［英］雷蒙德·威廉斯《马克思主义与文学》，王尔勃等译，河南大学出版社 2008 年版。

发展的普遍性趋势。对于葛兰西而言，这种普遍性趋势的研究只是一个方面，更重要的是要在这种普遍性的观照下，深入到意大利的历史与未来之中。无疑，葛兰西对马克思主义哲学的思考，对资本主义发展与无产阶级革命运动的反思，深深地扎根于意大利的历史与现实土壤之中。

一　葛兰西霸权概念的出场语境

我们知道，列宁领导的十月革命的胜利，对葛兰西造成了思想上的巨大冲击。在撰写于1917年的《反〈资本论〉的革命》一文中，葛兰西就将俄国十月革命的胜利称之为反《资本论》的胜利。因为，按传统的马克思主义设想，革命应该在发达的资本主义国家内先发生。俄国十月革命恰恰是反其道而行之，在资本主义发展相对不充分的情况下取得了革命的胜利，率先建立了社会主义政权。因此，葛兰西强调，“已经发生的事件战胜了意识形态”①，我们对马克思的认识不能停留在僵死的结论上，而应该发掘其内在的生命力，看到马克思主义哲学与时俱进的方法论精髓。当然，葛兰西更关心的是，意大利是否也能采取俄国的道路呢？这一问题的答案，既取决于意大利的国情与俄国的共性和差异，也取决于作为资本主义国家的意大利所具有的一些资本主义发展的普遍性问题。为此，葛兰西在其后的一系列文章当中，特别重视对俄国十月革命的条件和特殊性的分析，并以此为参照探索意大利的历史与现实特征。

一方面，葛兰西看到了意大利与俄国的相似性，如意大利资本主义尚处于幼年时期，法律政治体系不过是对国际政治的模仿，民主制度的外壳下其实是专制的实质和结构，贫困的产业工人和农民为革命提供了潜在的动力和可能性……这一切都与俄国十月革命前的情况十分相似。在1919年撰写的《工人和农民》一文中，他明确指出，“意大利生活的历史条件过去和现在都很少同俄国人有所差别。”②

另一方面，葛兰西也充分意识到了意大利革命的特殊性。一战后不久，墨索里尼逐渐掌控了意大利的政权，而爆发于1919—1920年间的

---

① ［意］葛兰西：《葛兰西文选（1916—1935）》，人民出版社1992年版，第14页。

② 同上书，第51页。

意大利都灵工人起义最终也以失败告终，无产阶级运动陷入了低潮。意大利无产阶级运动的失败在很大程度上与其指导思想的僵化有莫大关联，关于这一点，第二国际占据主流的经济主义、还原主义的机械决定论难辞其咎。相比之下，列宁的十月革命则凸显了对无产阶级意识的动员和灌输的重要性，虽然在实践上取得了胜利，但也存在着诸多问题，并且有其明显的时空限制。因此，这两种对立的主张都不适合意大利的情况。于是，葛兰西回到了意大利的历史与现实当中挖掘革命的可能性。在这个过程中，葛兰西发现，意大利的资本主义虽然与西欧相比相对落后，但它分享了欧洲资本主义国家的一般特质，因而区别于俄国。这种发达资本主义国家的一般性体现在社会组织结构上的东西方差异，亦即市民社会发育程度的问题。葛兰西发现，与有着悠久集权传统的俄国不同，意大利与西欧发达资本主义国家的现代社会结构更加亲近。这种社会组织结构的同质性，突出地表现为资本主义国家具有强大的意识形态同意机制。意大利也不例外。这就是为什么它会对美国的福特主义感兴趣。也正因如此，葛兰西与卢卡奇一样，特别关注无产阶级的主体能动性，并着意于凸显无产阶级主体意志的重要作用，进而提出了影响深远的霸权理论，推进和深化了马克思主义意识形态理论的研究。

那么，葛兰西的霸权理论究竟是一种什么的主张？它与马克思主义传统中的意识形态研究有何关联？又是在什么意义上推进了马克思主义意识形态的研究呢？更为重要的是，葛兰西的霸权概念，对于我们理解资本主义的社会组织结构及其变迁有何助益？这是接下来我们要重点研讨的问题。

二　葛兰西的霸权理论及其对意识形态研究的拓展

首先，葛兰西霸权概念的出场路径、核心内涵与总体性意蕴。① 前面已经指出，葛兰西通过对资本主义社会结构转型过程的研究，指认了如下的事实：即资本主义从生产到社会生活方方面面都确立了自己的统

① 关于葛兰西霸权概念的理论渊源，建议参见仰海峰的相关研究。就本书的研究主题而言，葛兰西的霸权概念并非概念推导的结果，而是对组织化资本主义的社会结构与意识形态特质的一种反映。这一理论反映的准确与否，必须从资本主义社会再生产研究的过程来探究。这一点，恰恰也是葛兰西霸权概念给我们的启发。

治。而这种统治，并不是简单诉诸暴力机关和生存胁迫，而是动员了社会生活的各种力量和资源来实现资本主义社会关系及其合法性的再生产。这其中，既有政策、法规的显性规范，也有伦理道德的隐性引导，其目的是确保资本主义生产体系的正常运转。为了实现这一点，就必须让广大的劳动者彻底臣服于这种社会生产体系并为之服务，不仅在行动上臣服，而且要在心理和灵魂深处都认同这种权力关系。在这一方面，很容易让人联想到卢卡奇对资本主义合理化、物化深入人们心理与灵魂的现象的分析。他们在理论上的共同趋向，植根于资本主义政治、经济、思想文化等日趋一体化、组织化的社会历史现实。简言之，资本主义通过各种方式和手段，不仅在生产过程确立了自己的霸权与合法性，在社会生活的方方面面都确立了自己的统治及其合法性。并且，这并不是单向的强迫过程，而是成功获取了大众的"同意"。可见，资本主义建立自身霸权的过程，并不是简单的意识形态教化或欺骗的过程。从社会再生产的总体过程来看，霸权的建立和维持是一个包含了政治、经济、文化等多方面内涵的总体性建构过程。[①] 鉴此，霍鲁布（Renate Holub）将葛兰西"霸权"概念的内涵进行了如下的阐释：

"一方面，霸权有助于解释国家机器或政治社会——被特定的经济组织所支持也支持着这些经济组织——通过它的法律制度、警察、军队和监狱，能够迫使社会的各阶层认同现状。另一方面，也是更重要的，霸权不仅有助于我们理解占统治地位的经济组织强制使用政治国家机器来维持现状的方式，也助于我们理解政治社会，特别是市民社会，以及其从教育、宗教、家庭到日常生活实践的微观结构，如何有助于意义和价值的生产，而这种意义和价值生产、指向并维持着各阶层'自发'认同这个现状。在这个意义上，霸权同时与市民社会与政治社会相关联，在其最终的分析中，同经济领域相关联。"[②]

其次，霸权概念的主体建构性内涵。前面已经明确了，葛兰西的霸权概念是一种总体性的社会建构过程。这个过程并不是单维的经济强制

① 参见仰海峰《实践哲学与霸权：当代语境中的葛兰西哲学》，北京大学出版社 2009 年版，第 180—187 页。

② Renate Holub, *Antonio Gramsci, Beyond Marxism and Postmodernism*, London, 1992. p. 6. 译文转引自仰海峰《西方马克思主义的逻辑》，北京大学出版社 2010 年版，第 107 页。

或武力胁迫，而是每个社会个体都参与其中的社会集体“同意”与行动意志的建构过程。换句话说，霸权实际上体现了社会生活的总体性联系，在其中不断进行的是现实个体对自我社会存在状况的认知和接受过程。因此，霸权的实现，并不是统治阶级借助强力霸权单方面作用的过程，而主要是通过主体的参与建构而成的。从统治者的角度来看，一种统治权力的维系和再生产过程，同时也是在普罗大众中获取统治合法性的认同与同意的过程。而要实现这一点，并不是简单靠意识形态欺骗或“灌输”就能实现且持久的。从社会生活中的个体这个角度来看，每个人都有他自己的情感、观念和信仰，这些构成了他们接受和同意主导的社会权力与霸权的重要环节。问题在于，个体对霸权的接受与同意，并不是一个简单的、一蹴而就的过程，而是一个必然因素与偶然因素交织在其中的复杂过程。葛兰西在回顾自己在都灵的斗争经历时曾这样指出：“这里的霸权不是‘抽象的’，既不是机械重复、科学或理论公式，也没有混淆政治、实际行动和理论文章的界限。它施加于真正的人，由于一定的物质生产状况与生产内部各种迥异和‘偶然’集结的社会要素的‘自发’结合，这些人按照具体的历史关系组织起来，具有明确的感情、见解以及零碎的世界观等等。”①

上述可见，葛兰西基于社会生活总体过程中对霸权的主体建构性的揭示，实际上构成了其霸权理论超越传统马克思主义意识形态研究的逻辑支点。这体现在葛兰西对观念与社会历史过程之间关系的思考进行了重要的推进。我们知道，在以往的马克思主义传统中，有关观念与社会历史过程之间关系的思考主要是从观念的社会存在根源，亦即社会存在决定社会意识这个角度来探索的。从马克思对德意志意识形态的批判，以及基于资本主义生产方式分析之上的对拜物教问题的分析，其思路重心在于探究特定意识形态的现实根源。这一点自然与马克思研究的重心和当时论战的需要有莫大的关联。但也并不能基此认为马克思不重视观念等意识形式对物质生产基础的能动反作用。只能说，这是一个随着时代推进将进一步探讨的问题。恩格斯晚年有关历史唯物主义的言论实际

---

① Antonio Gramsci, *Selections from Prison Notebooks*, p. 198. 译文转引自仰海峰《西方马克思主义的逻辑》，北京大学出版社 2010 年版，第 107 页。

上意识到了这个问题。但也仍然无法阻止将这一问题简化为一种经济主义、还原主义的机械化解读趋势，其中，观念成了经济现实的简单反映，一种被动的点缀。相比之下，卢卡奇的意识形态研究，意在揭示社会历史过程（资本主义的合理化、物化过程）对人们心理和意识的渗透和掌控，从而反证了无产阶级阶级意识的重要性。但其主导思路也是顺从社会存在如何决定社会意识这个方向推进的，至于阶级意识如何反作用于现实以及这种反作用的现实机制等问题并未能展开。因此，从整体逻辑上来看，马克思和卢卡奇对意识形态重要性的思考，虽然都是基于社会再生产过程的视野，但主导的逻辑都侧重于从社会历史过程对观念的决定作用这个角度，并未详细探索观念对社会历史过程的能动作用。在葛兰西看来，如果要完整地探索观念与社会历史过程之间的关系，就必须探究观念在社会再生产过程中的能动性问题。这就是他为什么要强调实践哲学要掌握大众的观念、情感，强调社会生活中“民间信仰的坚固性”和大众经验生活感知、观念的重要性。这方面的研究十分重要，它在一方面支撑起了葛兰西“霸权”概念，因为霸权主要是以一种潜移默化的方式来获取大众的“同意”；另一方面，也表明大众的日常生活意识与观念是一个与资本力量缠斗的战略重地。这就导向了他对知识分子的重新思考，以及有关无产阶级争夺霸权的策略问题的研讨。

在探索主体观念的历史能动性的过程中，葛兰西深入到人们的日常生活的微观层面，区分了两种意识形态。[①] 一种是“有机的意识形态”，即历史进程中“那些为一个特定的基础所必需的意识形态”。除此之外，还存在着“随意的、理性化的或‘被意愿的’意识形态”。那么，我们该如何区分这两种意识形态及其社会作用呢？葛兰西指出，“在意识形态是为历史所必需的范围内，它们是‘心理学的’；它们‘组织’人民群众，创造出人们在其中进行活动，获得对于他们所处地位的意识，进行斗争的领域。而在意识形态是随意的范围内，它们只创造个人的‘运动’、论战和如此等等（虽然甚至这些也并非完全无用的，因为它们就像一种同真理相对照、证明真理的谬误那样地

① 参见［意］葛兰西《实践哲学》，徐崇温译，重庆出版社1990年版，第63—64页。

发挥作用）。”[①] 从葛兰西的论述语境来看，上述界划是从社会生活中的不同“功能”或社会位置的角度进行的，并且，作为历史的必需的意识形态，是渗透在人们社会生活的方方面面之中的，包括了经济活动，因此很难将之从经济基础当中孤立出来。这就给我们带来两个方面的理论问题：其一，葛兰西的界划对于马克思的意识形态概念提出了什么挑战？这种挑战与后来的阿尔都塞强调的“意识形态是没有历史的”思想存在着什么样的关联？其二，作为一种历史必需的、且渗透在社会生活的各个过程和层面的意识形态，显然溢出了经济基础与上层建筑二分的思考框架。那么，葛兰西的这一界划，对于我们认识基础与上层建筑辩证关系提出了什么新挑战？如果说，这种理解与历史唯物主义的这一基本认识——社会存在决定社会意识在逻辑上是相通的，而非冲突的，那么，我们究竟该从什么样的思考向度来把握它们之间的逻辑关联？

以上的两个问题实际上都必须纳入到社会再生产的视野中才能得到更清楚的审视。虽然这并不是葛兰西的明确表述，但他有关霸权问题的思考无疑是从社会关系再生产的总体的、动态过程来展开的。

关于第一个问题，我们要分别从一般历史层面上的社会再生产过程与特殊生产方式下的社会再生产过程来审视意识形态的问题。简单来说，在一般历史层面上（即广义历史唯物主义视野中），作为与人们物质生产活动相适应的意识形态是没有历史的，它是物质生产活动的观念形式，是由物质生产活动决定的，而不是相反。这也就是葛兰西所说的“在历史所必需的范围内”的意识形态，即有机的意识形态。从特定生产方式的社会再生产过程来说（即狭义历史唯物主义视域下），意识形态表现出为特定生产方式所决定了的属性，比如资产阶级意识形态或者工人的拜物教意识等，这种意识形态实际上是有历史的，其本质属性必须立足于对特定生产方式的社会再生产总体过程中才能得到更准确地把握。马克思的意识形态概念较多的是在狭义历史唯物主义的研讨视域中展开，因此更多地着力于对资产阶级意识形态虚假性、欺骗性的揭示。

---

① ［意］葛兰西：《实践哲学》，徐崇温译，重庆出版社 1990 年版，第 64 页。

在《资本论》及其手稿中的拜物教批判，是作为社会关系异化的现象与本质的研讨，并且是以完整的资本主义生产方式分析为基础的，因此，在最终的意义上，也是服务于资本主义生产方式及其再生产总体过程的分析。

相比之下，葛兰西是从相反的方向展开意识形态的研讨，亦即意识形态对于社会总体关系的功能与作用。立足于社会生活的总体过程，葛兰西重点强调的是意识形态的物质性、实践性和能动性内涵，因为，意识形态在社会生活中并不是被动的存在，而是参与了社会的总体建构过程，是霸权发生作用的领域。人们无时无处不在意识形态的包围之中，并在其中意识到自己的社会存在并展开自己的生活或反抗斗争。从这一点来看，葛兰西的霸权概念也不同于考茨基所主张的、并为列宁灵活运用的"灌输"论。因为葛兰西的霸权概念，作为一种基于大众同意的社会意识形态，并非来自纯粹的外部灌输，而是外部灌输与社会主体接受并形成自发意识的结合。人民群众并非像白板一样受到统治意识形态的随意灌输和图绘，而是基于他们自身的观念、情感等这些看似"随意的"、"偶然的"意识形态，并以此为中介来接受"那些为一个特定的基础所必需的意识形态"。并且，不同地域文化、不同历史传统下的观念与情感结构是各不相同的，因为他们对自己生活的理解与期待也是不同的。尽管资本积累的逻辑在社会生活中已经显示出了强大的同一性逻辑，但这种"随意的"意识形态依旧是一个可以为之抗争的领域。对于无产阶级革命运动来说，这一点十分重要。无产阶级政党和无产阶级自己的有机知识分子，必须建立属于自己的意识形态霸权以获取大众的认同，这一点比夺取政权更为重要。值得注意的是，后来阿尔都塞的意识形态概念之所以陷入悲观，恰恰是因为他放弃了葛兰西所看重的人民群众的"民间信仰的坚固性"。关于这一点，我们将在有关阿尔都塞部分的研讨中重点展开。

此外，葛兰西对意识形态概念的这般界划，从侧面说明了他主张的霸权概念并不是某个阶级主体单一的意识形态，而是超越了简单的阶级联盟、阶层划分的意识形态。它是一种整合了各种社会集团的意识形态的、更高一级的统一体。[①] 由此，亦可说明，葛兰西对意识形态的思考似乎已经溢出了传统马克思主义的视野，是在霸权的理论框架下展开的。[②] 换言之，葛兰西的霸权理论体现的是一种“有机意识形态”与“随意的意识形态”或“民间信仰的坚固性”双向互动的动态过程。在这个过程中，主体实际上参与了主导意识形态的建构过程。就资本主义社会关系再生产过程而言，社会行动主体对霸权的参与和建构过程，实际上也是资本逻辑在政治、经济、思想文化等社会生活方方面面建立同一性逻辑的过程，并且这个过程对于资本主义的长治久安而言，显得越发重要。这也说明，资本主义组织化、文明化过程的实现，恰恰是其意识形态霸权的建立过程，并且成功地掩盖了这种意识形态的阶级性，让其成为了一种高于阶级性的普适性意识形态，成为了整个社会整体的主导的、合理的意识形态。从这一点来看，葛兰西的霸权理论是马克思主义意识形态理论在资本主义新变化下的新发展。

关于第二个问题，即霸权理论对基础与上层建筑的辩证关系的重新思考，同样也必须在社会再生产的视野当中才能得到更为准确地把握。正是通过再生产的理论视角，意识形态的问题才呈现出基础与上层建筑的双重性。众所周知，在马克思主义经典作家那里，作为一定生产方式决定了的社会生产关系的总和，决定了国家政治、法律以及其他相应意识形式。当然，这个经典命题指明了历史研究的正确方向和抽象原则，但其本身具有复杂的言说语境，不可简单化、公式化。在具体的社会历史研究过程中，有关基础与上层建筑的辩证关系问题，从来都不是像建筑学的空间比喻那般明显，这就需要从一个动态的社会再生产过程来详加考察。例如，雷蒙·威廉斯在经济基础与作为上层建筑的“文化”之间引入了“整体的生活方式”的总体性范畴作为沟通和理解二者辩证关系的概念桥梁，强调“文化”应当被视为“一种总体的社会过程”并植根于这一整体

① 参见周凡《重读葛兰西的霸权理论》，载《西方马克思主义研究前沿报告》，华东师范大学出版社2007年版，第51—71页。

② Chantal Mouffe (ed.), *Grammsci and Marxist Theory*, Routledge&Kegan Paul, 1979, p. 185.

的运动过程当中加以界定。[①] 无独有偶，受葛兰西、威廉斯等人的启发，伊格尔顿基于社会总体再生产的动态视野，从社会功能的视角强调了国家所具有的基础与上层建筑的双重性内涵。[②] 在这个问题上，葛兰西的霸权理论无疑是威廉斯和伊格尔顿等人重思基础与上层建筑辩证关系的启发之源，这体现在葛兰西对市民社会与国家关系的重新思考中。

葛兰西也是在霸权的理论框架下对国家与市民社会进行了重新定位，因而也构成了他的意识形态研讨的重要内容。基于社会总体层面上"同意"的生产和再生产的宏观视野，葛兰西对意识形态和国家职能之间的关系进行了新思考。以美国的福特主义为例，葛兰西指出福特主义实际上催生出了美国主义。美国主义"需要特殊的环境、特殊的社会结构和特殊类型的国家。这种国家是自由国家，但不是自由贸易的自由主义意义上的或实际的政治自由意义上的国家，而是在更为基本意义上的自由行动和经济自由主义意义上的国家。这种国家的意义，存在于'市民社会'中，经过历史发展，它形成了工业集中和垄断的制度。"[③] 在这里，葛兰西以福特主义为分析样本，凸显了国家的"市民社会"内涵。众所周知，按照传统马克思主义的理解，国家是竖立在经济基础（市民社会）之上的上层建筑，是统治阶级的暴力镇压机器。传统马克思主义者如列宁认为，国家是阶级矛盾不可调和的产物和表现，包括了军队、警察、监狱等暴力机构，是统治阶级镇压被统治阶级的工具。基于社会发展的新变化，葛兰西扩大了国家概念的外延，在他看来，国家不仅是强制性的政治社会，同时也是不断生产和再生产着"同意"的民意社会，即市民社会。"为了使我们的分析更加准确，必须考虑到国家在特定时代的语言和文化中所呈现的两种形式，一是市民社会；二是

---

① 参见［英］雷蒙德·威廉斯《文化与社会》，吴松江、张文定译，北京大学出版社1991年版，第357—359页。

② 参见［英］伊格尔顿《再论基础与上层建筑》，载刘纲纪主编《马克思主义美学研究》第5辑，广西师范大学出版社2002年版。

③ Antonio Gramsci, *Selections from Prison Notebooks*, p. 293. 译文转自仰海峰：《西方马克思主义的逻辑》，北京大学出版社2010年版，第240页。

政治社会。”①

葛兰西强调，现代资本主义国家已经把市民社会作为自己的伦理内容纳入到自身结构之中，从而具备了伦理教化之功能。“应该指出，国家的一般概念应当包涵原来属于市民社会的一些要素（在这个意义上，我们应该说国家 = 政治社会 + 市民社会，或者说国家是受强制武器保护的霸权）。”② 可见，国家是一种受暴力机关保护的霸权，并且这种霸权是以伦理的方式体现的。

“在我看来，对理论国家，文化国家所能作的最合理、最具体的说明是：任何一个国家，只要它把提高广大人民群众的道德文化水平并使之符合生产力发展的要求，从而符合统治阶级利益，作为自己的主要职能之一，那么它就是一个伦理国家。在这个意义上说，作为积极的教育职能的学校，以及作为压制性的和否定的教育职能的法院，都是最重要的国家活动：然而在现实中还有许多其他的所谓私人地创造性活动也趋向于同一个目的，这些首创性活动形成统治阶级的政治和文化霸权机构。”③

由此可见，葛兰西霸权概念的另一个重要内涵表现为国家所具有的伦理教化功能。并且，资本主义国家的霸权机构是通过市民社会中的各种机构来实现的，从而使意识形态本身具有了物质化的力量。这就突破了我们对市民社会的传统定义。众所周知，马克思主要是从经济视角来界定“市民社会”这一概念，但到了葛兰西这里，市民社会既包含经济的实质，同时也具备了上层建筑的内涵。“我们目前可以确定两个上层建筑‘阶层’：一个可称作‘市民社会’，即通常称作‘私人的’组织的总和；另一个是‘政治社会’或‘国家’。”④ 在这里可以看出，葛兰西明确地把市民社会纳入到上层建筑的范畴之中。当然，正如葛兰

---

① ［意］葛兰西：《狱中札记》，曹雷雨等译，中国社会科学出版社 2000 年版，第 223 页。值得注意的是，葛兰西在使用国家这一概念的时候存在着含混性和不准确性的情况，有时他笔下的国家指政治社会，有时又包括了市民社会和政治社会。因此需要我们在阅读时根据其言说语境进行仔细的区分。

② Antonio Gramsci, *Selections from Prison Notebooks*, p. 263. 译文转引自仰海峰《西方马克思主义的逻辑》，北京大学出版社 2010 年版，第 240 页。

③ 同上。

④ ［意］葛兰西：《狱中札记》，曹雷雨等译，中国社会科学出版社 2000 年版，第 7 页。

西自己多次暗示的那样，有关政治社会与市民社会区分实际上只是方法论意义上的，在现实社会生活当中，市民社会与国家是同一的。当然，这种区分，并不简单是认识逻辑上的标新立异，而是基于现实研究的需要。前文已经指出，葛兰西通过美国福特主义和现代社会结构转型的研究，敏锐地意识到，在当代资本主义社会，其主导的意识形态通过采取各种精微的形式实现了对社会生活方方面面的全面渗透，并且，这种意识形态控制已经成为了西方资本主义国家维持其统治的内在精神支柱，同时也构成了我们探索无产阶级革命可能性与新的斗争策略的重要依据。因为这就意味着，如果我们要变革资本主义的不合理现实，就不能仅仅停留在经济变革与政权颠覆的层面上，而更应重视对日常大众的主体结构和社会心理的变革。但在以往的马克思主义者那里，由于他们低估了意识形态控制及其对于资本主义社会再生产的重要性，未能对争夺意识形态控制权的长期斗争给予应有的重视，将大众意识形态这一重要的阵地拱手让给了资本力量，不断生产出对资本主义霸权的认同。这样看来，以往热衷于暴力革命的历史变革思路要加以调整，重心应偏向于唤醒无产阶级阶级意识的觉醒并争夺和创立属于无产阶级自身的文化霸权。基于上述的多方考虑，葛兰西和卢卡奇一道将意识形态斗争放在了焦点的位置，从霸权理论的视角重点揭示了国家的伦理教化功能，并探究了现实主体在日常生活中接受和同意这种霸权的微观过程与宏观机制。作为对策，葛兰西主张无产阶级应提出自己的文化霸权诉求，并改变斗争的策略。

第三节　阵地战与知识分子：无产阶级对文化霸权的争夺

在雷蒙·威廉斯看来，葛兰西的霸权概念是一种作为社会生活过程的总体“文化”，它为现实生活中人们的经验感受与实践活动创造了可能性或提供编码的方式。“霸权是一种实际体验到的意义、价值体系（既具有构成设定性又处在构成设定中），当这些意义，价值作为实践被人们体验时常常表现出彼此相互确证的情况。这样，霸权就为社会中的大多数人建构起一种现实感，一种绝对意义——因为一旦超出经验现实，社会中的大多数成员在其生活的大多数领域内便难以行动。这也就是说，霸权从最根本的意义上来讲就是一种‘文化’，而文化又不能不总被看做是那种实际体验到的特定阶级的主导和从属。”[①] 从这个角度来说，霸权具有一种实践性和能动性，并且总是有其阶级属性。前面已指出，现代西方国家已经呈现出明显的伦理教化功能，它们通过占领社会生活的各种意识形态阵地，让代表统治阶级利益的意识形态占据主流，并想方设法赢得大众的认同和接受。凭借如此，资本主义的社会关系顺利地实现了生产和再生产。在威廉斯看来，这就是一种塑造社会生活方式的过程，不过打的是“文化”的旗号。在这一面写着“生活方式”或“文化”等镶金大字的旗帜下面，聚集的是处于被剥削被压迫的底层劳苦大众。他们已然忘记了去反抗资本的逻辑霸权，驯服于资产阶级意识形态霸权而浑然不知。这一状况同样也适用于消费社会中的情形，不同的地方仅仅在于，对于后来的列斐伏尔、鲍德里亚等人而言，写在这面耀眼旗帜上的大字不是“文化”而是“消费”而已。长此以往，无产阶级革命怎有可能？葛兰西的答案在于，建立属于无产阶级自己的霸权。并且，其重要性丝毫不弱于夺取资产阶级的政治与经济大权。

一　霸权与无产阶级斗争策略

葛兰西立足于无产阶级运动失败的反思，以及有关美国福特主义的研究，充分意识到了霸权对于无产阶级革命成功与否的重要意义。那么，无产阶级如何才能从资产阶级手里夺得霸权呢？在葛兰西看来，既然霸权本身是融合了政治、经济与文化等多重内涵的总体，那么霸权的争夺也意味着也是一个总体性的过程。换言之，争夺霸权的斗争不仅意味着政治上的暴力革命和经济上的绝对控制，还包括了对文化霸权的掌控。对于无产阶级而言，文化霸权的争夺就意味着意识形态控制权的争夺，必须使自己的意识形态在社会当中的各个阶级上升成一种共识，即用自己的阶级意识去说服其他阶级认同无产阶级自身的道德、政治与文

① ［英］雷蒙德·威廉斯：《马克思主义与文学》，王尔勃等译，河南大学出版社 2008 年版，第 118 页。

化意识。在这个过程中，不断扩大自身意识形态的影响力，不断削弱并最终瓦解统治阶级的意识形态统治力。同时，配合政治的、经济的革命，最终夺取国家政权。在夺取了国家政权之后，还必须继续推行意识形态的引导与教育以巩固无产阶级的革命成果。

可见，在葛兰西那里，霸权不仅是一种现实状态与社会组织方式的描绘，同时也是一种斗争的策略。葛兰西对霸权问题的思考，最终指向的是对无产阶级革命策略的探索。当然，葛兰西并不是在真空中展开这个问题的思考，而是始终立足于意大利的历史与现状，并基此展开自己对无产阶级争夺霸权的斗争策略的探索。

借助于市民社会与国家关系的研讨，葛兰西强调了东方和西方在斗争策略上的差异。葛兰西指出，如俄国这样的东方国家，有着悠久的专制历史且权力高度集中，资本主义发展不充分，而市民社会也都处于原始的不发达阶段，国家权力高于一切，因此，一旦夺取了政权也就同时意味着夺取了经济、文化等霸权。在这种情况下，争夺霸权的斗争策略适宜采取东方式的速战速决的运动战方式。相比之下，西方的市民社会发育较早，有着悠久的历史，并且伴随着资本主义的充分发展已日趋成熟。在这种情况下，仅仅夺取政权是不够的，还必须要攻破资本主义的意识形态堡垒，占领它们的学校、教会、文化宣传系统等前沿阵地。因此，对于西方而言，争夺霸权的斗争策略就只能采用步步为营、稳扎稳打的阵地战方式。

当然，争夺文化霸权的阵地战过程显然不是一个一蹴而就的过程，而是一场漫长的意识形态的拉锯战过程。为什么这么说呢？前面指出，葛兰西充分意识到了现代西方国家的国家职能已经发生了转变，从原来的政治国家内涵慢慢地向文化的国家、伦理的国家过渡。在这个过程中，市民社会构成了国家的重要内涵，市民社会当中的私人机构在日常生活中发挥着制造意识形态之同意的作用。由于这种意识形态同意的制造过程是与人们的日常生活无比紧密地联系在一起，通过教会、学校、工会等机构将统治阶级的意识形态一点一滴地渗透到民众之中，并与民众的日常生活观念、情感和诉求紧密结合在一起，借由改变需求或“造梦”等方式，让普罗大众误以为这就是他们想要的一切。因此整个过程表现为一种“春风潜入夜，润物细无声”式的潜移默化过程。这就意味着，当另一个阶级试图要夺取统治霸权的时候，他们也应该从这些细处着手，最终获得民众的“同意”。这就对无产阶级提出更高的要求，即不仅要具备强大的意识形态聚合和宣传能力，并且要能比自己的对手更广、更好地传播自己世界观，最终在整个社会层面上获取各阶级的合法性认同。为了实现这一点，就需要无产阶级形成自己的有机知识分子。这一点，在很大程度上促使葛兰西转向对知识分子问题的关注。

二　知识分子问题

有关知识分子问题的思考，是葛兰西在狱中哲思的重要方面，也是他的霸权理论的自然延伸。葛兰西对知识分子的思考也与他对意大利历史情境的反思有关。在葛兰西早期撰写的一系列文章中，他就意识到了对无产阶级进行思想与文化上的教育的重要性，并且，这一职能应由知识分子来承担。然而，意大利的知识分子却与国家现实与需要相脱节，未能帮助人民形成他们所需要的意识形态。后来，工人阶级运动的失败和危机，在很大程度上也与无产阶级缺乏自己的政治文化与思想核心组织有关。这就将无产阶级培育自己的知识分子的紧迫性与必要性凸显出来了。这一点，促使葛兰西转向了对知识分子问题的研究。

在葛兰西看来，知识分子并不是一个专门从事智识活动的孤立群体，而是一个处在整个社会体系当中、并与一定社会阶层密切相关的智识活动者群体。葛兰西认为，我们不该从知识分子活动的本质上去寻找知识分子的界划标准，而应当在整个社会的关系整体及其运动过程中去寻找。“最普遍的方法上的错误便是在知识分子活动的本质上去寻求区别的标准，而非从关系体系的整体中去寻找。”① 因为，如果我们仅限于知识分子活动的本质特征，那么就很容易将知识分子界定为从事特定的知识生产或传播的脑力工作者；但如果从整个社会关系的体系当中来定位的话，知识分子就包括那些在劳动过程中接受训练的、包含着最低限度知识活动的体力劳动者。葛兰西之所以扩大我们对知识分子的传统界定，意在打破普通人与知识分子之间的概念鸿沟，保持一种意识形态的一致性、互通性，从而为霸权实现“从群众中来，到群众中去”打

① ［意］葛兰西：《狱中札记》，曹雷雨等译，中国社会科学出版社2000年版，第3页。

开可能性。

当然，葛兰西也强调，并不是每个从事智识活动的人都扮演着知识分子的职能。为什么这么说呢？这与葛兰西对知识分子的社会功能定位有关。葛兰西认为，知识分子在社会当中具有构建和传播意识形态的功能。当然，这种职能只能由少数精英知识分子来执行。从知识分子践行这一意识形态职能的情况出发，葛兰西区分了传统知识分子和有机知识分子。所谓的传统知识分子，指的是与旧的统治阶级的经济基础联系紧密的知识分子，他们或者直接参与实施了旧统治阶级的统治职能，或者是旧统治下市民社会当中的知识分子。所谓有机知识分子，在葛兰西的语境中主要指的是顺应历史发展潮流而产生出来的知识分子。有机知识分子的职能在于占领大众的常识哲学，将大众提升为顺应时代发展趋势的“大众中的新阶层”，亦即具有较高的阶级觉悟和较高思想水平的人。这就涉及夺取文化霸权的问题了。

葛兰西强调，有机知识分子对大众的“引导”不能采取高高在上的救世主姿态，而应该扎根于大众的常识与情感结构中。葛兰西特别重视有关大众情感与观念的研究，在他看来，只有基于对大众情感与大众常识的认真研究和理解，“才能实现作为一种社会力量的共有生活——并创造出‘历史的集团’。”① 如此，知识分子与人民、领导者与被领导者、统治者与被统治者之间的关系才能实现有机的融合。

葛兰西对大众情感与大众常识的重视，以及他对有机知识分子的定位，植根于他对马克思主义理论实践品质的深入认识。在他看来，有机知识分子必须走向大众，走进大众的日常生活世界中去。关注大众的情感需要和意识诉求，任何自绝于大众的学说，终究会被大众扫进历史的垃圾堆中去。同样，有关历史和社会的研究也需如此。在他看来，马克思主义哲学具有它自身的政治性特质，作为一种实践哲学，它必须来自大众，并与大众的“常识哲学”始终保持亲密的接触。因为人们对任何理论的接受总是立足于自身所处的生活世界，总是以经验生活的常识为基础的。葛兰西对大众常识重要性的强调，其意在于为实践哲学找到真正坚实的基础，防止其沦为教条化、抽象化的空洞言说，这也印证了

① ［意］葛兰西：《实践哲学》，徐崇温译，重庆出版社 1990 年版，第 109 页。

他一直主张的“哲学的政治性”；另一方面，让实践哲学始终踏在大众常识的大地上，并不是要让哲学服膺于大众的日常意识，而是要寻找一种共同行动的意志，实现理论与实践的真正统一。深谙马克思拜物教理论的葛兰西自然明白大众总是容易陷入物化意识之中。资本主义物化意识之所以能成功实现对大众常识的渗透，也是因为这种物化的社会生活结构与其日常生活的同质化过程。但他同样也意识到，大众的拜物教意识与其日常生活中的热情—情感是紧密相连的，因此如果想让实践哲学成功地实现对大众的“教导”，那么，以下的做法毫无疑问是必要的：与大众的情感—热情亲密接触，并在这个过程中改造他们的意识结构，形成一种新的常识和新的哲学。可见，葛兰西充分意识到，任何激进革命学说的政治主张，即便最终总是要落实到经济关系的变革，也都存在着一个至关重要、不可忽略的环节，即大众意识的改造。从这个意义上来说，较之于马克思在历史进程的总体视野下对意识形态的宏观考察，以及卢卡奇对这一总体视角的哲学论证（明显具有方法论和历史认识论的论战性质），葛兰西对意识形态的思考呈现出微观化、具体化、大众化的特质，更直接地来说，他的思考重心转向了理论转化为现实行动中的中介环节。①

葛兰西强调，实践哲学是以大众化为导向的，不是一种精英的学说，精英只是扮演了中介的角色，他们将大众在其生活中遭遇的历史情况及其直接的意识或无意识理论化、系统化。考虑到任何时期的大众总是在具体的历史的情境中，总是在历史情况的更新、思想的更新与既有的、传统的思想文化之间的冲突之中，那么，实践哲学作为一种以改造现实并使之趋向合理化的思想系统，就必须完成教化大众的工作，亦即以新的符合历史发展趋势和本质的科学认知来武装大众，来对抗那些企图为过去和当下的不合理现实进行辩护的意识形态形式。为了顺利地完成实践哲学的这一核心职能，需要一支专有的、独立的知识分子集团。

---

① 这个问题其实也是理解意识形态之“物质力量”特性这一思想的中介环节，同时也是理论的实践品质的要求，并且，必须把这个问题与阶级斗争、阶级意识或卢卡奇所说的作为历史主体和客体同一的无产阶级等思想联系起来。甚至，我们必须思考这样的问题：马克思的阶级概念当中，意识形态是不可或缺的，是历史冲突形式在实质上走向社会集团之间的对抗模式之后必要的构成。意识形态是阶级概念从抽象上升到具体的必要的中介范畴。

“实践哲学有两项工作要做：战胜最精致形式的现代意识形态，以便能够组成它自己的独立的知识分子集团；以及教育其文化还是中世纪的人民大众。这第二项工作，是基本的工作，它规定新哲学的性质，并不仅在数量上而且在质量上吸收它的全部力量。出于‘教导的’理由，新哲学结合成一种文化形式，……新哲学却正是为取代那时的最高的文化表现——德国古典哲学，并造就一个它是其世界观的新的社会集团所专有的知识分子集团才诞生出来的。”①

这是马克思主义哲学的实践品质的具体表述，是理论与实践辩证统一的体现，同时，也说明了我们在现实的、具体的社会生活语境中思考历史主体培育和发展的复杂性。社会生活中的大众（这自然也包括了在劳资斗争最前线的工人阶级们），总是活在特定历史时期、特定社会文化情境中的行动主体，在他们身上，过去的意识形式、当下的各种新的意识形式交汇在一起。生活的社会性、复杂性、多元多样性与日俱增，整个社会生活的物化特质日趋明显，也成为了一个巨大的看不见的网，紧紧地捆缚住了他们。而对于社会生活总体及其运行机制的整体认识，在不断碎片化、原子化、孤立化的生活情境中，以及相应的专门化、分散化的认知与思维形式下，越来越难以实现。这就需要一种能穿透物化现实及其相应的物化思维的科学认知来指引他们，来对抗那些从过去继承下来的、或当下生活中无意识中被灌输着的意识形式，来导向一种使现实趋于合理化的实践活动。正是在这个意义上，从马克思到列宁，从卢卡奇到葛兰西，从列斐伏尔到哈维等，他们都意识到了历史发展过程中历史行动主体的意识的重要性。也是在这个意义上，意识形态的“灌输”论展现出更加丰富的含义，其必要性也得到了充分的论证。当然，必须指出的是，能对大众进行教化、引导，或者说能用以向大众“灌输”的历史科学，本身也是历史发展过程的产物，而不是某种神秘的或先验的逻辑预设。这种历史科学的产生与发展，深深植根于资本主义的发展进程，或者更直接地说，是对资本主义进程的自我认知。这种科学的自我认知，本身就是一个历史的过程，是一个向历史始终保持开放的辩证认知，它的现实承担者既是生活中的每个个体（葛兰西说，

① ［意］葛兰西：《实践哲学》，徐崇温译，重庆出版社 1990 年版，第 80 页。

每个人都是哲学家），也是将大众分散的、直观的意识与感受加以系统化、理论化的专门知识分子团体。

总体而言，葛兰西的霸权理论对马克思主义的意识形态研究作出了重要的推进。这种推进是基于社会再生产的总体视野，因此他的霸权概念本身就是融合了政治、经济与文化思想等多方面内涵的总体性范畴。从社会生活的动态过程来看，这也是一个融合了历史普遍性与个体特殊性的观念与社会关系双向互动的复杂过程，因此霸权概念的重要维度在于主体的参与建构过程，而并非完全无意识地、被动地被“灌输”过程。他转向了对大众常识与生活经验、情感等微观问题的关注密切，意在为突破资本主义霸权、建立无产阶级自己的霸权寻找可能性和斗争方向。因此，霸权也是一种斗争策略，其中有关阵地战和有机知识分子的思考，都是这一斗争策略的极富启发性的探索，同时也体现了他对马克思主义哲学实践品质的深入领会。

就意识形态研究而言，葛兰西的霸权思想让我们意识到了人民群众“同意”统治意识形态的过程依旧是一个值得认真探究的领域。如果要探究人们如何认同与接受现实或者某种意识形态，必须引入经验的、微观维度的研究。当然，这种微观角度也是植根于历史和经验生活的。就“同意”的生产机制而言，我们可以看到历史上已经发生了这样的变化：从外在的、自上而下的强制模式，转向了内在的、自下而上的模式。而这一切变化的根源在于劳动过程中的变化。这就是为什么葛兰西要探究美国的福特主义，要研究现代资本主义国家的社会组织方式和结构的变迁问题。因此，在葛兰西这里，有关历史过程的宏观趋势和总体性视角与对大众常识、情感等微观生活的研究是有机统一的。在思考霸权问题的时候，他的总体视域总是立足于一种总体的社会再生产过程之中，坚持了这一历史的总体过程和经济力量的“归根结底”意义上的决定性作用，进而指出国家的意识形态霸权与个体经验生活中对这种霸权的接受和“同意”是一个有机的同一过程。这个过程中主体仍旧有他的位置。然而，到了阿尔都塞那里，由于放弃了历史的“过程”，过分强调“结构性力量”，国家的意识形态功能被放大为一种没有裂缝的绝对力量，主体成了空无。

第三章　意识形态国家机器与资本主义关系的再生产

葛兰西的霸权理论揭示了现代西方国家的伦理教化功能，亦即国家的意识形态属性与功能。更为重要的是，资本主义国家的意识形态功能是在人们日常生活当中实现的，并且是以一种潜移默化的方式成功获取了大众的认同。二战之后，西方主要资本主义国家逐步完成了由生产型社会向消费型社会的转换。在滚滚的消费浪潮中，人们似乎已经遗忘了资本主义这种制度的剥削性和压迫性。除了偶尔因经济动荡引发的几声不满的抱怨之外，对于普罗大众来说，资本主义何时灭亡的问题似乎是已然被历史终结了的意识形态。这一点深深刺痛了许多马克思主义学者的心灵，他们不得不面对的现实情境是，资本主义意识形态已经像空气一样无所不在，内化进了每个社会个体的言行之中，在各个领域以各种方式帮助资本主义社会关系实现自身的再生产。并且，这种再生产似乎总是能轻易地获取大众的“同意”和“合法性”认证。这是葛兰西所指证的资本主义霸权的现实呈现，也是阿尔都塞要继续研究和拓展的问题。对于阿尔都塞①而言，资本主义意识形态霸权的建构重心已经转移到生产劳动过程之外的社会生活当中。因此，他在理论上沿着葛兰西所开启的新思路，把霸权问题的分析推进到资本主义消费社会的新历史语境中，从社会关系再生产的角度重新界定和审视马克思主义意识形态理论与国家理论的概念内涵。

---

① 路易·阿尔都塞（1918—1990），法国著名的马克思主义理论家。主要著作包括：《保卫马克思》（1956），《读资本论》（1965），《列宁与哲学》（1968），《自我批评材料》（1974）等。

第一节　“一种关于意识形态一般的理论”

如果说美国福特主义的分析构成了葛兰西霸权理论的现实语境支撑，那么战后西方资本主义物资丰裕、消费繁荣发展的时代景观则构成了阿尔都塞重构意识形态概念的现实语境。随着资本主义科学技术和管理水平的提升，以及福利水平的提升，资本主义的组织化程度也越来越高，飞速提升的生产力为整个社会提供了大量的产品，整个社会呈现出欣欣向荣的“丰裕社会”的景象。在这个时代，消费成了重要主题。在卢卡奇和葛兰西笔下已经呈现过的，资本主义生产过程中组织化、合理化进程对社会生活的渗透过程，到了阿尔都塞的年代则更加明显了。消费和商品意识等资本主义意识形态似乎已经笼络了绝大部分人的心灵，成为他们日常生活的无意识结构。换言之，人们日常生活的经验、感知、观察世界与想象生活的方式、路径、能力等都必须通过这种无意识结构来实现。在这种情形下，工人阶级的革命意志却日益萎缩，留给激进左派以莫大的尴尬。20世纪60年代末期，席卷欧美、兴极一时的学生运动风暴，最终也只能昙花一现，倒更像是资本主义消费大合唱中的一个小插曲。这一点，却让阿尔都塞等人着实感受到了资本主义意识形态机器的强大力量，那就是一张巨大的网，而社会个体都牢牢地被捆缚在这张网中。

一　“意识形态是永恒的”

在思想层面上，结构主义思潮的兴起，对社会历史理论研究提供了一种新的模式。这股强调结构、系统整体对于部分的逻辑优先性，强调必须在结构整体当中才能定位组成部分的思潮，无疑暗合了组织化资本主义带来的社会生活体验。就这一点来说，通过高扬人的主体性和存在本质的人本主义思想，倒是显得与现实脱节了。法国68风暴的失败，很大程度上就是现实对人本主义的一种回应。阿尔都塞反对人本主义的历史解读模式，试图将结构主义注入马克思主义传统之中，或者说在马克思主义传统当中凸显结构的维度，并基于此重新定位意识形态的概念与内涵，以此与现实研究和批判相对接。当然，葛兰西有关国家的意识形态与伦理教化功能的相关研究，也构成了阿尔都塞重构意识形态概念的重要来源。于是，他通过区分马克思主义的科学与意识形态，并借助索绪尔语言学当中对语言和言语的区分，将意识形态看成一种结构形式或表现，社会生活中的现实个体必须借由这种意识形态的结构形式来获取生活经验、感知与认识等。同时，阿尔都塞也改造了拉康的“镜像”理论，强调意识形态实践的“无意识”特征和“形式”属性，个体对自主性的感知实际上是虚构的，是被意识形态传唤的结果。这样一来，意识形态就成了具有一定自主性的现实存在，成了社会历史生活的一种基本结构。

阿尔都塞对意识形态的这一概念重构，并不是基于现实生活中的具体意识形态，而是对这些意识形态共性的提炼与概括。他自己套用马克思的表述方式，将之指称为“意识形态一般”。在他看来，马克思并没有对意识形态概念进行专门的理论化，马克思在其著作中涉及的有关意识形态的讨论主要是针对现实中的意识形态现象，并没有形成完整的理论。在阿尔都塞看来，有必要对意识形态提供一种科学的定位。因此，他给自己的任务就是，像马克思提炼“生产一般”一样，提出“一种关于意识形态一般的理论”。

那么，从哪里寻找这种“意识形态一般”呢？阿尔都塞也清楚地意识到，“关于各种意识形态的理论最终要依赖社会形态的历史，因此要依赖在社会形态中结合起来的生产方式的历史，以及在社会形态中展开的阶级斗争的历史。”① 在这个意义上，不可能找到有关各种意识形态的一般理论，因为各种意识形态都是有历史的。那么，他所说的“意识形态一般”是什么呢？阿尔都塞将之表述为“意识形态没有历史”②。

阿尔都塞这一表述，表面上看是马克思在《德意志意识形态》当中关于意识形态无历史的说法的重复，但实际上又不是如此。在《德意志意识形态》之中，马克思认为意识形态是一种想象和观念的集合，是对现实历史的反映，是由人们的物质生产活动决定的产物，因而它本

① ［法］阿尔都塞：《哲学与政治》，陈越编，吉林人民出版社2003年版，第349页。

② 同上书，第350页。

身没有历史。在马克思的语境中，这里的“历史”主要是从生成性的角度来定位的，并不是历史学中的事实罗织或观念发展的谱系。换句话说，在马克思看来，人们围绕自己物质生活而展开的物质生产活动才是历史的生成性之本，而意识形态不过是生产活动中的产物，本身是由生产活动决定的，不具有单独的历史生成性。但在阿尔都塞这里，“意识形态没有历史”的内涵就发生了转换。那么，究竟发生了什么样的转换呢？关键在于，马克思从生成性角度出发的“历史”到了阿尔都塞那里就变成了从结构、功能角度出发的存在事实指认了。“意识形态的特殊性在于，它被赋予了一种结构和功能，以至于变成了一种非历史的现实，即在历史上无所不在的现实，也就是说，这种结构和功能是永远不变的，它们以同样的形式出现在我们所谓历史的整个过程中，出现在《共产党宣言》所定义的阶级斗争的历史（即阶级社会的历史）中：如果真是这样，那么意识形态没有历史这个提法就具有了肯定的意义。”①

阿尔都塞还援引弗洛伊德的命题——“无意识是永恒的”，来加以佐证。这种“永恒性”在弗洛伊德那里，“意味着无处不在、无时不在、因而在整个历史范围内具有永远不变的形式”。阿尔都塞关于意识形态无历史的理解，也正是从这个角度出发的。因此，他更愿意效仿弗洛伊德的命题，将之表述为“意识形态是永恒的”，就如精神分析学说中的无意识一样。这就是阿尔都塞试图去定义的“意识形态一般”的第一重内涵。

二　作为历史基本结构的“意识形态”

确认意识形态的永恒性，只是阿尔都塞定义“意识形态一般”迈出的第一步。更为关键的是接下来的这一步，即阿尔都塞将意识形态定性为人们感知、经验、表述自己存在的基本结构，亦即社会历史的基本结构。

众所周知，在《德意志意识形态》当中，马克思将人们围绕物质生活条件的生产和再生产过程设定为历史之本，在这个过程中的各种意识形式都是由这个物质生活生产和再生产过程决定的。但在阿尔都塞这

① ［法］阿尔都塞：《哲学与政治》，陈越编，吉林人民出版社2003年版，第351页。

里，意识形态已经不是作为物质生产活动的产物和反映，而是物质生产活动的结构与方式。因为物质生产活动的主体是人，不管任何时代、任何国度、任何文化之下，进行着生产的人总是要基于某一特定的意识形态来编织他们的经验、感受与认识。换句话说，任何的实践活动总是在意识形态当中展开的。这样，这种“作为自己呼吸的空气和历史生活的必要成分”的意识形态就毫无疑问地具备了历史的逻辑优先性，成为了社会历史的客观的基础结构。只不过这种客观结构是以意识的形式存在的，它是人们与自己社会存在条件的想象关系，“意识形态 = 与实在关系的想象关系”。用阿尔都塞的话来说，“意识形态表述了个人与其实在生存条件的想象关系”①。在他看来：

“‘人们’在意识形态中‘对自己表述’的并不是他们的实在生存条件、他们的实在世界，相反，在那里首先对他们表述出来的是他们与这些生存条件的关系。正是这种关系处在对实在世界的任何意识形态的(即想象的)表述的中心。正是这种关系包含了必定以解释对实在世界的意识形态表述带有想象性歪曲的‘原因’。或者，不谈什么因果关系，我们可以更确切地提出这个论点：正是这种关系的想象性质才构成了我们在全部意识形态中（如果我们不相信它是真理的话）可以看到的一切想象性歪曲的基础。”②

当然，阿尔都塞并不认为，作为个人与其实在生存条件之想象关系的表述，意识形态因此就取代了个人生存的实在关系。在他看来，“在意识形态中表述出来的东西就不是主宰着个人生存的实在关系的体系，而是这个人同自己身处其中的实在关系所建立的想象的关系。”③ 虽然只是一种在社会生活过程中建立起来的“想象的关系”，但并不是可有可无的，也并不意味原本的实在关系较之于意识形态的“想象的关系”具有一种逻辑意义上的优先性。恰恰相反，在阿尔都塞看来，我们对真实实在关系的探索，总是无法摆脱这种“想象关系”的中介。事实上，大多数时候，我们都是在这种想象的关系当中开展我们的实践活动，并

---

① ［法］阿尔都塞：《哲学与政治》，陈越编，吉林人民出版社 2003 年版，第 353 页。

② 同上书，第 354—355 页。

③ 同上书，第 355 页。

将之指认为真实的关系。因此，意识形态的这种“想象的关系”成了社会历史当中客观存在的无意识结构。我们的言行举止都是在这种无意识结构当中展开的。这就涉及阿尔都塞的“意识形态一般”的第三重内涵，即意识形态的物质性。

三　“意识形态具有一种物质的存在”

阿尔都塞强调，“意识形态具有一种物质的存在”，这种物质性体现在意识形态构成了人们实践活动的内涵。人们对他们与自身社会存在条件的想象关系，其本身就具有物质的存在，换句话说，意识形态具有物质的存在。当然，这里的物质性，并不是我们感官可以检验的物理意义上的“物质”概念。这种物质存在指的是，社会中的个体是通过意识形态——即他们是与自身社会存在状况的想象关系来开展他们的实践活动的，在这种实践活动中，这种想象关系就得到了践行和确认，因而具有了真实社会存在的效应。例如宗教徒的各种强化信仰的仪式。“每一个被赋予了‘意识’的主体，会信仰这种‘意识’所激发出来的、自由接受的‘观念’，同时，这个主体一定会‘按照他的观念行动’，因而也一定会把自己为一个自由主体的观念纳入他的物质实践的行为。”① 同时，这种“物质性”还体现在让这种想象关系得以维持的意识形态机器内部。从单个行为主体来看，他的观念与信仰体现在物质性的行为当中，这种物质性行为本身是在仪式的支配之下展开的，而这些仪式本身又是由物质的意识形态机器来规定的。例如，一个小教堂里的小弥撒、一次葬礼、一个体育俱乐部的小型比赛、一个人的上课日、一次政党集会，等等。从这个角度来看，单个主体的观念就表现为从这些物质的机器当中产生出来的。因此，阿尔都塞引出了这一重大发现：

“观念（就它们具有一种观念的或精神的存在而言）就这样消失了，但确切地说，是出现了这样的情况：它们的存在被纳入了实践的行为，这些实践受到仪式的支配，而这些仪式归根到底又是由意识形态机器来规定的。由此看来，主体只有作为一个体系所扮演的角色，他才在行动［表演］。这个体系就是意识形态，（按照它的实际决定作用的顺

---

① ［法］阿尔都塞：《哲学与政治》，陈越编，吉林人民出版社2003年版，第358页。

序来说）它存在于物的意识形态机器当中，并规定了受物质的仪式所支配的物质实践，而这些实践则存在于主体的物质的行为中，于是这个主体就在完全意识到的情况下按照他的信仰来行动了。”①

在这一发现当中，总是处于某种仪式支配下开展实践活动的“主体”，不过是根据意识形态体系的要求来扮演这个体系所需要的角色而已。更为微妙的是，“主体”以为是按照自己的信仰和观念去行动，但实际上他们的信仰和观念也都是某种意识形态体系的产物。由此，阿尔都塞进一步引出了关于意识形态与主体问题的两个论点：“1. 没有不借助于意识形态并在意识形态中存在的实践；2. 没有不借助于主体并为了这些主体而存在的意识形态。”② 自此，阿尔都塞开始进入了他对意识形态国家机器的研究。

第二节 劳动力再生产与意识形态国家机器

从阿尔都塞研讨的语境来看，他研究意识形态的理论旨趣，并不在于要给出一个完整的意识形态概念，或者说在理论上突破传统的意识形态解读模式。其焦点问题实际上在于思考历史主体何以可能的问题。阿尔都塞极力反对人本主义的主体观，因为在他看来，人本主义只是凭空构想了一个应然的“主体”，并没有意识到这种主体实际上是一种意识形态。并且，从这种理解模式的现实效应来看，人本主义高扬的“主体”旗帜，与现实的历史情境中主体日益萎缩的现状也格格不入，激起的不过是无用的激情。法国68风暴的风起云涌却昙花一现即是例证。受益于结构主义与精神分析的方法论启发，阿尔都塞认为有关主体的问题必须借由意识形态这个中介来讨论，并且，有关这二者的关系也必须在社会再生产的总体视野之中展开。这就是为什么在《意识形态与意识形态国家机器》一文中，阿尔都塞是从再生产这一问题引出意识形态问题的研究，而又从意识形态一般所具有的物质性内涵导向了意识形态国家机器问题的研究。在这一逻辑结点上，阿尔都塞的思考与葛兰西

① ［法］阿尔都塞：《哲学与政治》，陈越编，吉林人民出版社2003年版，第360页。
② 同上。

的霸权理论进行了对接；并基于意识形态国家机器问题的本质考察，又重新回到了马克思社会再生产的研究思路之中。很显然，贯穿前后的其实都是主体何以产生的问题，对应于具体的现实语境，这就是劳动力的社会再生产机制问题。接下来，我们来看阿尔都塞是如何引出这个问题的。

一 劳动力的再生产问题

阿尔都塞是从马克思的社会再生产思想的讨论引出主体与意识形态问题的。他以生产问题为例，强调我们不能停留在经验的层面上看待生产，也不能从日常意识当中来理解生产，在他看来，这些做法都是停留在意识形态的层面上。“孤立地看待生产，乃至将它看成（从生产过程抽象出来的）纯粹生产实践的观点，包含着顽固的显而易见的东西（这些在意识形态上显而易见的东西属于经验主义的类型）。它们已经渗透到我们的日常‘意识’里，以致于我们要把自己提高到再生产的观点上来，是极其困难的——我并没有说这几乎是不可能的。然而，脱离了这个观点，一切都仍然是抽象的（比片面更糟：是歪曲的）——即使从生产的层面看也是这样，更不用说在纯粹实践的层面了。”①

这样看来，从经验的生产角度和从纯粹实践的层面都不能把握真实的生产过程，只有坚持马克思的再生产视野。原因很简单，也就是马克思在资本主义生产方式研究当中多次强调的一个逻辑要点，即对于资本主义生产过程而言，资本主义生产关系的顺利再生产远比物质产品和生产资料的生产与再生产更为重要。因此，对于任何一个社会形态而言，它们主导的生产方式在进行生产的同时，既要确保生产力的再生产，同时也要确保现存生产关系的再生产。在方法论上青睐于实证主义的资产阶级由于常常止步于物性资料与物性产品的分析当中，忽略了生产关系的再生产过程，因而也避开了生产的社会阶级属性问题，表现为一种客观的、中立的研究姿态。为避免掉入资产阶级的方法论陷阱，阿尔都塞强调，我们必须从完整的社会再生产视角出发，不能停留在经济的狭义生产过程中来看待生产和再生产问题，特别不能将再生产问题简单等同

---

① ［法］阿尔都塞：《哲学与政治》，陈越编，吉林人民出版社 2003 年版，第 321 页。

于生产的物质条件的再生产，如原料、固定设备（厂房）、生产工具（机器）等。资产阶级经济学者都喜欢从这个层面来思考再生产问题，亦即从企业水平来看待物质生产的可持续问题。阿尔都塞认为，我们不能跟从资产阶级经济学家的思路停留在企业财务核算的实践过程来探讨这个问题，“因为在这个水平上，这种再生产并没有获得它存在的实在条件。在企业水平上所发生的只是一种后果，它只能给人一个关于再生产必要性的观念，但绝不能让人考虑到再生产本身的条件和机制。”①那么，阿尔都塞此处言及的“再生产本身的条件和机制”到底是什么呢？

关于再生产本身的条件，包括物质条件和社会关系两重内涵。至于前者，阿尔都塞认为马克思在《资本论》及其手稿中已有充分的研究，因此只需明确生产的物质条件之再生产的必要性即可。至于后者，即社会关系的再生产问题，其实涉及的就是再生产的核心机制问题。这就得具体考察劳动力的再生产过程，因为在阿尔都塞看来，劳动力的再生产过程是区别生产力与生产资料的关键，并且主要是在企业之外进行的。

关于劳动力再生产的问题，阿尔都塞首先强调了劳动力再生产的自然限度、历史限度。他提醒我们：

“请记住，劳动力再生产所必需的这个价值量（工资），不单单取决于对‘生物学的’最低保障金的需要，而且还取决于历史的最低限度的需要（马克思特别提到，英国工人需要啤酒，而法国无产者需要葡萄酒），即一种随历史变动的最低限度的需要。我还想指出，这个最低限度在两方面是历史性的，因为它不是由资本家阶级能够‘承认’的工人阶级的历史需要所规定的，而是由无产阶级的阶级斗争（两方面的阶级斗争：反对延长工作日和反对降低工资）能够强加进来的历史需要所规定的。”②

让人深感遗憾的是，围绕工人阶级“历史需要”而展开的阶级斗争以及这个过程如何推动了资本力量的调整与工人阶级本身的成长问题，并没有引起阿尔都塞的注意。仔细思考，这实际上导向了一种悖

---

①［法］阿尔都塞：《哲学与政治》，陈越编，吉林人民出版社 2003 年版，第 322 页。

② 同上书，第 324 页。

论，因为通过后面的论述我们将看到，阿尔都塞把意识形态视为主体产生的必要方式和路径，如此，我们就很难想象这种意识形态的生产车间何以产生出工人阶级据以反对资本家的新的“历史需要”来。这个问题，致使阿尔都塞逐渐偏离了马克思的主体在历史中生成的思路、弱化甚至忽略了葛兰西强调的民众常识与经验感知的相对独立性，从而导向了一种主体不再可能的逻辑困境。这一点也是威廉斯、霍尔等人代表的英国文化马克思主义批判阿尔都塞的逻辑结点。关于这个问题，后文将重点论述。

对于阿尔都塞而言，劳动力再生产机制的自然界限、历史界限等问题，都属于劳动力再生产的物质条件方面，因而并不在他的讨论范围之内。在他看来，在这些物质条件之外，更为关键的是劳动力的社会规训问题，亦即意识形态塑造主体的问题。而后者才是社会关系再生产的重点。因此，阿尔都塞强调，仅仅保障劳动力再生产物质条件并不足以确保劳动力的再生产。除此之外，现实社会中的劳动力须依照分工的岗位需要进行相关技能培训，这是劳动力再生产的重要内容。在资本主义制度之下，劳动力技能的培训和再生产更多的不是在生产过程中获得，而是“越来越多地在生产之外，通过资本主义的教育制度以及其他场合和机构来完成。”① 拿教育来说，阿尔都塞指出，从小孩子被送入学校开始，他们就开始按照统治阶级建立的秩序与规范来进行培育。孩子们从中不仅要学习技法和知识，同时还要培养良好的行为“规范”。这些“规范”包括了“道德规范、公民良知和职业良知”等，其实质就是一种“关于尊重社会技术分工的规范，说到底，就是由统治阶级建立起来的秩序的规范”：“更科学的说法就是，劳动力的再生产不仅要求再生产出劳动力的技能，同时还要求再生产出劳动力对现存秩序的各种规范的服从；即一方面为工人们再生产出对于占统治地位的意识形态的服从；另一方面为从事剥削和镇压的当事人再生产出正确运用占统治地位的意识形态的能力，以便他们也能‘用词句’为统治阶级的统治做准备。”②

---

① ［法］阿尔都塞：《哲学与政治》，陈越编，吉林人民出版社 2003 年版，第 324 页。

② 同上书，第 325 页。

可见，劳动力再生产更为重要的内容是对劳动者规范、秩序意识的再生产，也是要再生产出劳动者对统治者地位及其意识形态的臣服，同时也是对自身地位和处境的认同，从而不断生产和再生产着对这种劳动分工与财富分配等社会实践模式及其相应的社会关系的同意。至此，就劳动力再生产而言，阿尔都塞更为关心的层面已经凸显出来了，即劳动者总要经由一定的方式和机构来完成有关技能、规范与秩序的认同规训。在阿尔都塞看来，这就是一种意识形态规训的过程，劳动者只有经过这个过程才能成为合格的劳动力。那么，对那些为这一劳动力规训过程提供物质性存在的机制、仪式、组织等的研究，自然就成为阿尔都塞接着要重点研讨的内容了。阿尔都塞将之总称为意识形态国家机器。

二　意识形态国家机器

在《意识形态与意识形态国家机器》一文中，阿尔都塞并非直接从上述逻辑导出对意识形态国家机器的研讨。他始终试图要将这个问题置于再生产的问题框架中来探讨。在讨论马克思的再生产思想时，特别是要进入关系再生产的部分时，他决定兜个圈子，先从什么是社会说起。他先从历史唯物主义的一个基本命题，即基础与上层建筑的辩证关系入手，认为马克思的表述只是一种描述性的理论，一种空间地形学的比喻。必须从再生产的视角来把握这个命题。为了证明这一点，他梳理了马克思主义的国家观，认为传统的马克思主义对国家的认识主要停留在“描述性”的阶段。所谓“描述性”，指的是对经验事实的一种说明，例如国家作为暴力机关被视为镇压性的国家机器。阿尔都塞强调，仅仅停留在事实的描述层面是远远不够的，必须“进一步理解国家发挥功能的机制”。这就引出了国家的意识形态功能。①

就国家的意识形态属性问题而言，阿尔都塞将葛兰西引为自己的领路人，认为葛兰西是马克思主义思想传统中探索国家之意识形态功能的第一人。“他（葛兰西）有一个‘引人注目的’观念，认为国家不能被归结为（镇压性）国家机器，按他的说法，还应包括若干由‘市民社

① ［法］阿尔都塞：《哲学与政治》，陈越编，吉林人民出版社 2003 年版，第 329—332 页。

会'产生的机构，如教会、学校、工会等等。"① 当然，在阿尔都塞看来，葛兰西并没有系统地展开对这些问题的研讨，留下的只是一些针对该问题的精辟而零散的笔记。那么，他的工作就是要推进这项研究，并将之系统化，并研讨其运作的核心机制与现实效应。

阿尔都塞首先区分了国家政权与国家机器（镇压性），在此基础上，提出一种与镇压性国家机器并列存在的"意识形态国家机器"（AIE）。前者通过运用暴力来发挥作用，后者则通过"运用意识形态"来发挥其功能。在实际运用中，两者相辅相成，并不存在纯粹的镇压性国家机器。镇压性国家机器要想更好地发挥其功能，都必须借助意识形态的辅助。阿尔都塞以军队和警察为例，指出这种类型的镇压性国家机器为了确保自身的凝聚力和再生产，就需要借助意识形态国家机器来对外宣扬它们的"价值"与存在的合理性，以一种正义、牺牲奉献精神来装饰其暴力的实施过程。同样，也并不存在纯粹的意识形态国家机器，因为它们是以暴力镇压为备案的。例如，学校和教会就会采取恰当的处罚、开除、选拔与奖励等方法，来规训它们的管理人员，同时也规训那些被管理的学生、教众成员等。此外，小到家庭，大到整个社会的文教与宣传体系等都是如此。鉴此，阿尔都塞强调，"任何一个阶级如果不在掌握政权的同时对意识形态国家机器并在这套机器中行使其领导权的话，那么它的政权就不会持久。"②

那么，意识形态国家机器具体指的是什么呢？对此，阿尔都塞并没有给出一个确定的定义，但他列举了意识形态国家机器的主要构成和体现。意识形态国家机器在社会生活中存在着各种具体的机构，主要有：宗教的（例如各种教会体系）、教育的（如公立和私立的学校教育系统）、家庭的、工会的、政治的（包括各种不同政党在内的政治体制）、法律的、传播的（如出版系统、广播与电视传媒等）和文化的（如文学、艺术和体育等）等不同的意识形态国家机器。与完全属于公共领域的镇压性国家机器不同的是，这些意识形态国家机器大多散布于市民

---

① ［法］阿尔都塞：《哲学与政治》，陈越编，吉林人民出版社 2003 年版，第 334 页，脚注 1。

② 同上书，第 338 页。

社会的私人领域当中，并且主要是通过意识形态的隐性规训方式实现其功能的。阿尔都塞重点分析了教育意识形态机器（包括家庭和学校教育两方面）。他指出，在前资本主义社会，教会是主要的意识形态国家机器；到了资本主义社会，教育则接管了教会的功能，成为主要的意识形态国家机器。后者常常是以中立的角色发挥功能的机制：

“正是通过在这个学期学习由大量灌输的统治阶级意识形态包裹起来的各种本领，资本主义社会形态的生产关系（即被剥削者对剥削者和剥削者对被剥削者的关系）才被大规模地再生产出来。造成资本主义制度赖以生存的这个结果的机制，自然被一种普遍盛行的关于学校的意识形态掩盖和隐瞒了。”①

从教育的意识形态国家机器足以看出，资本主义社会的意识形态国家机器通常采用非暴力的、隐蔽说服与规训的意识形态方式来发挥其作用，其主要作用领域在于社会生活中的私人领域，其方式是多种多样、彼此各异的，其本质或最终效应都在于始终服务于资本主义剥削关系及其合法性认同的再生产过程。“无论哪一种意识形态国家机器，都服务于同样的结果：生产关系的再生产，即资本主义剥削关系的再生产。”②

那么，意识形态国家机器具体的作用机制是怎样的呢？

阿尔都塞指出，意识形态国家机器具体发挥作用的核心机制在于，将现实生活中的具体个体“传唤”为具体的“主体”。这个过程具体分成如下几个步骤：首先，把“个人”质询为主体；其次，确保他们对主体的臣服；再次，确保主体与主体的相互承认，主体间的相互承认，以及主体最终的自我承认；最后，绝对保证一切都按照这样的方式进行，即主体承认自己的身份并作出相应的行为。通过这四重步骤的相互配合，“主体落入了被质询为主体、臣服于主体、普遍承认和绝对保证的四重组合体系，他们在这个体系里‘起作用’，而且在绝大多数情况下‘都是自己起作用’的，……也就是靠意识形态（它的具体形式在各种意识形态国家机器中得到了实现）来顺利地起作用的。他们被嵌

① ［法］阿尔都塞：《哲学与政治》，陈越编，吉林人民出版社 2003 年版，第 346—347 页。

② 同上书，第 344 页。

入由 AIE 的仪式所支配的各种实践当中。”①

上述可见，意识形态国家机器通过各种潜移默化的方式，让现实中的主体按照它们所设定的那样产生对自身存在的一种想象，即形成一种自己是主体的感觉，并按照这种“主体”的观念来行动，并表现为好像自己是自己的主人。但事实上，具体个体所依据的观念体系都是各种意识形态国家机器所制造出来的，归根到底是一种意识形态，并表现为个体无法摆脱的客观的无意识结构。换言之，意识形态总是在个体无意识的情况下，将个体“质询”为主体，让他们产生主体性的幻觉与想象，顺从着这种主体性想象的思维与行动最终导向的只是对意识形态的臣服和再生产，从而确保了主导生产方式决定的社会关系的生产和再生产。

“如果要确保生产关系的再生产，甚至在日常的生产和流通过程中、在‘意识’中，也就是说，在这些个人——主体占据由社会技术分工为他们指定的生产、剥削、镇压、意识形态化和科学实践等岗位的姿态中，要确保生产关系的再生产，就不得不这样。的确，在这样一套机制——对主体和被传唤为主体的个人的镜像承认，以及在主体自由地接受了对主体‘诫命’的臣服地位之后，主体为他们提供的保证——当中，什么才是真正成问题的事情呢？在这套机制中成问题的现实、恰恰是以承认的形式必然被忽视的现实（意识形态 = 误认/无知），说到底，实际上就是生产关系的再生产，以及由生产关系派生的其他关系的再生产。”②

这样看来，阿尔都塞顺着葛兰西对国家隐匿于市民社会中的伦理教化功能，借由意识形态的物质性内涵和永恒性特质，将之推进到了现实生活中个体的无意识层面，指认了意识形态对主体的规训这一事实，并将之视为劳动力再生产问题的主要内涵纳入到生产关系再生产的视域当中，从而又在再生产这一逻辑关节上回到了马克思的思考语境。这在大大拓展了马克思主义的意识形态概念的同时，也给马克思主义研究带来了一个必须面对的逻辑困境：无产阶级主体何以可能？

---

① ［法］阿尔都塞：《哲学与政治》，陈越编，吉林人民出版社 2003 年版，第 371 页。

② 同上书，第 372 页。

第三节　阿尔都塞的困境：主体何以可能？

总体而言，阿尔都塞从结构主义的视角对意识形态的定位，虽然表面上延续了马克思关于“意识形态是没有历史的”的论断，但去除了马克思的批判维度，从一种肯定性的视角来强调意识形态无所不在，且作为一种客观的物质性力量在任何时空中发挥着作用的特征。从中我们不难看到，在阿尔都塞对意识形态的这种定义中，葛兰西的影响清晰可见。同时也可以发现，他们与马克思原初语境意义上的否定性内涵占据主导地位的“意识形态”概念渐行渐远。但这并不意味着阿尔都塞想借此告别马克思的经典定义，或者借此抹掉马克思的批判底蕴。同时，在这种理论的建构中，我们不能过分强调结构主义这种研究方法和视角对他的冲击，或者将其在这种概念改造过程中的作用拔得太高。更为关键的是，我们必须看到，阿尔都塞所面临的现实语境为结构主义的思潮提供了重要的培育土壤，而左派理论中不断蔓延的工人阶级不革命的普遍焦虑，无疑形成了结构主义和意识形态问题联姻的巨大推动力。同时，考虑到人本主义的思路在现实实践语境中不断遭遇的困境，阿尔都塞对“意识形态”的结构主义阐释，却在另一个维度上，为我们理解资本主义何以存而不亡且活力焕发的原因打开了新的视角。这就是，从整个社会生活结构的总体再生产角度来认识资本主义关系的再生产过程。基于这一视角，意识形态彰显的不仅仅是葛兰西所极力凸显的历史能动性，更进一步而言，同时也是资本力量掌控社会生活总体结构之后的客观物质性和权力关系。资本力量形成了一个巨大的网，意识形态不过是这张权力之网的隐形涂料，使之在现实生活个体的意识雷达上遁形无影。意识形态对于资本主义关系再生产的意义，也从传统的主导性认知方向——即意识形态具有欺骗性、虚假性特质，掩盖、遮蔽了资本的权力逻辑，转向了一个新的认知维度，即意识形态构成了资本关系再生产的方式和内容。因此，对本书的研究而言，我们更关注的是阿尔都塞的提问方式及其试图回答这个问题的方式。当然，在这个过程中，我们也应看到他的理论困境及其原因。

一　意识形态：封闭的永恒结构抑或矛盾与冲突之战场？

从阿尔都塞重构意识形态概念的整个逻辑来看，阿尔都塞的问题式实际上指向的是这样的思考：现代社会中的个体，如何被纳入资产阶级社会当中并成为其当事人的？就这个问题而言，人本主义的马克思主义研究思路显然没能超出资产阶级的意识形态，因为他们所构想的“主体”也不过是资本主义意识形态国家机器的产物。他基于马克思的社会再生产视野，继承了葛兰西有关霸权的思考，特别是现代西方国家日益明显的伦理教化功能，将劳动力再生产的问题摆到了社会关系再生产的中心位置，从而揭示了现代社会中劳动力再生产与资本主义意识形态国家机器的紧密关联。这一点，一方面揭示了资产阶级意识形态国家机器如何在传统马克思主义研究所忽略的生产过程之外，将资本主义生产关系再生产出来并维持自身统治的核心机制；另一方面，他也回答了无产阶级的阶级性和革命意志何以弱化的问题。这对于我们反思无产阶级运动为何屡遭挫折、探讨历史变革主体何以可能等问题打开了新的思考向度。

阿尔都塞的研究以其独特的方式凸显了意识形态问题的重要性，坚持和拓展了马克思的社会再生产分析视野。在这个过程中，阿尔都塞非常明确地将劳动力再生产问题的重要性凸显出来了。这一点十分重要。因为，从马克思到当代的各种马克思主义思潮，有一个始终贯穿的中心“视轴”是，资本对劳动的控制问题。从作为人类思考与行动的无意识结构（意识形态），到物质生活的经验组织方式（日常生活），再到空间问题，贯穿前后的其实都是这样的问题式：作为主导生产方式的资本主义如何动员了各种社会资源，从人们生活的方方面面入手，采取各种手段来确保资本主义关系的顺利再生产。因为，资本主义生产关系的内核，是奠基于劳动者与劳动客观资料分离的资本主义私有制，亦即资本与劳动的矛盾冲突。任何资本存在的意图，就是追求利润的最大化，寻求最大限度的剥削劳动力，因此资本是以劳动为内在前提的。也就是说，不存在不以劳动为前提的资本，资本的界限不在于自然资源和历史传统，而在于资本本身，亦即劳动挣脱了资本的怀抱，不再构成资本的对象。这就注定了，在资本主义生产方式的再生产过程当中，资本与劳动的这种组织结构、方式与社会关系必须得到再生产，这一点远比生产的物质条件的再生产更为重要。这是马克思多次强调的，也是阿尔都塞敏锐意识到的逻辑要点。

但是，问题在于，在阿尔都塞对意识形态概念的结构主义重构中，意识形态成为了历史进程中永恒在场的无意识结构。这是一种超越了阶级社会的永恒存在，即便在共产主义社会，这种意识形态对主体的传唤机制依旧存在。因为，在阿尔都塞看来，意识形态占领了我们的无意识，让我们陷入与社会存在的一种“想象的”关系中，并借此确定自己的主体性和中心性。如此，意识形态就走出了传统的、以现实为标尺的真假问题式，因为它本身已然构成了“现实”的呈现方式甚至是现实的内容。阿尔都塞的“‘意识形态’问题框架实际上是一个不断地把我们送回到起点的封闭的宇宙，科学或马克思主义理论与它截然相对。意识形态使我们成为双重意义上的‘主体’，它通过说服我们内化一种压迫‘法则’来建构我们的主体性，但是由于它仿如一来就成了主体的本根，成了生活经验本身的一部分，因此意识形态是所有社会的一个基本方面，即使共产主义社会也不例外。”① 在阿尔都塞的笔下，意识形态仿若一个巨大的、标准化的生产车间，作为原料的“个体”经过意识形态的生产加工线，成为了标准的、同一性的“主体”。这样一来，意识形态就成了一个封闭的主体生产和再生产车间。那么，各个时代的意识形态在本质上是否存在根本的界划？无产阶级何以打破资本主义关系再生产的链条，冲破资本主义意识形态的无意识结构？换句话说，马克思历史辩证法视域中的历史主体的生成问题，在阿尔都塞对意识形态的泛化视域中似乎也成为了疑问。历史又将何以展开其未来的可能性呢？

伊格尔顿在梳理西方马克思主义意识形态批判理论的思路时，对阿尔都塞的研究进行了如下定位：“路易·阿尔图塞（即阿尔都塞）提醒我们，对自身和世界的某种想象性的错觉实际上就潜伏在人的主体性结构之中。在阿尔图塞看来，如果没有这种错觉的话，人就根本不能发挥

① ［英］伊格尔顿：《历史中的政治、哲学、爱欲》，马海良译，中国社会科学出版社1999年版，第94页。

社会要求于他的功能；因此这种缺陷或错觉对于我们的本质来说是绝对必要的，是人类动物结构上不可或缺的部分。派别的利益可以被消除，虚幻的屏障可以被搬开，社会的结构可以被转换；但是如果意识形态就置身于我们的存在之本根，那将是一幅更为灰暗的画面。”[①]

的确，如果意识形态果真成了我们的存在之本根，那么，所有的反抗不过是在意识形态的虚幻之镜中展开而已。甚至，连“反抗”都谈不上，因为没有所谓的“历史主体”，只有意识形态质询下的伪主体而已。这种让人深感绝望的灰暗图景，自然是激进左派的思想家们不愿意面对的。于是，他们开始探寻阿尔都塞的意识形态概念圆圈的隐性裂缝，为主体和历史的可能性打开成长空间。这其中，深受葛兰西与阿尔都塞影响的英国文化马克思主义就是一个典型的范例。[②]

从雷蒙·威廉斯到 E. P. 汤普森，从斯图亚特·霍尔到伊格尔顿，他们都有一个基本的共识，即意识形态并非如阿尔都塞所述的那般是一个完备的、密不透风的铁屋子，而是一个充满了矛盾与冲突的战场，在这个战场上不停地与意识形态“入侵者”冲杀着的是人们的生活经验、文化与情感结构的相对独立性和自主性。经验并非完全为意识形态的产物，文化也拥有其强大的形塑力，并与特定生产方式主导下的意识形态保持着一定的张力。他们实际上回到了阿尔都塞意识形态概念的重要思想源头，即葛兰西的霸权理论，强调葛兰西的霸权概念是一种文化统治的实施过程，并非静态的结构，而是一种能动的过程，并且是始终处于冲突之中的矛盾过程。如果说，在多数时候，意识形态就如阿尔都塞笔下的那般霸道、强势，成为结构性的主导力量，那么，他们试图提醒我们，不要忘记了人们总是活在他们自己的感知与经验当中，他们的情感结构、经验组织方式和作为生活过程的文化能动性等，始终构成了对抗某种特定生产方式主导下的意识形态的潜在力量。这让我们想起了葛兰西在狱中多次语重心长的叮嘱：人民群众拥有着属于他们自己的生活常识、情感结构、历史文化传统等，用马克思的表述来说，就是“民间

① ［英］伊格尔顿：《历史中的政治、哲学、爱欲》，马海良译，中国社会科学出版社1999年版，第96页。

② 参见［美］德沃金《文化马克思主义在战后英国：历史学、新左派和文化研究的起源》，李丹凤译，人民出版社2008年版。

信仰的坚固性”。任何的理论研究（特别是哲学）都应该尊重这个事实，并与大众常识相结合，获取他们的“同意”，这样才能引导他们去行动和实践。总而言之，霸权的建立是一个双向的过程，不同时期不同地域文化下的人民大众都在这个过程中发挥着他们的主体能动性，只是程度深浅和范围大小不一而已。这就给无产阶级组织培育属于自己的有机知识分子团体，并建立无产阶级自身的意识形态霸权，以此抗争资产阶级霸权并最终夺取政权打开了历史的可能性。

葛兰西的这一思考向度，也正是英国文化马克思主义紧紧抓住不放的逻辑主轴，例如威廉斯的“情感结构”和作为整体生活实践过程的文化概念，汤普森有关经验基础对于工人阶级形成重要性的考察，霍尔的“编码/解码”文化研究模式对于受众主体能动性的尊重，以及各种亚文化的研究所呈现出来的文化相对于主导意识形态的特殊性和半自主性，等等。当然，英国文化马克思主义也受到了阿尔都塞的结构主义马克思主义的巨大冲击，如何沟通经验与意识形态，如何呈现主体与结构的相互作用，构成了他们的重要努力方向。例如，威利斯通过亚文化的研究，提出了他的“文化生活辩证法”，揭示了社会个体在社会结构中的位置与他们的主观经验之间的相互作用。威利斯指出，现实社会中的被统治阶级并不是这种压制性社会体系结构的被动受害者，也不是完全沦为大众传媒所操控的木偶。“确切地说，他们是他们自己‘世俗文化’的创造者，是质疑了主导性意识形态形式和被预知的激进文化变革的生活模式。”①

二 从阶级分析走向抽象主体

诚如《文化马克思主义在战后英国》的作者德沃金所揭示的那样，英国文化马克思主义对有关结构、经验与文化风格之间的关系研讨，都是基于最基本的社会结构分析之上的。“尽管文化生活有它的特殊性和半自主性，但最终它由资本主义生产方式的结构性矛盾决定。尽管这种文化实践的观点并不明确建立在阶级的本质主义观点的基础上，但至少

① ［美］德沃金：《文化马克思主义在战后英国：历史学、新左派和文化研究的起源》，李丹凤译，人民出版社2008年版，第214页。

它给予了阶级关系以优先性。”① 德沃金的这段概述，不仅仅是针对英国文化马克思主义的研究，也是针对有关主体与结构问题的研讨。因此，他也在提醒我们有关意识形态问题的研究不能离开阶级分析的理论视野。这一点，既是葛兰西霸权理论的出发点，也是其最终的落脚点。事实上，葛兰西和卢卡奇一样，对意识形态的视角始终坚持的是一种阶级分析的主导视角，反对的是资产阶级认知方式当中的个体主义倾向，即将历史冲突主要定位为个体对抗社会形式的冲突。如果基于个体与社会对抗的认知模式，那么对于马克思主义研究而言，无疑是一种倒退。因为，马克思基于特定生产方式分析之上的阶级分析思路，即一种围绕生产过程中的客观地位形成的社会集团联盟反抗另一个处于不同生产地位的社会集团，这种社会集团对抗的历史矛盾运行机制，就被简化为单个个体无助地面对强大的外在结构的自然化、永恒化的叙事模式。在这种模式中，我们看不到特定社会结构的生成与变化，也看不到历史主体（社会集团）的培育与壮大过程，剩下的只有柔弱个体面对强大的结构性力量而且似乎永无突破之日，只能逆来顺受、安时顺命。当阿尔都塞将意识形态泛化为一种没有时空限制的客观的无意识结构时，这种不幸的历史构境就这样呈现了。这种结构主义式的历史构境又是如何发生的呢？

这还得从葛兰西说起。众所周知，葛兰西的霸权概念凸显了日常个体的主体建构性，亦即霸权的顺利实现和可持续发展需要社会个体基于其生活经验和感受之上的“同意”。这就为个体在日常生活经验中的日常意识问题及其对于统治霸权的重要意义打开了思考向度。

阿尔都塞，正是沿着葛兰西打开的这一向度，将意识形态的阶级视角，推进到微观的个体视角，见证了意识形态的普遍性和无历史性，但也使意识形态结构中的个体如何结成反抗同盟——社会集团或阶级成为了问题。因为，按照阿尔都塞的这种分析思路，主体与意识形式是一个闭合的逻辑圆圈，国家问题不过是它们重合的轨迹。为什么这么说呢？这里实际上亦可引申出另一个问题，即阿尔都塞过分着意于强调意识形

① ［美］德沃金：《文化马克思主义在战后英国：历史学、新左派和文化研究的起源》，李丹凤译，人民出版社2008年版，第225页。

态的结构性与形式性，强调它对主体的建构与传唤功能，却在历史研究的逻辑上，逐渐远离了马克思阶级分析的视野，导向的是将个体与社会结构形式的之间的冲突摆到了核心位置。在这一点，确实也堵死了反抗统治阶级意识形态的可能性。因为历史已经没了主体，只剩下单个的被意识形态传唤出来的"伪主体"，再也没有了阶级分析思路中的社会集团主体，更不会有符合这种社会集团主体所需要的另一种"意识形态"。可见，如果像阿尔都塞那样从结构或功能的角度来定位意识形态，对于我们从一般历史层面认识意识形态的特质是有帮助的，但是对于面对特定生产方式主导下的意识形态问题却并无助益。事实上，阿尔都塞也未能很好地区分"意识形态一般"与特定生产方式主导下的意识形态。如此一来，在"意识形态一般"和特定社会阶级的生产实践活动及其具体的意识形态需要方面存在着逻辑断裂。那么，阿尔都塞不得不面对这样的难题：这种结构性存在的意识形态是如何发生变迁的？既然主体总是其产品，那么社会历史结构及其意识形态的变迁就很难被界定为历史行动主体的实践后果。历史就成了无主体的过程，生活在意识形态国家机器之中的"无产阶级"除非是上天派遣下来的"天兵神将"，否则又何以担当其砸碎资产阶级社会结构与意识形态国家机器之重任？

所以，当阿尔都塞说意识形态问题要采取再生产视角，采取阶级斗争视角时，实际上也只是坚持了马克思的结论形式，却不得不牺牲作为意识形态分析内核的生产方式分析为代价。其严重后果在于未能将意识形态分析奠基于生产方式分析之上，因此容易陷入个体对抗社会形式的结构思路，从而迷失了社会集团冲突对抗而推动的历史进程视野。这就需要回到马克思所坚持的物质生产方式的基始性分析，同时，从普遍性的一元世界，沉入特殊性、多元性的经验世界，从而基于特殊性与普遍性辩证统一的视角下，为马克思有关历史行动主体之历史生成性的抽象论述与时代发展挂钩，在新的历史情境中探索行动主体的成长空间与未来可能性的世界。这一点，正是文化唯物主义对阿尔都塞的批判给我们的启发，也是葛兰西、列斐伏尔、哈维等人的研究所呈现出来的深层意蕴。总之，坚持生产方式的基始性视角，引入历史过程的视野，在动态的过程当中，剖析一种特定的生产方式何以将其意识形态推向了统治地位，并将之装扮成大众在情感和法理上都“同意”的、普适的、自然的、永恒的意识形态这一复杂过程。基于此才能进一步探究：这个将历史的“特殊”意识形态上升为“一般”意识形态的过程，是否存在着矛盾，是否是彻底的、毫无冲突的？是否存在着可以抗争的地方？如果有，那么这种抗争的可能性又在何处？这些显然都是阿尔都塞未能也无法回答的。

事实上，对于这个逻辑困境，阿尔都塞并非没有意识到。在写下《意识形态与意识形态国家机器》研究札记之后时隔一年添加的“附记”当中，阿尔都塞将“意识形态将个体质询为主体”的研讨进行了限定，强调这只是“从某些方面阐明上层建筑的发挥功能的情况，阐明上层建筑对基础进行干预的方式，但它们显然还都是抽象的”。① 阿尔都塞坦承，这样的研讨会留下若干重要的难题有待进一步解答，主要表现为“有关实现生产关系再生产的全过程的难题”和“有关特定社会形态中存在的各种意识形态的阶级性质的难题”。并且，阿尔都塞强调了意识形态国家机器的研究必须基于社会再生产的完整视野，并与阶级斗争问题紧密关联起来，坚持从阶级的观点来探讨这个问题，从而从意识形态国家机器的一般机制深入到特定的社会形态中存在的各种意识形态研究。

“只有从阶级的观点，即阶级斗争的观点出发，才有可能解释特定社会形态中存在的各种意识形态。不仅从这个起点出发，才有可能解释占统治地位的意识形态在 AIE 中的实现，以及把 AIE 当作场所和赌注的那些阶级斗争形式的实现。而且尤其要从这个起点出发，才有可能理解在 AIE 中实现并在那里相互对抗的各种意识形态的来源。因为，如果 AIE 真的代表了统治阶级的意识形态必然由以进行较量和对抗的形式，那么，各种意识形态就不是从 AIE 当中‘出生’的，而是来自在阶级斗争中搏斗着的各社会阶级：来自他们的生存条件、他们的实践、他们的斗争经验，等等。”②

如此，借助阶级斗争的视野，在阿尔都塞那里原本闭合的意识形态

---

① ［法］阿尔都塞：《哲学与政治》，陈越编，吉林人民出版社 2003 年版，第 373 页。

② 同上书，第 375 页。

圆圈，终于向历史呈现出了它的一条裂缝。这条裂缝，到了受葛兰西和阿尔都塞影响甚巨的英国文化马克思主义那里逐渐扩张成为一道道大门，威廉斯将之取名为“文化”或“情感结构”；到了法兰克福学派那里，这道大门又被马尔库塞唤作“新感性”；到了列斐伏尔那里，它成了作为艺术品般的总体的日常生活……总之，随着这道大门的开启，西方马克思主义学者们翘首以盼的都是“总体的人”的复归。或者，这是否又将是一场总是在不断重演的等待戈多的历史剧呢?

中　篇

日常生活：从生产方式到生活方式

就宏观的逻辑而言，从卢卡奇到阿尔都塞，资本主义通过意识形态操控来实现其社会关系再生产的秘密已经得到了清晰的揭示。在这个过程中，葛兰西强调了意识形态研究的大众性与日常社会生活视域，实际上已经将马克思的意识形态研究思路推进到了具体社会生活的微观研究之中。到了阿尔都塞那里，意识形态概念已经泛化为人们日常起居与言行的方方面面，成为了生活的无意识结构。这一点，实际上也在逻辑上说明，意识形态研究必须走入日常生活之中。随着战后消费社会的兴起，资本主义社会结构也发生了显著的变化，工人的福利进一步改善，劳资矛盾得到了缓和，消费品极大地丰富，文化消费、景观消费等形式日渐兴盛。但另一方面，这同时也是一个“被全面接管的社会”、一个“单向度的社会”，一个“消费被控的官僚社会”。工人沉溺于消费浪潮之中，已然忘记了历史赋予的使命。工人不革命了，成为飘荡在西方左派学者心头的一个困惑甚至焦虑。

从法兰克福学派到列斐伏尔、早期鲍德里亚等人的消费社会批判，都对马克思的危机理论产生了质疑。因为，他们看到现实当中的垄断资本主义，尤其是第二次世界大战之后更成熟的垄断资本主义，采取了一系列有效的措施成功阻止了马克思所预言的资本主义内在矛盾的爆发。这些措施当中，对不发达国家与地区的殖民与对人们日常生活的“殖民”是核心措施。通过前者，资本主义不仅掠夺了大量的廉价原材料，同时也为科技提升、生产效率提高带来的大量剩余产品找到了新兴国外市场，此即列宁所指认的垄断帝国主义特质。相比之下，资本主义对日常生活的“殖民”更为隐蔽，也更为持久，因而也是最为重要的，引起了左派理论家们广泛的高度重视。他们通过研究指出，资本主义通过控制人的日常生活需求，将人们导向了永无止境的消费过程，从而有效地避免了马克思所预言的利润率下降之趋势，防止了经济停滞的发生。因此，对社会个体消费需求与嗜好的控制与引导，成为了资产阶级加强社会控制的重要手段，从而确保了资本主义社会再生产的顺利进行。这正是法兰克福学派指称的“晚期资本主义”。从总体上看，虽然贯穿前后的依旧是社会生活个体的意识形态问题，但在此期间他们对意识形态的研究不再停留在马克思所设定的生产中心视野之中，也不仅仅停留在卢卡奇、葛兰西和阿尔都塞所重点研讨的无意识结构问题之上，而是将之推进到广阔的社会生活当中，推进到消费社会的浪潮当中，从总体的社会生活过程来剖析资本逻辑的作用机制，进而指认其再生产机制的时代特质，从而开启了西方马克思主义的日常生活批判转向。

第四章 “晚期资本主义”的日常生活与文化逻辑

纵观20世纪西方马克思主义的发展历程，法兰克福学派是一个有其独特风格并对欧洲思想与实践的发展有重大影响的学派。该学派成立于20世纪20年代初，在30年代以“批判理论”著称，将经验分析与理论研讨进行了有机结合，并融合了政治经济学、哲学、社会学、心理分析等众多人文学科，历经早期的政治经济学研究、对纳粹主义和极权主义的分析、对资本主义和西方文明的工具理性的反思、对资本主义现实问题（家庭、文化工业、消费主义等）的批判，形成了一系列影响卓著的重要理论成果。其中，“启蒙辩证法”、“否定辩证法”以及“单向度的人”等研究成果，构成了20世纪整个西方思想发展的重要成果，为我们在新的时期推进资本主义研究和批判提供了重要的理论资源。法兰克福学派从日常生活与文化逻辑生发的“晚期资本主义”批判，上承卢卡奇物化理论及其意识形态批判，下启法国的消费社会批判思潮，在资本主义时代变迁的历史语境中深化和拓展了资本主义再生产研究的问题域。

第一节 “晚期资本主义”的时代特征与法兰克福学派的研究旨趣

众所周知，大众文化或文化工业批判是法兰克福学派贯穿前后的一个中心议题，它也构成了西方马克思主义资本主义批判的文化维度。文化问题或文化工业研究，并不是法兰克福学派凭空杜撰出来的讨论域，而是植根于资本主义社会结构的现实变迁。具体来说，法兰克福学派所面对的历史情境，即他们所指称的“晚期资本主义”问题。

一 晚期资本主义的时代特征

所谓“晚期资本主义”，是法兰克福学派对战后垄断资本主义的一种指称。从他们的讨论语境来看，“晚期资本主义”这一界定主要是用以区分早期的垄断资本主义，其核心特质是一种国家资本主义，一种劳工、军方与政府结盟的政治经济体系，并在日常生活中通过控制和引导人们的需求来获取人们对现实的认同，从而呈现出和谐、富裕的消费社会景观。晚期资本主义的这种时代情境，是构成法兰克福学派转向文化批判和消费批判的重要背景。依据他们的判断，资本主义从自由市场阶段走向了垄断资本主义，随之而来的是资本力量对政治、经济与思想文化等全方位的控制。资本主义通过海外殖民以及对人们社会生活方式与秩序的强力控制，通过公共工程建设来消灭失业现象，通过管理价格和预定需要的方式解决分配问题，并由经济与军事部门的不断扩张来解决过度积累的问题，等等。在波洛克、格罗斯曼分析笔触下的这种资本主义，已经是一种市场与国家命令、计划相结合的国家资本主义，它不仅有效地阻止了马克思预言的利润率下降趋势，而且也没有出现马克思所预言的社会两极化趋势，即工人阶级越来越走向悲惨境地。此外，随着社会服务行业的迅速增加，体力劳动者与脑力劳动者之间的距离也大大缩短了。同时，伴随着科技的迅猛发展，资本主义生产过程的强制性特质也淡化了许多，呈现出从生产到社会生活过程的文明化特征。与这些情况相应的凯恩斯主义，主张国家对经济干预的必要性，这一思想很快在主要资本主义国家得到应用，从而早期自由市场资本主义的经济自由主义、市场放任自由等意识形式遭到了削弱。这就给马克思有关资本主义经济危机的分析造成了重大冲击，其有效性在马克思主义思想阵营内外均遭到了不同程度的怀疑。并且，在这个过程中，马克思在《共产党宣言》与《资本论》当中所预言和期待的工人阶级不但没能成为革命的承担者，其阶级意识与革命意志都呈现明显的衰弱趋势。

因此，有关无产阶级革命意志衰退的问题就构成了法兰克福学派的研究重心。用马尔库塞的话来说，他们面临的现实问题是，“在大多数工人阶级的身上，我们看到的是不革命的，甚至是反革命的意识占着统治地位。……但是和以前相反，工人阶级在社会中的一般地位和革命意识的发展是相对立的。”① 的确，现实的情况是，资本主义提高了工人的工资待遇，改善了他们的社会福利状况，并且通过与工会组织的合作，工人同资本家之间的矛盾走向了调和。资本主义通过将战争中调动生产力和扩大消费领域的能力加以改造，打造了一个以消费者需要为主的生产体系，创造出一种工人阶级和中产阶级都能从中获益的强大政治、经济体系，并成功地将工人阶级纳入到他们的政治、经济体系当中，从而削弱了阶级冲突。总之，诚如马尔库塞后来指出的那样，“工人阶级的绝大部分被资本主义社会所同化，这并不是一种表面现象，而是扎根于基础，扎根于垄断资本的政治经济之中的：宗主国的工人阶级从超额利润，从新殖民主义的剥削，从军火和政府的巨额津贴中分得好处。”② 在这种情况下，对于工人阶级而言，革命让他们失去的可不仅仅是他们身上的锁链了。

面对这样的历史情境，正统的马克思主义学说却表现出僵化、教条化的特质，他们的经济主义解读思路根本无助于解释无产阶级革命意志衰退的问题，也无法揭开资本主义何以显示如此活力的奥秘。在法兰克福学派看来，就时代变迁提出的理论更新要求来看，韦伯和弗洛伊德等一批被正统马克思主义斥之为资产阶级学者的学者提出的思想和理论，为他们探究为何无产阶级革命没能如期而至的问题提供了重要的启发。当然，这并不意味着他们要抛弃马克思主义的经济学研究基础，恰恰相反，马克思主义的政治经济学分析构成了他们文化研究的坚实基础。波洛克、格罗斯曼早期的政治经济学研究即是例证。他们通过研究发现，资本主义国家越来越有能力通过采取各种措施来遏制资本主义内在矛盾的爆发。企业、劳工、政府与军方之间形成了罗斯福式的联盟，已经成为西方资本主义惯用的手段。例如，波洛克基于资本主义新变化发展出来的国家资本主义分析，对资本主义整体发展趋势的判断是，资本主义虽然无法在根本上克服阶级斗争、利润率下降等内在矛盾，但整个国家

① ［美］马尔库塞：《反革命和造反》，载《工业社会和新左派》，任立编译，商务印书馆1982年版，第84页。

② 同上。

的经济、政治与社会生活的一体化更加明显，并受控于官僚、军事领袖、党派官员以及大商人等组成的混合统治团伙，在很大程度上减少了统治阶层之间的内部冲突与动荡。这种日趋稳态化的统治阶层，在对内对外政策上的利益日趋一致，从而也进一步推动了国家资本主义经济的增长和不断增强。这种在战后形成的以高压统治的政府、大企业、军方和有组织的劳工相结合为基础的垄断资本主义，内在地要求一种与之相适应的社会心理结构，并且这种心理结构构成了资本主义政治经济新构架的黏合剂，并在人们的日常生活当中发挥其作用。

二 法兰克福学派的研究旨趣

法兰克福学派敏锐地意识到，有关晚期资本主义条件下的社会心理结构的研究将是对马克思主义研究的重要补充和发展。在他们看来，资本主义时代的发展对于理论研究提出了更高的要求，需要补充新的思想资源和分析方法来发展马克思主义，使之焕发新的生命力。从资本主义社会经济结构的特征来看，资本主义国家权力已经蔓延至社会生活的方方面面，传统的“基础与上层建筑”划分在当下更加难以区分，因为已经完全交融在一起，相互渗透。其原因在于资本主义大力发展的“文化工业”，并通过制造和引导人们的日常生活需求，让人们满足于自由、自足的消费浪潮中，从而失去了质疑与反叛的意识，只会认同资本主义的统治，即马尔库塞所说的“单向度的人”。面对这些问题，仅仅靠政治经济学分析是不够的，因此有必要融合社会学、心理分析、文化研究等学科。

因此，法兰克福学派已经不再满足于资本主义政治经济过程的分析，即生产方式的分析，在他们看来，必须转向对社会生活过程的分析，尤其要戳穿西方资本主义繁荣富裕、消费至上主义的现象外观，揭示其内在的奴役机制与异化本质，从而探寻革命的新起点。为此，他们将研究拓展到官僚主义、文化工业、家庭结构以及消费问题等领域当中，形成的是一种总体的生活方式研究与批判。就此而言，本·阿格尔就认为，“法兰克福学派理论成了一种对资本主义生活方式的一般性批判，丧失了它特有的阶级目标，因为它认为危机可以无限期地得到遏制，从而要求对马克思的整个社会主义变革的理论作重大修正。”①

从生产过程向日常生活过程的这一研究转向过程中，法兰克福学派始终贯穿的问题式是现代社会中的个体如何被纳入到资本主义政治经济一体化的庞大机器之中，并且，在这个过程中是否还存在着反叛的意识与可能性。这一点，构成了整个法兰克福学派从不同的学科视野出发、经由不同的论域，最终要汇合的共同的理论旨归。从30年代的纳粹主义研究与家庭权威问题研究，到60年代后期的消费问题研究，他们对现实中的社会个体处境有一个基本的共识，即相对于晚期资本主义政治、经济、文化等一体化并呈现为总体性有机构架的时代特征而言，社会中的个体逐渐摆脱了阶级这一社会集团的身份认同，成为原子化的个体存在。面对资本主义庞大的国家机器，社会中的个体总是弱小的，并且日趋原子化。资本主义这一庞大机器为了实现其正常运转，迫切地需要大量顺从的、毫无反抗意识的原子化个体充当它的零件。“它使整个的人——肉体和灵魂——都成了一部机器，或者甚至只是一部机器的一部分，不是积极的，就是消极的；不是生产性的，就是接受性的，在他的工作时间和业余时间里为这一制度效力。技术上的劳动分工使人本身只起着一部分操作功能，而这一部分功能则受着资本主义过程的协调器的协调。这一剥削的技术结构织成了一张巨大的人的机器的网，而这些机器生产和维持着一个富裕社会。”②

在法兰克福学派理论家看来，现代资本主义能够通过塑造人们的需求和欲望，将人们引入到永无止境的消费过程中，并在这个过程中让商品拜物教和消费中的虚假需求深入人心，从而成功地延宕了资本主义制度的内在矛盾与危机。阿格尔将之定位为一种新的“支配理论”，这种支配理论是马克思的异化理论与卢卡奇由物及心式的物化观的综合。“支配表示一种人不能据以察觉自己的异化、但能据以欣赏资本主义的生产力及其物质丰裕的方式。支配是人在虚假意识的情况下‘施’予

① ［加］阿格尔：《西方马克思主义概论》，慎之等译，中国人民大学出版社1991年版，第189页。

② ［美］马尔库塞：《反革命和造反》，载《工业社会和新左派》，任立编译，商务印书馆1982年版，第90页。

自身的异化。”[①] 这就导致了一种日益衰弱的、受指控的意识，这种意识恰恰是资本主义在较发达阶段通过家庭、教育、文化工业等各种方式和借助各种社会力量所打造的现实状况。

从这一点来看，法兰克福学派应该是从卢卡奇有关资本主义物化社会结构与物化意识问题的分析当中受到了启发。前文已经论述过，在卢卡奇那里，资本主义合理化、物化过程溢出了生产过程，渗透到政治、法律与思想意识等社会生活的方方面面，打造了一个无所不在的物化意识结构，并呈现为一种遍布于日常生活当中的无意识的结构特性。法兰克福学派延续了这种视野，但放弃了卢卡奇的阶级分析思路，也放弃了他的总体性诉求，他们看到的是一种自我施加的意识形态认同，并且，通过这种自我施加的意识形态同意机制，资本主义不合理的权力关系得到了合法化。因此，就意识形态批判而言，法兰克福学派更关心的是，现代资本主义社会结构当中的个体如何完成了这种“自我施加”式的意识形态认同，是什么东西在阻碍着人们意识到自己的主体性和能动性。简而言之，他们要探讨的是资本主义社会结构中的个体主体性是如何衰弱的，以及是否存在拯救的可能性。顺着这一研究旨趣，法兰克福学派集中研究了家庭权威的衰弱过程、资本主义文化工业的意识形态功能以及消费被控的单向度社会。通过这些研究，实际上构成了从个体的微观向度透视资本主义社会再生产机制的视域拓展。

第二节　作为社会再生产中介的家庭与文化工业

在晚期资本主义条件下，个体的社会存在方式是法兰克福学派研究资本主义社会结构变迁的切入点。在他们看来，在资本主义政治、经济、思想文化日益一体化的现实格局下，社会个体日趋单子化，其主体性日趋萎缩，在整个社会总体层面上表现为一种思想僵化、盲目顺从、迷恋权威的社会心理结构特征。法兰克福学派认为，这就为纳粹主义和极权主义的形成提供了肥沃的现实土壤。那么，大众的社会心理结构为

---

① ［加］阿格尔：《西方马克思主义概论》，慎之等译，中国人民大学出版社 1991 年版，第 228 页。

何会呈现这样的特征，个体的社会存在方式为何会导致主体性的衰退，这些问题就构成了法兰克福学派要回答的迫切问题。在思考这个问题的过程中，他们转向了对社会权威和家庭的社会化问题的研讨，并进一步将批判的视角推进到资本主义的文化生产机制，即文化工业的问题。

一 关于权威与家庭的研究

法兰克福学派对权威与家庭问题的研讨，实际上导源于对法西斯主义与资本主义的关系的思考。法兰克福学派成立伊始，有关纳粹问题的研究构成了他们的一个热点问题。他们对纳粹主义的研究兴趣，在很大程度上是基于他们的一个基本共识，即他们相信纳粹主义绝非孤立于西方文明发展整体之外的一个偶然的、单独的现象。在探寻这二者关系的过程中，他们实际上受到了韦伯的合理化思想的启发。

众所周知，随着资本主义技术的飞跃和社会结构的巨大转变，人文社会科学开始了对理性的反思。韦伯是这种反思的代表人物。在他看来，合理化与可计量化是资本主义兴起和发展的重要推动力，伴随着资本主义合理化的进展，整个社会结构表现为一种巨大的合理化结构——即官僚科层体制，其中人的行为也越来越符合理性的要求，整个社会就朝着理性化、可控化的方向大步前进。在这个过程中，统治阶级权威确立和维系的方式，也由历史上的显性的暴力方式转向了理性化的方式。立足于韦伯的合理化思考，卢卡奇指认了资本主义合理化过程对生产过程和生产之外的社会生活全面渗透的事实，这实际上是合理化导致的物化结构与物化意识问题。

卢卡奇的物化批判，构成了法兰克福学派的理论视野。他们发现，随着技术理性的长足发展，韦伯所描绘的合理化进程越发地呈现为一种奴役人的工具特质，因而实际上导向的是一种非理性。这个过程对应的正是资本主义主导的意识形态的变迁。法兰克福学派通过将韦伯的合理化思想置入法西斯主义与资本主义的关系当中，指认出资本主义主导的意识形态合理化进程最终导向的却是一种非理性。他们发现，随着资本主义合理化的推进，其主导的社会意识形态就从自由主义导向了一种理性化的总体，以及与垄断资本主义相适应的种族主义、国家主义等集体、集权主义意识形态。表面上看，这是一种理性化，实际上是一种非理性。为什么这么说呢？在法兰克福学派看来，资本主义意识形态从自由主义向极权主义、种族主义的总体化进程，实际上是自由主义及其经济基础不可避免地走向衰弱和死亡的映照。就政治权威的生产和维系方式而言，继而代之的将是三种可能：权力的集权式权威主义、左派的解放的集权主义以及马尔库塞后来所称的“单向度”的社会。在这个意义上，他们共同强调了自由主义和法西斯主义的连续性，认为他们同属于资本主义努力打造的、与之相应的“社会秩序的框架”中。[①]

那么，导致这种政治权威发生转变的究竟是一种怎样的“社会秩序的框架”呢？

按照传统的马克思主义看来，问题的答案应在经济过程当中寻找。法兰克福学派并不反对这种思路，但他们更为关心的是，经济过程施加于政治权威的中介环节。在他们看来，对这些中介环节的研究，才能为我们把握人的社会存在方式提供理论框架。而这一点恰恰是以往的社会批判理论所忽视的重要环节。研究所对有关政治权威本质问题的研讨，为他们有关家庭的研究奠定了理论前提。霍克海默指出，虽然家庭并非社会理论研究的中心问题，但由于家庭是经济基础与意识形态的上层建筑之间的中介环节，对于调节这二者关系起到了不可忽略的重要作用，故而值得认真研究。

“体制的活动并不局限于表达由教会、学校、体育团体、政党、剧院、报纸等所采取的措施。这种社会功用，除了有意识地去塑造人的那些活动表现外，还表现为对当下流行的境况的不断影响，表现为公共和私人生活的构成性力量，表现为在个人生活中起作用的人格的范例，总之，表现为并非由意识所引导的过程。……即使人的愿望也是由社会境况和发生在这种境况中的各种教育力量决定着。在那些通过有意识和无意识机制，影响着大多数人的心理性格的诸种关系中，家庭占着一个非常独特的位置。家庭从襁褓时期开始，就一直塑造着一个孩子的一生；家庭在它诸种能力的发展中起着决定性作用。成长中的孩子，是按照家庭圈子这面镜子中所反映出的现实的形象，去经验着现实的影响。家

---

① 参见［美］马丁·杰伊《法兰克福学派史》，单世联译，广东人民出版社1996年版，第140—145页。

庭，作为最重要的塑造力量之一，发现在自己中间出现了社会所需要的人格类型；而且在很大程度上给这个人以一种须臾不可缺少的适应性，让这个人去适应那种现存资产阶级秩序十分依赖的特定的听从权威的行为。”①

霍克海默在《权威与家庭研究》的总论中，为该项研究奠定了一种总的基调，即考察现代社会中文化的重要性。他们对文化研究的重要性强调，并不意味着对马克思有关生产中心地位的理论造反，而是想在马克思的基础上，凸显物质基础与上层建筑之间的交互作用。霍克海默以中国的祖先崇拜与印度的种姓制度为例，认为它们代表的是一种在社会发展历程中并未随着旧的社会经济根基消亡而消失的文化、观念与行为模式，这是一种“文化滞后”现象。这种现象存在的原因在于，在旧观念物质基础消失之后，人们依旧持有相应的主观的、情感的承诺。②

研究所对文化的重要性的强调，意在探究现代社会中个体何以屈从于现代社会中日益非理性化、异化了的社会—经济秩序权威。他们发现，如果说文化是孕育这种非理性认同和屈服的领域，那么，家庭就是主要阵地了。因此，从20世纪30年代开始，他们重点探究了家庭在这种社会经济秩序转型和个体内化过程中的作用。

法兰克福学派转向家庭的研究，是基于这样一种认识前提：在他们看来，家庭原来是保护社会个体免受资本主义组织侵蚀的少有的庇护港之一，但在晚期资本主义阶段，特别在消费社会的时代浪潮中，家庭却再也无力抗拒资本逻辑的侵蚀，沦为了资本主义再生产的重要中介环节。“在20世纪，人们被大托拉斯和官僚政治所控制，存在于职业和家庭之间的人类早期分工正在逐渐消失。家庭起到对个人传播社会需求的作用，这样家庭不但对个人的自然出生而且对个人的社会出生负有责任。家庭就像第二个子宫，在它的温暖抚育下，个人聚集在它之外而独

① ［德］霍克海默：《批判理论》，李小兵等译，重庆出版社1989年版，第94—95页。

② 参见［美］马丁·杰伊《法兰克福学派史》，单世联译，广东人民出版社1996年版，第146页。实际上，马克思在《57—58手稿》导言中就特别强调了物质与意识发展的不平衡性问题。

立生活的必需的力量。”① 家庭的衰弱，加剧的是一个原子化的社会，从而加速了社会个体的衰弱。②

从霍克海默及其同事的论述来看，他们对家庭是否衰弱是以作为家长的父亲是否居有经济独立性为中心参照的。例如，霍克海默着重分析了家庭在自由市场资本主义时代与垄断资本主义时代中的不同作用。在早期资本主义阶段，即社会上以勤劳的、自我决定的小业主资本主义时代，作为家长的父亲拥有较强的经济独立性。倚靠这种经济独立性，父亲拥有足够的权威和能力保护家庭免受外部社会力量的操控，可以在家庭成员与整个社会之间进行游刃有余的调节，因此基本是一种十分自信且具有独裁主义特征的人物。父亲独裁下的家庭到了晚上和周末，就成为了家庭成员逃避枯燥无味的社会现实的港口。总之，在这个阶段，作为家庭经济来源和保障的父亲是家庭的权威，再加上他的体力与社会能力都在其子女之上，因而其首领与权威的中心地位是自然而然的。

随着资本主义的发展与社会经济秩序的转型，这种具有一定自由度和自主决定权的企业主就逐渐被纳入到资本主义官僚体系当中，成为一名“顺从的职员”，成为庞大官僚机器的一个机器构件。从经济独立性来看，父亲获取家庭收入的方式主要来源于这种官僚体系，来源于动荡不安的市场，彻底沦为一个挣工资的人，成为了一个靠顶头上司仁慈恩典或所属公司企业财政收入状况而获取其经济来源的职工。父亲的权威来源不可避免地遭受到垄断资本主义时代的瓦解，并逐渐被外在于家庭的社会机制接管。这种强大的社会机制将每个社会个体都卷入其中，父亲也只是其中之一，个体及其家庭的不幸将不会被视为父亲的责任，而是每个个体自身的无能或其他自然因素，当然，更不可能是社会的责任了。父亲权威的衰落，与社会机制的强势，一方面让父亲免除了可能的

① ［德］霍克海默：《批判理论》，李小兵等译，重庆出版社 1989 年版，第 261 页。

② 令阿格尔深感疑惑的地方在于，法兰克福学派的思想家们似乎并不认为早期工业资本主义社会中发展起来的家庭本身就是资本主义的工具，因为它为资本主义生产体系提供了勤劳的年轻工人，同时还不断再生产着在社会地位上处于边缘地带的妇女儿童等廉价劳力，为资本主义剥削和压低劳动力价格提供筹码。参见［加］阿格尔《西方马克思主义概论》，慎之等译，中国人民大学出版社 1991 年版，第 231 页。

批评与质疑；另一方面也使每一个体都将直面社会，并倾向于将自身的不幸归咎为个体的无能。这个过程同时也是现代社会日益加剧的个人原子化倾向和过程。如此一来，家庭不再是抵抗社会化过程的小堡垒，个体也无法借助家庭来否定和反抗社会化进程，不仅如此，个体通过社会的其他机制而直接被社会化了。因此，随着时代化进程而呈现的家庭危机，其映照的不仅是父亲权威衰落的时代，更是个体主体衰落的时代。“家庭的逐渐瓦解，个人生活进入闲暇的转变，闲暇进入管理细节的常规程序的转变，闲暇成为棒球场和电影，畅销书和收音机的消遣的转变，这些转变会导致人内心精神生活的崩溃。”①

不难看出，父亲的社会经济地位的变动，是他们考察资本主义社会中主体性衰落的重要视窗。通过它，法兰克福学派指认了一个重要的事实，即整个社会心理与主体性格都随着资本主义政治经济结构的变化而发生了重大的变化。晚期资本主义将个人变成了一个不会反思、质疑和反抗现实的温顺的消费者，变成了一个甘受资本主义社会系统摆布并帮助其有效运转的公民。因此，家庭的研究实际上构成了经济与社会变迁如何影响个体意识的中介环节。但从家庭的衰弱，到个体主体性的衰弱，还需要引入社会心理学的分析方法。

事实上，由弗洛姆于1932年提出的“分析的社会心理学”为这一项研究奠定了方法论模型。弗洛姆反对主流马克思主义者对马克思思想的经济主义解读，他认为马克思主义应补充心理学研究的成果，因为心理学分析能够在作为上层建筑的意识形态与社会经济基础之间重建沟通的桥梁。因此，他致力于调和弗洛伊德的精神分析与马克思主义学说，或者更确切地说试图以马克思主义来丰富发展精神分析学说。例如，弗洛姆对弗洛伊德的本能概念进行了改造，认为本能远非弗洛伊德所指认的那种固定的生物局限，而是在社会历史进程中基于不同的社会条件得以实现和完成的东西。因此，本能也具有一种社会历史的内涵。又如，在其《基督教教义的发展》一文中，弗洛姆反对将早期基督教视为拥有同一心理实在的小团体的观点，认为那是由不同社会利益、心理与兴趣的差异化社会团体构成的，其教义的变化是社会变化的结果。他通过

---

① ［德］霍克海默：《批判理论》，李小兵等译，重庆出版社1989年版，第262页。

研究指出，除了早期教义表现出第一批教徒对父亲权威的反叛敌意之外，基督教教条随后的变化是与教徒将怨恨内化进自身，并在内心中认可和接受上帝权威的过程相一致的。“发展的原因在于社会—经济形势的变化或经济势力的退化及其由此而引起的社会后果，统治阶级的意识形态通过提供给大众的象征性满足，并将其攻击力引入社会无害的渠道而强化和加速了这一发展进程。”①

弗洛姆的这一观点是通过有关家庭问题的研究得出并强化的。事实上，弗洛姆一生都十分重视有关家庭的研究。不同于主流马克思主义以及资产阶级社会科学流行的研究思路——即从社会存在、社会关系决定个体意识，弗洛姆从完全相反的方向进行探索。他的研究指出，经济与社会从来都不是直接作用于个体意识，而是必须通过社会当中一些必要的关键的中介因素来对个体施加影响。家庭就是这个极为重要的中介因素。进而言之，家庭是社会权威生产和再生产的代理与中介。弗洛姆指出：

“对成长中的孩子产生最初的批判性影响的是家庭。但是家庭本身，家庭包含的所有典型的内在情感关系和教育理念，都反过来取决于家庭的社会状况和阶级背景；简言之，它们取决于家庭所处的社会结构。（例如，资产阶级父权社会的父子情感关系完全不同于母权社会的父子情感关系。）家庭是一个中介者，通过它社会或社会阶级在孩子身上打上了它的特定结构的烙印，并因此在成人身上打上了它的特定结构的烙印。家庭是社会的心理代理机构。”②

弗洛姆早期的这种努力得到了霍克海默和其他同事的支持和认同。这是因为，“批判理论的兴起部分是对传统马克思主义无法解释无产阶级没有实现其作用的反应，霍克海默早期对心理分析的兴趣，主要原因就在于它可以帮助解释社会的心理‘凝聚力’。1930 年开始执掌研究所

---

① Fromm, *The Dogma of Christ*, *and other Essays on Religion*, *Psychology*, *and culture*, new york, 1963. p. 94. 转引自［美］马丁·杰伊《法兰克福学派史》，单世联译，广东人民出版社 1996 年版，第 108 页。

② ［美］弗洛姆：《分析的社会心理学的方法与作用》，载《法兰克福学派基础读物》，A. 阿拉托和 E. 盖布哈特边，牛津：巴什尔·布莱克威尔出版社 1978 年版，第 483 页。转引自［美］理查德·沃林《文化批评的观念：法兰克福学派、存在主义和后结构主义》，张国清译，商务印书馆 2000 年版，第 99—100 页。

时，他就提出研究所的主要任务之一是对魏玛共和国工人阶级的精神状态做经验性研究。”[①] 霍克海默还专门写作“历史与心理学”一文来强调用心理分析补充马克思主义理论的紧迫性，并高度赞同弗洛姆关于社会因素对个体心理的形成施加了不可忽视的影响的观点。受弗洛姆这一研究的影响，法兰克福学派研究所开展了许多经验研究，并将家庭视为一种“社会的黏合剂”，只有借助它，整个社会的权威关系才得到了凝固。

总体而言，通过对家庭在社会化过程中衰弱的研究，法兰克福学派发现，伴随着家庭的衰弱，父母对于子女教育的重要性也日益减低了，父亲权威的合法性在根本上动摇了，家庭不再构成抗拒外界压力的保护伞。其结果在于，子女在成长过程中更容易受到社会的影响，尤其容易受到资本主义文化工业的影响，他们想努力成为的也是由文化工业所塑造的榜样。这就是为什么极权主义和法西斯主义性格在纳粹德国兴盛的重要原因。由文化工业引导出来的个体，是一种“标准化”的个体，他们往往思想僵化、盲目屈从权威和主导价值。那么，对于法兰克福学派而言，家庭权威的旁落，意味着另一种权威生产机制的兴盛，此即资本主义社会的大众文化问题。因此，法兰克福学派将文化研究作为重要议题。“在考察研究所讨论大众文化时将会发现，这些供选择的社会化代理人是创造‘权威人格’的一种工具，它比前现代社会中的任何东西都更微妙地反对变革。”[②]

二 文化工业批判

关于法兰克福学派转向大众文化批判的缘由，马丁·杰伊作出了精彩的概括。在他看来，法兰克福学派对大众文化的批判，原因在于大众文化并不如其表象所显示的那样“民主”，实际上恰恰是一种不民主。[③]

① ［美］马丁·杰伊：《法兰克福学派史》，单世联译，广东人民出版社1996年版，第136—137页。

② 同上书，第148页。

③ 参见［美］马丁·杰伊《法兰克福学派史》，单世联译，广东人民出版社1996年版，第248—249页。

首先，资本主义社会中的大众文化是一种“肯定的”文化，是为资本主义现实辩护的意识形态。资产阶级社会中的肯定的文化就像宗教，是被压迫人们的精神鸦片。套用马克思的表述来说，它是“被压迫生灵的叹息，是无情世界的心境，正像它是无精神活力的制度的精神一样。宗教是人民的鸦片”①。在法兰克福学派理论家们看来，这种由资本主义文化工业主导下的大众文化，实际上是一种意识形态，它用一种非自然的、异化的、假的文化替代了真实发生的东西，取消了传统社会中高级文化与低级文化的区分，同时也阉割了古典艺术当中的“否定”要素，将之改造为一种积极认同“单向度”社会现实的“肯定文化”。例如，原本饱含抗议的古典的悲剧，现在则被改造为对现实的安慰，并且几乎所有艺术中潜在的反抗、否定寓意都被转换成了安慰和顺从。

“肯定文化”是马尔库塞对资产阶级文化的一种本质指认，在他看来，肯定文化是对社会秩序的反映，促使人们在意识上认同既有现状与权力形式，消除反叛的意识，因而在社会功能上具有明显的现实辩护功能。马尔库塞指出，资产阶级社会中的文化，特别是艺术，具有一种调和社会冲突与矛盾的作用。一方面，它给予大众以幸福的允诺，支持大众冲破现代社会的阻扰去追逐自由与幸福；另一方面，它又把人们对自由与幸福的向往引入幻想的领域，从而通过“抚慰反抗的愿望”来实现对现状的曲线肯定。② 因此，马尔库塞对肯定文化进行了这样的定性：“是指资产阶级时代按其本身的历程发展到一定阶段的文化。在这个阶段，它把作为独立价值的心理和精神世界这个优于文明的东西，与文明分离开来。这种文化的根本特性在于认可普遍义务、永恒美好和必须无条件肯定的更有价值的世界：这个世界与日常为生存而斗争的实际世界有本质的不同。然而，无需实际状态的任何改变，只要通过每个个体的‘内心’就可以实现。”③

其次，资产阶级社会中的大众文化，只是劳动的另一种方式的延

---

① 《马克思恩格斯选集》第 1 卷，人民出版社 1995 年版，第 2 页。

② 参见［美］马尔库塞《爱欲与文明》，黄勇、薛民译，上海译文出版社 1987 年版。

③ ［美］马丁·杰伊：《法兰克福学派史》，单世联译，广东人民出版社 1996 年版，第 207 页。

续。法兰克福学派主要通过对现代艺术、音乐的考察，来评估资产阶级社会中的各种文化现象的本质及其社会功能。在以大众文化为主题的相关研究中，他们发现现代社会中的大众文化已经变成了一种资本主义的文化工业，它不以艺术形式与内在品质为追求目标，却更关心艺术的“效果”，这种“效果”实际上类似于商品的属性，例如电影的票房，音乐专辑的畅销程度等。文化不再是衣食无忧的富裕阶层的专利，而是成为大众的一种消费对象。它通过为大众提供消遣和娱乐，为大众创造了一个使人们能暂时逃避日常生活重负以及单调乏味的劳作的好机会。因此，在现实效应上，文化工业成功地安排和控制了人们大多数的闲暇活动。问题在于，这既是一个生产的领域，也是一个消费的领域，并且这两种领域交合于大众日常生活当中，以文化生活的形式推进着大众的社会化，控制和引导着他们的生活想象与需求。

文化工业并不能真正地使社会个体逃离现实，它提供的只是在重复性劳作与单调乏味的日常生活轮回中的暂时性娱乐，没有压力、自由自在的短暂感觉之后，使人们重新产生工作的愿望。例如，阿多诺通过对电视、艺术、流行音乐和星相学等的分析，向我们证明了这种文化工业产品不过是人们想要逃离的那种生活结构的一种再现和强化。它们试图告诉我们，生活中的消极因素在根本上是由自然的原因和偶然的原因导致的，从而向大众宣扬的是一种宿命论、依附感和责任感，在现实效应上充当了现存社会秩序的稳固剂或“社会黏合剂”。在阿多诺看来，日常生活中人们对音乐节目的消费，实际上体现了音乐所具有的社会再生产功能，人们在闲暇时间的消费和享受，只是再生产其劳作能力的一种手段，而非目的。流行音乐的显著特点在于它的标准化和假个性。流行音乐暗合了大众听觉对熟悉的东西的青睐，并不以将大众导向更高级层次的欣赏为目的。并且，一旦某种音乐模式获得市场的成功，音乐工业就会反复鼓吹和渲染这种模式，使大众沉迷其中并满足某种移植的愿望。这样一来，流行音乐在我们的日常生活中就扮演了社会黏合剂的角色。当然，阿多诺并不认为一切艺术和音乐都扮演着社会黏合剂的功能，例如，他十分推崇勋伯格的无调性音乐，认为它具有一种批判的、否定的功能。①

又如，针对流行艺术是一种消遣的流行观点，霍克海默与阿多诺一样，认为消遣或闲暇本质上是劳动以另一种方式的继续。"办公室和工作室以外的生活被认为是为了工作而恢复一个人的精力；因而它是一种纯粹的附属物，即作为一种劳动的彗星的尾巴，象劳动一样，可以用时间去度量，而且把它称作'自由时间'。自由时间也要求缩短自己，因为它本身并无独立价值。如果自由时间超过它消耗能量的再恢复的时间，如果它没有被利用来训练人们的工作技能，那么就把这种自由时间看作是浪费。"② 因此，文化工业不仅不是民主的，而且还是一种比早期粗暴的政治统治方式更为精妙且更有效的奴役大众的方式。

可见，资产阶级社会中的大众文化已然沦为一种隐性的奴役方式，成为了一种不断生产肯定现状、认同统治的意识加工厂。这种大众文化的生产和再生产过程，在形式特征上来看，已经类似一种标准化生产的工业。换言之，资产阶级社会中的文化本身已经成为了一种文化工业。"文化工业"一词，指证了现代社会当中文化产品的"标准化"、"虚假的个体化"或刻意的细微差别化，以及推广与传播过程中技术的合理化。阿多诺在"文化工业再考察"（1967）一文中，就对"大众文化"与"文化工业"两个概念展开了辨析，其意在于取消文化的自发性，强调文化工业的特质。"工业"一词冠在"文化"之上，从生产过程来看，乃标准化、合理化大生产；从传播过程来看，指涉的是机械复制与传播；从消费过程来看，呈现的是文化与艺术产品的商品化。因此，就文化工业的形式特征而言，不难看出这是韦伯的合理化思想在艺术文化领域的运用和拓展。诚如《社会生活的麦当劳化》一书所示，这种合理化工业生产具有标准化、可计算性、可预测性、可控制性等特征，符合资本增殖和拓展的逻辑需要。③ 当文化与艺术也"麦当劳化"时，文

---

① 参见［美］马丁·杰伊《法兰克福学派史》，单世联译，广东人民出版社 1996 年版，第 220—221 页。

② ［德］霍克海默：《批判理论》，李小兵等译，重庆出版社 1989 年版，第 260—261 页。

③ 参见［美］乔治·里茨尔《社会的麦当劳化：对变化中的当代社会生活特征的研究》，顾建光译，上海译文出版社 1999 年版。

化工业的危害也可见一斑。总体而言，文化工业带来了如下三方面的危害：文化艺术独立性的丧失；对个性与创造性的扼杀；沦为现实统治的意识形态辩护机制。①

从社会功能来看，文化工业是资本主义社会的意识形态同意机制，具有强大的驯化能力。这一点并不难理解。我们不妨对伊格尔顿在梳理西方马克思主义意识形态发展过程时提出的问题式——资本主义到底需要什么样的人？——进行一个转换，即不同历史阶段的资本主义到底需要什么样的文化？我们就能轻松地走入法兰克福学派的思考视域之中。基于这样的思考视野，我们不难发现，肯定文化，对应的是自由市场资本主义时代；文化工业，对应的是垄断资本主义时代；后现代主义文化，对应的则是弹性生产时代的后福特主义。当然，我们亦可借助哈维有关资本积累的时空压缩机制来拓宽文化工业的批判视域。实际上，这一点恰恰是法兰克福学派所欠缺的。他们更多的是从主体性衰弱这一视角，来反思文化工业的社会本质与功能，基于此为他们从艺术、宗教的领域中拯救主体奠定逻辑构架。与之相比，哈维的研究倒是为我们提供了另一种启发性思考，即文化工业本身并不独立于资本主义生产过程之外，文化在实际上是资本生产逻辑变迁的反映和需要。从资本积累逻辑的历史发展趋势来看，资本逐利的本性迫切地要求加速资本周转，努力借助科技创新来摆脱生产、流通、消费等环节的时空限制，不断趋向一种高速流动、低损耗并尽可能摆脱固定资本投资限制的生产消费模式。在这个过程中，越来越多的资本流向了文化、影像、景观的生产过程中。从这个视角来看，资本主义文化工业的问题将获得一个更深入的理解视角。事实上，这一点也是消费社会或景观社会的重要逻辑支撑。②

概而言之，法兰克福学派的文化工业批判，说明了文化工业、文化

---

① 参见陈振明《法兰克福学派对大众文化的批判》，载《政治学前沿》，福建人民出版社 2000 年版。

② 例如，哈维在《后现代的状况》中就对后现代主义文化采取了这样的分析视角，令人信服地指证了后现代主义文化的社会历史根源及其社会功能。参见［美］哈维《后现代的状况》，阎嘉译，商务印书馆 2003 年版。有关资本逻辑的时空机制问题，更详细的讨论参见本书第九章的相关论述。

产品、文化消费是资本主义社会总体性的一个重要维度。法兰克福学派的理论家们之所以用“文化工业”来取代一般性的“大众文化”概念，意在揭示这种意识与文化的加工过程与资本主义生产过程的同构性，并在社会功能上同属于一种同一性的社会秩序构架，并且在实际上构成了整个资本主义社会再生产的重要内涵。从这一点来看，文化不再是社会总体再生产的一部分，而是整个社会本身的再生产。

三　文化：动态过程中的社会功能定位

法兰克福学派对文化工业研究的重视，并不意味着他们认为社会生产过程的研究不重要了。恰恰相反，他们对于文化的经济根源有着清楚的认识。“我们说的这一切，都是为了表明，直接起因于经济发展并在统治阶级构成中得到最直接表现的社会关系的持续变化，并不仅仅影响某些文化领域。它也影响文化依赖经济的方式，因而也影响整个思想中的主要观念。”① 他们只是反对主流马克思主义在对待文化问题上的经济主义、机械还原论主张。在法兰克福学派看来，文化具有其相对的独立性，而且是主体性培育与生产的重要维度。但在资本主义现实语境当中，尤其在晚期资本主义条件下，文化已经成为一种隐性奴役的工业。即便如此，他们对文化及其在资产阶级社会当中的“异化”现象的定位，主要是从一种动态的社会再生产过程出发的。这一点，在霍克海默与马尔库塞的相关论述中可见一斑。

在论述文化、家庭等上层建筑领域方面的研究的意义时，霍克海默强调了一种“动态的文化”概念。如果说资本主义国家的暴力机构是支撑起整个社会的钢筋，那么文化就是浇灌其中的“精神的水泥”。因此，才有了霍克海默的这一问：“为什么人们还需要一种动态的文化概念呢？当水泥已经纳入国家行政权力高度物质化的形式中后，为什么人们还想象要用一种精神的水泥去加固整个社会的统一呢？”② 前面已经指出，资本主义文化工业构成了整个社会结构的黏合剂，因此，我们有必要对这一黏合剂发挥作用的方式和机制进行研究。但这种研究显然不

---

① ［德］霍克海默：《批判理论》，李小兵等译，重庆出版社1989年版，第225页。

② 同上书，第53页。

能仅仅停留在文化的视野当中，必须从社会再生产的总体过程出发，从各种社会力量交错其中的生活方式塑造问题入手。“……必须关注特定文化领域所起的作用，以及这些文化在既定的社会形式的维系和解体中所表现出的变动着的结构性内在联系。假如重大的社会统一体，尤其是我们现今经验着的社会统一体，按一种内在的辩证法发展着，那么，那些被铸入一个统一体的诸种力量就会去维护那个也维护着它们的既定的生活方式。”①

从这一点来看，文化本身作为一种动态的过程，反映的是整个社会“变动着的结构性内在联系”，因而也是特定生活方式得以展开和发展的“内在的辩证法”。当然，这种“内在的辩证法”并不能从文化本身去理解，但也不是纯粹的某种经济基础的简单反映。按照雷蒙·威廉斯的看法，文化本身就是一种“总体的生活方式”与“一种总体的社会过程”。在谈论一些英国马克思主义者对“文化”概念的片面和机械理解时，雷蒙·威廉斯指出，当他们把“文化”的规范意义视为一种“社会的智力和想象的产物”时，他们恰恰是在以一种不恰当的方式运用马克思的“上层建筑”的概念。“既然马克思主义者强调社会现实的所有因素彼此依存，既然在分析中强调运动及其变化，马克思主义者应当合乎逻辑地在‘整个生活方式’——一种总体的社会过程——的意义上，使用‘文化’概念，这一点不是咬文嚼字，因为强调后一种用法可以杜绝我们所批评的机械的研究手法，也能为更实质化的理解提供一个基础。不过困难还在于马克思最初描述的公式：如果有人不是把‘基础’和‘上层建筑’看作一种启发性的类比用言，而是把它当作现实的描绘，那么谬误自然也跟随而来。”②

就此而言，马尔库塞更加明确地指出，文化应从历史进程的统一体角度来理解。他说：“存在一种……反映精神在社会历史进程中意义的一般文化概念。它指特定环境中的社会生活的总体，因为观念再生产的领域（狭义上的文化，即‘精神世界’）和物质再生产的领域（‘文

---

① ［德］霍克海默：《批判理论》，李小兵等译，重庆出版社 1989 年版，第 51 页。

② ［英］雷蒙德·威廉斯：《文化与社会》，吴松江、张文定译，北京大学出版社 1991 年版，第 359 页。

明'）构成了历史上既可区别又可理解的统一体。"[①] 从这个意义上来看，文化本身虽然不能被看作是独立的，也不能"依其本身"来理解，但它绝非传统马克思主义机械定位的那种作为对经济基础的纯粹反映。马尔库塞意识到，作为观念再生产领域的文化，实际上必须与物质条件再生产结合起来，并从统一的社会生活再生产这个角度来定位。在这样的视域之中，文化就是一个动态的总体概念，有关文化的批判与研究，就能成为"社会的观相术"。"批判的任务不应全都探讨文化现象必然依附的特殊利益集团，而应洞察体现于这些现象中并通过这些现象实现自身强大利益的总的社会趋势。文化批判应成为社会的观相术。"[②]

总之，基于一种能动的文化概念，一方面，我们将看到社会发展过程中的各种力量是如何以复杂交错的方式塑造着社会个体的性格，让人们在其中构建对自我的认识与对世界的理解，基于此张开他们想象和欲望的翅膀并开展自主性的社会实践活动；另一方面，当这个文化置入历史的动态运动过程中时，我们也将看到它对社会结构的维系、内在冲突甚至变革过程中起到的重要作用。因此，它既是社会的黏合剂，也是培育旨在改造既有社会构架的潜在革命力量的"子宫"。且看霍克海默如下的精彩断言：

"特定群体是按照它的成员的特殊性格作出行为反应的，而这种性格只有在当前社会发展的过程中才会形成。这种性格产生于所有社会体制总体的影响，而这些体制以典型普遍的方式对每一社会阶层发生作用。生产过程对人的影响，并不仅仅表现在直接的当代形式中，人们自己可以在其工作中体验到这些形式；而且还表现为被整合进诸如家庭、学校、教会、崇拜构制等一系列变化缓慢和相对稳定体制中的形式。要理解为什么一个社会以某种方式发挥作用，为什么它是稳定的或纷乱的，就要求对处于不同社会集团中的人的当代心理机制有所认识。这反过来又需要对他们的性格是怎样在时代的所有构造性文化力量中形成这一点有所认识。把经济过程作为事件的决定性基础意味着，人们是在所

---

① Herbert Marcuse, *Eros and Civilization: A Philosophical Inquiry into Freud*, Boston, 1955. p. 94.

② Ibid., p. 30.

有其他社会生活领域与经济过程不断变动着的关系中去考察这些领域，人们并不是以孤立的机械形式去领悟这个过程，而是在这个过程与人的诸种特殊可能性和性情的关系中去领悟这个过程，这些可能性和性情当然是由经济过程本身创造的。因而，整个文化就被拉入到历史的动态运动中，而诸如习俗、道德、艺术、宗教以及哲学这些文化领域，在它们的内在联系中，遂对特定社会形式的维系或离析构成动态的影响。一个时代任何时期的文化，都是在诸种文化变革中起作用的那些力量造成的结果。

因而，唯物主义观念认为：文化的组合及其过程，在所有生活领域中，就它们影响着人的行为和性格这一点看，是社会动态运动中的保护性因素或破坏性因素。一方面，它们为正在建筑的大楼提供地基所需的泥浆，为那些想要各自独立的部分提供使它们被认为是黏合在一起的水泥；另一方面，它们又是将会毁灭这个社会的诸种力量的组成部分。”①

第三节 需求被控的消费时代与单向度的人

通过对家庭权威的衰弱以及大众文化的研究与批判，霍克海默、马尔库塞和阿多诺等人认为，发达资本主义国家当中的虚假意识比以往更加普遍和更加深入地扎根于人们的需要结构之中，社会个体的主体性正在快步衰退，甚至已经不复存在了。整个资本主义社会变得更加和谐、文明与自然，成了一个“单向度”的社会。资本主义主导逻辑和支配原则通过家庭和文化生活层面，成功地渗透到每个社会个体的心理与个性的最深处，从而成功地抑制了阶级意识形成与阶级反抗的可能性。

一 作为一种意识形态的消费：虚假意识与资本主义的再生产

法兰克福学派理论家们对晚期资本主义条件下的文化工业研究和反思，围绕的中心议题是主体如何在社会化过程中沉沦和衰弱。在这一过

① ［德］霍克海默：《批判理论》，李小兵等译，重庆出版社1989年版，第51—52页。

程中，他们发现资本主义从生产到消费过程都显出了强大的合理化机制。这种机制将人改造成为一种合乎资本理性的单子化个体，沦为了工具理性的一个机器动轮。这种合理化机制主要是在文化和消费过程当中实现的。其主导的机制就是通过控制和引导消费者的需求，进而控制和引导这种需求的满足方式，来达到对他们的生活方式、休闲方式甚至心理意识结构的操控。在一本由法兰克福研究所编著的论文集《社会学面面观》（其中论文主要成稿于20世纪40年代至50年代，研究所成员应用黑格尔主义马克思主义的理论观点来分析现代社会学思想）当中，法兰克福学派理论家们形成了这样的共识：

“如果人们根据那些在很大程度上占据当今人们意识的精神产物的总体来界定意识形态的遗产，那么这时应理解的就不是对其自身的社会含义茫然无知的自主精神，而是为诱使作为消费者的群众和（可能的话）为形成并抑制群众的意识状态而虚构出来的整体。当代的受社会制约的虚假意识不再是客观的精神，也不是盲目地和无个性特征地由社会过程具体形成的那个意义上的客观精神，而是经过科学加工以迎合社会的需要。电影、杂志、（有插图的）报纸、收音机、电视以及各种类型的最畅销的文学作品（其中传记小说起着特殊作用）等文化工业产品的情况就是如此。”①

法兰克福学派指出，晚期资本主义社会中的人们对生活幸福和追求的定义系统是由效率精神和技术能力所驱动的。这种情况下，人的消费仅仅是为了获取更多的支配物而并非为了明显地改善自己的生活。“晚期资本主义社会中的消费将成为一种沉溺，大大超过相对舒适的生活方式之需要，而是为消费而消费和仅仅为支配物而消费。同样，工作的动机也业已具有手段的倾向。资本主义社会的大多数公民在其所属的公司中不是为自己工作，而是为各个大的公司机构工作，这些公司有一明确界定的和等级分明的责任划分，并以此要求一定的产出。人们不是为满足创造性地实现自身的深切需要而工作的，而是为实现某种消费者至上主义的生活方式而工作的，但这种生活方式要有一定的工资期待数才能

① ［加］阿格尔：《西方马克思主义概论》，慎之等译，中国人民大学出版社1991年版，第215—216页。

实现。”①

晚期资本主义通过在人们的日常生活中不断生产和再生产“虚假需求”（如马尔库塞在《单向度的人》当中对这种需求的描述那样），在这种“虚假需求”的驱动下，人们不再清楚什么是真正对自己有益的，以及什么是对自己有害的。这是一种自我施加的异化和奴役，他们都不曾意识到，他们自以为自然而合理的并引以为傲的消费和需求观，不过是占据统治地位的政治经济势力强加给他们的，从而以自我驱使的方式去追求他们并不真正需要的商品，并在这个过程中转移了他们对自身工作中所受到的异化和压迫的种种注意力。消费是对异化和压迫的补偿，更是一种持久的合法性认同机制。

诚如马尔库塞写于1964年的《单向度的人》的副标题所示，马尔库塞的研讨主题是“发达工业社会的意识形态”。很明显，他延续的是霍克海默、阿多诺的主要命题，即理性与技术导致了主体的衰弱。在马尔库塞看来，资本主义召唤出来的技术进步并没有带给人类它所允诺的真正解放，而是更严重也更隐蔽的奴役。资本主义借助理性与技术，通过文化工业等形式创造的是一种“社会控制和社会团结的新的、更有效的、更令人愉快的形式”。借助这种形式，资本主义将其统治扩展到个体的灵魂深处，在日常生活的潜移默化之中通过制造“虚假需求”等方式，一步步地将社会个体变成资本主义现实原则的顺民，从而成为资本主义社会再生产的一个个小动轮。

在马尔库塞看来，晚期资本主义条件下的工业社会实质上是一种“极权主义”。当然，这种极权主义不是通过暴力镇压或经济镇压来实现的，而是由资本主义生产和消费过程所固有的统治性结构来确保的。更具体而言，是资本主义的技术统治凌驾于整个社会之上，成为现实生活的暴君，操纵着日常生活中的每个社会个体，使他们成为在情感上和政治上都是消极的、驯服的、毫无反抗精神的人，一个个跪倒在资本主义庞大的社会经济与政治结构面前。通过技术霸权，统治阶级对社会个体的行为、情感和思想进行了卓有成效的全面动员，从而实现了更深层

① ［加］阿格尔：《西方马克思主义概论》，慎之等译，中国人民大学出版社1991年版，第235页。

次的、更稳固的、也更容易持续的社会控制。“面对这些宣传媒介今天对人类所发挥的无法形容的力量——而且在这里，长期以来已变成广泛意义上的意识形态的娱乐也应包括进去——具体确定它们的意识形态内容是极其急迫的。这种内容导致大众同那些在文化工业背景下无个性特征的或由它所努力宣传的准则和条件的虚假的同一。所有不一致的现象都受到谴责，反复灌输顺从主义直到变成心灵的最细微的冲动。因此，文化工业就其当时与那些能动地意识到它为之服务的对象的人类学倾向相联系这一点而言，可能觊觎客观精神的角色。它抓住这些倾向，加强并证实它们，而一切反叛的倾向或被删除或明确地受到谴责。”①

如果说资本主义技术的统治是一种客观的隐性霸权，从而为发达工业社会的新“极权主义”提供了基础性构架，那么，晚期资本主义对人的需求的巧妙操纵则为这种“极权主义”的长治久安提供了源源不断的主观保障。在这种高度一体化的社会生活中，人们的需求越发凸显出对社会的依赖性和对技术的依赖性，这种必须通过社会协作和技术保障才能满足的需求方式，让人们相信既定的现实就是一切可能的社会当中最为美好的社会，是无须质疑的合理存在。这就在心理和行动层面上消除了反抗现状的可能性。

“人们在电视上所看到的东西同非常熟悉的东西是相似的，而像所有外国人都是可疑的，或成功和发迹是生活中的最高的满足这样一些违禁的口号也走私进来，仿佛它们都是明显的永恒真理。假如人们要把大众文化的意识形态所表达的意思凝聚在一句话里，那么就必须把这当作对训诫的拙劣模仿：‘成为你所是的那种人’，即当作对业已存在的状况的夸张的复制和证明其合理性，以及当作对一切超越和一切批判的剥夺。”②

这种被资本逻辑操纵和绑架了的需求，在现代社会生活中不断地被内化，以至于个体无法区分出真实需求与虚假需求。日常生活中时时向我散发着诱惑的豪车豪宅，精巧的小玩意、漂亮的服饰、高技术的家

① ［加］阿格尔：《西方马克思主义概论》，慎之等译，中国人民大学出版社 1991 年版，第 217 页。

② 同上。

电，等等，成为大众疯狂追逐的对象。没有人会去怀疑这种需求是虚假的，因为它就在那，不断地诱惑着我们去拥抱它们。在霍克海默看来，这是人类自我保存机制的体现，并且是通过模仿的方式进行的。

“但现存状况对普通人生活的影响很大，以致前面提到的驯从类型的人已压倒一切地占据优势。从他出生的那天起，社会就使个人感到，在这个世界中只有一条生存之路——即放弃其最终自我实现的愿望的道路。他只能通过仿效来实现这一点。他不仅有意识地而且以他的整个存在不断地对他关于自己的理解做出反应，竭力仿效一切使他卷入其中的集体——游戏团体、同学会、运动队，以及其他一切团体——所体现的性格和态度，正如业已指出的，这些团体通过完全的同化作用，强制实施严格的顺从主义，使个人彻底地听任摆布，而这是19世纪的任何一个父亲或老师也不可能做到的。他通过附和、重复、仿效自己周围的事物，通过使自己适应他最终所属的一切有权威的团体，通过把他自己从一个人转变为组织的一个成员，以及为易于和有能力顺应这些组织并在其中赢得影响而牺牲自己的潜力来设法生存下去。这是用最古老的生物生存的手段，即模仿的手段来谋取生存的。”① 但马尔库塞指出，这些都是虚假的需求。关于真实需求与虚假需求的界划，是马尔库塞对法兰克福学派的批判理论做出的重要贡献之一。所谓虚假的需求，在马尔库塞看来，是一种由统治力量主导的、操纵的，服务于统治阶级利益及其再生产的需求，并不是出于个体自我解放和发展需要的需求。“为了特定的社会利益从而从外部强加在个人身上的那些需求，即把艰辛、侵略、痛苦和非正义加以永恒化的需求是虚假的。”为了满足这种虚假的需求，社会个体必须受到外界的支配。同时，这种虚假需求的满足过程，是一种对劳动领域的暂时性逃避，是对劳动付出的一种“补偿”，其效果只是为了更好地回到劳动过程，并不能真正使个体改变劳动与闲暇的生活体验。不但如此，这些虚假的需求还成功替代了个体寻求真正自由与解放的需求。那么，什么是真实的需求呢？在马尔库塞看来，真

① Max Horkheimer, *The Eclipse of Reason*, New York, 1974, pp. 141 – 142. 加拿大学者阿格尔十分看重霍克海默的这篇文献，并在其《西方马克思主义概论》一书中给予很大的篇幅呈现其核心论断。该部分的中文翻译较为精准，故本书该部分论述中涉及的相关引言均转引自该书。后文不再一一标注。

实的需求是指那些必须通过批判分析和个人斗争来达到的、有助于推动个体解放的需求。①

在这种由社会媒介推波助澜的虚假需求体系之中，人们因为消费着同样的产品，看着同样的电视节目，游览着同样的旅游景点，一切社会阶层和文化差异似乎就不见了，从而呈现出丰裕社会、后工业社会等假象。在这样的社会中，“人们似乎是为商品而生活。小轿车、高清晰度的传真装置、错层式家庭住宅以及厨房设备成了人们生活的灵魂。把个人束缚于社会的机制已经改变，而社会控制就是在它所产生的新的需要中得以稳定的。”②

马尔库塞指出，对虚假需求的沉沦和追逐，使人们日益丧失去思考和挖掘满足自身需求所需要的内在力量的能力，不再拥有属于自己的个体感性，却努力地想通过对消费社会主导价值的模仿来实现与周围世界的一体化和同质化。很明显，马尔库塞关于社会个体通过模仿主导价值和权力结构来获取自我存在感的论述实际上是对霍克海默的回应，也是一种具体化。人们是基于这种虚假需求来建立自我与世界的关系。“个人完全独立于整体的信仰实际上只是幻想。个人形态本身是靠自由市场维持其生存的社会所特有的一种形态。……个体化的精神媒介，艺术、宗教、科学萎缩变成了少数人的私有财产，今天这些人的存在常常只是靠社会来保证的。而导致个人发展的社会，现在正通过异化和分裂这种个人而发展。然而，至于个人，他则曲解世界，乃至于他的灵魂深处都依附于这个世界，把它错当作自己的世界……”③

在马尔库塞看来，这种通过制造虚假需求而引导消费的资本主义统治策略，不仅存在于发达国家内部，同时也成功地运用到那些被它们殖民的国家和地区当中。在分析资本主义殖民扩张及其深远影响时，马尔库塞一针见血地指出：“今天，对于宗主国的大多数居民来说，资本产生的主要的不是物质的贫困，而是物质需要的受控制的满足，整个的人——他的智慧和感觉——都变成了一个管理对象，并被用来不但是生

① 参见［美］马尔库塞《单向度的人》，张峰、吕世平译，上海译文出版社2008年版。

② 同上书，第9页。

③ ［加］阿格尔：《西方马克思主义概论》，慎之等译，中国人民大学出版社1991年版，第215页。

产和再生产这一制度的目的，而且也生产和再生产这一制度的价值和希望，及其思想意识的天堂。”①

总之，在马尔库塞看来，资本主义通过操纵人们的需求结构，让人们沉沦于不断追逐虚假需求的日常生活中，不再有反抗与批判的意识，所有与阶级对抗有关的意识形态与现实之间的区别已模糊难分。因此，这是一种资本主导下的单向度社会，人们在其中过的是一种无止境商品消费的生活方式。传统马克思主义批判视域下的，作为现实神秘化及其反映的意识形态，不再是一种观念体系，而是实实在在地成为了现实本身的构成部分，像血溶于水一般溶进了现实的机体之中。因此，这是一种更深层次的操控，资本对劳动的控制不再需要通过暴力来维持，只需要通过控制他们的欲望和需求来实现。因为，只要顺利实现对他们欲望和需求的操纵，那么，资本主义就能对他们满足欲望和需求的方式进行控制和引导，进而也是对他们深层次的心理意识结构的操纵，是对他们的理性反思与批判能力的剥夺，从而让他们永远沉湎于无止境的消费过程中，不再有任何反抗的冲动，由此实现整个统治结构的生产和再生产。

二 沦为工具的理性与主体的衰弱

从一定意义上来说，文化工业反思与批评对于霍克海默与阿多诺而言只是一个批判和反思的入口。顺着这个入口，他们将有关资本主义的反思与批判推进到了理性层面上。借助文化工业的考察，霍克海默与阿多诺对以往的历史哲学（理性主义）进行了反思，包括马克思主义哲学在内，都具有一种历史进步主义的倾向。但就目前的现实情况来看，我们人类引以为豪的理性与进步精神，却让我们自身越来越陷入被统治、被奴役的境地。这一点主要体现在《启蒙的辩证法》、《理性的黯然失色》以及《否定的辩证法》等著作中。就此而言，沃林正确地指出，“按照在《启蒙的辩证法》中提出的这种新的历史哲学的观点，‘进步’变成了统治的进步：对自我的统治，然后扩张到对别人的统

① ［美］马尔库塞：《反革命和造反》，载《工业社会和新左派》，任立编译，商务印书馆1982年版，第90页。

治，最后，借助于晚期资本主义的‘文化工业’扩张到对‘内在自然’领域的统治”。①

在加剧这种“内在自然”领域统治的过程中，理性是主要的手段和工具。霍克海默指出，由于现代社会个体的主体性衰弱了，原初被设定为人类发展目标的理性，恰恰沦为了一种形式，一种工具。“由于放弃了自主性，理性已经变成一种工具。……概念已经变成‘现代化的’、合理化的、节省劳动力的手段。仿佛思维本身已变成受严密的时间表支配的工业过程的一个步骤——总之，变成生产的重要组成部分。……概念越是变成机械的、工具化的东西，任何人从概念中领悟到的具有属于自身含义的思想就越少。它们被看作物和机器。语言已变成只是现代社会巨大生产机构中的另一种工具。”②

霍克海默还指出，资本主义生产的机械化过程还造成了思维与逻辑的机械化，最终造成理性本身的工具化。“人被塞进其中的分类框架限制了人的命运。一个想法或一个词一旦变成工具，人们就无须实际‘思维’它，即无须实践以语言表述时所包含的逻辑行为。……这种机械化对于工业发展确是必不可少的；但如果它变成思想的特有的性质，即如果理性本身工具化了，那么它就具有几分物质性和盲目性，就变成公认的而不是智力所经历的一种偶像，一种巫术般的实体。”③

霍克海默并不反对科学技术的进步，他所极力反对的不过是将科学与理性视为人类实践活动与思想方式唯一理论基础的进步主义偏执观。因为，在这种理性的盲目崇拜和偏执思想下，现代人完全沦为了理性之网中的被动存在，并且无处可逃。更要紧的是，社会个体的整个社会生活都必须按照合理化的体系来编排，“正如今天一切生活日益趋向于受合理化和计划的支配一样，每一个人的生活，包括以前构成他私人领域的那些极隐蔽的冲动，现在也都必须考虑合理化和计划的要求：个人的自我保存是以他适应社会制度保存的必要条件为前提的。他不再有逃避

① ［美］理查德·沃林：《文化批评的观念：法兰克福学派、存在主义和后结构主义》，张国清译，商务印书馆2000年版，第84页。

② Max Horkheimer, *The Eclipse of Reason*, New York, 1974, p. 21.

③ Ibid., p. 22.

制度的余地。”①

在这种无法逃避的理性之网中，个体必须通过适应这些理性的力量和形式，甚至通过仿效、模拟统治权力的结构才能实现自我保存。“经济的和社会的力量具有盲目的自然力的特征，人为了保存自身，就必须通过使自身适应这些力量而支配这种力量。作为过程的最终结果，一方面我们使自我即抽象的自我除其力图使天国和世间的一切变成自我保存的手段外丧失了一切要义；另一方面又使空虚的本质退化为要受控制的纯物质、纯材料，除了这种控制之外没有其他目的。对于普通的人来说，自我保存取决于他的反应速度。”②

当然，霍克海默眼中的“工具理性”，其重要的中介正是科技。在文化工业批判当中，他们已经领略到了现代科技所具有的强大意识形态功能与社会生活的渗透能力。在资产阶级社会中，技术已然成为了极为有效的社会控制工具，成为了资本主义合理性、合法性的确保，因而也是一种渗透到人们日常生活无意识层面的意识形态。这就是晚期资本主义条件下，科学技术的“意识形态”化、政治化或政治的“科学技术化”过程。这一点，构成了哈贝马斯后来对科学技术的意识形态功能展开深入探讨的主导视野。③

可见，在霍克海默的笔下，不再有自我自主的主体，剩下的只是被理性规训了、并模仿理性形式与权力结构的个体，这同时也是阿尔都塞笔下被“意识形态国家机器”生产出来的“伪主体”，也是福柯视野下无时无处不在权力构架中沉浮的主体，是一个不断萎缩了的自我。这种主体的自我再生产过程不仅得依附于庞大的理性机器，而且还必须按照理性的结构与形式来实现自我的再生产，通过模仿的方式实现自我保存。更为要紧的是，这个卑微主体的再生产过程并不会遭到什么反抗，只有意识形态的认同、积极附和和自我规训，因此是一种自我施加的受戒过程。当然，为确保这个自我受戒过程的顺利进行，资本主义社会中的各种文化工具起到了推波助澜的重要作用。

---

① Max Horkheimer, *The Eclipse of Reason*, New York, 1974, pp. 95 –96.

② Ibid..

③ 参见［德］哈贝马斯《作为意识形态的科学与技术》，李黎、郭官义译，学林出版社1999年版。

“每一种大众文化的工具都有助于强化对个性的社会压力，从而排除个人在一切现代社会的原子化机构的情况下设法保存自身的各种可能性”。因此，对于社会中的无数单个个体而言，理性是一个无法逃脱的网，而他们各自借助理性来实现的自我再生产过程，就确保了整个社会机体的再生产。

三　否定的力量与新实践的可能性

值得注意的是，对文化工业的研究并不意味着霍克海默真的觉得生产过程不重要了。相反，霍克海默认为从资本主义在生产过程与生产之外的社会生活建立起来的绝对统治来看，生产过程的研究恰恰构成了消费领域研究的基础。例如，在一封于 1942 年 10 月 14 日写给洛文塔尔的信中，霍克海默明确反对了将生产领域与消费领域对立起来的观点。他指出，“真实的情况是，做的和得到的（拥有）在社会中趋于同一，机械主义对人的统治无论是闲暇时间还是工作时间都是绝对相同的，我甚至可以说理解消费领域中行为模式的关键就是人在工业中的处境，他在工厂、官方组织、工作场所的日程安排。消费趋于消失，或者按我说，吃、喝、看、爱、睡成为‘消费’，那么这种消费意味着人已成为一个机器，不论他是在车间外部还是内部。”①

此外，在《传统理论与批判理论》一文中，霍克海默强调了社会生活并不具有传统理论所想象的那样的独立性，而在根本上是社会生产的结果。“实际上，社会生活是在各个生产部门进行的一切工作的结果。因此，在资本主义制度中，即使劳动分工不太发达，它的各个部门（包括科学）也不是自给自足、独立自存的。它们是社会借以实现对自然的控制、保持继承下来的社会形式的方式的特殊例子。即使它们在狭义上几乎或完全是非生产性的，它们也仍然是社会生产过程的环节。工业生产和农业生产的结构，或所谓的指导功能和实施功能、行政部门和劳动部门、脑力劳动和体力劳动的分离，都不是事物的永恒的或自然的状态。倒不如说，它们都是从特殊社会形式实践着的生产方式中产生出

---

①［美］马丁·杰伊：《法兰克福学派史》，单世联译，广东人民出版社 1996 年版，第 245—246 页。

来的。”①

无独有偶，马尔库塞明确指出，对消费问题的关注和研究，并不意味着放弃对社会生产结构的分析，也不意味着仅仅是在上层建筑层面上的片面探讨。在他看来，消费问题是分析整个社会生产结构与核心原则的一个窗口，也是挖掘主体追求解放之革命意识与政治潜力的重要领域。“消费领域是人的社会存在的一个尺度，并因而是决定人的意识的，这一意识则又是决定人对劳动和业余的态度和立场的一个因素。正在上升着的期望所具有的政治潜力是众所周知的。把消费领域及其对社会的全面影响从结构分析中排除出去，是违背辩证唯物主义的原则的。”②

此外，马尔库塞认为，就资本主义不断制造需求来保持增长的内驱力这一点而言，我们最根本的反对策略并不在于抵制那些由资本主义提供给我们的虚假需求，而是要废除资本主义的生产方式。“垄断资本控制下的社会的整个组织和这一组织创造的增长着的财富既不能消灭，也不能终止这一增长的内在动力：资本主义不能满足由它自己所制造的需要。这一点动力恰恰表现在增长了的生活水平之中：它不断地强迫制造了市场曾经有可能满足的需要；现在它又促进着超越性的需要，而不废除资本主义的生产方式是不能满足这些需要的。”③

虽然，马尔库塞已经将批判的矛头直指资本主义生产方式，但在其思考语境中，似乎仅仅是一个方向标。对于马尔库塞等人而言，生产方式的方向标所指向的，是一个更为重要的中介环节，即敲碎那些附着在社会主体身上的自我施加的种种锁链，拯救他们对未来的想象力、唤醒他们的爱欲和新感性，总之通过“保存和培养残留的否定的东西”来为更美好的未来可能性开道。“在马尔库塞后来称之为‘单向度的社会’中，否定的救赎能力在总体上已丧失殆尽，剩下的是肯定性自由之梦残忍的拙劣模仿，原是追求人的解放的启蒙运动最终竟颇具讽刺地

① ［德］霍克海默：《批判理论》，李小兵等译，重庆出版社1989年版，第189—190页。

② ［美］马尔库塞：《反革命和造反》，载《工业社会和新左派》，任立编译，商务印书馆1982年版，第84页。

③ 同上书，第92页。

以一种比之前更有效的手段来奴役人，人类不再有任何行动的清楚命令，唯一的出路在于保存和培养残留的否定的东西，这条路是向能够逃脱文化工业使人麻木的力量的那些人敞开着的。”①

从另一方面来看，法兰克福学派极力地与现实保持着距离，也与那些和现实搅和在一起的自由主义、保守主义等立场保持着距离。随着他们将研究中心视角从阶级分析转向了个体与社会的关系分析，马克思主义经典作家所描绘的历史主体引领时代革命的可能性也在他们的理论版图中消失了，因而真正能撼动资本主义理性铁笼的实践类型似乎从来不是法兰克福学派要呈现给我们的答案。较之于列宁、卢森堡以及卢卡奇等人将理论与实践的统一基础设定在无产阶级身上，因此特别重视其阶级意识的觉醒，霍克海默告别了这种传统，他致力于倡导的社会批判理论，也超越了某个社会阶级或社会集团的利益或立场。“在历史环境的重压之下，批判理论远远没有把在先进资本主义条件下的工人阶级统一起来，它的真理标准越来越成为先验的：即它已经不再直接地同一于某个主导的社会阶级或社会团体的利益或立场。”② 法兰克福学派从跨学科的社会哲学建构，转向了历史哲学（以霍克海默与阿多诺为代表）。将德国独特社会历史条件下膨胀起来的极权主义、纳粹主义倾向，归结为西方民主制度这一长藤上必将结出的恶果，理性与资本主义是结成恶果的催化剂。历史哲学，反思理性，反思启蒙，最终丢弃了将我们带进苦难也将带我们走出苦难的工具理性。因此，出路上也只能是美学救赎，正如阿多诺以艺术本性的追忆为精神的避难所，霍克海默却将宗教视为超越工具理性的希望之乡。

正如马丁·杰伊所概括的那样：“批判理论现在不能提供一个批判实践，肯定性自由的内在紧张颇为有力而不容忽视，自由作为理性和自我实现行为的统一已分崩离析，法兰克福学派遵循其初衷只能选择理性，即使在20世纪被管理的噩梦中发现它只能以缄默的否定的形式出现。霍克海默和其他同事也许会说，即使是在一种微弱的否定的形式

---

① ［美］马丁·杰伊：《法兰克福学派史》，单世联译，广东人民出版社1996年版，第314页。

② ［美］理查德·沃林：《文化批评的观念：法兰克福学派、存在主义和后结构主义》，张国清译，商务印书馆2000年版，第96—97页。

上，理论是向那些诚实的人敞开着实践的唯一形式。”① 或许，对法兰克福学派而言，拒绝赞美现实，本身将孕育出一种新的实践可能性。

总体而言，法兰克福学派对文化领域的关注，一方面，可以视为晚期资本主义政治、经济、思想和文化生活日趋一体化的一种理论反映，因为在这种一体化过程中，文化成为了整个社会秩序结构的“黏合剂”，在这个意义上马尔库塞将文化研究定位为一种“社会观相术”；另一方面，这种文化转向是以人的社会存在方式为核心问题式，亦是基于总体的社会生活方式变迁的考察，因此，在一般意义上可以视为政治经济结构作用于个体意识与行动的中介环节，而对这种中介过程的研究必须基于社会再生产的动态视野。这一点也同样适用于整个西方马克思主义的文化研究转向。“西方马克思主义究竟在多大程度上片面地专注于上层建筑这一点，不管它是从文化、意识形态的角度，还是从较散乱的含义和表现的概念角度来看待上层建筑的，都有待于进一步探讨。然而，显然它已越来越意识到（部分由于女权运动）生产与再生产的相互关系了，而且看来马克思主义者很可能不是依据‘名正言顺的文化’(culture with a capital K)，而是依据复杂的机制来看待现存生产方式范围之内的文化的生产和再生产。”② 从这个意义上来说，法兰克福学派开启的文化批判思路，并不是对马克思生产方式批判的否定或另起炉灶，而是一种必要的补充。更确切地说，是对资本主义复杂再生产机制研究的重要推进。

法兰克福学派的相关研讨，论证了资本主义经济危机与社会危机（包括哈贝马斯的合法性危机）都可以通过控制、调节人们的日常生活及其意识来加以克服或无限期地延宕。他们并没有否认马克思有关经济剥削的现实与本质的分析，但他们更看重人们日常生活与意识层面的问题，因为资本主义社会关系与合法性认同都是在这个层面发挥作用的。这也是法兰克福学派高度肯定卢卡奇基于物化、合理化现实的意识形态研究的原因所在。当然，我们也要看到，就意识形态研究而言，法兰克

① ［美］马丁·杰伊：《法兰克福学派史》，单世联译，广东人民出版社 1996 年版，第 317—318 页。

② ［英］博托莫尔：《马克思主义思想辞典》，陈叔平等译，河南人民出版社 1994 年版，第 134 页。

福学派比卢卡奇走得更远，也更悲观。卢卡奇主要还是在传统马克思主义意义上来定位意识形态的，他基于意识形态的生产方式根基，将意识形态看作一种旨在遮蔽、美化或合理化资本主义剥削现实而虚构出来的观念体系，这种观念体系终将随着无产阶级阶级意识的觉醒而被打破。但在法兰克福学派看来，资本主义社会中的意识形态已经很难简单视为生产方式的产物或现象，而是表现为一种独立的、客观的现实力量，并与人们的日常生活意识紧密结合，通过普罗大众“自我施加”的方式而发挥其作用，并在这个过程中让人们相信自己基本上是自由自主的，从而更加难以意识到其被统治的现实地位。通过这种方式，资本主义已经成功地将其统治侵入到工人的本能结构中，其阶级意识就像被资本逻辑打上了永远的封印或符咒。被马克思和卢卡奇等人寄予厚望的无产阶级，现如今已然是被压在资产阶级意识形态五指山下的孙大圣，不过此次不同的是，这五指山上的封条却是他自己在日常生活中不自觉地依据资本逻辑“自我施加”的，如此，他或许都不曾期待过那个依卢卡奇预言终将路过并帮他揭开这一意识形态封条的唐三藏吧。

值得一提的是，在法国68风暴之后，马尔库塞对晚期资本主义的消费逻辑及其内在矛盾进行了深入反思，这主要体现在“反革命和造反”一文中。其中，马尔库塞分析了资本主义通过控制和引导消费来实现其长治久安的逻辑及其内在冲突。根据他的分析，消费问题已然成为资本主义实现自我再生产的核心秘诀所在。但即便如此，马尔库塞也反对将这一阶段的资本主义指认为“消费社会”。在他看来，消费社会是一种资本主义的表象形式，其实质是垄断资本主义再生产的方式，并不能在一种新的历史阶段意义上来解读。“难道真可以把消费社会看作是资本主义的最后阶段？‘消费社会’这一术语是错误的；因为很少有一个社会，像这个社会这样全面地屈从于控制着生产的那些利益。消费社会是一种形式，在这种形式中，处于最先进阶段的垄断国家资本主义进行着自我再生产。而且正是在这一阶段，压迫也改组了：资本主义的‘资产阶级民主’阶段结束了，新的反革命的阶段开始了。”①

① ［美］马尔库塞：《反革命和造反》，载《工业社会和新左派》，任立编译，商务印书馆1982年版，第98页。

很显然，马尔库塞依旧保持着他的革命激情和乐观精神，并且从社会再生产的总体视野来看，消费社会确实只是一种形式。但对于法国的列斐伏尔和鲍德里亚师徒两人而言，消费社会并不仅仅是一种现象或形式，而是一种必须直面的现实本身。摆在他们面前的是一架巨大的“消费被控的官僚社会”机器，并且，这一机器飞速运转的动力系统不再贴着“生产”的标签，而是大写的“消费”二字。

第五章 “消费被控的官僚社会”与日常生活批判

亨利·列斐伏尔①是20世纪法国最为引人注目的马克思主义理论家之一。由他开创并加以系统化的日常生活批判理论构成了西方马克思主义的一道亮丽风景线，同时也大大拓宽了马克思主义研究的理论视野，深化和推进了资本主义社会再生产机制的研究。列斐伏尔有关日常生活批判这一专题的研究，前后历经30余年，其研讨课题和分析视野都有较为明显的变化过程。但这其中前后贯穿的一个核心视角在于，资本主义究竟何以幸存至今？不论是前期对神秘化意识的研究，还是对日常生活异化的指认，或者有关“消费被控的官僚社会”批判，又或者是后期的都市批判与空间生产理论，列斐伏尔都试图在现代社会的日常生活变迁与资本主义幸存逻辑之间寻找内在的逻辑关联。在这个过程中，他不仅在理论上填补了一个传统马克思主义研究所忽略的空白，同时也将日常生活研究与批判对于无产阶级解放政治学的重要意义凸显了出来。此即，现代社会中的日常生活构成了资本主义社会关系生产和再生产的重要领域，而西方发达资本主义国家正是通过对日常生活的殖民获得了长治久安的活力。

---

① 列斐伏尔（1901—1991），法国著名哲学家，生于加斯科尼的一个官僚家庭。其主要著作有：《辩证唯物主义》（1939）、《日常生活批判》（1946）、《现代性导论》（1962）、《现代世界中的日常生活》（1968）、《资本主义幸存》（1973）、《空间生产》（1973）、《论国家》（1976）等。

第一节 资产阶级社会的日常生活转型与日常生活批判转向

列斐伏尔对日常生活问题的关注，并非一种纯粹的理论偏好，而是扎根于他对现代性和日常生活时代变迁的现实思考之中。换言之，在列斐伏尔那里，日常生活批判理论一开始就是与现代性的反思与批评紧密结合在一起的，或者更直接而言，资本主义生产方式的时代发展导致了人们社会生活方式的变迁，而在这个变迁过程中，日常生活并未得到足够的重视与考察，长期被抛弃在不被重视的小角落中。问题在于，正是在这个处于理论盲区的日常生活中，资本主义意识形态获得了强有力的生长空间。用列斐伏尔反复重现的话来说，资本主义通过对日常生活的殖民，成功实现了残存。

一 日常生活的时代转型

日常生活之所以能凸显为一个重要的理论问题并引起诸多理论研究者的兴趣，其根源在于资本主义发展造就的社会生活世界的时代变迁。从日常生活的整个变迁过程来看，资本主义工业化的进程极其明显地推动了日常生活的转型，使其告别了农业文明的日常生活方式，大步迈向工业文明。在自由竞争的资本主义时代，虽然资本主义机器大生产已经开始布展，但其工业化进程主要体现在一些重要的城市，乡村与城市的生活基本上仍处于二元的结构当中。对于广大的乡村和小镇而言，传统的生活方式占据着主导地位。随着19世纪后期科学技术的迅猛发展，资本主义生产方式打破了空间与历史传统的壁垒，将广大的乡村与小镇都纳入到资本主义的生产与消费网络之中。如此，按照资本逻辑的脉动节奏而展开的现代日常生活便逐渐凸显出来了。

但这种同质化的日常生活，不再是列斐伏尔所指称的前资本主义条件下的有着其独立风格的日常生活，而是一种按照工业生产时间来展开的均质化、永恒轮回且百无聊赖的日常生活。在这种依据工业大生产节奏展开的日常生活当中，人们有一种生活与时间被掏空的强烈感觉。时间的空虚性和单调的重复性是工业时代资本主义生活方式的核心特征。

“同一物的永恒轮回就是日常的时间的基本特征，日常的时间性被经验为使人筋疲力尽、虚弱不堪的百无聊赖。使得流水线成为日常的现代性的非常明显的例证的，并不是工厂的劳动环境，而是它所显示出来的一般化状况：‘单调乏味’、‘单一无谓’——时间的空虚性。使得连续不断的生产如此生动地展现出来的，是已经广为传播的工业化状况中的对时间的管理。从日常的观点看，工业化并不是某种局限于工厂的劳动生产之内的东西，而是几乎在生活的各方面都显示出来了。”①

仔细考察我们生活中的每个角落，资本主义工业化的扩张本性展露无遗，它不仅仅体现在我们日常生活中衣食住行等需要满足过程中的技术合理性与普遍性，而且直指人们的内心，构成了我们感官体验与心理感受的隐性构架。这是卢卡奇基于泰勒制流水线生产分析向我们呈现的，也是法兰克福学派在文化工业研究中揭示出来的艺术文化领域的合理化、标准化趋势。人们对时间的理解和高效率生活方式的追求，即是人们感官体验与心灵的“物化”程度的一个例证。社会上的各个阶层，特别是工薪阶层，包括经理、文秘、电脑技术和程序员等，都在整个工业和理性化的环境中各司其职，而他们无一例外地身处于工业技术理性的襁褓中。例如，时下兴起的办公无纸化运动就是一个典型例证。不仅如此，他们私人领域的家庭生活更是工业理性的“重灾区”。“工业化的非比寻常的扩张把工业技术和管理技术带入了家庭，并且在效率和舒适的幌子下，在管理家庭生活和使家庭生活理性化方面起作用了。”②总之，这是一个日常生活被技术理性全面接管的时代，也是社会个体的时间体验同质化的时代。在列斐伏尔看来，资本主义通过技术理性已经成功占领了日常生活，后者是以往的社会革命也无法彻底掌控的战略重地，技术革命已经取代了政治与社会的革命。③

这种主导了日常生活时代转型的工业理性就是韦伯试图去定位的资本主义“精神”。20 世纪伊始，韦伯就努力探寻这种“精神”对于资

① ［英］海默尔：《日常生活与文化理论导论》，王志宏译，商务印书馆 2008 年版，第 16 页。

② 同上书，第 16—17 页。

③ Henri Lefebvre , *Towards a Leftist Cultural Politics*, in Cary Nelson and Lawrence Grossberg, eds. *Marxism and the Interpretation of Culture*, Chicago: University of Illinois Press, pp. 79 – 80.

本主义发展的重要推动作用。在他看来，单就现代性技术本身是不足以推动资本主义实现巨大飞跃的，还需要一个与资本主义生产合理性相得益彰的社会结构。“在那些结构当中，法律和管理等理性结构的重要性不容置疑。因为，现代理性化的资本主义不仅需要技术化的生产方式，更需要一种依照形式规则制定的可计算的法律体系和管理机构。”①

这也是青年卢卡奇在《历史与阶级意识》当中描绘过的巨大的物化结构，从生产过程到政治、法律和人的内心都不可避免的物化、合理化过程。这是一个巨大的官僚体制，一个被管理的社会，人们的行为和思考范式都受到了隐蔽的规训，日常生活无可避免地沦入到工业技术合理化或法兰克福学派指认的“工具理性”的管理之网中。在这种看似更加便捷、舒适、高效与合理化的日常生活背后，韦伯不无感伤地指出，这其实是理性化官僚体制为我们打造的一只“铁笼子”，是一种“对完满和美妙人性时代的弃绝与疏远”。②

问题的严重性在于，人们并不觉得自己身处在韦伯所指称的“铁笼子”里，更多的时候他们是那样毫无忌惮地向这个“铁笼子”奔去。原因无他，“铁笼子”里挂着各式各样的商品，展示着各种令人眼花缭乱的奇异景观。“和生存的沉闷无聊的程式一道携手同行，现代性作为‘幻影汇集’侵入了日常。”③ 所谓现代性的“幻影汇集”，就是一个商品充斥的社会，也是景观堆积的时代。之所以称之为“幻影”，是因为商品与景观都附着人们的欲望与想象。用马克思的话来说，在这个充满了商品的资本主义社会中，一种想象性的物与物之间的关系遮蔽和取代了人与人的真实社会关系。商品柜台上陈列出来的商品，并不仅仅是一种物性存在，而是日常生活中的一种意象、品味、格调，甚至是对异国情调、异域风情的模仿。人们在购买商品的同时，其使用价值倒不是消费者最关心的了。他们最想从中获得的似乎主要是一种生活方式与品位格调。所以，无怪乎大批使用苹果手机与电脑的消费者对该系列产品的

---

① Max Weber, *The Protestant Ethic and the Spirit of Capitalism* , translated by Talcott Parsons, London: HarperCollins. 1991. p. 25.

② Ibid. , p. 181.

③ ［英］海默尔：《日常生活与文化理论导论》，王志宏译，商务印书馆 2008 年版，第 26 页。

创始人乔布斯如此感恩戴德，因为在他们看来，伟大的乔布斯先生已经改变了他们的生活方式与生存格调。

毫无疑问，现代性进程中的日常生活转型及其造成的社会效应，构成了列斐伏尔关注日常生活问题的现实语境。在《现代世界中的日常生活》一书中，列斐伏尔对日常生活的历史发展阶段进行了界划。在他看来，日常生活经历了三种历史形态：一是近代之初到二战结束，这是日常生活物质条件相对贫乏的时代，也是日常生活与非日常生活领域分化的时代；其二，20 世纪五六十年代，这是资本主义消费体制与技术理性全面掌控日常生活的时代；第三，20 世纪 60 年代以来，这是日常生活符号化的时代。①

总之，在列斐伏尔看来，随着资本主义生产方式的迅猛发展，人们的日常生活已经全面异化了，“现代世界中的日常生活已经不再是有着丰富主观性内涵的‘主体’，它已经沦为了社会组织的一个‘客体’”②。日常生活的全面异化，是资本主义对日常生活全面殖民的结果，借此，资本主义成功实现了自我再生产。“一旦生产方式能够在一个工业社会建立起来，那么它就能够整合工业和农业，整合历史上的城市，整合整个空间，并制造出它所需要的‘日常生活’。”③

二　日常生活的理论化

现代性进程中日常生活的时代转型，构成了 20 世纪初一些哲学家转向“生活世界”问题的现实动因。例如，胡塞尔晚年对“生活世界”的兴趣和让哲学回归日常生活的主张，维特根斯坦经由人工语言向日常语言分析的回归进而提出的“生活形式”的概念，海德格尔对现代性条件下人的日常生活世界的异化本质的剖析，等等。④ 此外，卢卡奇晚

① Henri Lefebvre, *Everyday Life in the Modern World*. London: The Athlone Press, 2000, p. 64. 有关列斐伏尔对日常生活的三阶段划分与具体描述，参见刘怀玉《现代性的平庸与神奇》，中央编译出版社 2006 年版，第六章第二节。

② Henri Lefebvre, *Everyday Life in the Modern World*. London: The Athlone Press, 2000, p. 60.

③ Henri Lefebvre, *Towards a Leftist Cultural Politics*, in Cary Nelson and Lawrence Grossberg, eds. *Marxism and the Interpretation of Culture*, Chicago: University of Illinois Press, p. 80.

④ 参见衣俊卿《现代化与日常生活批判》，人民出版社 2005 年版，第九章。

年从社会存在本体论视域出发对日常生活问题的重视，[①] 以及其弟子赫勒等东欧学者推动的日常生活批判，将日常生活对于现代性研讨，尤其是资本主义研究的重要意义进一步凸显出来。

总体而言，日常生活问题的理论化，是源自理论家们对社会问题的关注。本·海默尔在梳理日常生活理论化的历程时，就曾指出：“在诸如1968年5月这样发生社会和文化危机的时刻，日常被衬托得异常鲜明、突出。但是，日常的生气勃勃并不仅仅与社会的事件相关；它还会由于把日常从顺从中拯救出来的意愿、斗争而获得生气。就文化理论而言，使日常变得生气勃勃的问题也就是如何关注社会的问题。”[②] 可见，日常生活的理论化本身是由对社会问题的关注推动的，进而言之，社会批判理论对日常生活的关注，体现的恰恰是要将社会个体从日常生活异化导致的压抑、顺从当中拯救出来的理论冲动。

对于列斐伏尔而言，日常生活在现代社会中的复杂化、矛盾化和意识形态的隐蔽性等问题构成了他将日常生活理论化的重要原因。诚如诸多现代性研究学者所指认的那样，资本主义引领的现代性已经让原本平淡无味的日常生活变得日益光怪陆离、神秘莫测和难以捉摸。用海默尔的话来说，“日常把它自身提呈为一个难题，一个矛盾，一个悖论：它既是普普通通的，又是超凡脱俗的；既是自我显明的，又是云山雾罩的；既是众所周知的，又是无人知晓的；既是昭然若揭的，又是迷雾重重的。”[③]

对于列斐伏尔而言，伴随着现代性进程的是“日常生活”的消失，而在资本主义时代变迁中日常生活是否还可能存在，就成了萦绕在他脑海中的一个巨大疑惑。“假如这个社会的基本前提是理性化、组织化与计划化，那么日常性在这个社会中还有意义吗，我们还有可能辨别出一个所谓的‘日常生活’的平台或向度吗？在这样的社会里，日常性要么被视为所谓已经理性化与组织化的东西，要么便是一片虚无。确实，日常生活这个概念已经无可挽回地消失了，但与此同时，又作为来自农

---

① 参见孙伯鍨《卢卡奇与马克思》，南京大学出版社2000年版。

② ［英］海默尔：《日常生活与文化理论导论》，王志宏译，商务印书馆2008年版，第288—289页。

③ 同上书，第30页。

民与工匠时代或自由竞争的资本主义时代的独特性、残余物与延长物而存在下来了。”①

列斐伏尔指出，现代资本主义社会中的日常生活既是一种活生生的体验，也是一个晦涩难解的结构——这是由“现代性与日常生活齐心协力共同打造的一个深层结构”② 其中，日常生活中的各种专业化的、高级的和有结构的活动受到了理论分析的青睐，在它们被挑选之后，“残留的东西”恰恰构成了日常生活的深层结构。只是，对于传统的社会分析理论而言，这种日常生活的结构是琐碎无奇、微不足道的“鸡零狗碎”，根本不值得认真对待，因而更没有将之理论化的必要和研究的冲动了。这种思想倾向明显地体现在当时的马克思主义正统思路当中。在他们看来，日常生活不过是被经济基础决定了的次生的领域，也是一个无关紧要的、琐碎事物的集合。而主流的哲学研究更青睐于对本质的研讨，将日常生活视为一种现象的堆积，因而是哲学思维与抽象理性致力于摆脱和超越的世俗平台。在这种主导性的认知范式中，哲学与日常生活总是处于割裂的状态。

这是列斐伏尔坚决反对的做法。在他一生的学术探索中，日常生活都是令他兴致盎然的探究对象。如果说文化研究是马尔库塞坚持的“社会的观相术”，那么日常生活就是列斐伏尔的“社会的观相术”。通过对现代性条件下的日常生活的考察，列斐伏尔发现日常生活具有强大的跨文化塑型功能，并且，日常生活的塑型功能正是资本主义同质化逻辑的体现及其实现的重要方式。“日常生活变成了全球性的文化经验，这种经验不仅从来就不能等同于似乎是资本主义的同质化的野心的东西。就其自身而言，日常生活变成了文化侥幸残存和文化竞争的竞技场，在现代的领土上重新塑造某种特殊的传统的竞技场。”③

纵观列斐伏尔的日常生活研究，资本主义对日常生活的成功殖民是其中反复出现的重要论断。对这一论断的理解，必须置入资本主义发展

---

① Henri Lefebvre, *Everyday Life in the Modern World.* London: The Athlone Press, 2000, p. 45. 转引自刘怀玉《现代性的平庸与神奇》，中央编译出版社 2006 年版，第 245 页。

② Henri Lefebvre, *The Everyday and Everydayness*, Yale French Studies 73, 1987, p. 11.

③ ［英］海默尔：《日常生活与文化理论导论》，王志宏译，商务印书馆 2008 年版，第 290—291 页。

的历程当中，尤其是置入资本主义殖民问题的思考框架当中。在很大程度上，资本主义对日常生活殖民的问题式，构成了列斐伏尔将日常生活理论化并将之置入社会批判理论中心的逻辑支撑。

如果说，在卢森堡、列宁那里，帝国主义是通过海外殖民实现了残存，那么，对于列斐伏尔而言，资本主义通过对日常生活的进一步殖民而成功实现了长治久安。这一新型殖民的顺利实现，在于资本主义殖民体系对于日常生活的巨大形塑过程。这个过程不仅发生在资本主义国家内部，也发生在资本主义的殖民地当中。作为一名同情无产阶级解放事业的法国学者，战后的去殖民化过程实际上构成了列斐伏尔开展其理论研究工作的重要时代背景。他所身处的法国也和许多资本主义国家一样，卷入了资本主义殖民体系的崩溃与重组过程。在这个过程中，许多非洲与亚洲国家在争取民族独立和解放的过程中逐渐摆脱了帝国主义的直接控制，开启了世界政治经济秩序的重构过程；但从另一方面来看，这个过程并不意味着殖民主义的彻底消除，相反，它们迎来的是一种新的殖民体系——发达资本主义在放弃直接的政治经济控制的过程中，通过文化引导与生活方式塑型等方式发展出一种新的控制方式。

对此，哈鲁图尼安在题为《历史的不安：现代性、文化实践和日常生活的问题》一书中，描绘了日常生活与现代性的跨文化塑形功能。该书指出，现代性构成了资本主义在全球层面取得突飞猛进的重要条件，日常生活为现代性在不同的地理文化背景当中表述自身提供了平台，或者说文化冲突与竞争的竞技场。“如果现代性被资本主义的欲望机器驱使着，承诺在所有地方设置它的生产和消费的体制，那么，充当现代的最小程度的统一，标志着活生生的经验和再生产水平的日常，事实上就会通过过去的中介作用来应对同质性的强行要求，而过去的诸中介作用与新的现在之间常常处于一种紧张的、通常是敌对的关系之中。”①

可见，这种新殖民方式隐匿在人们的日常生活与文化观念当中，隐

① Harry Harootunian, *History's Disquiet*: *Modernity*, *Cultural Practice*, *and the Question of Everyday Life*. New York: Columbia University Press, 2000. 译文转引自［英］海默尔《日常生活与文化理论导论》，王志宏译，商务印书馆2008年版，第292页。

含在人们的生活方式当中。例如，美国化的生活方式在全球层面形成的广泛的冲击力与吸引力，好莱坞、现代化的商品、美国的广告传媒、美国汽车等，代表的是一种传统生活方式的终结，同时也是一种新的消费时代、丰裕社会的曙光。列斐伏尔意识到，这是一个社会日益“麦当劳化”的时代，也是美国生活方式和消费文化全球化的时代，但其背后所蕴含的历史与地理变迁并不能简单地加以拒斥或单向度的颂扬，而是需要展开细致的研究与批判。因此，日常生活被资本主义殖民的问题，实际上见证了资本主义拓展和再生产过程中力量的延续性、拓展性及其时代转型的灵活性。从这个视角来看，帝国主义殖民问题实际上构成了列斐伏尔思考现代世界日常生活异化的潜在视域和重要的推动力。

此外，就日常生活研究的重要意义而言，与其同时代的法国年鉴史学派第二代代表人物布罗代尔应是列斐伏尔坚定的同行者，因为前者通过将平凡无奇的日常生活视为理解历史变迁之深层结构，在史学界掀起了轩然大波，其影响至今不可小觑。当然，布罗代尔的“日常生活”概念与列斐伏尔并不一致。这里实际上涉及日常生活概念的广义与狭义内涵，以及列斐伏尔日常生活批判的前后期转变问题。

三　日常生活的概念界定与列斐伏尔日常生活研究的前后转变

说到日常生活研究，不得不提及的是法国年鉴学派的史学研究。[①]不同于传统史学只关注重大事件和重要人物的研究范式，年鉴学派对于传统史学忽略的日常生活及其结构变迁寄予了高度重视。在年鉴学派的视野里，人们的日常生活及隐藏在其背后的心态、动机等长时段的、结构性的东西，才是解读社会历史发展变迁的决定性要素。这一点集中体现在布罗代尔的史学研究范式当中。作为法国年鉴学派第二代的代表人

---

①　年鉴学派是由吕西安·费弗尔（Lucien Febver）和马克·布洛克（Marc Bloch）于1929年创立的，它得名于是年发刊的《经济与社会史学年鉴》（简称《年鉴》）。年鉴学派通过打破学科壁垒、重视实例与具体研究，向传统史学发起挑战，为世界史学发展开辟了一块充满生机和活力的研究天地。其代表人物和作品包括：费弗尔的《腓力二世纪和弗朗什—孔泰：政治、宗教和社会史研究》、《马丁·路德：一个命运》、《16世纪的不信神问题》等；布洛克的《国王与农奴》、《封建社会》；布罗代尔的《腓力第二时期的地中海与地中海世界》、《15至18世纪的物质文明、经济和资本主义：日常生活的结构》；勒华·拉杜里的《朗格多克地区的农民》和《蒙塔尤：1294—1324年奥克西坦尼的一个山村》等。

物，布罗代尔强调，资本主义并不是偶然凸现的，其存在基础必须到人们的日常物质生活当中去寻找。就整个历史发展历程而言，人们的日常物质生活表现为一种缓慢演变的长时段结构。说到历史，人们总是很自然想到一些重大的历史事件和人物，如果进一步探究，则会深入到社会经济形式和秩序的研究。经济是一种复杂的、多种形式的动态过程，为了与其他社会存在形式相区分，人们更喜欢将之描述为“市场经济”。随着历史发展与社会一体化的进程，经济活动似乎成为了一种主导性的力量，因而也成为历史研究的重点对象。但在布罗代尔看来，市场经济活动的背后，依旧存在着一个一直被历史研究遗忘的重要层次，即人们的日常物质生活。“在市场的下面，还横亘着一个不透明的、由于缺少历史资料很难观察的层次；这是每个人到处都能遇到的，最起码、最基本的活动。……我姑且称之为物质生活或物质文明。……它代表尚未成形的那种半经济活动，即自给自足经济以及近距离的物物交换和劳务交换。”①

布罗代尔试图在琐碎无常的日常生活当中为历史勾画出历史的“虚线图”和“远景图”。在他看来，正是历史当中反复再现的、在时间长河中绵延不绝的、成千上万的小事背后，隐藏着历史解码的重要内容。“正是这些连锁、系列和‘长时段’吸引了我的注意：它们为过去的时代勾画了虚线图和远景图。正是它们给过去时代带来某种秩序，使我们得以假定其中存在某些平衡，并找出一些持久因素，一句话，在这表面的杂乱中找出几乎可解释得通的东西。……在粮食作物、衣着、住房以及城乡间出现分工这些问题上，我们对中时段的注意超过了长时段……物质生活比人类历史的其他领域更容易遵循这些缓慢的演变。”②

从逻辑上来看，布罗代尔对日常生活及其结构变迁之研究的重视，是对马克思主张的“历史科学”的一种理论回响。

事实上，在马克思主义经典作家那里，日常生活并不是一个无关紧要的概念，在其著述中多次出现了诸如“个人的生活过程”、人们的

① ［法］布罗代尔：《15至18世纪的物质文明、经济和资本主义》，生活·读书·新知三联书店1992年版，第20页。

② 同上书，第666—667页。

“实际生活过程”、“物质生活过程”、“现实的生活生产”、“日常生活”等表述。[①] 从这些表述的语境来看，日常生活并不是在一个生产过程之外的意义上提出来的概念，而是作为人们物质生活整体的概念。这其中，不仅包括了物质生活条件的生产和再生产过程，也包括了人们自身的生产和再生产过程，从而也涵括了生产之外的思想文化活动。概而言之，日常生活是一种总体的物质生活的生产和再生产过程。在恩格斯于1890年9月写给约·布洛赫的那封著名的书信中，恩格斯为驳斥那种将经济状况视为历史基础的经济主义解读倾向时，更加明确地指出：“……根据唯物史观，历史过程中的决定性因素归根到底是现实生活的生产和再生产。无论马克思或我都从来没有肯定过比这更多的东西。”[②]

可见，在马克思和布罗代尔那里，日常生活这个概念是一种广义的日常生活界定。它的核心内涵就是人们为维持其生存而开展的各种活动的总和。因此，这里既包括了物质生活条件的生产和再生产过程，也包括了劳动过程之外的其他休闲活动。

与这种广义的日常生活概念相对应的是一种狭义的日常生活概念，后者指涉的是生产劳动过程之外的日常生活领域。例如，布达佩斯学派主要代表人物A. 赫勒在《日常生活》一书中对日常生活进行了如下的界定：“如果个体要再生产出社会，他们就必须再生产出作为个体的自身。我们可以把‘日常生活’界定为那些同时使社会再生产成为可能的个体再生产要素的集合。”[③]

从这一论述来看，赫勒是从个体再生产的视角出发来考察日常生活的。依据赫勒的日常生活概念，国内有学者将日常生活概念进行了更为清晰的界定：“一般说来，所谓日常生活，总是同个体生命的延续，即个体生存直接相关，它是旨在维持个体生存和再生的各种活动的总称。与此相关，我们同时可以获得非日常活动的概念。非日常活动总是同社会整体或人的类存在相关，它是旨在维持社会再生产或类的再生产的各

① 《马克思恩格斯选集》第1卷，人民出版社1995年版，第71、72、73、93页。

② 《马克思恩格斯选集》第4卷，人民出版社1995年版，第695—696页。

③ Agnes Heller, *Everyday Life*, Routledge and Kegan Paul, 1984, p. 3. 译文转引自衣俊卿《现代化与日常生活批判》，人民出版社2005年版，第13页。

种活动的总称。个体再生产和社会再生产领域的整合构成完整的人的世界。”① 当然，有关日常活动与非日常活动的区分只是一种抽象的、相对的界划。考虑到日常生活本身所具有的丰富内涵和动态外延，和日常生活的循环往复特质与历史文化的传承性，以及习性、经验、情感结构等多种因素交错融合的结构特性，上述的日常生活概念又可以进一步界定为：“日常生活是以个人的家庭、天然共同体等直接环境为基本寓所，旨在维持个体生存和再生产的日常消费活动、日常交往活动和日常观念活动的总称，它是一个以重复性思维和重复性实践为基本存在方式，凭借传统、习惯、经验以及血缘和天然情感等文化因素而加以维系的自在的类本质对象化领域。”② 从上述界定来看，这种狭义的日常生活概念排除了生产活动的领域。

厘清两种日常生活概念之后，我们来看列斐伏尔的日常生活概念究竟是在哪个层面上提出的。列斐伏尔曾对日常生活的概念进行如下的界定：

“日常生活在某种意义上是一种剩余物，即它是被所有那些独特的、高级的、专业化的结构性活动挑选出来用于分析之后所剩下的‘鸡零狗碎’，因此也就必须对它进行总体性的把握。而那些出于专业化与技术化考虑的各种高级活动之间也因此留下了一个‘技术真空’，需要日常生活来填补。日常生活与一切活动有着深层次的联系，并将它们之间的种种区别与冲突一并囊括于其中。日常生活是一切活动的汇聚处，是它们的纽带，它们的共同的根基。也只有在日常生活中，造成人类的和每一个人的存在的社会关系总和，才能以完整的形态与方式体现出来。在现实中发挥出整体作用的这些联系，也只有在日常生活中才能实现与体现出来，虽然通常是以某种总是局部的不完整的方式实现出来，这包括友谊、同志关系、爱、交往的需求以及游戏等等。”③

从上述表述来看，列斐伏尔对日常生活概念的定位采取了更加弹性

---

① 衣俊卿：《现代化与日常生活批判》，人民出版社 2005 年版，第 12—13 页。

② 同上书，第 31 页。

③ Henri Lefebvre, *Critique of everyday life*. volume I, trans. by John Moore, London: Verso. 1991. p. 97. 译文转引自刘怀玉《现代性的平庸与神奇——列斐伏尔日常生活批判哲学的文本学解读》，中央编译出版社 2006 年版，第 103 页。

和灵活的视角。从大众意识与专业化研究来看，日常生活是无关紧要的“鸡零狗碎”，是一种狭义的日常生活范畴。但从日常生活作为人们生活的总体性联系和“一切活动的汇聚处”和“纽带”来看，日常生活构成了人们社会存在与社会关系总和得以承载和体现的平台，因此是一种广义的日常生活范畴。值得注意的是，列斐伏尔的这一个概括是在其日常生活批判早期提出的。就这个阶段而言，列斐伏尔主要将马克思的异化批判理论运用于对资本主义日常生活异化现象的批判，秉持的是一种总体性的日常生活的理论视角，试图从破碎化的日常生活现状中探寻“总体的人”复归的可能性。但随着战后消费时代的到来，列斐伏尔的日常生活概念主要对应的是“消费被控的官僚社会”当中的日常生活，亦即聚焦于消费与休闲娱乐等生产过程之外的社会活动中的狭义的日常生活概念。在这个意义上来看，刘怀玉教授的论断十分贴切：“前期日常生活概念是与马克思所说的物质生产活动过程融为一体的，是一个物质生产范畴；而中后期的日常生活概念则主要是指消费与符号经济占主导形态的社会现象，即一个消费—文化领域。在此意义上，列斐伏尔中后期的日常生活批判思想已经不满足于对经典马克思主义原生态的内部逻辑颠倒——人本主义异化逻辑对物质生产首要性逻辑的颠倒，而且是对马克思基本理论观点即物质生产决定论的根本解构——消费—文化的支配性问题域取代了生产的社会关系主导性视野。这意味着列斐伏尔已经在不自觉地走向一种‘后马克思哲学思潮’”。①

当然，我们后面将会看到，随着列斐伏尔日常生活批判概念的深化和拓展，尤其是拓展到都市生活与空间研究层面之后，他的日常生活概念又发生了重要的转变。并且，这个转变明确基于社会关系再生产的研究视野当中。

第二节　“消费被控的官僚社会”批判

列斐伏尔的日常生活批判转向，体现的是一种将日常生活从传统的

① 刘怀玉：《现代性的平庸与神奇——列斐伏尔日常生活批判哲学的文本学解读》，中央编译出版社2006年版，第240页。

基础—上层建筑二元认知框架中拯救出来的尝试。[1] 在列斐伏尔看来，日常生活是一个被传统理论所遗忘了的重要理论平台，透过它，我们将看到人们是如何沉沦于现代性的隐性牢笼之中的，而资本主义的权力构架是如何从中获取源源不断的活力并顺利实现自我的再生产。日常生活不再是中立的身心休养之所，而是一个资本奴役与压迫个体的前沿阵地，是资本主义借以实现自我再生产的重要领域。当然，这同时也是一个未来新世界从中诞生的希望之乡。

一 从日常生活异化到消费异化

列斐伏尔对日常生活问题的研究，最早可以追溯至他与古特曼合写于 1933 年的《神秘化：关于日常生活批判的笔记》。其中，列斐伏尔对经济危机爆发后欧洲社会主义运动接连失败的原因进行了思考，同时也对法西斯主义产生的机制进行了探索。在他看来，欧洲革命的失败与法西斯主义的兴起，有一个极易被忽略的重要原因在于人们日常生活意识的神秘化问题，集中表现为资产阶级所倡导的个人主义、民族主义这两种意识的神秘化。这种意识的神秘化在人们的日常生活当中产生了重要的影响，用一种虚假的本真性来掩盖真实世界的异化现实，致使革命条件已经具备却没有发生相应的革命。“一方面人们感到自己被套上了枷锁，被推着向前走，但同时他们又感到事情可以改变。他们试图重获自我，但是直到无产阶级革命发生时，它们创造的仅仅是其他一些物神、对反思的反思、更多的是关于自己的外在世界的投射：宗教、神学、哲学、艺术、异化的文化。”[2]

不难看出，这种有关日常生活神秘化的研究思路实际上是对马克思的拜物教批判思路的继承与应用。如同卢卡奇、葛兰西以及法兰克福学派前期的理论家们一样，列斐伏尔对无产阶级的阶级意识状况充满了焦虑。不同的地方在于，列斐伏尔认为阶级意识的培育与形塑机制都在人们的日常生活当中，而现实的情况是，日常生活早已陷入异化的境地。

---

① Mark poster, *Existential Marxism in Postwar France*: *From Sartre to Althusser*, Princeton: Princeton University Press. 1975. p. 243.

② ［法］列斐伏尔、罗伯特·古特曼：《神秘化：关于日常生活批判的笔记》，载《社会批判理论纪事》第 1 辑，中央编译出版社 2006 版。

因此，列斐伏尔异常坚定地将“日常生活异化”问题作为他的社会批判理论的核心问题，贯穿其理论研究的一生。在列斐伏尔于迟暮之年写就的一篇纪念马克思逝世一百周年的文章中，列斐伏尔依旧强调了日常生活在马克思主义批判理论中的核心地位。他写道：“商品、市场和货币，以它们无可替代的逻辑紧紧抓住了日常生活。资本主义的扩张无所不用其极地触伸到日常生活中哪怕是最微细的角落”①。似乎是为了坚持这一点：“一场革命不可能仅仅改变政治的人员或者制度；它必定能够改变日常生活，实际上，日常生活已经被资本主义殖民化了”②。

当然，主题虽然前后贯穿不变，但其研讨方式和核心思路还是随着时代的变迁呈现出前后的差异。概而言之，在出版于1947年的《日常生活批判》第一卷当中，列斐伏尔主要是延续青年马克思的劳动异化理论，将之扩展到日常生活当中，通过将日常生活视为经济基础与上层建筑之外的单独平台，一方面避免重蹈“经济决定论”覆辙；另一方面凸显了日常生活异化问题的重要意义。列斐伏尔指出，在现代社会当中，个人日常生活的普遍异化已经超越了经济异化的重要性，并且不论是资本主义社会还是社会主义社会都难逃日常生活异化的困境。如此一来，马克思的劳动异化概念就被列斐伏尔改造为一种遍及全球、不以社会制度为界划的普遍性的日常生活异化批判。当然，这种总体性的异化情况也意味着总体性革命的可能性。在他看来，传统主张的政治革命、经济革命如果离开了日常生活的总体性革命是不可能成功的。因此，我们对社会变革的思考重心应该从政治、经济的层面转到日常生活当中，从中探寻社会总体性变革的否定性力量与现实可能性。在列斐伏尔看来，处于各种社会活动与社会制度结构最深层次的连接处的日常生活，是一切文化现象的共同基础，也是导致总体性革命的发源地。现如今，日常生活已陷入资本主义的殖民之中，我们应该通过对日常生活的重新占有来实现日常生活的总体性革命。只有通过日常生活的总体性革命，才能真正消除日常生活中的异化现象，消除异化的人，使人真正实现其

---

① Henri Lefebvre, *Towards a Leftist Cultural Politics* , in Cary Nelson and Lawrence Grossberg, eds. *Marxism and the Interpretation of Culture*, Chicago: University of Illinois Press, p. 79.

② Ibid. , p. 80.

作为一种存在的社会关系总和的完整形态，并通过自身的实践最终达到自由，真正成为“全面的人”。要实现这一点，就必须对那些助长意识形态神秘化不断繁殖过程的日常生活基础进行研究，揭开覆盖于其上的神秘外表，让日常生活重返本真。

随着战后资本主义社会结构与生活方式的巨变，即从一个生产为主导的社会转向了消费占据主导性地位的消费社会，列斐伏尔也调整了其日常生活研究与批判的主导性思路。他自己也意识到，第二次世界大战之后，他在《日常生活批判》第一卷当中提出的日常生活批判观点已经过时了，因为现实社会状况已经发生了巨变，生产不再占据社会生活的主导地位，消费成了社会生活的核心课题。在这个消费时代，他之前还认为蕴含着解放可能的休闲领域也都成了资本逻辑再生的重要领域。如果说，在日常生活批判的起点上，列斐伏尔是从社会生活总体的广义视角上对日常生活的异化现象做了一个哲学化的分析和批判，从而凸现日常生活作为一个独立的批判视角的重要性与理论价值；那么，随着资本主义发展到一个新的历史阶段，列斐伏尔视野中的日常生活已经构成了资本主义统治逻辑的普照之光，成为了资本主义生产与消费霸权确立与再生的核心领域。他认为，随着大众消费时代的到来，资本主义的理性控制已经从生产领域延伸到了消费领域，日常生活已经完全沦为资本主义关系再生产的主要阵地。这是一个日常生活风格彻底丧失的时代，是一个物的功能化和符号化的时代，其中，人们完全沦为了现代生活的消费“客体”，并常常陷于资产阶级意识形态当中而不自知。总之，这是一个消费异化的时代。列斐伏尔意识到，对消费问题的分析不能再借助早期所依赖的“异化”、“总体性”等哲学概念与逻辑，而应引入更多的微观分析与考察。这就难怪海默尔将列斐伏尔此期的日常生活批判指称为“一种关于日常的马克思主义社会学”①。

因此，在1967年写成的《现代世界中的日常生活》一书中，列斐伏尔将第二次世界大战之后的新资本主义社会指认为“消费被控的官僚社会”。“日常生活不是一个被抛弃了空间—时间的复合物，也不是

① ［英］海默尔：《日常生活与文化理论导论》，王志宏译，商务印书馆2008年版，第219页。

一个留给个人自由、理性和才能的透明领域，它不再是正在上演人类的苦难与英雄主义的地方，也不再是人成为人的条件的场所。它已不再是社会中被合理剥削的殖民地……日常生活已经成为沉思的对象，成为组织的领域：空间—时间自动地进行着自我规划，因为当日常生活被合理地组织起来时，就形成了封闭的回路（生产—消费—生产），在那里需要被预见到并被诱导，欲望也被察觉，这种有组织的控制代替了自由竞争时代的自发式自我规划。日常生活必须很快成为一个完美的体系，这个体系被其他体系所遮蔽，这些体系瞄准系统化的思想和结构化的行为，只有这样，日常生活才会成为消费被控制的'组织化'社会以及现代性的主要产物。"①

这就是列斐伏尔用"消费被控的官僚社会"这一术语想要表达的主要意思。列斐伏尔不同意流行的"消费社会"、"丰裕社会"、"休闲社会"等术语，因为在他看来，这些术语并不足以将资本主义社会结构及其本质揭示出来。他主张用"消费被控的官僚社会"，因为这个术语"能够深刻地把握到资本主义社会的主导性统治现象与核心逻辑之根本转换，即消费关系的再生产范畴成为资本主义政治经济学新的'普照之光'，而日常生活成了资本主义生产过程赖以扩张的新领域新边疆新空间。"② 很显然，这个术语是韦伯的官僚制与当时流行的"消费社会"概念的结合。所谓的"官僚社会"，指称的是当下社会的组织化、科层制与体系化的特征，这是韦伯当时所表述的政治体制合理化的当代延伸。卢卡奇在《历史与阶级意识》当中就详细论证了资本主义合理化在政治、法律层面的渗透，并将之指认为物化社会结构的上层建筑表现。在韦伯、卢卡奇的论述基础上，列斐伏尔进一步考察了经济、政治层面的组织化与合理化过程对于日常生活的影响。最显著的一个影响就在于，现代社会中的日常生活已经呈现为一个消费被控制、被引导的消费世界。日常生活已然受到了商品、货币等市场活动的控制，人们

---

① Henri Lefebvre, *Everyday Life in the Modern World*. London: The Athlone Press. 2000. p. 72. 译文转自仰海峰：《西方马克思主义的逻辑》，北京大学出版社 2010 年版，第 275 页。

② 刘怀玉：《现代性的平庸与神奇——列斐伏尔日常生活批判哲学的文本学解读》，中央编译出版社 2006 年版，第 256 页。

的日常生活方式与欲求都与资本主义的商品逻辑紧密相关，进而言之，人们日常的欲望与需求满足的方式都受到了资本逻辑的全面掌控。在消费浪潮中，日常生活成了制造欲望、满足欲望、产生新的欲望不断循环、反复上演的单调过程。

在列斐伏尔看来，世界的单调化过程，实际上就是商品逻辑对于日常生活的全面殖民化过程，现代性的基本特征就是无所不在的异化，这种异化不仅普遍地存在于我们的工作领域，并且早已广泛地渗透到了我们的日常生活之中。当然，日常生活的普遍异化，也意味着克服这种普遍异化的可能性，尽管还只是被异化了的可能性。对于德塞尔托而言，列斐伏尔眼中的这种无所不在的“异化”，相当于福柯所说的惩戒无所不在的“监控社会”，因而是一种“惩戒的网络”。那么，面对这一无所不在的“惩戒的网络”，我们所能做的就是找到它的作用机制和大众反抗的可能性空间。

“如果说以下的事实是确凿无疑的，即‘惩戒’的网络无处不在并且变得越来越明显和无孔不入，那么，当务之急就是要找到一个能抵制这种惩戒网络的完整社会，找到实施和操纵各种惩戒机制的力量，以及那些为了避开这些惩戒机制最终却只能默默遵照它们的隐性的大众程序。并且，我们还要从消费者（即作为‘惩戒’对象的‘被统治者’）的角度出发，探寻是什么样的‘操纵方式’搭建起了整个社会—经济秩序构架以及与这一沉默的过程相抗衡的力量何在。”①

毫无疑问，德塞尔托关于探寻消费社会“操纵方式”的主张，正是列斐伏尔通过日常生活批判所要努力呈现的东西。因为，只有理解了资本主义对日常生活的操纵方式，我们才能探寻反抗与改变现实的可能性力量。

二 消费控制的策略：欲望的制造、引导与符号化

当列斐伏尔坚定地将战后资本主义社会指认为“消费被控的官僚社会”时，实际上他已经告别了早期停留在哲学异化范畴层面上的日

① Michel De Certeau, *The Practice of Eeveryday life*, translated by Steven Rendall, Berkeley: University of California Press. 1984. xiv.

常生活批判视角，转向了更为细微和具体的日常生活机制研究。一种总体的日常生活异化已经被更为微观具体的消费异化取代了。这是日常生活异化的新拓展，其核心特质在于现代资本主义社会通过控制消费进而控制了人们的日常生活。那么，现代社会是如何沦为一个消费被控的官僚社会的呢？

从列斐伏尔的《现代世界中的日常生活》一书来看，现代资本主义社会对消费的控制并不是通过强制来实现的，主要是通过对人们欲望的控制和引导来实现的。这是一种隐性的引导和“非控制”的方式，其核心机制在于充分制造、引导与满足人们在日常生活中的消费欲望。具体可以表现为以下三个方面：

其一，从日常生活的总体过程来看，资产阶级社会努力打造一种流行和时尚的生活体系。一方面，瓦解传统社会的各种生活观念与价值，解放人们的欲望；另一方面，将追赶时尚潮流与自由自觉式的消费活动塑造为现代人生活方式的标杆。人们最担心的已经不再是物质上的贫乏，而是“过时”或“落伍”，他们也不再关心自己真实的生活处境与真实的需要，转而更加担心自己被时尚和流行体系甩在后面。对大众而言，成为彻头彻尾的 outman 无疑需要巨大的勇气和自信。因此，列斐伏尔说，“是时尚还是过时，这是哈姆雷特问题的现代版本。时尚通过排斥日常生活而统治日常生活，因为日常生活不够时尚所以不能够存在。”① 当人们都把消费活动与个体的存在感、自由度和时尚程度绑定在一起的时候，那么能否成功地满足和控制人们的欲望就成了社会的新的合法性依据与手段。换言之，资本主义社会通过控制社会个体的日常生活需求及其满足的方式，确保了自身的合法性。这样看来，控制社会的主导力量不再是显性的国家暴力机器及其配套的政治法律制度，或者阿尔都塞所说的“意识形态国家机器”，而是消费的控制与引导，进而言之，是流行的消费观念与大众传媒所编织的时尚体系。可见，这种控制不仅是隐性的，而且是相当有效的。

其二，从消费品制造与流通的深层结构来看，消费控制日常生活的

---

① Henri Lefebvre, *Everyday Life in the Modern World*. London: The Athlone Press. 2000. p. 165.

成功秘诀还在于欲望与需要的“时效性”或“过时性”，以及日常生活的“流动性”。列斐伏尔指出，现代资本主义社会为我们提供的消费品都是有时间限制的，这样我们的消费必须在商品的“保鲜期”内完成。这是资本加速资金周转的策略，也是资本投入与产出和收益的可计算性、可预测性决定的。这样看来，我们对这些有着严格时效的商品的需要和欲望也存在着相应的时效，在消费品的更新换代中，我们的需要也在更新换代。因此，需要也会过时，在过时的需要基础上将产生新的需要。列斐伏尔指出：

“专家非常熟悉物体的寿命：洗澡间三年，起居室五年，卧室八年，商品、汽车三年等。这种统计是物体统计学的部分，并同生产与利润的成本相关联，生产—组织办公室知道如何去利用它们来降低寿命，增加生产与资本的周转。……那些操控物体的寿命以使它们缺乏持久性能的人，也同样操控着动机，他们真正要攻击和破坏的可能是欲望的社会表达。因为……需要也必须过时，新的需要将代替旧的需要，这是欲望的策略。”①

此外，与商品、需求的过时性相伴的是现代社会中生活的极度“流动性”，后者也是消费控制日常生活的重要策略。列斐伏尔指出，随着资本主义生产力的快速发展，现代社会已经实现了“存在、物体、居住、城市和‘生活’的极度流动性”，以至于“真实的生活”在日常生活中不需要停滞性，“但在理论与实践上，过时将暂时性当作剥削日常生活的手段。”② 在这种高度流动的社会中，不仅我们身边的物品在高速的流转，时尚、品位以及潮流总是在我们的前面诱导着我们去追赶，而且我们自身对消费品的需求和满足的方式也在不停地变化。整个社会就像一个高速流转的消费品世界，在这个琳琅满目的消费品背后是疲于奔命的消费者。并且，这些消费者总是陷入一种奇怪的循环：产生欲望、满足欲望，产生新的欲望，满足新的欲望……在列斐伏尔看来，让人们沉溺于有着严格时效性的消费活动和高度流动性的日常生活，无疑是一种新的阶级统治策略！

---

① Henri Lefebvre, *Everyday Life in the Modern World*. London: The Athlone Press. 2000. p. 81.

② Ibid. , p. 81.

“当瞬间不再是痛苦而是欲望、意志、质量和要求时，这就是阶级垄断，这个阶级控制着时尚和品位，使世界成为它的舞台；在另一方面，物体的损坏（量、数目以及时间、耐性、非意求和想要的）也是阶级策略的一部分，这种策略（通过前面论述的非合理化）直接走向对日常生活的合理拓殖。”①

上述分析可见，现代社会并非资产阶级所宣扬的“丰裕社会”或“休闲社会”，而是一个通过制造和引导人们的需要，并通过满足该需要来获取其合法性依据的社会，是一个通过欲望引导与控制来控制消费、进而控制人们日常生活的社会，是一个让社会个体在其中只会陷入迷失、不满足和焦虑的“恐怖主义社会”。日常生活中的每个个体，都接受着消费逻辑的严密控制，不仅他们的欲望对象是被社会规划的，连欲望满足的方式也被引导和控制着。而欲望和需要总是不断地被激发，不断地满足，又不断地陷入新的匮乏之中。对此，列斐伏尔作了精彩的描述：

“在这个社会里，每种已知的和想象到的需要都会——或将会——得到满足。就需要被尽可能地满足而言，这种满足存在于过度的获得中。当需要被那些导向满足的认同装置所诱惑时，需要就被看作界限清晰的裂缝，被掏空了内容，并被消费和消费品所填充，直到饱足为止，需要就这样不停地被各种方法刺激着，在满足与不满足之间摆动着，……对消费的控制已经到达了如此程度：被控制的消费不仅为消费规划着对象，而且也设计出如何通过这些对象获得满足的方式，以至于达到了在没有规定游戏规则的前提下也能支配动机的地步。”②

可见，需求的制造、匮乏与满足已然成为现代社会隐性控制的手段，是现代日常生活全面异化的表现，也是资本逻辑对日常生活长期殖民的隐秘诡计。欲望和需求本身都是有时效的，在时间的长河中这种有时效性的需求及其满足方式就成为了永恒轮回般的无限性，亦即欲望是没有终点的，欲望的满足也必然是没有终点的，此间的消费在本质上不是匮乏的满足，而是匮乏的新生产。这是一个多么令人绝望的消费被控

---

① Henri Lefebvre, *Everyday Life in the Modern World*. London: The Athlone Press. 2000. p. 82.

② Ibid., p. 79.

的“恐怖主义社会”啊！在这种情况下，任何想逃离日常生活的尝试都是不可能的。正如列斐伏尔指出的那样，任何试图逃避日常生活的行动都难以避免被重新纳入日常生活轨迹的结局——“逃避现实和旅行很容易被旅游组织、制度和规划所利用，它们整理着我们的幻想，控制着我们的举动。”① 事实上，早在《日常生活批判》第一卷的前言当中，列斐伏尔就告诉我们，假日的休闲、旅行等活动不过是工作的延续。不过，在那时列斐伏尔还认为休闲活动蕴含着日常生活解放的潜能。但到了《现代世界中的日常生活》当中，休闲彻底沦为了资本逻辑对日常生活殖民的战略重地了。

其三，现代资本主义社会中的消费，已经由传统以实物为中心的消费发展为一种脱离实物而存在的“符号消费”阶段。在列斐伏尔看来，从实物的消费发展到符号的消费，意味着一种全新的社会结构形式与运行方式。实际上，从法国当时的思想界来看，列斐伏尔关于“符号消费”的提法明显受到了巴特的影响。那时，巴特已经开始将符号学分析应用到消费社会的研究当中，揭示了消费社会中事物存在方式的符号化特征，并且，这是一种由消费社会创造的神话学，其实质是对消费社会合法性的意识形态论证。② 巴特的符号学分析路径，意味着法国思想家已经开始告别传统的以生产为理论中心的分析范式，迈向了以符号学为内核的新分析范式。这对列斐伏尔及其弟子鲍德里亚均产生了巨大的影响。

在列斐伏尔看来，现代日常生活的神秘化特质在于，人们往往把外部的图像与幻觉当作真实的现实社会。这种图像与幻觉实际上是由大众文化与传媒广告共同打造出来的符号与象征体系。在前现代性的时期，人们的日常生活的每个细节，包括手势、语言、使用的工具和生活习惯，等等，都具有一种显著的风格。在这个时期，人们的消费都直接与物相关，而消费的目的只在于满足基本的需要。随着资本主义消费时代的到来，人们的消费对象逐渐摆脱了与实物的直接联系，变成了一种需

① Henri Lefebvre, *Everyday Life in the Modern World*. London: The Athlone Press. 2000. p. 85.

② 参见［法］巴特《神话——大众文化诠释》，许蔷蔷、许绮玲译，上海人民出版社2000年版。

要借由大众文化、广告传媒创造出来的意象。因此，消费就不再是围绕实物为中心的传统消费过程，变成了一种对广告传媒制造出来的意象与符号的消费活动。“消费物不仅被符号和‘美德’所美化，以致它们成为消费物的所指，而且消费基本上同这些符号相关联，而不是同物自身相关联。”① 拿旅游观光来说，现代人关注的不是一种与历史文化遗迹或自然景观的亲密接触的现场体验，更多的是在意旅游观光对象的历史传说、文化意象或者奇人奇事等建构起来的意象和符号。至于这些意象与符号与景点本身之间的内在关联，以及旅游者本人亲临现场的感觉都不重要了。并且，随着数码技术的发展，旅游的另一个主要乐趣变成了与景点的合影，留下“到此一游”的时间凭证，除此之外别无意义了。这倒是印证了情境主义者德波笔下的“景观社会”和“景观消费”时代。列斐伏尔以威尼斯参观者为例分析道：“威尼斯的参观者并不专注于威尼斯本身，而是专注于有关威尼斯的描绘、导游书中写下的词句以及演讲者说出来的话语、扬声器和录音机中所宣传的东西。”②

根据列斐伏尔的论述，在以实物为中心的消费向以符号为中心的消费发展的过程中，现代社会的广告传媒系统发挥了重要的作用。在现代社会的日常生活中，广告不仅向我们推销各种新产品，同时也努力传导着一种有关消费对象的意象，在这种意象当中，消费者的存在方式获得了认可。比如时下是房地产兴盛时期，到处可见如下的广告话语模式：拥有这样的一套房子，你才活得体面（或云：你才对得起自己，等等）。这一话语模式亦可见诸于高档电子产品、汽车等消费品的广告当中。总之，广告不仅制造了大量的消费意象，而且还生产着一个消费着的“伪主体”。

“广告不仅提供了消费意识形态，它更创造了‘我’这一消费者的意象，并且在这种消费行动中实现着自己以及与其自身的理想相一致的‘我’。广告以对事物的想象为基础，唤醒对事物的想象，陷入附加在消费艺术和内在于消费艺术想象的华丽言辞和诗歌中。华丽的时尚秀是

① Henri Lefebvre, *Everyday Life in the Modern World*. London: The Athlone Press. 2000. p. 92.

② Ibid., p. 133.

华丽的即兴演出，这是事物的语言。”①

可见，人们在日常生活中的消费必须通过广告、传媒等中介，他们消费的其实是一种宣传和制造出来的意象与符号，至于这个消费品的实用性倒是退居其次的考量了。这样看来，从“物的消费”发展到“符号的消费”，意味着“真实的消费”与“虚假的消费”、“想象的消费”已经很难界划。从更深层次来说，马尔库塞所着力界划的“真实需求”和“虚假的需求”，在这个符号消费的时代已经难以分辨了。所有的物品物消费都被符号化了，“消费主要和符号而不是商品物本身相关联”。② 在这个消费符号化的时代，人们在其日常生活中总是倾向于疏远他们自己活生生的经验，而是想当然地接受着由广告传媒制造出来的日常生活意象，并且乐于按照这种方式去消费、去生活，没有任何人在强迫他们，是他们自己在强迫自己。这是一种自我施加的奴役与强迫，并且一切都是合理的，理应如此的！在列斐伏尔看来，这才是一种典型的“恐怖主义社会”，因为人人都活在一种符号意象的消费世界中，不仅毫不怀疑，而且还自我施加、自我强迫地将之视为合理的。总之，当资本主义消费进入到“符号消费”的时代，消费被控制的方式也就更加隐蔽、更加普遍，也更加有效了。这种异化了的消费，已经牢牢地掌控了人们的日常生活，通过这种方式，资本主义社会关系顺利地实现了自我再生产。并且，处于消费浪潮中的个体，都只是活在消费意识形态为他们量身打造的虚假“主体”意象之中，他们的欲望不断地被制造，并在欲望满足的过程中收获自主、自由的错觉，但很快，他们又将陷入欲望的匮乏之中，于是又开始了新一轮的产生需要——满足需要——产生匮乏与新需要的循环往复。这一切都是在日常生活当中实现的，在这个过程中，资本主义社会呈现出一派欣欣向荣的景象，仿若果真告别了物资匮乏的年代，从此迈入消费与休闲的自由王国。但在列斐伏尔看来，这一切不过是资本主义通过控制欲望、控制消费进而控制日常生活的小把戏。问题在于，普罗大众显然已经不可逆转地被推入了这个消费

---

① Henri Lefebvre, *Everyday Life in the Modern World*. London: The Athlone Press. 2000. p. 90. 译文转引自仰海峰《西方马克思主义的逻辑》，北京大学出版社 2010 年版，第 276 页。

② Henri Lefebvre, *Everyday Life in the Modern World*. London: The Athlone Press. 2000. pp. 90 - 91.

被控的官僚社会之中，所有的反抗与不满似乎总能毫无悬念地被欲望暂时性满足时的幸福感给顺利收编。那么，马克思所热切期待的无产阶级革命是否还可能呢？对于列斐伏尔而言，更迫切地需要回答的是当时漂浮在欧洲思想界的普遍性问题——工人阶级是革命的吗？

第三节　“工人阶级是革命的吗?”

从列斐伏尔理论的发展历程来看，一种浪漫主义的精神始终贯穿前后。在他的笔下，尽管现代世界中的日常生活已经彻底异化了，变得单调乏味、毫无生气，成为了商品逻辑的滥觞之域；但与此同时他总是努力告诉我们，日常生活总是暗含着改变自身的可能性，并积极地在日常生活内部探寻能够改变现状的各种能量。日常生活批判理论的意义就在于将这种改造日常生活的潜力揭示出来。

总体而言，列斐伏尔对日常生活改造可能性的探究，依据其不同时段呈现出不同的方式与结论。当然，仅仅划分时段是不够的，还必须基于列斐伏尔不同时段的日常生活概念的范围来看待这个问题。换言之，必须注意区分广义的日常生活与狭义的日常生活，并在这种区分的视野下来探讨历史变革主体的可能性问题。

一　日常生活批判视域中的历史主体

前面我们已经指出，列斐伏尔对日常生活概念的界定经过早期的广义范畴向中后期的狭义范畴的转变过程。在早期，列斐伏尔对日常生活的界定类似于马克思所说的物质生活的生产和再生产过程，也类同于布罗代尔将之视为历史演进的长时段、结构性基础的“物质生活”。在这个阶段，日常生活是一种总体性的概念范畴，其遭受的异化也是总体性的、普遍性的，因此，拯救日常生活的方式不在于零碎的革命或者传统所重视的经济革命、政治革命，而必须通过对日常生活的总体性改造，借助日常生活节日化的想象，重新发现一种具体的、有风格的、有丰富内涵的、能培育和彰显主体性、能动性与创造性的日常生活。在这个阶段，从底层的劳苦大众，到社会生活中形形色色、阶层各异的人群，都是实现日常生活总体性革命的潜在力量。

到了日常生活批判的中后期，列斐伏尔主要聚焦于作为生产劳动过程之外的狭义日常生活领域，从更加细微的日常生活考察来揭示社会生活内在结构与运行机制的异化问题。借助符号学、心理分析以及社会分层考察的方式，列斐伏尔揭示了消费社会通过制造和引导生活方式等途径成功实现了对社会各阶层的主体改造与塑型。在列斐伏尔看来，这是一种能让资本主义社会关系顺利实现再生产的阶级整合策略。在这个过程中，马克思基于生产方式分析之上的阶级概念日趋淡化了，并被最终改造成一种按照生活方式区分的社会阶层概念。在这个过程中，无产阶级革命似乎成了一个应该送进历史博物馆的过时命题，取而代之的是如何发明一种新的总体性的革命，即日常生活革命。如此一来，至于工人阶级是否革命的问题也不再是问题的关键，因为仅仅靠工人阶级显然无法实现列斐伏尔“让日常生活成为艺术品”这一贯穿前后的主张。

下面，我们来具体看看列斐伏尔关于“消费被控的官僚社会”的主体改造与塑型策略的分析。

二 “消费控的官僚社会”中的主体塑型

在《现代世界中的日常生活》一书中，列斐伏尔十分具体地描绘了消费被控的组织化资本主义社会中日常生活的神秘性表现。在他看来，日常生活的神秘性就在于，虽然现代社会的各个阶层都处于日常生活之中，却又都不理解日常生活。我们可以用列斐伏尔常说的一句名言来概括之：“日常生活是现代性的无意识。”具体到日常生活世界中的各个阶层，列斐伏尔认为，无论是世俗的家庭妇女，还是清高的知识分子，无一不把日常生活视为一个习以为常的、合理的物的世界。

首先，那些承受着日常生活的重负而又最敏感的家庭主妇们，她们要么是日常生活的主体和日常生活的牺牲品，要么是日常生活的对象和替代物（美丽、女性、时尚等）。她们既是各类商品的购买者和消费者，又是商品的符号（譬如在广告中，她们以裸体和微笑的形象出现）。虽然她们善于打点日常生活的各种琐事，但由于日常生活的神秘性，使得她们不可能真正了解自己的真实处境与日常生活的本质。其次，对于青少年和学生来说，他们往往涉世不深，更难以穿透生活的表象，他们无法理解日常生活却乐于介入日常生活，但同时又担心自己会被日常生活束缚而不能自拔。他们关于日常生活的理解大多源自父辈或者书本，而非出自自己的思考，所以就更不能指望他们能全面深入理解现代日常生活了。那么，那些往往自以为身处生活之巅俯瞰红尘的知识分子呢？情况同样如此！他们虽然具有普通人所没有的观察生活的抽象能力，但同样也不能真正理解自己在日常生活中的处境，从而无法真正把握日常生活的总体性本质。一方面，他们有着自己的职业、妻儿、时间表、私人生活、工作、休闲、居所等，他们身处生活世界之中，同时又从一个边缘化的位置带着略显超脱和抽象的思维来观察生活和思考本身，并拥有一些能帮助他们成功逃避现实的方式或替代物，即他们的自由支配权，包括梦想、艺术、文化、教育、历史，等等。但另一方面，为了占据这种思考的"高地"，他们又必须接受整个学术方法的体系，并通过这些使他们的社会经验和日常生活屈从于强制、条件、"结构"和规划，即屈从于所谓的"社会科学"、"城市科学"或"组织科学"等学科体制，在这个过程中，他们不自觉地成为控制整个社会日常生活的意识形态（诸如科学主义、实证主义、实用主义、功能主义、操作主义等）的工具和施行者。于是，在他们身上我们看到了一个无法克服的矛盾：他们得到了一种特殊的技术或理性的支持，但却同时被这种专业化体制、技术或理性思维方式束缚，从而失去了批判和洞察社会的整体的理解能力。①

那么，被马克思寄予厚望的无产阶级的情况又如何呢？他们能不能真正理解日常生活呢？正如许多社会学家已经指出的，今时今日，全世界的无产阶级真正看重的是工作的安全、地位和休闲，而不是革命的冒险。在现代日常生活世界中，他们因为受日常生活所迫，可能会拒绝执行自己的历史使命。但列斐伏尔对此保持乐观态度，他认为，这并不意味着无产阶级已经完全放弃了自己的历史使命。因为屈服于日常生活可能意味着无产阶级放弃了自己作为一个阶级的存在，如果无产阶级"选择被整合到一个被资产阶级所统治的、根据资本主义生产与利润所组织的社会，那么无产阶级就不再作为一个阶级而存在。对无产阶级而

---

① Henri Lefebvre, *Everyday Life in the Modern World*. London: The Athlone Press. 2000. pp. 73 – 74.

言，整合无异于作为一个阶级的自杀。但实际上我们看到的是，资本主义社会正通过日常生活中强制性的压抑组织，辅以劝导消费的意识形态（而非消费本身）对无产阶级进行策略性的整合，而且取得了部分的成功。”①

资产阶级通过控制消费达到的对无产阶级的成功整合可以体现在两个方面：

其一，这种阶级策略成功地制造了一批沉溺于消费的“美好时光”中的、正日渐淡忘自己的阶级角色和意识的工人阶级：

“他们生活于符号消费中，消费着大量的符号，因为对他们而言，日常生活主要被难以适应的强制主导着……由于征服与剥削的方法，使工人阶级不得不无视他们的真实生存条件，他们没有意识到自己在自己的日常生活和日常消费中被剥削与征服的程度，就像在生产领域一样。在这‘过去的美好时光’中，工人阶级没有意识到消费的结构以及他们因消费而被剥削的结构。交换的意识形态，‘为了工资而工作’，遮掩着真实的生产条件，掩盖着已经构成的——正在构成的关系（出卖工作力、所有权和被一个阶级控制生产方式的管理权）。这种关系已经变得模糊了，消费意识形态仅仅增加了这种模糊性。”②

由此，一个令人沮丧的发现便被揭示出来了：在日常生活之中，消费悄悄地变成了生产的替代物，并大大加剧了剥削，却因其隐蔽性而没有激起相应的抵抗。因为披着快乐消费的外衣，这种新形式的剥削掩盖了自己的本质，从而只表现出很少的强迫性，所以最终成了工人阶级的阶级意识的最有效的麻醉药。

其二，这种阶级策略成功地打造了一个社会中间阶层，这个阶层被处于社会底层的工人阶级视为奋斗目标，这个阶层就是——中产阶级。中产阶级是资本主义的整个阶级策略的核心。他们虽然没有什么地位，也只有少量的财富，但他们的生活方式却似乎征服了整个社会，包括工人阶级（他们把中产阶级的生活方式视为自己能够通过奋斗而实现的目标）。作为一个虽然没有权力和巨额财富、却过着富裕生活的群体，

---

① Henri Lefebvre, *Everyday Life in the Modern World*. London: The Athlone Press. 2000. p. 78.

② Ibid., p. 91.

他们被视为社会体面生活的形象代言人，为社会展示出各式各样的欲望以及欲望得到满足和实现的方式。列斐伏尔对中产阶级的生活样态进行了这样的勾画：

“正是通过意象，中产阶级使大众在商品的最佳品牌中表现着自己，在极端的情况下，他们甚至没有固定的住所，这些半神半人的人在富裕中再生产着自身，赋予新型的流浪和漂泊以动力。他们徜徉于游艇、大酒店和城堡中，他们与普通的市民并不在同一平面上，就像神话传说中的英雄一样，他们给凡人提供实在的——以高价位出售——关于假装的意象，在这种意象中，那些可能的和所有可能的事件已经具体化了。这是另一种日常生活，一种尚未认识的但通过游泳池、白色油漆的电话、清漆的家具将被认识到的日常生活……”①

由此可见，这个一手制造出一个被铺天盖地的商品广告充斥的世界的中产阶级，到头来也身不由己地陷入这个灯红酒绿的欲望旋涡中。这些看上去呼风唤雨的、仿佛是漂浮在日常生活之上的“半神人”也最终免不了“沉迷于满足之中，而没有意识到被哄骗”。②

列斐伏尔认为，现代社会正是通过中产阶级的较为优越的生活方式，来否定工人的“阶级”地位，使得中产阶级在同无产阶级的关系中获得了一种高尚的、杰出的、优越的地位。从而，原来在马克思视野中尚显得界限鲜明的“阶级”正逐渐消隐，取而代之的是以生活方式来进行划分的社会阶层。传统的无产阶级不再具有任何意义上的直接的革命性，而是被不断地“非政治化”。他们的经济诉求使他们的政治特征渐渐地丧失殆尽，他们对生活的要求也越来越多地向小资产阶级靠拢。同时，伴随着新的物质商品的不断增加，新的牺牲品——空间与欲望——出现了，并且“利益的核心”已经由工作转向了休闲与家庭。于是，不得不忍受新的异化形式的新群体也已经开始出现：譬如白领工人，青年人，妇女，等等。他们的出现不一定是消极的，因为他们或许将成为一种新的激进力量，虽然他们目前尚未构成社会的阶级。

总而言之，在列斐伏尔看来，资本主义统治对整个社会施行的阶级

---

① Henri Lefebvre, *Everyday Life in the Modern World*. London: The Athlone Press. 2000. p. 93.

② Ibid..

策略已经获得了部分的成功，这尤其体现在对工人阶级的成功整合上。到了 1967 年，列斐伏尔甚至直截了当地指出，工人阶级已经不再具有革命的目标。[①]

综上所述，在列斐伏尔看来，在消费被控的现代资本主义社会中，传统意义上的社会历史变革主体已被资本主义的统治逻辑成功地重新塑型，原有的对抗性阶级意识普遍地淡化了，取而代之的是一种消费意识形态。这个过程，是在琐碎无常的日常生活当中悄无声息地展开的。这一点，见证了资本主义统治策略的自发调整，通过这种调整，资本主义的核心逻辑并未发生根本性的改变，只不过将资本关系再生产的核心领域从马克思所关注的生产过程，转向了社会生活过程之中，从而在日常生活的掩护之下更加隐蔽、也更加普遍地实现资本逻辑的全方位普遍性再生产。

问题在于，如果仅仅从排除了生产过程的狭义日常生活概念出发，我们触目可及的确如列斐伏尔所描述的事实——社会生活中的各个阶层、各个群体都沉沦于消费的意识形态中，放弃了反抗与总体性的社会变革。工人阶级革命意志的衰退就不可避免了。依据这种狭义的日常生活批判视野，资本主义社会是通过控制消费进而控制人们的生活方式，并将这种消费受控的生活方式淡化传统的阶级概念，将之转换成由生活方式来界划的社会阶层。同时，通过广告、传媒与文化工业等，将一种更美好的生活方式意象与诉求植入底层大众的心中，将追求消费的快感与更高雅、更体面的生活方式作为寻求社会关系改造与变革之总体性诉求的替代方案。这正是一种资本逻辑通过日常生活不断进行着的“盗梦空间”！在这样的理论视域之中，问题的关键自然变成了另一种日常生活方式的“发明”，基于此来“发明”一种新的总体性革命。因此，革命就成了拯救日常生活的“瞬间”、“星丛”或节日的狂欢，总之，各种能冲破资本殖民与商品逻辑的、能“让日常生活成为艺术品”的路径与方式都应得到鼓励和推广。如此一来，马克思奠基于生产方式变革与阶级革命的人类解放路径设计就变成了一种依托日常与文化革命的

---

① Mark Poster, *Existential Marxism in postwar France: From Sartre to Althusser*, pp. 244 – 245.

乌托邦设计。当然，后者确实在那片被消费掏空了的“现实的荒漠”上浇灌出令人惊艳的花朵，此即1968年席卷欧美的“五月风暴”，然而却也只是昙花一现。面对这种只开花不结果的文化革命困境，以及与之相对的生命力日趋兴盛的资本主义，作为“五月风暴”精神领袖之一的列斐伏尔也开始了新的反思。这一次，他开始走出狭义的日常生活概念视野，向一种融合了生产过程的广义日常生活概念回归，不过不再是前期诉诸哲学的方式。基于此，他把关于历史变革主体的探寻扎扎实实地植根于社会关系再生产的理论视域之中。

三　基于社会关系再生产视域下的工人阶级革命问题再考察

1968年法国学生运动失败之后，列斐伏尔逐渐从之前以消费批评为主导的狭义日常生活视野，走向了一种作为社会关系再生产总体的日常生活概念，经由都市化问题与空间问题的研究，发展出空间生产的理论。这一转向的关键环节在于，明确地将日常生活视为社会关系再生产的总体过程。基于此，他对工人阶级是否革命的问题的思考呈现出新的向度。这一点，主要体现在他的《资本主义幸存》（1973）、《空间的生产》（1973）与《论国家》（1976）等一系列著述中。

众所周知，随着战后资本主义世界的迅猛发展，工人的工资和社会福利都得到了较大的提升，而且随着消费时代的到来，工人阶级革命意志的衰退成为了一种普遍的现象。在马克思主义激进左派看来，工人阶级已经“资产阶级化了”，马克思所设想的无产阶级革命陷入了困境之中。这种悲观的情绪一度也感染了列斐伏尔，如前所述，这一点明显地体现在他对“消费被控的官僚社会”的阶级整合策略分析之中。不过，与那些悲观论调不同的地方在于，列斐伏尔始终坚持的是一种基于日常生活总体性改造的革命可能性，这实际上暗含了一种新的思考路向。因为，传统的激进革命所设想的革命重心往往都聚焦于政权颠覆或经济变革，这些无疑都忽略了历史主体的维度。在列斐伏尔看来，政治革命与经济变革都必须在日常生活这个平台上实现，离开人们社会生活方式的总体性变革，政治与经济的革命都是不可想象的。如此，社会生活方式的变革被列斐伏尔推到社会革命的中心位置。随着消费社会批判的开展，以及有关都市生活方式的考察，他意识到，资本主义从历次经济危机和战争危机当中存活下来并且飞速发展的一个关键，在于对日常生活的殖民。具体而言，就是通过控制和塑造人们的社会生活方式，引导他们的行为与思想，从而实现资本主义社会关系的生产和再生产。那么，这就意味着，真正决定资本主义命运的不是一时的政治危机或经济危机，而是资本主义社会关系能否顺利地生产和再生产。这就意味着，我们对于马克思所设想的无产阶级革命就应该从如何阻击资本主义社会关系生产和再生产这个角度来思考，而不是局限于经济层面或者政治层面，更不能停留在文化革命层面。换言之，我们应该从社会关系再生产的角度来思考革命主体及其路径的可能性问题。

一旦完成了上述的逻辑转换，一方面，列斐伏尔的日常生活批判概念将获得新的评估向度；另一方面，关于工人阶级是否还革命或者革命主体何以可能的问题也将获得新的理解平台。也只有基于这样的视角，我们才能明白，列斐伏尔从早期的日常生活批判，到中期微观的消费社会批判，再到后期的都市与空间研究转向，其中贯穿的是“资本主义何以幸存”以及革命主体与路径可能性的探索，并且最终都汇聚于资本主义社会关系再生产何以可能的逻辑中轴之上。

基于社会关系再生产与日常生活的内在关联，列斐伏尔走出了工人阶级不再革命的悲观情绪。应对那种在左派理论阵营当中不断蔓延的革命主体消失的普遍焦虑情绪，列斐伏尔认为应首先厘清如下两个问题。

首先，工人阶级不能简单地等同于革命，也不能简单地等同于马克思的“无产阶级”概念。更不能将工人阶级当作持续不断的革命的承担者，要求他们每天都准备发动革命。① 通过前期的日常生活研究，列斐伏尔意识到资本主义社会关系的生产和再生产的核心地带已经转移到广阔的社会生活领域当中。这就意味着，要实现对社会的总体改造，就必须同时实现对日常生活方式的总体改造，在最根本的意义上是阻止和彻底变革当前资本主义社会关系再生产的实现方式和路径。这就不是工人阶级所能单独承担的重任，必须将无产阶级概念的内涵加以扩大，将那些受到资本主义社会关系贬斥、奴役和压迫的其他社会群体联合起

① Henri Lefebvre, *The Survival of Capitalism*, *Reproduction of the Relations of production*. London, 1978, p. 92.

来，组成抗击资本主义社会关系再生产的社会阶层联盟。而“革命只能在危机时刻发生，即在某些阶级关系中，在农民与知识分子都参与进来的关系总体中发生。”①

在列斐伏尔看来，社会关系的生产和再生产过程，同时也是旧的社会关系解体、新的社会关系生成并实现不断再生产的过程。工人阶级由于缺乏理论素养，并不能意识到社会关系变革的蕴意，对于自身的社会责任和社会地位的认知也只能依据主导性社会关系所要求扮演的角色。在列斐伏尔看来，从社会关系解体和再生产的视角来看，作为历史主体的无产阶级并不是一个固定的阶层，例如相对固定的工人集团。事实上，在社会关系的解体过程中，产生了广泛的无产阶级化过程，并带来了新的冲突因素。而我们对于历史主体的认知应当基于社会关系解体与再生产的动态过程，亦即无产阶级化过程。如此，才能将社会的其他阶层统一到反抗资本主义的联盟当中，从而为总体性的社会关系变革奠定主观条件。

“社会关系的解体在工人阶级身边产生了广泛的无产阶级化，同时带有新的冲突因素。如果人们并不仅仅从社会个体与生产资料的法律关联来定义无产阶级，那么他们将看到，这个无产阶级化过程实际上影响着每个人——中产阶级、白领工人，未被纳入到生产过程中的无地农民（如拉丁美洲），以及城市外围的一般居民。世界的这种广泛无产阶级化与一成不变的工人阶级集团形成鲜明的对照。这个无产阶级化过程包括了青年，包括了那些与生产资料并无联系的知识分子，包括了黑人和外籍工人等。这种无产阶级化是一个巨大的过程，完全符合最初的那个与生产资料相分离的马克思主义的阶级概念，它充满了否定性，并蕴含着通过殊死抗争来改变一切的可能性。”②

其次，必须区分两种不同类型的革命方案。其中之一是最低限度的革命方案，即通过使社会关系更协调，以暂时缓和或消除某些社会矛盾以利于社会和谐发展。另一种是最高限度的革命方案，即包括了国家、

---

① Henri Lefebvre, *The Survival of Capitalism*, *Reproduction of the Relations of production*. London, 1978, p. 95.

② Ibid., p. 97.

家庭、个体存在方式以及整个社会的一切制度的总体性变革。这两种革命方案的共性在于对社会关系的协调和改造。①

“所谓最低限度的革命，其本身也是一种革命形式，它包括劳动的解放和生产关系的转化。最高意义的革命是完全改变生活，包括家庭关系和劳动本身。”② 最低限度的革命是通往最高限度革命的必经之路。列斐伏尔这样问道：“如果没有家庭和日常生活的改变，生产关系能够改变吗？必须区分生产的关系和关系的生产，必须认识到后者和前者都应列入议事日程。对新的社会关系的需求，导致了我所谓的最高限度的革命。”③

值得我们高度注意的是，列斐伏尔强调要对“生产的关系”与“关系的生产”进行区分。这种区分其实也是对人们社会生活总体的两个重要组成过程的区分，即生产过程与日常生活过程的区分。当然，这并不意味着“关系的生产”只是在生产之外的日常生活过程当中展开。但这种区分的意义恰恰在于，将社会关系的再生产过程作为理论的焦点问题凸显出来了，并且基于这样的视角我们可以发现，这种社会关系再生产已经从马克思时代的生产中心走向了生产过程之外的日常生活之中。但从广义日常生活概念的视角来看，资本主义再生产已经完全占领了人们日常生活。这就在逻辑上论证了日常生活研究与批判的重要意义。

基于上述的两大问题的逻辑清理，列斐伏尔批评了那些强调工运中心主义的社会主义运动观，例如拉萨尔主义等，认为他们只是坐等资本主义经济危机的爆发，并期待通过政党来把握时机，指引工人阶级采取罢工的方式来实现社会变革。在列斐伏尔看来，这些观点是“关于生产的意识形态的一部分”。他们注重对生产的研究，但却忽略了越来越多的根本性研究，特别是忽略了对社会关系的生产和再生产的研究。列斐伏尔指出，“这种社会关系的生产和再生产是不同于一般生产的东西，但又和一般生产相联系。资本主义社会特有的生产关系要求再生产

---

① Henri Lefebvre, *The Survival of Capitalism* , *Reproduction of the Relations of production.* London, 1978, pp. 92 – 93.

② Ibid. , pp. 99 – 100.

③ Ibid. , p. 100.

出它们本身。社会是社会关系的生产和再生产，而不单纯是物的生产。以工运中心主义和工人阶级为名，这种研究被放弃了。”①

列斐伏尔强调，如果仅仅局限于工人阶级行动与思考受限、受支配的工厂、企业场所当中，整个社会关系的生产和再生产是无法实现的。“社会关系只有在广义的市场中，即日常生活中，在家庭里，在城乡当中才能实现再生产。它们也在社会的全部剩余价值得以实现、分配和消费的地方，在社会的普遍职能中——艺术、文化、科学和许多其他领域（包括军队）中——再生产出来。”②

当然，资本主义经济增长带来的生活状况的改善，在一定程度上促使工人阶级表现出资产阶级化的倾向，变得不那么热衷于革命，变得相对保守了。但在列斐伏尔看来，我们并不能停留在现象层面上，悲观地认定无产阶级肯定不革命了。正如他前面所区分的那样，无产阶级只是不愿意采取最高限度的革命（即对整个社会的政治、经济等各种社会关系进行彻底的变革），他们更愿意接受的是最低限度的变革（即社会关系的调整）。为什么会出现这种现象呢？列斐伏尔指出：

“在我看来，这一现象的症结必须到关于企业的意识形态中去寻找。企业作为生产的社会场所，也是正在瓦解中的生产关系再生产出来的社会场所。而生产关系再生产的场所也就是围绕企业组织起来的日常生活、劳动和闲暇之间关系的实际中心。它是经济合理性的活动中心，尽管有种种差别和分歧，但这一经济合理性相对来说仍然是资产阶级和工人阶级所共有的，而且这一合理性的发源地就在企业之中。经济合理性有助于把企业内部的劳动技术分工（亦即企业生产内部的合理性模式）扩展到整个社会。”③

不难看出，列斐伏尔此处的阐发显然受到了青年卢卡奇的启发。卢卡奇借助韦伯的合理性概念，将物化问题的根源追溯到生产过程中的合理化，并将整个社会普遍的物化结构视为该合理化过程向社会生活方方面面渗透的结果，其中包括了政治、法律与人们的思想意识结构等。列

---

① Henri Lefebvre, *The Survival of Capitalism* , *Reproduction of the Relations of production.* London, 1978, p. 96.

② Ibid. .

③ Ibid. , p. 98.

斐伏尔更加明确地将之作为社会关系再生产的核心问题，基于此将生产过程的合理性与社会生活过程中的合理性联结起来了，这种以经济合理性为内核的生产—日常生活构架，就是资本主义社会关系再生产的结果，当然同时也是前提。无产阶级的“非革命”化问题，也必须从这个角度来把握。因为，在资本主义社会关系再生产的过程当中，以及经济合理性从企业向日常生活拓展的过程中，工人阶级实际上处在一种矛盾的境地当中。一方面，由于受工运中心主义等主张的影响，他们在思想与行动上都臣服于这种经济合理性的意识形态，这就有助于资本主义社会关系的再生产。另一方面，他们始终承载着设法取代资本主义生产关系的使命与实践冲动。也就是说，随着工业化进程和人们社会生活的普遍改善，这种殊死搏斗般的阶级斗争在资本主义国家只是暂时消失了，但这并不意味着反抗资本主义的社会集团的消失。“工人阶级并没有因为消费而资产阶级化，它依旧抵制着资产阶级（对他们的剥削），在社会关系普遍解体的过程中仍是相对稳定的社会集团。它不认可资产阶级社会，然而它接受最低限度的革命而不是最高限度的革命。……那种殊死搏斗的阶级斗争在我们的工业化国家至少暂时地消失了。因此，存在着这样一个相对稳定一体的集团，它反抗剥削，同时又具有排斥最高类型的革命，反对社会根本转变的保守倾向。”①

因此，在列斐伏尔看来，“这既不意味着工人阶级抛弃了革命方案，也不意味着它因消费而资产阶级化，而是说，由于它在当前作为一个阶级所处的地位，其革命的可能性受到了限制。”② 那么，如何才能砸碎这条牢牢套在工人阶级脖子上的枷锁呢？在列斐伏尔看来，对于工人阶级而言，冲破资本主义的经济合理性与增长的意识形态十分重要，这是确保从自发抗争状态向自觉斗争阶段转换的关键环节。这就需要一种能替代工运中心主义主张的短暂的经济目标或单纯政权更替的政治目标的总体性方案，需要基于整个社会关系再生产的总体性视野，让工人阶级的自发意识上升到朝着一个共同的、总体目标前进的战略意识。在

---

① Henri Lefebvre, *The Survival of Capitalism* , *Reproduction of the Relations of production*. London, 1978, pp. 97 – 98.

② Ibid. , p. 99.

这一点上，列斐伏尔虽然并未言明，但我们很容易从中看到卢卡奇的阶级意识理论与葛兰西霸权思想的影子。因此，列斐伏尔认为工人阶级运动的领导组织应该自我反思，应该告别拉萨尔主义，并致力于制订整个社会总体性变革的方案。“我们需要的是一个方案，关于整个社会的方案，它意味着产生出全新的社会关系。”①

在探寻这一社会关系总体性变革的方案过程中，列斐伏尔将目光转向了国家与城市问题的研究，最终逐渐形成了“空间问题的三位一体”——城市化、国家化与全球化②，并引领了西方马克思主义的空间研究转向。其焦点问题始终是资本主义何以幸存或者说资本主义社会关系再生产何以维系。通过对资本主义生产方式的空间分析，列斐伏尔揭示了资本主义幸存的核心秘密在于“占有空间，生产空间”，由此，就从前期资本主义对日常生活的殖民问题转向了资本主义对空间的殖民问题，亦即资本主义“空间生产”。这就为我们思考资本主义社会关系再生产的复杂机制打开了一个新的向度。

---

① Henri Lefebvre, *The Survival of Capitalism*, *Reproduction of the Relations of production*. London, 1978, p. 101.

② 参见刘怀玉《现代性的平庸与神奇——列斐伏尔日常生活批判哲学的文本学解读》，中央编译出版社 2006 年版，第 25 页。

第六章　从“消费被控”到被迫的“符号消费”

众所周知，鲍德里亚[①]的学术起点在于对消费社会的批判，贯穿其前后的是一条“消费异化”的现实指认。当然，有关消费异化的问题，并不是鲍德里亚的独创。法兰克福学派的文化工业批判特别是马尔库塞的消费社会批判，以及其授业导师列斐伏尔对“消费被控的官僚社会”批判，都成为了鲍德里亚的先行者。当然，法兰克福学派与列斐伏尔都没能形成消费社会批判的系统性建构，真正实现这一点的是鲍德里亚。通过借助结构主义与符号学的方法论，鲍德里亚将列斐伏尔的“消费受控的官僚社会”批判进一步细化为消费被符号操控的符号消费批判，其中，整个社会的消费倒成了一个主动性的结构，而消费者实际上陷入了被迫性的消费，却不自知。这在深层逻辑上也就意味着，鲍德里亚将西方马克思主义有关资本主义社会关系再生产的研究推进到了一个新的

---

① 鲍德里亚（1929—2007），法国当代著名的哲学家，师从列斐伏尔，吸收了萨特、巴特、拉康、福柯、莫斯、巴塔耶等人的主要思想，同时还对尼采、海德格尔等德国思想家的哲学思想相当熟悉，参与了马克思《德意志意识形态》的法译工作。代表作有：《物体系》（1968）、《消费社会》（1969）、《符号政治经济学批判》（1971）、《生产之镜》（1973）、《象征交换与死亡》（1974）、《致命的策略》（1983）、《论诱惑》（1984）、《冷回忆》（三卷，1984—1995），等等。依据凯尔纳等学者的指认，鲍德里亚在《生产之镜》（1973）之前的著述主要还是在西方马克思主义的理论框架中展开对资本主义的研究；从《生产之镜》开始，鲍德里亚彻底告别了马克思，认为马克思没能摆脱时代的局限，停留在生产中心的理论视野中，已经不能适应时代的变化，沦为了资产阶级政治经济学的同谋。因此，他展开了对马克思政治经济学批判的批评，并试图以符号政治经济学批判和象征交换理论来取而代之，至此彻底地从马克思的生产逻辑走向了象征交换逻辑。这是对资本逻辑最彻底的、总体性的反叛，也是马尔库塞式的“大拒绝”逻辑。由此，他对资本主义的批判更为彻底、更为激进，然而也更加悲观。限于本书的题旨，我们将关注焦点停留在鲍德里亚前期的消费社会批判上。

阶段，其核心观察视角也由以人为中心的关系再生产视角转变为以物和符号体系为中心的差异再生产视角。

第一节　从"消费被控"到消费被符号操控

鲍德里亚对消费社会的研究，始于1968年出版的《物体系》一书。受其师列斐伏尔的日常生活研究启发，鲍德里亚从人们日常生活中最常见也最熟悉的"物"出发，试图揭示出现代消费社会的运行逻辑。前面的研究已经指出，就消费现象批判而言，不论马尔库塞有关"虚假意识"以及"单向度社会"的批判，还是列斐伏尔将消费现象作为日常生活异化的范本分析，其中心焦点都是现代社会中的主体何以衰弱、何以堕入资产阶级的意识形态陷阱之中而不自知，其批判主旨在于试图拯救历史主体，恢复有活力、有创造性的"总体的人"。经由阿尔都塞、福柯等人对"主体"的理论"谋杀"，到了鲍德里亚这里，不再有"主体"的诱惑，剩下的只是资本主义世界中的"物"如何对这个世界实施其结构化、系统化的阴谋过程。从这个意义上来看，鲍德里亚选择以"物"的考察为起点，无意中已经开启了消费社会批判的一个新方向，而顺着这个方向往下走，鲍德里亚终将走出马克思的理论视野。

一　物的体系与消费社会批判的新起点

那么，鲍德里亚是如何从"物"的研究出发，生发出他的消费社会批判？

首先，我们必须弄清楚鲍德里亚为什么转向物的思考。我们知道，马克思的拜物教批判思路是穿透现实中的物化结构，在物与物的关系之中揭示其掩盖着的人与人的社会关系本质。因此，商品（物）构成了马克思资本主义社会结构分析的切入点，从商品分析走到生产过程分析，从而揭示了拜物教的产生根源与实质。在形式上，鲍德里亚似乎站在了与马克思相同的思考起点上，但实质上，他们的思考路向是大相径庭的。马克思的时代视野是资本主义大工业时代，生产与积累是时代的主题，消费主义与享乐主义是这一时代精神的逆流。到了鲍德里亚那里，消费已经成为了一个显著的社会议题。在现象层面上，资本主义的最大矛盾不再是生产社会化与私有制之间的矛盾，而是潜在的无限生产力与有限消费之间的矛盾。也就是说，消费反而成了生产的瓶颈，消费不足与生产危机似乎都可以通过扩大消费来克服。通过控制和引导需求，进而控制和引导消费来推动社会生产的发展成为了资产阶级社会的一个主旋律，这一点在加尔布雷斯的《丰裕社会》等著作当中得到了详细的阐发。在列斐伏尔那里，资产阶级社会并不是一个“消费社会”，也不是加尔布雷斯宣称的“丰裕社会”，而是一个“消费被控的官僚社会”。因此，消费如何被控成为了列斐伏尔日常生活批判的重心。也是在这个过程中，通过援引巴特的符号学分析等理论工具，列斐伏尔指认了消费被控的核心机制在于对需求与欲望的制造和引导，表现为产品与欲望的过时性、时尚与流行的追逐、广告传媒等大众文化对于人们的生活意象的塑造与导引等，其实质已经导向了一种符号性、象征性等意象消费的阶段，从而将消费异化的指控进一步深化为“符号消费”的指控。这就为鲍德里亚探索消费社会的内在机制提供了一个新的思考方向。

依据《物体系》译者林志明的判断，鲍德里亚写《物体系》的理论目标在于延续列斐伏尔的日常生活批判，即“建构一个日常消费活动中的异化批判”①。在推行这个计划的过程中，巴特的符号学分析为他们提供了分析方法，而马克思的拜物教分析与资本批判立场是他们的重要理论支撑。当然，对于鲍德里亚而言，马克思很快就成为了他必须告别的一个理论构架。但在这之前，尤其是其前期的《物体系》、《消费社会》和《符号政治经济学批判》三本著述中，鲍德里亚主要还是在马克思主义的资本主义社会批判框架之中。② 在这个阶段，鲍德里亚试图聚焦于消费问题的分析，来拓展和深化其师列斐伏尔的日常生活批判，进而将之视为马克思生产分析的必要补充，为马克思主义的资本主义研究增加一个文化与符号学分析的维度。

---

① ［法］鲍德里亚：《物体系》，林志明译，上海世纪出版集团2001年版，第244页。

② 参见［美］凯尔纳《千年末的让·波德里亚》，载《波德里亚：批判性的读本》，道格兰斯·凯尔纳编，陈维振等译，江苏人民出版社2005年版。

事实上，从列斐伏尔走到鲍德里亚，似乎仅仅就差一步，即只要踢开列斐伏尔紧紧抓住不放的主体再造与拯救意图，那么，消费社会就表现为一个自足自为的、独立自主的主动性结构。在这个巨大的结构当中，物与商品都是这一结构体系的细胞或神经末梢，其结构的组织原则并不是物的质性功能——即物对人的有用性，而是物本身组成的差异的意义/符号体系。因此，这个巨大的物的结构，不再是卢卡奇眼中资本合理物化逻辑向社会四面八方渗透并最终走入人们心理与灵魂的物化结构，而是一个有着自主逻辑的主动性构架。在这个物的体系当中，物不再以传统所理解的方式那样围绕人这个中心结构化，恰恰相反，人是按照物的体系来编排和区分的，并且人不再是生活的主角，而是成为了被物的符号体系强制安放在观众席上的旁观者而已。在鲍德里亚看来，这是一种意义非凡的革命性转变！“在日常生活的层次上，一个真正的革命正在发生：今天，物品已变得比人、物之间的行为更为复杂。物品越来越分化，我们的手势则越来越不分化。我们可以换一个说法：物品不再被一个由手势构成的剧场围绕，在其中扮演角色，今天，它的目的性极度发展，使得物品几乎成为一个全面性程序的主导者，而人在其中不过扮演着一个角色，或者只是观众。”① 因此，对于鲍德里亚而言，对于这种物体系的自主结构化过程的研究，反过来就成为了我们认识社会结构变迁及其造成的人类行为与人际关系变化的必要入口。借用鲍德里亚在《物体系》“导言”当中的话语来说，鲍德里亚对物的分析兴趣，意在探究社会结构变化的同时，“回应人对物的真实生活体验问题，及物如何回应功能性需求以外的其他需求的问题”，分析“和［物的］功能相牵绊又相抵触的究竟是何种心智结构”，基于此来回答“我们对物的日常生活经验究竟是建立在何种文化的、亚文化的或超文化的系统上”，鉴于此，鲍德里亚强调，“我们分析的对象不是只以功能决定的物品，也不是为分析之便而进行分类之物，而是人类究竟透过何种程序和物产生关联，以及由此而来的人的行为及人际关系系统”。②

---

① ［法］鲍德里亚：《物体系》，林志明译，上海世纪出版集团2001年版，第55—56页。

② 同上书，第2页。

正是基于上述的思考路径，鲍德里亚开始了对物的功能性与非功能性分析，并探讨决定物的“有用性”的意义机制。这就将列斐伏尔的“消费被控”的日常生活批判推进为消费被一种自主的符号意义系统操控的日常生活批判。

二　“要成为消费的对象，物品必须成为符号”

在《消费社会》开头，鲍德里亚这样写道：“今天，在我们的周围，存在着一种由不断增长的物、服务和物质财富所构成的惊人的消费和丰盛现象。它构成了人类自然环境中的一种根本变化。恰当地说，富裕的人们不再像过去那样受到人的包围，而是受到物的包围。”① 如果从表面上看，物质极大丰富时代的人们被物包围着，不必再为物质匮乏而发愁，这该是一个多么幸福的场面。可是，鲍德里亚并不这样认为。在他看来，人被物的世界包围着，意味着人沦为了物的客体对象，物反而成为了这个世界的主宰。当然，并不是什么物都可以成为主宰人的主体，要想如此，物首先必须成为能被消费的对象。那么，物怎样才能成为被消费的对象呢？是不是只要具有了某种对人的“有用性”就可以了呢？鲍德里亚的回答是否定的。在鲍德里亚看来，物要成为被消费的对象，其质性功能并不是决定性的，真正决定性的因素是物必须拥有社会存在的意义，更直接而言，“物品必须成为符号”。

我们知道，在传统政治经济学批判的主导思路中，消费是由生产决定，消费的过程是人们依据他们的需要来对物品进行消费与消耗。在传统的消费定义当中，就人与物的关系而言，物是处于客体的地位，消费的过程是围绕人的需要为中心展开的，是物走向人的过程。那么，在这样的定义中，决定物是否拥有社会存在意义的关键在于物对人的“有用性”。随着资本主义生产的发展，生产能力的大幅提升打造了一个产品丰裕的消费时代。那么，在这个自动化、标准化机器大生产的时代，物何以拥有意义？

从一般层面来说，物的社会存在意义由两大部分构成，其一是其质

---

① ［法］鲍德里亚：《消费社会》，刘成富、全志刚译，南京大学出版社2000年版，第1页。

性功能；其二乃社会赋予的引申意义（象征、隐喻等）。“物品的意义剩余存在于两组坐标的交会处：一方面是象征的坐标，属于物的隐喻深度；另一方面则是分类的坐标，乃是由社会所赋予的分级类别。”[①] 因此，物品实际上总是承载着比其实际功能更多的信息或意义。这种剩余的“意义”必须在一种意义的符号体系当中才能呈现，后者是由差异、对立和对照构成的符号意义系统。

前面指出，物品的质性功能并不决定其意义的呈现方式。考虑到功能实际上是一种围绕人的需要为中心的思考向度，在这种向度中，物的意义是由人的需要界定的。到了消费时代，物的意义不再以传统的向度来呈现，甚至还发生了倒转，即从以人为中心的功能性思考，转变成了以物的差异性意义系统为中心，并以此来界定人的行为与地位区分。以汽车为例，在早先的时候，汽车本身意味着一种工具和另一个像“家”一样的私人空间，因此是社会地位的象征。然而，随着汽车的普及，汽车拥有率的大幅提升，汽车不再作为区分身份与地位的符号。但汽车内部也产生了一种差异化的系统，不同品牌、不同配置、不同外观的汽车，其目标消费群体也是不同的；不同类型的汽车，如小轿车、越野车、跑车等，意味着不同的驾驶方式与趣味，进而也意味着驾驶者群体的区分。这就意味着，人们社会地位与身份的区分是由物品本身的差异化系统决定的。从这个角度来说，物本身的差异化系统，对于人的行为差异、社会身份差异及其自我想象而言，是一种逻辑的先在性。这大概就是鲍德里亚将物品的意义体系分析作为消费社会的切入点的重要原因吧。

基于上述的考虑，鲍德里亚认为，在消费社会时代，消费与物的意义决定机制都发生了重大的转变。这种转变主要体现为两个方面。[②]

其一，人与物的关系发生了倒转，不再是物围绕人这个中心呈现，物品开始占据了主导地位，人与物的关系也是围绕物的主动性结构重建的，在这个新的结构中，消费表面上是人的自由选择性，实质上是物品

① ［法］鲍德里亚：《物体系》，林志明译，上海世纪出版集团 2001 年版，第 240 页。

② 该部分论述参考了仰海峰《走向后马克思：从生产之镜到符号之镜》，第一章第四节，中央编译出版社 2004 年版。

占据主导地位的主动关系的建立过程，而人成了被动的呼应者，成了物的观众。“我们在一开始便必须明白地提出，消费是一种［建立］关系的主动模式（而且这不只是［人］和物品间的关系，也是［人］和集体与和世界间的关系），它是一种系统性活动的模式，也是一种全面性的回应，在它之上，建立了我们文化体系的整体。”① 其二，在这种主动关系模式的建立过程中，物要想成为人们消费的对象，就必须成为符号，以符号—物的方式存在。这是因为，这已经不是一个围绕人的需要组建起来的世界，而是一个由消费物组成的、具有自组织意义的物体系，这一物体系先验地决定了人们的欲望和欲望的满足方式，换言之，物体系决定了人们的消费过程。关于消费过程是如何建立在对人们欲望的构建、塑造等方式的问题，马尔库塞的“虚假意识”和列斐伏尔的欲望过时性、操控性批判都已有充分的论证，因此，当鲍德里亚将之归结为物体系主导了人们的消费过程时，他也只不过是将马尔库塞、列斐伏尔的研究进行了总结。不同的地方在于，鲍德里亚在推导这一结论的过程中，颇具匠心地挪用了索绪尔的语言学、巴特的结构主义符号学、神话学等分析工具。在鲍德里亚看来，物的自足体系就相当于语言的符号体系，物成为能指的条件，就是要进入一种差异性的符号体系，而具体的消费过程就成了漂浮的能指（物）与其偶然的对象（消费者）在意义上锚定的过程。这样看来，所指（消费者）已经不再是意义产生的中心。当然，就物到符号的关系而言，鲍德里亚明显受到了巴特的影响。巴特的一系列著作（如《写作的零度》、《符号学的要素》、《流行体系——符号学与服饰符码》等），将结构主义分析改造为结构的符号学分析，并试图在符号学的意义上重新界定和解释物的问题。他的研究表明，我们与物之间的关系绝非直接的，而是总以符号为中介的。更直接而言，巴特眼中的物总是以符号的方式在场的。受结构主义与符号学分析的启发，鲍德里亚指出，物要想拥有意义，就必须成为物的体系之中的物，其存在意义在于它在体系中的地位；物的意义并不是其本身所具有的质性功能决定的，而是它在物体系的意义结构中所具有的象征功能决定的。在这个意义上，鲍德里亚指出：

① ［法］鲍德里亚：《物体系》，林志明译，上海世纪出版集团2001年版，第222页。

“要成为消费的对象，物品必须成为符号，也就是外在于一个它只作意义指涉的关系——因此它和这个具体关系之间，存有的是一种任意偶然的和不一致的关系，而它的合理一致性，也就是它的意义，来自于它和所有其他的符号—物之间，抽象而系统性的关系。这时，它便进行‘个性化’，或是进入系列之中，等等；它被消费——但（被消费的）不是它的物质性，而是它的差异。

物品变成了系统中的符号，这种身份转换，同时也包含人与人之间的关系的改变，它变成了消费关系，也就是说倾向于自我消费（这里用的是这个字眼的双重意义：［人与人之间的关系］在物品之中并透过物品自我‘完成’和自我‘消解’，而物品成为人和人的关系必要的中介者，而且很快地，又成为它的代替记号，它的不在场无罪证明）。”①

从形式上，消费的过程与语言学、结构符号学分析具有高度的一致性，但这并不能简单推导出物已然成为不需要消费者的独立自主的体系。因为从内容上来看，物体系的意义建构与人的夸示性、差异性需求紧密相关。物与物之间的差异化体系，实际上利用了人们相互区隔、展示差异的夸示性消费心理。回顾人类的历史，出身、财富、血统、教养、言行举止等构成了人们相互区隔的依据。到了消费社会，消费的浪潮将历史与文化的一切都夷平了，但并不是真正彻底的夷平化，而是在表面的夷平化、同质化之后重新制造出新的差异来。不过，这种新的差异不再通过传统的血统、身份等方式呈现，而是通过消费的物品来体现。在消费时代，物的差异体系，为人们满足其差异化心理提供了新的方式，例如不同品牌的汽车或香水，意味着不同的消费阶层、社会地位与身份。人们在消费这些差异化物品的过程中，在心理上也获得了一种个性化的自我认同。因此，鲍德里亚说，“在每一件真实的物品背后，都有一件梦想中的物品”②“由某一个技术演化的门槛开始，而且只要某些初等的需要被满足了以后，我们仍然需要，甚至更甚于以前，这种物品身上幻想的、寓意的、潜意识的可吞食性，而不是它真正的功能

---

① ［法］鲍德里亚：《物体系》，林志明译，上海世纪出版集团 2001 年版，第 223—224 页。

② 同上书，第 138 页。

性。”① 这样看来，物成为消费品的条件，并不在于它本身的功能性与“有用性”，而是在于它被消费的过程中是否能满足消费者的心理投射，是否能展示消费者的个人身份及其在社会结构中的位置。因此，物品之间的差异确保并生产了物的符号价值，并且，在这个过程中，物与人的关系也得到了生产和再生产。物的差异化体系或符号价值，为人们的身份定位提供了可能性。“从这一意义上说，物品并不是需求满足和满意的焦点，如同古典政治经济学所说，而是社会意义和声誉的载体，是社会价值的体现，是消费社会中一种差异性的诱惑。”②

上述可见，在鲍德里亚看来，消费社会的到来，不仅意味着消费结构中人与物关系的倒转，同时还意味着消费的控制引导权不再是生产或生产中的人们，而是物的体系或符号系统。在这个物的差异系统中，不是人们按照自己的需求去消费，而是物的符号体系通过改造和引导人们的需求，让他们“主动”地去充当“物”的观众，在“物”的表演和展示之中收获其“主体”的幻觉。这不是单纯的“经济生产体制”，更是一个复杂的、由物的符号体系操控了的“心理投射机制”，人们的需求与心理投射都在物的符号体系当中得到表达和包装，并且包装都能得到及时的、暂时的回报。这是一个歌舞升平的、自主自由的消费时代，也是一个物体系操控下的木偶戏大剧场，消费者正是沉沦其中、不断在需求与匮乏之间做着往返跑的、忽悲忽喜的木偶。这是一个符号操控了消费的时代，也是一个被迫消费的时代。

第二节　“被迫消费”或消费意识形态批判

从霍克海默、阿多诺的“文化工业”反思到马尔库塞的“虚假意识”批判，再到列斐伏尔的“消费被控的官僚社会”批判，我们不难发现，西方马克思主义对于消费社会的批判，最终都会导向一种意识形态批判，其核心旨趣在于戳破资产阶级学者所鼓吹的“自由”、“平

---

① ［法］鲍德里亚：《物体系》，林志明译，上海世纪出版集团 2001 年版，第 148 页。

② 戴阿宝：《终结的力量：鲍德里亚前期思想研究》，中国社会科学出版社 2006 年版，第 58 页。

等”、以及“丰裕富庶”等承载于消费过程中的意识形态幻象，并且将之视为资本主义社会关系再生产的有效策略，从而也从侧面揭示工人阶级不革命的困惑。他们从各个视角出发的消费社会批判，共同揭示了消费社会的一个共性，即表面上的“自由自主”，实质上是一种深层次的奴役和隐性的压迫；更为关键的是，在消费的浪潮中，主体在消隐。鲍德里亚无疑承继了这种批判的视野，通过引入结构主义、符号学以及精神分析等理论工具，他直接将现代资本主义社会中的消费指认为一种“被迫消费”。

一　制造“主体性”幻觉的魔术师：广告

鲍德里亚指出，现代社会中的人们，处于消费物品的包围之中，并且按照物的节奏来开展他们的生活。“我们生活在物的时代：我是说，我们根据它们的节奏和不断替代的现实而生活着。”① 那么，为什么现代社会中的人们无法按照他们自己的需要来设计他们的生活节奏呢？鲍德里亚的回答很简单，即，因为这是一个“物”的星球，物的体系与符号秩序是这个世界的主宰，而我们人类与其说是成了印证其霸权系统的观众与见证者，倒不如说是沦为了物体系主宰的客体对象。因此，鲍德里亚说，“我们处在‘消费’控制着整个生活的境地”，并且消费不受时空限制，消费“就是日常生活”。② 那么，这一切又是怎么发生的呢？

首先，物体系是一种现实存在的“功能性有序结构”，是一种占据主体地位的“符号的秩序”，其中物品之间或物的系列之间存在着一种“暗示意义链”③。鲍德里亚指出，现代社会中的消费者，不会再像传统消费者那样主要关注物的“特别用途”或质性功能，而是更在意物品身上所折射出来的社会意义。“消费者与物的关系因而出现了变化：他不会再从特别用途上去看这个物，而是从它的全部意义上去看全套的物。”鲍德里亚举例说，我们日常生活中的家电，如洗衣机、电冰箱、

---

① ［法］鲍德里亚：《消费社会》，刘成富等译，南京大学出版社 2000 年版，第 2 页。

② 同上书，第 6 页、第 13 页。

③ 参见张一兵《反鲍德里亚》，商务印书馆 2009 年版，第 34—37 页。

洗碗机等，除了各自作为器具所具有的质性功能外，“都含有另外一层意义”。那么，究竟包含着什么样的意义呢？鲍德里亚说，这是一种通过橱窗、广告、生产的商品和商标等方式强加给这些家电器具之上的“一种一致的集体观念”，它们“好似一条链子、一个无法分离的整体，它们不再是一串简单的商品，而是一串意义，因为它们相互暗示着更复杂的高档商品，并使消费者产生一系列更为复杂的动机。”[①] 换句话说，在鲍德里亚看来，消费者所面对的都不是某一个单个存在的物品，任何成为消费对象的物品背后都隐匿着一种物品在其中相互“参照”、相互指涉的符号系统。这一点在逻辑上颇像是对马克思的挪用，马克思批判资产阶级学者对“抽象的个人”感兴趣，提醒他们任何个人都是一定社会关系的总和；鲍德里亚则提醒我们，任何消费品都不是孤立的单个存在，而是一个有着复杂关联、并承载了除物品本身功能之外的社会意义的物—符号的系统。当我们购买某种商品时，同时也是购买其背后的一连串意义。比如，我们在购买一部 iPhone 时，其实也是在消费一种时尚与潮流的感觉，消费一种“新的生活方式”，要不为什么当 iPhone 设计者乔布斯先生去世的时候，世人会如此哀叹天妒英才，惋惜一个改变了我们的生活方式的设计大师的消逝？这也不难理解，为什么会有一些年轻小伙以卖肾的方式来换取一部 iPhone 了。因为他们用身上的器官来换取的，并不是一部价格有限的电子产品，而是他们脑子所设想的一种“时尚”、“潮流”、“品位”或者一种“生活方式”。这才是物体系的意义暗示功能的神秘力量。

当然，这种神力的彰显往往都是通过广告媒介来实现的。在鲍德里亚之前，霍克海默和阿多诺就曾痛心地指出，在当下的资产阶级社会中，广告已经取得了根本性的胜利，因为“即便消费者已经看穿了它们，也不得不去购买它们所推销的产品”。[②] 在鲍德里亚看来，经由广告媒介等方式呈现出来的物—符号系统，因其具有复杂的意义暗示链，而越来越难以被大众看穿。因为，广告的一个核心策略，亦即消费社会

---

① ［法］鲍德里亚：《消费社会》，刘成富等译，南京大学出版社 2000 年版，第 4 页。

② ［德］霍克海默、阿多诺：《启蒙辩证法》，渠敬东、曹卫东译，上海人民出版社 2006 年版，第 152 页。

的物—符号系统的主导逻辑之一，就是“让一个符号参照另一个符号、一件物品参照另一件物品、一个消费者参照另一个消费者”[①]。因此，这里已经没有了任何外在的强制性，而是一种内化了的自我施加的强制，让消费者总是“自愿地”、无意识地、“逻辑性地从一个商品走向另一个商品”。[②] 在物—符号系统的相互指涉的游戏之中，消费者就像被吊在眼前的胡萝卜不断引诱着往前奋蹄奔跑的驴子，毫无疑问，身份、地位、个性或其他生活意象就是那根让我们激动不已、“从一个商品走向另一个商品”的胡萝卜。

其次，广告作为物体系的话语，引导着人们的心理投射，让消费者“欲望着他者的欲望”，同时也是一种将社会规训与符号秩序内化的“政治论述”。在鲍德里亚看来，广告并非仅仅是物体系的附属现象，而是作为物的话语，是物体系的重要构成部分。在物的体系当中，广告的功能由传统的“告知”转变为“匿名的说服”，其目标在于“引导性消费”。为了实现这一点，广告必须完全融入日常生活，成为日常生活的一部分。通过潜移默化的方式，对大众进行“造梦”，将各种消费意念和愿景置入大众的意识当中。“广告既不让人去理解，也不让人去学习，而是让人去希望，在此意义上，它是一种预言性话语。它所说的并不代表天生的真相（物品使用价值的真相），由它表明的预言性符号所代表的现实推动人们在日后去加以证实。这才是其效率模式。它使物品成为一种伪事件，后者将通过消费者对其话语的认同而变成日常生活的真实事件。”[③]

广告达到的效应之一，或者说意图施加给我们的一种感觉在于，让我们觉得这是一个充满母性关怀的、时刻关心我们需要的温情社会。“就是在这个范围里，我们才对广告有所‘信仰’：我们在它身上消费的，是一个把自己呈现为具善意的施与体制的社会，而且它还在文化中自我‘超越’。”[④] 广告不再仅仅扮演着产品的推销者角色，同时还是一种让我从中收获被照顾、被关怀的感觉的消费品。“它在物品的生产和

---

① ［法］鲍德里亚：《消费社会》，刘成富等译，南京大学出版社 2000 年版，第 135 页。
② 同上书，第 4 页。
③ 同上书，第 138 页。
④ ［法］鲍德里亚：《物体系》，林志明译，上海世纪出版集团 2001 年版，第 189 页。

使用中，都没有什么作用，然而它却是完全可以加入物的体系，不只是因为它谈及了消费，更是因为它本身又反过来变成了消费品。”①

鲍德里亚以一个有关座椅的广告为例，向我们呈现该广告背后蕴藏的神话逻辑。在这个逻辑当中，集合了现代性与高科技、舒适的主动创造性、成为工业文明社会公民的感觉，以及整个工业技术文明为拥有者服务的旨归等神话元素。这则广告实际上传达的意象是这样的：“消费者必须完全意识到，工业革命为了他而诞生，今天所有的集体结构都集中在这张扶手椅上，并经由它集中在他个人身上。因此在他眼前，树起了一整个世界，完全朝向一个崇高的目的性：他的满足。……社会或您自己都完全不需要改变，因为工业革命已经发生了：现在是整个技术社会透过这张吻合您外形的扶手椅来适应您……”鲍德里亚指出，相对于传统的试图驯化个体去适应社会整体的道德伦理规范而言，作为消费时代布道者和牧师的广告，宣判了生产时代的意识形态的过时与终结，一个新的消费时代的意识形态已然降临人间。此即“在一个消费时代，或是一个自称如此的时代里，是整个社会前来适应个人。”②

当然，这一切不过是表面的现象，或者说是广告努力打造的一个意识幻境。天下没有免费的午餐，为了消费广告传达给我们的“温情”幻境，我们就必须付出相应的代价。那么，我们究竟要付出什么样的代价呢？鲍德里亚指出，我们要付出的代价就是要认同物—符号的体系及其规则，将这个温情脉脉的消费体制内化，积极地拥抱它，而不是去怀疑它、拒斥它。“广告（同时也是所有的公关服务）透过一个巨大的关怀，去除了我们心理上的脆弱，而我们的回应则是将这个照顾我们的体制内化，这是一个巨大的企业，它不只生产出商品，还生产沟通上的热情，而它便是消费社会的整体。我们也可以去想想，在一个所有事物都臣服于贩售和利润法则的社会里，广告是一项最民主的产品，唯一‘免费赠送’和唯一提供给所有人的产品。”③

鲍德里亚指出，当我们消费这个免费且“民主”的产品的同时，

---

①［法］鲍德里亚：《消费社会》，刘成富、全志刚译，南京大学出版社2000年版，第187页。

②［法］鲍德里亚：《物体系》，林志明译，上海世纪出版集团2001年版，第191页。

③ 同上书，第193页。

也意味着我们认同了广告所捆绑销售的社会体制，并且在广告的引导下，帮助建立并再生产了“真实的生产和剥削的体制”。“实际上，如果广告这么小心翼翼地省略了物品的客观程序、社会历史，其目的则正是要透过形象投射的社会机制，来建立真实的生产和剥削的体制。”[①] 因此，广告，不仅仅是一种心理引导术，更是一种“政治论述”，其策略在于将社会现实区分为真实和想象两个世界，后者正是广告力图打造的母性关怀氛围所努力占领的领域。当广告向我们推销一种产品或服务的时候，其实也是在捆绑销售一种生活想象，产品或服务本身不过是这种生活想象的投射。如果依照广告的导引，我们在消费的同时，也是对广告所传播的生活意象的认同，其背后实际上意味着我们与“真实的作用体制”的配合，为“社会的一整套技术和政治体制”服务。“社会以母性的姿态出现，其目的是为了更佳地保留一个强制性的体制。由这里，我们可以看出，产品销售和广告技术所扮演的巨大政治角色：它们正是在接替在此之前的政治的和道德的意识形态。甚至这样说还会更好：道德性和政治性的整合总会伴随着痛苦（总是要诉诸公开的镇压），新的技术则不必使用镇压的手段：消费者在消费过程本身里，就内化了社会作用和它的规范。”[②]

上述可见，广告不仅是物体系的话语，也是掩护整个社会规范与生产体制顺利实现再生产的“糖衣炮弹”，更是一台巨大的意识形态造梦机器。如果说法国人阿尔都塞将德国人的意识形态批判逻辑推进到国家层面，并将之指称为一台不停地将个人质询为“主体”的意识形态国家机器；那么，另一个法国人鲍德里亚则从日常生活的微观视角，通过将阿尔都塞的意识形态国家机器的动力系统置换为消费，从而屏蔽了“国家”的政治意蕴，代之以温情脉脉的、时刻准备关爱呵护每个社会个体的广告，由此改装出一台新型的意识形态广告机器。在其飞速而又静默的转动过程中，这台消费的意识形态机器不停地生产出平等、自由的神话，确保了整个消费体制的合法性再生产。这就是通过广告体现出来的消费意识形态，也是消费的“政治”功能的实现。

---

① ［法］鲍德里亚：《物体系》，林志明译，上海世纪出版集团 2001 年版，第 197 页。

② 同上书，第 197—198 页。

二　消费的“政治”功能及其“温柔的强迫性”实质

在鲍德里亚看来，广告符号与整体社会体制之间存在着深层的内在关系。“广告并不是机械地传递社会的价值，而是更微妙地，透过它的推定功能——那是在占有和剥夺之间，既是命名又指向空虚不在——广告记号才‘传递’了社会体制的双重决定机制：恩赏和压制。”① 所谓的恩赏，前面已经论及，即通过广告制造出一种以消费者为中心的温情社会意象，并制造和引导消费者的心理意象投射，将之与某种物品进行捆绑，让消费者在消费的过程中收获欲望满足之后的主体性、自由和平等等感觉。当然，这一切都是短暂的，有时效的，正如时尚的“即死性”一样。② 通过广告，消费时代呈现为一个欲望不断生产、不断被满足、又不断被制造新欲望的景象。“它激起了焦虑，又去平息它。它令人满足也令人失望、动员又解员。它在广告的影响氛围中，建立了欲望自由的王朝。但欲望在其中从来没有真正被解放过——那将是社会体制的终结，——欲望只是在形象中被解放，而且其程度只足够反射性地激起和欲望显现相关的焦虑和罪恶感。既被形象所激起，又被它解除效力和给予罪恶感，这个微弱的欲望为社会机制所收编。自由的大量倾流，但只是形象投射、持续的精神狂欢，但是为人所设计，这是一种被指引的心理退化，其中所有的变态倾向都被消解，只为使体制得到利益：如此，在消费社会里，有巨大的恩宠，而压制也一样巨大——透过广告中的形象和论述，我们同时接收了这两者，并使得压制性的现实原则甚至

① ［法］鲍德里亚：《物体系》，林志明译，上海世纪出版集团2001年版，第199页。

② 鲍德里亚在探讨消费意识形态的过程中，多次论及物品的“死亡性”、时尚的“过时性”以及休闲对时间的消费等议题。这些议题实际上是对列斐伏尔关于消费物品的“过时性”的回应和拓展。不同的是，在列斐伏尔那里，时尚与物品的“过时性”是消费被控的方式与策略，也是日常生活被异化的一种表现，从而也构成了探寻拯救日常生活或恢复日常生活的主体性与总体性路径的思考点，列斐伏尔对“瞬间”与节日的重视应是针对性的时间策略。但到了鲍德里亚这里，物品与时尚的“死亡性”或“过时性”，是物—符号体系自我更新的一种策略，也是让消费者在追逐欲望的路途上永不停息、直至个体生命终结的方式，因此在根本上是物—符号体系的霸权性与主体性地位的印证。相较之下，鲍德里亚流露出更多的悲观底色，似乎除了马尔库塞式的“大拒绝”，别无出路。因此，他只能跟着莫斯回到原始社会，寻找一种不同于消费逻辑的、重新界定人与物以及人与人关系的象征交换逻辑，基于此探寻一种对资本主义社会关系进行总体性替代的可能性。

在快乐原则的核心里运作。”①

在鲍德里亚的笔下，消费社会中的芸芸众生，与加缪笔下的西西弗有何不同？在欲望的满足与匮乏之间的折返跑，是一种尼采式的永恒轮回，与其说是恩赏，不如说是温柔的惩罚，或隐性的压制。在恩赏与压制之间，消费呈现其政治的意蕴。从鲍德里亚的论述来看，消费的“政治”功能主要体现为如下几个方面：

其一，消费背后的自由平等幻觉以及增长的合法性。在消费过程中，人们享受的不仅仅是物品本身的有用性，同时还是一种自由选择和平等的感觉。在消费过程中，工人和资本家、拾荒者与国王之间是没有身份等级的区分的。从这个角度来看，消费将传统的社会等级夷平化了。通过提供差异化的、琳琅满目的消费品，消费者拥有了表面上的自主选择权，做出的消费选择都能让其在收获需求被满足的快感的同时，有一种自主决定的感觉。这样，资产阶级社会真的做到了在需求及其满足面前人人平等，在对物和财富的追求和选择方面平等自由。当然，这些不过是一种制造出来的平等幻觉，整个社会依旧是处于结构性匮乏与不平等的状态，对于富人而言，这是一个可以任意消费甚至浪费的社会，对于社会底层而言，这是一个贫乏和不平等的社会，是一个到处充满欲望和诱惑的社会。此外，在这种平等幻觉的推动下，人们宁愿相信这是一个“丰裕的社会”，宁愿期待一个物质产品不断丰富、经济快速增长的社会。因此消费中的自由平等感觉，与物质条件的绝对差异和社会结构性的匮乏，一道构成了消费社会的合法性基础。

其二，“自由选择”与个性化消费的背后是一种深层的奴役与隐性的压迫。消费，就像一枚硬币，我们看到它表征着自由选择与个性化的那一面的同时，千万不可以忘记它的另一面。在鲍德里亚看来，藏在自由选择与个性化背后的，实际上是一种强迫性。这就是消费这枚硬币的另一面。“在过去，是人在物品身上强加上他的节奏，今天，则是物品在人身上强加上它们不连续的节奏，它们不连续而又突然的在那儿的方式，它们不须老去，即会自己解体或相取代的方式。和日常生活中的物

① ［法］鲍德里亚：《物体系》，林志明译，上海世纪出版集团2001年版，第199—200页。

品，它们的临在和享受方式的改变，一起而来的，是整个文明地位的改变。”①

一方面，鲍德里亚指出，我们在日常消费中的“个性化”、“风格化”追求，都是由广告制造出来的社会心理结果。在鲍德里亚看来，追求个性化的消费，实际上是一个商品生产的差异体系通过对个体生活想象的殖民，从而表现为个体意愿和自主选择的幻象过程。对于自以为追求“个性”和某种“风格”的消费者而言，物品的实际功能并不重要，附着于其上的文化想象或符号意象才是关键。因此，在根本意义上，决定某种消费对象和消费行为是否有“个性”或“风格”的关键，在于产品的“差异的体系”，进而言之，是一种“纯属文化的体系”。“模范和系列的心理动态关系，因此并不在物品的初等功能上作用，而是在一个次度功能上作用，那便是‘个性化’的物品。也就是说它是同时建立于个人的要求，和一个差异的体系之上，而后者是一个纯属文化的体系。”②

另一方面，消费也意味着对支撑起消费活动的整个社会体制和“文化体系”的认同，并基于此接受一种不同于封建时代的新型的社会负担与压迫。“不同于封建制度，我们的体系操弄一个共谋关系：现代消费者自发地吸收及负担了这个无止境的强制性要求：购买以便社会可以继续生产，如此他才能继续工作，以便可以为他所购买的物品付钱。”③ 因此，所谓消费过程中的个性化或自主性“选择”，在鲍德里亚看来，不过是披着自由选择外皮的深层次“压迫”与隐性奴役。“在我们的工业社会里，‘先验’地被赠送了一种东西，它仿佛集体性的荣宠和形式自由的记号，那便是选择。……不论是自愿或是被迫，我们所拥有的选择自由强迫我们进入一个文化体系之中。这个选择因此有似是而非之处：如果我们把它当作一种自由来感受，那么我们比较不会感觉到它是一种强加在我们身上的东西，而且，透过它，是整个社会强加在我们身上。选择这一辆车，而不选择另一辆，您或许把它个性化了，但作

① ［法］鲍德里亚：《物体系》，林志明译，上海世纪出版集团 2001 年版，第 182 页。

② 同上书，第 162 页。

③ 同上书，第 183 页。

出选择这个事实本身，却使您进入了整体的经济体制之中。”[①] 当我们自以为自由地选择了一个产品时，产品所附着的生活方式意象让我们收获了一种自足感，并且这种自足感是基于自己的个性化选择，但实际上，这不过是我们在一个产品的差异体系之中的“被迫选择”。并且，更为关键的是，这种消费品的选择也意味着我们不得不进入到围绕产品形成的“文化体系”之中，在鲍德里亚看来，后者实际上是一种强加的隐性选择。这一点其实不难理解。只要我们想想我们在日常生活中所购买的大件家电，如冰箱、空调等，在差异化、等级化的产品序列中我们选定了某一品牌某一型号的家电，这个过程表面上是自由的，但实际上我们马上要面临的是该产品的售后服务、安全性、经济性以及日常维护等多方面的顾虑。这些在我们购买之初，绝不是物品的有用性和实际功能能体现出来的。又如，在当下油价疯涨的时代，购买一辆小轿车之后，在享受其带来的生活便利和生活方式变革之外，消费者必须同时进入到围绕汽车组成的“文化体系”之中，这其中包括了各种交通规则、交通标志的遵守与识别，行车安全性与经济性、寻找停车点以及日常维护等多方面的考虑。

此外，由于消费品的符号化是一种漂浮的能指，消费品的“文化体系”也将吸纳各种纲常人伦，从而使消费行为成为一种甜蜜的暴力。例如，在“脑白金”泛滥的时代，作为一种营养品所真实具有的药效早已被附着其上的亲情、友情等伦理关系象征给取代了。其实这也见证了时下各种广告传媒的策略：努力建构、挪用人们日常生活中的生活意象、道义人伦等，将之附着在要广而告之的产品上，让购买者从中收获的心理富足感（如亲情、尊严、地位等）凌驾于产品本身的实质效用之上。问题在于，这是一种将与个体社会存在看似与之无关的要素同产品捆绑的策略，当你拒绝它的“诱惑”时，你就背负上了一定的社会心理负担。例如，在房价疯涨的年代里，拥有属于自己的房子就被房地产广告商们改造成了身份的象征，成了责任的代名词，成了结婚、养老、育子的必需品，以至于买不起房子与没资格谈情说爱之间轻易地画

---

① ［法］鲍德里亚：《物体系》，林志明译，上海世纪出版集团 2001 年版，第 162—163 页。

上了等号，诸如"丈母娘成了房价上涨的推动力"等说法则大行其道。商品，已然成了一种隐蔽的、甜蜜的暴力！

其三，消费的差异化策略与社会个体的身份地位区分。在现代社会中，广告作为物品—符号体系的话语，在传达有关消费对象的基本信息的同时，更着意于将一种暗示性的社会意义或地位象征附着在消费品中。因此，人们在消费的过程中，更在意于该消费品所暗含的社会符号价值。"人们从来不消费物的本身（使用价值）——人们总是把物（从广义的角度）用来当作能够突出你的符号，或让你加入视为理想的团体，或参考一个地位更高的团体来摆脱本团体。"[①] 通过购买某种高档次、新潮时尚的产品，以抬高自己的身段、品位，或彰显自己的社会地位，或与其他消费力较低的社会阶层的人群区分开来，这种夸示性的符号消费，在消费过程中比比皆是。例如，人们购买由高档木材做成的卧房家具或高端的家电，"便觉得是在实现他的梦想，并认为这是一种社会地位的上升"。为什么会这样呢？这是因为他们在日常生活中明显感觉到，"今天把他和这样的世界相分离的，不再是阶级的法律地位，亦不是权利上的社会超卓性"，而是经济上的购买力以及在心理上的投射，因此，通过购买高端的产品来抬升自己的社会地位感和社会存在感，更加靠近广告所打造的生活方式"模范"，对他们而言就是一个可行的便捷选择。[②]"在整个社会里划分出范畴明确的部分或'身份团体'，而他们便在某些物品的组合中，找到自己的身份认同。物品和产品层级分明的选择可能，这时便扮演了在过去由一群有区别的价值层级所扮演的角色：在它们身上建立了团体的道德。"[③]

但鲍德里亚同时也给那些试图通过商品差异性消费来实现个人社会地位提升的人们泼了一大盆冷水。这种个性化、风格化的消费过程，不过是一个巨大的"被引导的个性化体系"，其中，差异也被整合到不断向前滚动和消逝的系统，因此，任何通过某种产品来实现个人社会地位感的提升都不过是"一出表面上扮演的剧目"，也都将随着差异体系的

---

① ［法］鲍德里亚：《消费社会》，刘成富等译，南京大学出版社2000年版，第48页。

② ［法］鲍德里亚：《物体系》，林志明译，上海世纪出版集团2001年版，第160—161页。

③ 同上书，第211页。

动态变化过程而消逝。“这便是系统的意识形态功能：地位的晋升在此只是一出表面上扮演的剧目，因为所有的差异早就被整合［在系统里］了。甚至那穿过整体的失望，也被整合在系统的不断向前消逝中。”①

事实上，鲍德里亚关于消费背后的社会阶层区划的思考，并没有多少原创性。其师列斐伏尔在分析资本主义通过操控消费以实现对社会整体的控制策略时就专门论及这个问题。列斐伏尔指出，资产阶级消费社会通过打造一种富裕、自由的消费方式来对整个社会进行阶层划分，让底层的劳苦大众将中产阶级的生活与消费方式作为努力奋斗的目标，从而消解和淡化其阶级对抗意识，进而实现了从资产阶级与无产阶级的二元对立结构转向一种多层次化的社会阶层结构。当然，列斐伏尔对消费社会的阶层策略的考察，旨在探讨工人阶级何以不革命，以及社会关系总体性变革的其他可能性与斗争路径。鲍德里亚则意在揭示现代社会的物—符号系统的主体性，换句话说，当我们发现人们必须通过物—符体系提供的差异化物品来将自己与他人界划开来，来标定自己的社会位置时，这就意味着物—符号体系已经成为了这个世界的主体，而人们则沦为了这个“主体”的对象，亦即客体。这是一个通过符号学视角可以透视的主客颠倒的物体系与符号消费的世界。

在这个意义上，我们不难理解为什么凯尔纳将鲍德里亚的这一论述与语言学分析结合起来分析。“对于波德里亚（即鲍德里亚，引者注，下同）来说，整个社会围绕消费和商品展示组织起来，通过这一途径，个人获得声誉、身份和地位。在这一系统中，一个人的商品（房屋、汽车、服装等）越高级，他在符号价值王国中的地位就越高。正如词语表达意义是根据它们在不同的语言系统中的位置一样，符号价值表达意义同样是根据它们在不同的声誉和地位系统中所处的位置。”②

在凯尔纳看来，如果说法兰克福学派重在揭示个体如何遭受统治机器与思想形态的严加控制，那么，鲍德里亚的研究就是对这种异化的社会控制的进一步论述。“波德里亚超越法兰克福学派，把有关符号的符

---

①［法］鲍德里亚：《物体系》，林志明译，上海世纪出版集团2001年版，第174页。

②［美］凯尔纳：《让·波德里亚（1929—2007）》，载《波德里亚：追思与展望》，凯尔纳等著，戴阿宝译，河南大学出版社2008年版，第5—6页。

号学理论应用于描述商品、媒介和技术，描述它们是如何提供了一种普遍的幻觉和想像，在这里，通过消费价值、媒介意识形态和角色模式以及如提供赛博空间世界的计算机这样的诱惑性技术，个体成为一种超级权力。”① 通过对物的体系与符号控制系统的分析，鲍德里亚回应了法兰克福学派对主体衰弱的无可奈何的哀叹，而且更加悲观地指出，不仅主体衰弱了，而且彻底沦为了物和符号体系的俘虏。换言之，主体必须在物的功能体系与符号系统中才能得到定位，主体的消费活动本身，不过是一种符号霸权的体现，或者说是“一种积极的符号经营”。

综上所述，在鲍德里亚看来，现代社会中的消费，已经成为了被符号操控的“被迫消费”。它通过制造和引导人的需求、心理投射，让各种系统化的社会意义附加于物品之上并取代其质性功能，以此来“引诱”消费者，并使其只能选择在消费的过程中确立自我，获得自主、自由与平等的幻觉，同时也不得不进入由物体—符号系统打造的“文化体系”，一方面承担社会经济政治体制的控制与压迫；另一方面帮助整个社会实现其符号系统的再生产。总之，消费已然成为了一种甜蜜的暴力，并具有明显的“政治性”。当然，这里的政治性不是传统意义上的使用方式。它指涉的不是阶级对抗，其重点在于整个社会体系的社会整合程序，这个程序也包括了统治阶级，因而这是一种让人绝望的、找不到反抗对象的“政治”暴力。②

第三节　从社会关系再生产到差异的再生产

在鲍德里亚看来，消费社会是一个巨大的“被引导的个性化体系”，其核心组织原则就是差异。③ 对于消费者而言，在差异化体系中选择某种产品的过程，是一种进行自由的、个性化投射和生活方式想象的过程。当然，物品的实际功能相比于广告所捆绑的个性化体验和想象而言，就微不足道了。因此，他们在消费过程中的个性化体验和收获的

① ［美］凯尔纳：《让·波德里亚（1929—2007）》，载《波德里亚：追思与展望》，凯尔纳等著，戴阿宝译，河南大学出版社 2008 年版，第 7 页。

② ［法］鲍德里亚：《物体系》，林志明译，上海世纪出版集团 2001 年版，第 257 页。

③ 同上书，第 174 页。

满足感，离消费对象的实际功能越来越远，物品价值的实际支撑点乃“差异”，不论是否为表面上的差异。这就意味着，消费已经成为了一个主动性的结构。“消费是一种［建立］关系的主动模式（而且这不只是［人］和物品间的关系，也是［人］和集体与和世界间的关系），它是一种系统性活动的模式，也是一种全面性的回应，在它之上，建立了我们文化体系的整体。”① 在这个意义上，鲍德里亚强调，我们必须改变传统的生产决定消费的习惯思维，充分意识到在当下社会中，生产的主导性地位已被消费彻底取代。消费已经不再以生产为中心，不再附属于生产，也摆脱了人的直接性的物性需求，成为一个自主的领域。

值得注意的是，在逻辑上，这意味着对马克思社会再生产研究思路的重大转换！因为，按照鲍德里亚对消费的逻辑定位，物—符号的差异化生产和再生产，一方面表现为物质条件以及由物—符号主导的人—物关系的再生产；另一方面表现为人们社会地位与阶层区隔（即人与人的社会关系）的再生产，并且后者是由前者决定的。这就意味着，马克思从生产方式分析所区分的社会再生产过程（包括了物质生产条件的生产和再生产，社会关系的生产和再生产以及人的生产和再生产，其核心是社会关系的生产和再生产），实质上已经转变为物—符号的差异再生产。我们来看，这一逻辑倒转是怎么一步步实现的。

一　“物”在社会再生产过程中地位与角色的重新定位

第一步，物—符号体系的主导性地位定位，意味着物品在社会再生产过程中地位与角色的重新定位。前面已经讨论过，鲍德里亚对消费社会的批判始于他对物的重新定位。鲍德里亚指出，在消费时代，决定物品能成为消费对象的并不是其本身的“有用性”或其质性功能，而是能否成为一种社会意义的载体，用符号学的话语来说，就是能否成为一种符号，使社会关系的抽象化、人的身份、地位、主体想象与象征在其中得到体现。因此，决定物是否有用的，是否有意义的，不再是其天然的质性价值，而是由一种社会性的外在因素决定的，在本质上取决于它是否拥有社会历史的文化建构属性。而当物的有用性不再以它是否能满

---

① ［法］鲍德里亚：《物体系》，林志明译，上海世纪出版集团 2001 年版，第 222 页。

足人的直接物性需求为内在标尺时，这也就意味着整个社会的结构和人们的日常生活或社会存在方式都发生了重要的改变。“物品的非功能性从自身的一种构造发展为一种影响整个社会结构和关系的文化，它通过物性的高低把人们的地位、身份、荣誉、等级、权力等等的东西都一一展现在公共空间里，人们越发充分地认识到，物的非功能性成为一种衡量社会性的标准，成为一种价值的评判依据，它培育了人们幼稚的社会观念，撕裂了整个的社会空间。”①

在鲍德里亚的理论视野下，物已经丧失了其原始性、自然性，成为了一种自主性的符号体系。其原因在于，消费已经彻底掌控了人们的社会生活。物—符号体系成了这个世界的主宰，成为了世界的“主体”，而原来的“主体”——人类已经沦落为物体系及其主导的社会经济体制的附庸。鲍德里亚说：“在此同时，过去物品一向构成一个可以自我卷藏，以逃避社会的家居世界，今天它们则相反地将家居世界带入社会世界的通路与限制之中。透过信贷——纯形式的恩赐和自由，但也是位于事物之心的社会惩罚、屈服和命定性——家居的世界直接为社会力所贯注：它有了某种社会向度，但拥有的却是其中最恶劣的后果。这甚至可以是一种信贷的荒谬后果，比如这样的例子，汽车不能再动了，因为得付期款而买不起汽油，这便是说明了人的计划，因为受到经济限制的过滤和片段化，而自我吞噬的极点，也就是在这里，现时体制的基本真相才会出现，那便是，物品的目的一点也不是为了被人拥有和使用，而只是为了被人生产及购买。换句话说，它们并不以需要和世界更具理性的组织为其结构归依，而只是单独地依循着生产体制和意识形态整合来组成体系。事实上，精确地说，已经不再有私人物品：透过它们多重的用途，生产的社会体制，像是鬼魂般地缠绕消费者的私人世界和他的意识，而这一点，还是透过他本人的同谋。随着这种深层的社会力投注，有效地去怀疑批评这个体制以便超越它，这样的可能性也随之消失。”②

---

①　戴阿宝：《终结的力量：鲍德里亚前期思想研究》，中国社会科学出版社2006年版，第35页。

②　［法］鲍德里亚：《物体系》，林志明译，上海世纪出版集团2001年版，第185—186页。

可见，在鲍德里亚看来，物品的意义不在于“被人拥有和使用”，而在于能否“被人生产及购买”。而后者则决定于它能否符号化，并进入现存经济秩序的符号体系。通过借鉴符号学的分析思路，鲍德里亚认为决定物品是否符号化的关键，在于物品之间的“差异”，当然这不是自然的差异，而是一种承载了社会意义的、由社会建构起来的差异。“任何一样东西都可以以一个差异来使自己和它者区别开来：颜色、配件、细节。这一个差异一直都被当作足够表现物品的特性。”① 顺着这样的思路，物品在整个社会再生产过程中的角色和地位得到了大大的提升，因为它不再以人的需要为中心，相反，它可以通过自身的差异化体系来建构和引导人们的“需要”，从而将人与物的关系、人与人的社会关系的再生产的主动权牢牢地抓在自己的手里。这在逻辑上已经远离了马克思的思路。在马克思的资本主义研究思路中，物并不是社会再生产的核心和主导，它只是社会关系的载体和体现。并且，马克思对于物的思考置入到生产方式及其决定的社会关系考察之中，至于物品因何具有有用性或使用价值并不是他关心的重点。在马克思看来，就整个社会再生产的总体过程而言，占据主导地位的生产方式及其生产关系的生产和再生产，才是决定物以何种方式向我们呈现的主导性力量。因此，物的再生产是由社会关系的再生产决定的，前者是后者的体现。但在社会生活中，人们往往容易陷入“物”的幻象之中，看不到“物”背后的社会关系，这就是马克思所说的“拜物教”。但在鲍德里亚看来，包括马克思在内的政治经济学研究者都存在着一个致命的误区，即都将使用价值视为一种天然的给定对象。在他看来，这无疑是一种对物的“有用性”的形而上学，其背后是一种生产的意识形态。通过强调物—符号体系的主动性结构，鲍德里亚则试图从物的功能性的社会文化决定机制来开辟一条探讨社会结构与运行机制的新路向。“鲍德里亚的消费理论的实质，是试图在把物的符号性与物的物质性剥离开来之后，去发掘物所具有的某种象征意义以及由这种象征建构的社会结构。”②

---

① ［法］鲍德里亚：《物体系》，林志明译，上海世纪出版集团2001年版，第163页。

② 戴阿宝：《终结的力量：鲍德里亚前期思想研究》，中国社会科学出版社2006年版，第38页。

二 人的差异化再生产

第二步，人的主体想象、社会地位与身份的差异化再生产，是由物—符号体系决定的。在马克思那里，人的生产是整个社会再生产的最终目的。从广义的含义来看，人的生产除了生理属性意义上的生殖繁衍以外，也包括了人们的思想意识、观念文化与心理等社会属性的内涵。当然，马克思从来都反对抽象地谈人，而是始终将人定位为社会关系的总和。因此，人的再生产本身实质上也最终归结于社会关系的生产和再生产。如此，从一般意义上说，人的再生产可以视为人们物质生活本身的生产和再生产的最终旨归。马克思和恩格斯多次强调，历史发展的归根到底的意义是由人们的物质生活的生产和再生产决定的。但在资本主义社会中，以资本剥削劳动的生产关系为主导的社会关系再生产，决定了人的再生产不再构成社会再生产的最终旨归。人的再生产问题（体现为劳动力、职业技术能力、社会与生产规范、意识形态等多方面）最终是以维护资本主义社会再生产为旨归的。这一点，体现在马克思有关拜物教的批判，资本对劳动控制的社会、文化等各种手段方面的分析当中。随着资本主义生产方式自身的调整，资本主义更加重视对劳动者意识形态的引导和控制，通过生产内外的各种措施，来实现对劳动力的不断规训。这正是卢卡奇基于泰勒制生产流水线和渗透至政治、法律以及工人心灵的"物化结构"批判所揭示的内涵，也是葛兰西基于福特主义格外"关心"劳动者私人生活这一现实考察指认出的隐性霸权控制，进而也构成了阿尔都塞将劳动力再生产问题推进到生产之外的社会生活中考察的逻辑动因。法兰克福学派对文化工业与消费社会的批判，列斐伏尔对日常生活异化以及消费异化现象的分析，其实都在提醒我们，资本主义社会关系的再生产已经彻底掌控了人们的物质生活（日常生活），并将原本作为目的的人的再生产倒转为资本关系再生产的工具和方式。到了鲍德里亚那里，这一思路就被彻底化为物—符号体系决定了人的再生产。

在鲍德里亚看来，消费社会的到来，意味着从物向人的消费模式的终结，开启的是一个物—符号体系成为主动性结构的新时代。在这个时代里，物—符号体系成为了人的社会生活的中心，表面上是人被物品包围了，实际上是人被物—符号的体系支配了。在这个时代，在人与人之间、人与自我、人与世界之间进行区分的，不再是阶级社会的法律地位，也不是权利上的社会界划，而是通过物—符号体系实现的心理区分。换句话说，随着消费时代的到来，传统围绕物的享用资格形成的阶层差异消失之后，以及法律与政治权利的平等化之后，人们是通过消费方式与对象的差异体系来形成新的社会权力、地位与文化想象差异。这个是围绕消费与炫耀组织起来的，在其中，个体收获的是声望、身份与地位，社会存在感与自主自由的主体意象。鲍德里亚指出："在模范/系列所形成的强迫性动态环境中（这个环境不过是一个由社会地位移动和社会期望所形成的一个大的结构中的一个面向），目前在消费者心中萦怀不去的，正是必须达到自我完成的强制要求。……在个性化的消费行为里，很清楚的，正是因为主体有一个想要成为主体的要求，他便把自己形成经济所要求的客体。他的计划，既然早就为社会经济体制所过滤和拆解，他也就在尝试去完成它的动作本身里，品尝了失望的滋味。这些'特定的差异'既然是以工业的方式生产出来的，他所能作的选择早就被僵化了：所剩下的，只是一个凸出个人的幻象。因为想要加上一些可以令它具有独特性的元素，意识便在更贴近的地方物化了自身，也就是说在［物品的］细节里。这便是异化过程的吊诡处：活的选择却体现在死的差异中，而就是在异化的欢愉中，计划自我否定且感到绝望。"①

好一句"活的选择却体现在死的差异中"！我们的消费活动以及通过消费想要收获的文化想象，都是由物—符号的差异体系决定的，并且在这些通过物—符号的差异来建构出来的主体间差异，不仅是一种幻象，而且还是幻象的消费活动！这也是为什么鲍德里亚说，广告本身已经成为了消费品。而在消费社会个体之间差异幻象的过程中，我们每个人都成为了这个巨大的符号生产体制的同谋，成为推动生产力发展的助力。鲍德里亚提醒我们，正如如下这些美国人的口号所反映的那样，消费已然先行于生产，成为生产的动力："购买才能继续工作！""今天多买一件，明天少一位失业者。也许就是您！""今天购买繁荣，明天您

① ［法］鲍德里亚：《物体系》，林志明译，上海世纪出版集团2001年版，第174页。

就拥有繁荣!”等。这种寅吃卯粮的消费理念，实际上意味着“您正在异化您的未来”。[①]

“值得注意的幻觉：社会给您信用贷款，而以此形式自由为代价，实际上是您在贷款给它，因为您正在异化您的未来。当然生产体制首先是靠剥削劳动力而生存，但今天它又以这个循环的共识、勾结来增强自己，它甚至使得臣服被当作自由来体验，如此它可以自给自足，成为一个可以长久持续的系统。在每人身上存在的消费者，都成为生产体制的共犯，而且这一点和生产者无关——这同时也就是他本人——他也是受害者。这种生产者—消费者的分离，也就是整合的动力：所有的一切都要使得活生生的和带有危机的矛盾无法产生。”[②]

总之，在物—符号体系的再生产过程中，人的再生产不再是目的，而是手段和产品。并且，从马克思到西方马克思主义始终贯穿的、作为人的再生产之中心的核心视轴——资本控制劳动，也被整合进无所不包的物—符号体系的差异化再生产过程中。每个消费中的人，不论是无产阶级还是资产阶级，都是这一符号再生产的受害者与同谋!

三　走向物—符号的差异再生产

第三步，以生产关系为内核的社会关系再生产被物—符号的差异再生产彻底取代。马克思对于资本主义再生产有一个基本的论断，即任何单个的资本主义生产过程同时也是再生产的过程，在这个过程中，不仅表现为物质条件的生产和再生产，更为重要的是社会关系的生产和再生产。因此，在马克思那里，关系的生产和再生产远比物质条件的生产和再生产更为重要。这一点实际上也是列斐伏尔坚持的核心论断。在列斐伏尔看来，资本主义幸存的奥秘在于资本主义通过对日常生活（早期）与空间（后期）的殖民，顺利实现了其社会关系的生产和再生产。因此，就探寻资本主义替代方案而言，关键的问题在于探寻阻止资本主义再生产其社会关系的突破口。但到了鲍德里亚那里，问题就发生了倒转。因为在鲍德里亚看来，在资本主义强大的“物/符号体系”之中，

① ［法］鲍德里亚：《物体系》，林志明译，上海世纪出版集团2001年版，第183页。

② 同上书，第183—184页。

社会关系是通过物来实现自我组构的，而物本身恰恰是由符号体系决定的，因此，社会关系的再生产实际上就从属于以物为载体的符号体系的再生产。“关系并不完全消失于物品的绝对实证性之中，它在物品身上自我组构，就好像是在一个意义构成的链锁的物质端点之上来组构自身——只是这些物品的意义组合形式在大部分的时间之中是贫乏的、封闭的，它只是重复地说着一个关系的理念，而这一关系却不是给人生活的。皮制沙发、唱机组、小摆设、玉质烟缸：这些物品所表达的是一个关系的理念，它在其中‘自我消费’；因此实际体验的关系也在其中消解。”①

当物—符号的再生产成为生产体制的主宰，而人的再生产成为物—符号差异化再生产的手段和结果，那么，在逻辑上就很自然地导向这样的一种结论：传统马克思主义视为社会再生产内核的生产关系再生产已经彻底被物—符号的差异再生产替代。基于物与物之间的意义差异形成的关系，凌驾于生产体制之上，成为了主宰人们生活与感受的新物神。那些能被人们体验和感受的与人相关的社会属性，如需要、情感、文化、知识等，都必须接受这个新“物神”的重新编码，整合入生产体制之中，成为推动社会发展和再生产的物质化力量。从这个意义上来说，传统研究所重视的社会关系本身也是从属于物—符号的差异体系。鲍德里亚强调，“关系不再为人所真实体验：它在一个记号—物中抽象而出，并且自我消解，在它之中自我消费。生产体制在所有的层次组织这种关系/物的身份。所有的广告都在暗示，活生生的、有矛盾性的关系不应干扰生产的‘理性’体制，暗示说它应该像所有其他的事物一样，自我消费。它应该‘个性化’，以便被整合于生产体制之中。在这里，我们汇合了马克思所分析的商品形式逻辑：就好像需要、感情、文化、知识、人自身所有的力量，都在生产体制中被整合为商品，也被物质化为生产力，以便出售，同样的，今天所有的欲望、计划、要求、所

① ［法］鲍德里亚：《物体系》，林志明译，上海世纪出版集团2001年版，第226页。实际上从鲍德里亚该论断的前后语境来看，他所指称的“关系”并不是马克思基于生产方式分析视域中的“关系”。前者，更多的是人与人、人与物之间的关系的泛称，而在马克思那里，作为与“物”相对的“关系”，主要指称的是围绕主导性生产方式组成的、以生产关系为内核的社会关系。

有的激情和所有的关系，都抽象化（或物质化）为符号和物品，以便被购买和消费。”①

这一点其实并不难理解。因为，如前所述，鲍德里亚通过复杂的逻辑运演，已经“成功地”将生产从社会历史研究的至尊宝座上赶了下来，取而代之的是消费。并且，消费的真相并不在于它是“一种享受功能”，而在于消费本身就是“一种生产功能”！② 换言之，消费已经不再以生产为中心，不再是生产的附属，它也成功摆脱了直接的物性与人的需求这一僵化结构，通过符码、象征的意义体系打破了人的需求界限，在理论上消灭了“消费不足”、“需求不足”等这些经济学视域中的发展困境。消费已经是一种自主的、主动结构。“消费是一种［建立］关系的主动模式（而且这不只是［人］和物品间的关系，也是［人］和集体与和世界间的关系），它是一种系统性活动的模式，也是一种全面性的回应，在它之上，建立了我们文化体系的整体。”③ 并且，消费是“一种符号的系统化操控活动”，消费先行于生产，成为生产结构的帮凶、同谋甚至是主要动力。由消费建立的关系模式（人与物、人与人等）以及“文化体系的整体”的再生产，取代了生产关系的再生产，整个社会的再生产就变成了符号的系统化再生产。这种再生产，不是一种物质财富的生产，其实质“一直是关系和差异的（垄断性）生产”。“要成为消费的对象，物品必须成为符号，也就是外在于一个它只作意义指涉的关系——因此它和这个具体关系之间，存有的是一种任意偶然的和不一致的关系，而它的合理一致性，也就是它的意义，来自于它和所有其他的符号—物之间，抽象而系统性的关系。这时，它便进行‘个性化’，或是进入系列之中，等等：它被消费——但（被消费的）不是它的物质性，而是它的差异。”④ 在这个意义上，鲍德里亚给“消费”进行了新的定义：“如果消费这个字眼要有意义，那么它便是

---

① ［法］鲍德里亚：《物体系》，林志明译，上海世纪出版集团 2001 年版，第 224 页。

② 参见［法］鲍德里亚《消费社会》，刘成富等译，南京大学出版社 2000 年版，第 69 页。

③ ［法］鲍德里亚：《物体系》，林志明译，上海世纪出版集团 2001 年版，第 222 页。

④ 同上书，第 223 页。

一种符号的系统化操控活动。”①

通过鲍德里亚试图给“消费”下的定义来看，他已经跳出了马克思的生产方式分析逻辑中的“消费”视野，采用了结构主义符号学的方式来界定消费。能成为消费的对象的物品，必须首先能成为“符号”，进入到一种“抽象而系统性的关系”和系列当中，其中，消费对象被消费的不是其物质性，而是它与这个抽象系统当中其他存在之间的“差异”。

但问题在于，这种“抽象而系统性的关系”究竟是如何形成的呢？

似乎这个问题并不是鲍德里亚所关心的，更像是一个给定的、先验的结构。如果我们试着为这个问题寻找答案，那么，很显然我们将回到马克思的生产方式分析思路上，其中我们将看到大写的“人”这一主体在其中扮演的重要作用。当然，这个大写的“人”本质上是占据主导的生产方式决定的社会关系的总和。但就逻辑而言，在那时结构主义兴盛的法国，经过阿尔都塞和福柯对“主体”的消解，鲍德里亚显然不愿意再回到论证主体性的宏大理论当中。因为触目可及的，都是主体性的萎缩，别忘了，法兰克福学派的声声叹息还萦绕在耳呢！对于鲍德里亚而言，物的体系及其背后的符号系统才是真正的历史主宰。因此，对他而言，探究这种物体系与符号系统的形成机制并不重要，重要的是，它现在是整个社会生产和再生产的真正主体，现实中的社会个体都必须进入其中才能得到承认和自我实现。

这实际上是对马克思的思路的颠倒，作为历史产物和结果的“物体系与符号系统”现在成了社会个体存在的前提和原因！鲍德里亚并没有意识到，在前提与结果之间的倒转恰恰是资本主义社会关系再生产的隐蔽机制，一种掩盖自己历史与本质的核心策略。这种策略，在马克思痛批资产阶级政治经济学时已经得到了充分的揭示，例如马克思批评资产阶级政治经济学见物不见人，不见关系，或者只见经济关系而不见其产生的历史过程，等等。很遗憾，在这一点上，鲍德里亚选择性遗忘了。因此，虽然他仍坚持对资本主义生产体制的剥削本质的警惕，但却因为陷入了资本主义前提与结果倒转的小把戏之中，因而在思考路向上

① ［法］鲍德里亚：《物体系》，林志明译，上海世纪出版集团2001年版，第223页。

也就逐渐与马克思背道而驰了。所以，当鲍德里亚从结构符号学的角度来定位物的时候，也就意味着，被物所中介了的人与人的社会关系也成为了物体系或符号系统的产物。“物品变成了系统中的符号，这种身份转换，同时也包含人与人间的关系的改变，它变成了消费关系，也就是说倾向于自我消费（这里用的是这个字眼的双重意义：［人与人之间的关系］在物品之中并透过物品自我‘完成’和自我‘消解’，而物品成为人和人的关系必要的中介者，而且很快地，又成为它的代替记号，它的不在场无罪证明）。”①

基于上述的论述逻辑，鲍德里亚对消费的定义就远远溢出了马克思的生产方式分析视野。“这样便可把消费定义为一种完全唯心的、系统性的作为，它大大地溢出［人］与物品的关系和个人间的关系，延展到历史、传播和文化的所有层面。”这样，消费就摆脱了物性的牵绊，成为一种漂浮的能指，这其中，不仅马克思所提及的情感、需要、文化、知识等都可以被消费，而且关系本身也是一种“自我消费”，更令人惊奇的是，甚至包括革命及其理念都可以被消费，这是一种没有止境、也无边界的“消费”！② 这样一来，西方激进左派一直致力于寻找的反抗资本霸权之路径与主体，在鲍德里亚这里都遭遇到了“终结”。因为，反抗已经不具有可能性，现实中的冲突与革命理念都成为了观念的消费，并且，在消费革命理念的过程中，真实的压抑与社会的分化逻辑被掩盖了。要解开这一遮蔽，打破物体系的主宰地位，从其内部突破是不可能的，必须完全拒斥体系，在这一物体系的发端之处或之外，寻找一种整体的替代可能性。这就是后来鲍德里亚转向象征交换体系论证的动因。③ 诚如林志明所言，鲍德里亚“所重视的亦是转化物品为符号的系统所排除之物，人和物之间失落的、活生生的象征关系，人和人之间不经中介的（或不受制于中介物）、强烈的交往和遇合。然而，体系力量的强调，使得所有的批判濒临无力和解体，这一点也给他的作品带

---

① ［法］鲍德里亚：《物体系》，林志明译，上海世纪出版集团2001年版，第223—224页。

② 同上书，第226—227页。

③ 同上书，第259—261页。

来一股悲剧性的气息。”①

在《生产之镜》及其后的理论发展中，鲍德里亚的焦点问题变成了：如何通过象征交换来打破资本的统治？在对以马克思为代表的资本主义批判话语的逻辑清算基础上，鲍德里亚开启了重新定位当代资本主义基本矛盾及其批判的新路径。如果说，马克思的政治经济学批判揭示了资本主义社会关系再生产在直接性生产层面上的脆弱性并因此终将步向毁灭这一事实，但现实语境的变迁却证明马克思并没有真正捏到资本主义的痛脚。对于资本主义而言，真正致命的不是它能否将自己政治地、经济地再生产出来，而是它能不能将自己象征地再生产出来。②

受莫斯的启发，鲍德里亚认为前资本主义社会是一种受象征性交换统治的时代，而不是受生产和有用性法则统治的时代。这样，他就在象征型社会与生产型社会之间做出了很清晰的界划，基于此他认为马克思的历史思想并没有跳出生产型社会的时代视野，并且由于将生产置于社会历史的首要地位，马克思所设想的未来可能性社会，实际上也没有从根本上与资本主义的生产主义决裂。因此，鲍德里亚反对马克思的社会主义概念，因为马克思所设想的未来社会，“仅仅是把它自身作为一个更加有效的和公平的生产结构，而不是一个具有完全不同的价值和文化、完全不同的生活方式的社会形式。”③ 如果凯尔纳的概括切合了鲍德里亚的心意，那么，毫无疑问，马克思再一次遭到了严重的误解。因为，在鲍德里亚眼中，马克思所设想的基于劳动解放基础的人类解放策略，只会在生产结构与社会生活形式之间制造出一种脱节，因而在根子上还是一种生产中心主义。实际上，鲍德里亚严重误读了马克思的劳动概念，以及马克思的人类解放思想。④

随着70年代有关“拟真”、“拟像”等相关问题的研讨，鲍德里亚对历史演进的社会形式又补上了一条新的分界线，他进一步区分了围绕

---

① ［法］鲍德里亚：《物体系》，林志明译，上海世纪出版集团2001年版，第266页。

② 参见胡大平《荒诞玄学何以成为革命的理论——鲍德里亚的资本主义批判逻辑》，载《吉林大学社会科学学报》2008年第48卷第2期，第42页。

③ 参见［美］凯尔纳《让·波德里亚（1929—2007）》，载《波德里亚：追思与展望》，凯尔纳等著，戴阿宝译，河南大学出版社2008年版，第10页。

④ 参见姚顺良《鲍德里亚对马克思劳动概念的误读及其方法论根源》，载《现代哲学》2007年第3期。

象征性交换组织起来的前现代社会、以生产为核心组织起来的现代社会，以及由“拟真”组织起来的后现代社会。在现代社会与后现代社会之间，是一种巨大的断裂，其实现方式是，以符码拟真方式呈现出来的电视、计算机赛博空间和虚拟现实等主导了后现代社会中文化再现的模式，并且这种拟真出来的“现实”已经取代了作为模板的现存世界。基于此，鲍德里亚宣称以生产为组织方式的现代社会终结了，政治经济学也终结了。这是一种全新的拟真时代，其中，“社会再生产（信息处理、交流和知识工业等）代替生产作为组织社会的形式。在此期间，劳动不再是生产力，它本身成为‘多种符号之一种’。劳动不再是这一状况下的基础性生产，而是人的社会立场、生活方式和奴役方式的符号。工资也与人的劳作构不成合理的关系，人所生产的只是他在这一系统中的地位。关键的是，政治经济学不再是基础、社会的决定因素，甚至不再是结构的‘现实’，其他现象可以在其中获得理解和解释。我们生活在拟真的‘超真实’中，其中的形象、景观和符号游戏代替了生产和阶级对抗的概念，成为当代社会的至关重要的组成部分。”① 这是一个让人绝望的、完全找不到反抗路径的世界。在这个拟真的时代里，人们活在形象、景观与符号的虚拟现实中，生产消失了，阶级消失了，政治死亡了——所有激进的政治规划与解放逻辑都丧失了其主体与力量，社会理论也失去了其对象，异化、解放以及革命等解放话语与策略都烟消云散了，大众内爆为“沉默的大多数”，似乎只有沉默才是反抗的唯一选择。②

---

① ［美］凯尔纳：《让·波德里亚（1929—2007）》，载《波德里亚：追思与展望》，凯尔纳等著，戴阿宝译，河南大学出版社2008年8月版，第12页。

② 参见戴阿宝《终结的力量：鲍德里亚前期思想研究》，中国社会科学出版社2006年版，第232—241页。

下　篇

空间：从空间中的生产
到空间生产

第二次世界大战之后，全球兴起的去殖民化运动、西方主要发达资本主义国家产业空心化过程，以及城市化进程的迅猛发展，所产生的种种现实效应，在理论上已经将空间问题作为一个重大的社会历史问题凸显出来了。然而，以资本主义批判与全人类的最终解放为政治旨趣的马克思主义传统却始终醉心于对自身的科学性质问题的论证和对资本主义的历史宣判，未能对资本主义在全球空间的非均衡发展及其蕴含的解放形式展开科学的历史分析。资本主义的发展历程清楚地显示，空间本身就是一个历史建构，其中资本权力及其意识形态一直扮演着重要的角色。长久以来，这在马克思主义主流当中却是一个令人遗憾的缺失。似乎，理论与实践的断裂始终像一个难以摆脱的幽灵缠绕着马克思之后的主流马克思主义。幸运的是，从卢森堡的“资本积累论”到马克思主义的依附理论、不平等交换理论以及世界体系论，这一条以资本主义与非资本主义之间的关系为焦点的研究线索，至少让我们看到，空间问题其实一直以一种非主流的孤独姿态潜伏在马克思主义的理论队伍中。

20世纪中期以后，社会批判理论发生了一系列重大的转向，如“文化转向”、“日常生活转向”、“后现代转向”等。列斐伏尔、卡斯特与哈维共同推动的“空间转向”引人瞩目，影响至今。社会批判理论的“空间转向”对历史唯物主义的传统解释形成了巨大的冲击，后者对历史与时间的偏好遭到了强有力的质疑。与此同时，我们也将看到，社会批判理论的空间研究转向，实际上是借助了历史唯物主义的方法论视野，基此确证了空间的社会过程性或社会生产本质。在对空间进行历史唯物主义解读的过程中，列斐伏尔、哈维等人借由空间视角的分析，拓展和深化了资本主义生产方式再生产机制的研究。具体而言，列斐伏尔紧紧抓住社会关系再生产这一逻辑中轴，将其有关资本主义何以幸存的思考与资本主义社会关系再生产机制的研究牢牢紧扣，从而走出早中期的日常生活批判视野，将资本主义幸存的奥秘指认为——“占有空间，生产空间”。进而言之，资本主义再生产已经走出了传统的空间中的生产和再生产问题式，进化为资本主义空间本身的生产和再生产问题式。哈维继承了列斐伏尔的空间生产理论，紧紧抓住资本积累的时空机制及其内在矛盾与阶级斗争的线索，在弹性生产与资本全球化的后福特主义时代，推进和细化了资本主义再生产的时空策略与机制等问题研究。另一方面，通过强调空间视角对于社会理论研究的重要性，也在方法论层面上提出了对传统与主流马克思主义研究模式进行升级更新的理论诉求，从而在新的历史变迁的现实语境中为探讨无产阶级解放政治策略开启了一个重要的新视角。

第七章　空间与资本主义生产方式批判

20世纪70年代以来，列斐伏尔、卡斯特与哈维共同推动了社会批判理论的“空间转向”，对历史唯物主义的传统解释形成了巨大的冲击。这一转向为资本主义现实变迁机制及其内在矛盾的研究提供了一个极具竞争力的理论视角，因而在现当代的理论主题中逐渐占据了显著的地位，构成了“当代人文社会科学新的理论生长点”①。诚如相关的研究已经意识到的那样，社会批判理论的空间转向在挑战历史唯物主义传统解释的时间偏好的同时，也为当下的马克思主义研究提出了一个必须直面的棘手问题：空间维度的缺失是否真是马克思所开创的历史唯物主义的先天缺陷？鉴于马克思是在以批判与替代资本主义为核心旨趣的政治经济学研究过程中创立并完善历史唯物主义，这个问题亦可转换成：马克思资本主义生产方式批判的思路是否本身就内含着空间的维度？对这个问题的回答并非简单的理论考古，事实上，它将为我们立足于当代的现实语境中科学地定位历史唯物主义的当代性提供一种新的可能性，亦是重新审视马克思资本主义批判的当代效应所必须要澄清的问题之一。

第一节　马克思资本主义批判的空间视域②

众所周知，马克思在批判资产阶级意识形态的理论研究过程中，将

---

① 参见胡大平《空间生产：当代人文社会科学新的理论生长点》，载《中国社会科学报》2009年9月1日第4版。

② 该节论述已发表于《天津社会科学》2011年第2期。

自己的研究成果表述为“唯物主义历史观”。其本意并不在于凸显从字面意义上理解的时间偏好性，而是对一种穿透物化现实的历史运动与过程绝对性的强调。当资产阶级学者无视资本主义生产方式的历史性并试图为其物化了的社会空间做自然性和永恒性辩护时，马克思成熟时期的政治经济学研究恰恰是立足于历史的内在生成性，深入资本主义生成方式的内在结构中寻求突破。从这个意义上来看，马克思对于资本主义生产方式及其物化空间的内在剖析恰恰暗含着一种空间分析的策略。这一点，恰恰是由研究对象的历史特性决定的。换言之，资本主义生产方式作为一种特定的生产方式，其生成与布展的过程本身就是一个空间改造与重组的动态过程，对于这一过程及其结果的空间样态的分析自然是马克思的资本主义批判应有的题中之义。

一 作为资本运动客观前提的空间

在一般的层面上，我们很容易陷入实体性空间的思考惯性中。在这种惯习式的理解范式中，空间是作为世间万物存在样态不可缺少的时空二维中的一个可观维度呈现的。可以肯定的是，在马克思的文本中识别出这种一般意义上的物性空间并不难。作为一种给定的、对象性存在的空间，更像是马克思探寻资本主义从历史中脱胎而出的物性前提，或者说是资本主义发展所必须要征服和利用的对象性存在。从历史上来看，各种样态的生产方式似乎都是人们物质生活的生产与再生产向自然空间不断取用与渗透的过程。劳动力的繁衍、劳动工具与生产资料等生产的核心要素，离开了空间都是不可想象的。因此，我们也很自然地将自然空间作为历史上各种生产方式得以成立和再生的资源性前提或物性器皿。这一点，对于资本主义生产方式而言同样成立。当然，在这种常识性的理解范式中，空间是作为一种认识和实践的客体存在，相对于人类自身发展而言，它是一种对象性和工具性的存在，是所有社会、经济与文化发展理所当然的前提。很显然，这种一般层面意义上的空间，在马克思的资本主义研究思路中自然是存在的，也易于辨识。例如，《德意志意识形态》中，城乡二元对立结构的历史形成以及资本主义发展对地域性空间局限的消融；《共产党宣言》中，资本主义在全球空间的布展及其带来的无产阶级全球联合运动的解放契机；[①] 在《资本论》及其手稿中，特别是《1857—1858 年经济学手稿》中，资本主义逐渐突破原始自然空间的地域性阻隔，在全球层面的空间布展等描述。

此外，立足于马克思后期政治经济学的研究历程，我们不难发现，与空间主题有明显关联的世界贸易和资本主义地理扩张等议题并没有得到充分地展开。这些议题实际上是马克思在构思《资本论》的鸿篇巨制过程中试图要涉及但却未能充分展开的内容。这一点，我们可以从马克思写作《资本论》过程预期的写作思路及其调整过程中管窥一斑。1858 年 2 月 22 日马克思在写给拉萨尔的一封信中，阐述了他正在进行的理论工作："全部著作分成六个分册：（1）资本（包括一些绪论性的章节）；（2）地产；（3）雇佣劳动；（4）国家；（5）国际贸易；（6）世界市场。"[②] 后来，马克思又曾确认过这一计划，特别是在他于 1858 年 4 月 2 日给恩格斯的信中进一步肯定了这一计划。[③] 在《1857—1858 年经济学手稿》的"导言"及其"资本章"的写作过程中，分别对这一计划进行了调整。[④]

值得注意的是，从这几次的计划调整来看，马克思的分析思路中一直包括国家、殖民地、世界市场与贸易等问题。当然，马克思后来并未能实现这一宏伟的计划，对于计划中涉及的许多相关内容，他也只留下了一些提纲和一些尚未完全发表的手稿。尽管如此，在这些未能如期实现的写作规划中，马克思资本主义研究思路的空间意识依旧清晰可辨。其中对国际市场和国际贸易、殖民主义以及国家作用的思考，彰显了马克思在一种资本关系全球布展的视域中对各行业、各民族以及各区域的不平衡发展的分析意图，实际上也昭示着马克思资本主义研究思路中，历史的和地理学的这两种分析视角是并行不悖的。并且，这种资本研究的全球视角在马克思之后开花结果，发展成为以资本主义与非资本主义在全球空间范围内的运动关系为核心焦点的问题探讨。例如卢森堡的

① 哈维就曾以《共产党宣言》为范例，从中挖掘马克思资本批判的空间维度，参见［美］戴维·哈维《希望的空间》，胡大平译，南京大学出版社 2006 年版，第 2 章。

② 《马克思恩格斯全集》，第 29 卷，人民出版社 1972 年版，第 531 页。

③ 同上书，第 299 页。

④ 《马克思恩格斯全集》第 30 卷，人民出版社 1995 年版，第 50、221 页。

“资本积累论”、列宁的帝国主义理论及其对殖民问题的思考以及“第三世界”问题、不平等交换理论与不平衡发展理论等。

二　基于社会关系视角的空间分析

在批判资本主义生产方式的过程中，马克思始终对其理论对象的历史性保持着高度的理论自觉。马克思多次强调，构成其理论出发点的是特定生产方式主导下的物质生产，亦即“一定社会性质”中的生产。人与人、人与自然的关系之谜都必须在对特定生产方式主导的生产关系的研究中找到答案。因此，对于空间的认识也当如此。20 世纪后半段所凸显的“空间”问题，显然并非理论自身发展逻辑中的一次偶然“异轨”，而是植根于人类现实体验的历史变迁。换言之，资本发展推动的历史进程，让空间维度在构造当代日常生活中的地位与日俱增，因而逐渐在理论上凸显出空间问题的重要性。如此，现实与理论上的变迁只有深入到历史过程当中才能得到深刻的揭示。马克思的历史唯物主义，正是在对资本主义主导的历史过程的科学研究中创立和完善的。正是在马克思对资本主义生产方式的剖析过程中，我们发现，空间的概念溢出了作为物质性前提或对象性存在的限制，凸显出社会关系的深层含义。

众所周知，在《德意志意识形态》中，马克思就已明确地将人们围绕其物质生活的生产和再生产确定为历史之本。历史的根本前提就是人们为了生存而展开的一系列物质生产活动。生产发展所带来的分工规模的扩大以及交换范围的扩展，不仅是人类活动空间的拓展过程，更是人类活动空间的社会性重构过程。因为，在分工与交换的范围还很狭窄的时候，人与人之间由交换形成的关系尚未能形成一种与人独立的关系；随着交换关系超出了部落、民族甚至国家的界限，发展成为一种全世界范围内的商品流通和市场交换关系，那么，人们的生产活动就成为了一种不可预测也无法控制的抽象过程。人们的历史性活动积淀成的经济关系成为了一种独立于其中的每个个体的抽象关系，并且“抽象成为了统治”。资本主义生产方式所形塑的社会关系正是这样的一种“抽象”。资本主义生产方式在全球范围的布展，既是一种社会历史空间对自然空间的渗透和重组，也是社会关系本身按照资本逻辑的重新构型的过程。在这个过程中，甚至人本身也化身为资本主义关系的细胞——商品，彻底卷入了无所不包的资本主义社会过程。

依据马克思关于历史唯物主义的经典论述，人们在各自生活的社会生产中结成的生产关系的总和，构成了社会的经济结构，亦即整个社会发展的现实基础。“一切生产都是个人在一定社会形式中并借这种社会形式而进行的对自然的占有。”① 在这个经典命题中，生产表现为人对自然的占有关系，亦可视为人的活动对于自然空间的改造过程。但这个改造过程并不是在真空中进行的，而是必须在“一定社会形式”中进行的。这里所谓的“一定社会形式”，所指的正是一定社会生产方式中人们结成的社会关系总和，这里也包括了相应的法律、政治和意识形态。那么，这种必须在“一定社会形式”中展开的对自然的占有，并不简单意味着人类活动空间对假想的与人无涉的自然空间的拓展。在更深层的含义上，它意味着按照特定生产关系的内在要求展开的对空间的占有和重组。在资本主义生产占据主导地位的社会中，这种“一定社会形式”的本质就表现为建立在资本对劳动的剥削关系基础上的社会关系总和，因而，资本主义生产在实质上也表现为以资本关系为核心组织原则的、对人们活动于其中的社会空间的生产和再生产。

具体到马克思的资本主义批判思路中，相关的例子俯拾即是。例如，马克思在《宣言》中对于无产阶级和各种劳动力在差异性多样化的地域范围上的同质化趋势的描述，及其导向的全球范围的“联合的行动”的可能性分析。值得一提的是，这种同质化趋势的起因包括了自由贸易，世界市场、生产的标准化与生活条件与方式的趋同。很明显，这种同质化的趋势的实质是以劳资交换关系为内核的社会关系在全球空间的同质性布展。在《1857—1858 年经济学手稿》中，马克思资本主义批判的空间视角更为明显。最为直接的表述就是马克思关于“用时间消灭空间”的命题了。在分析资本的流通过程的时候，马克思指出：“资本按其本性来说，力求超越一切空间界限。因此，……用时间去消灭空间。”“资本一方面要力求摧毁交往即交换的一切地方限制，

① 《马克思恩格斯全集》第 30 卷，人民出版社 1995 年版，“导言”，第 28 页。

征服整个地球作为它的市场；另一方面，它又力求用时间去消灭空间"[①]。很显然，这里的"时间"是由资本关系掌舵的时间，而被时间消灭的"空间"是指前资本主义的、各自独立的、地域性自然空间。作为"时间消灭空间"的后果，资本成为了"普照的光"和"特殊的以太"，资本主义社会关系成为了一个同质性社会空间的内核。

此外，货币作为一种抽象社会权力的形成与空间布展，资本主义市场关系对狭隘地域限制的突破，以资本关系为核心的现代文明对前资本主义的、带有地域狭隘性的落后文明的替代，劳资交换关系历史前提——劳动力与生产客观资料的分离以及这种分离所驱动的资本关系的再生产过程——的历史性生成与再生产，资本原始积累的分析，以及资本在其发展中逐渐将遭遇到的内在界限等等，这些思想无一不显示着马克思基于社会关系视角对资本主义社会结构与历史发展的空间分析。

三 资本矛盾运动中的空间问题

在马克思的资本批判思路中，资本并不是一种物性实体，其本质乃是一种关系。仅指出这一点还不够，还必须指出，资本是一种在人们物质生活的生产与再生产过程中形成的一种历史性关系，因此它是一种有着其不可克服的内在界限的矛盾运动过程。正如马克思在分析资本主义生产方式时所强调的那样，"资本作为自行增殖的价值，不仅包含着阶级关系，包含着建立在劳动作为雇佣劳动而存在的基础上的一定的社会性质。它是一种运动，……因此，它只能理解为运动，而不能理解为静止物。"[②] 事实上，就坚持资本主义生产方式的矛盾运动性而言，以列斐伏尔、哈维等为代表的空间生产理论与马克思是一脉相承的。[③] 列斐伏尔"空间生产"理论的核心操作路径是将社会关系视为空间的母体。在他看来，资本主义之所以长存不衰的奥秘正在于资本关系对日常生活

---

① 《马克思恩格斯全集》第30卷，人民出版社1995年版，第521、538页

② 《马克思恩格斯全集》第45卷，人民出版社2003年版，第121—122页。

③ 关于列斐伏尔的研究可参见刘怀玉《现代性的平庸与神奇：列斐伏尔日常生活批判哲学的文本学解读》，中央编译出版社2006年版，第十章；关于哈维的研究，参见胡大平《历史地理唯物主义与希望的空间》，载《社会理论论丛》第三辑，南京大学出版社2006年版。

与空间的“殖民”，资本主义生产关系正是通过占有空间和生产出自己的空间而实现了再生产。[①] 当然，资本主义生产关系的再生产问题并非列斐伏尔的首创。事实上，在马克思的资本批判思路中，社会关系再生产已是一条逻辑主线。

马克思始终是从一种总体结构的矛盾运动视角来剖析资本逻辑的历史生成与空间布展。在他看来，任何一个社会的生产关系都是一个由再生产过程中各个环节、各种关系构成的运动整体，整个社会结构表现为一个处于不停运动中的日趋复杂的结构总体。“……社会生产过程既是人类生活的物质生存条件的生产过程，又是一个在特殊的、历史的和经济的生产关系中进行的过程，是生产和再生产着这些生产关系本身，因而生产和再生产着这个过程的承担者。”[②] 马克思对资本主义生产方式内在矛盾的研究，正是围绕这样的主题展开：资本主义关系在何种条件下实现再生产、又将在何种意义上遭遇其内在的界限？具体到资本主义生产方式的分析中，马克思指出，生产关系的生产和再生产远比物质形态的产品更为重要。[③] 同样，马克思对于资本和商品以及消费等关系的讨论也是从再生产的视角出发的，由此发现资本作为一种能自我复制的社会关系，在其自身的生产和再生产中完成了其本身的条件的再生产。[④] 总体而言，作为历史上“最发达的和最多样性的历史的生产组织”[⑤]，资本主义生产方式的实现和再生产，需要通过人类历史上最为复杂的社会关系才能得以实现。因此，资本主义生产关系的再生产过程，不仅再生产了资本对活劳动的榨取、支配关系，以及作为它的前提的劳动力的买卖关系，而且再生产了同商品流通交织在一起的资本流通过程中的全部关系。

当然，资本主义生产的这种为了利润而生产的本性，决定了资本主义生产关系的生产和再生产绝非一种同质性的重复再生产，而是一种以

---

① Henri Lefebvre, *The Survival of Capitalism*, *Reproduction of the Relations of production*. London, 1978, p. 21.

② 《资本论》第3卷，人民出版社2004年版，第927页。

③ 参见《马克思恩格斯全集》第30卷，人民出版社1995年版，第450—451页。

④ 参见《马克思恩格斯全集》第31卷，人民出版社1998年版，第71页。

⑤ 《马克思恩格斯全集》第30卷，人民出版社1995年版，第46页。

资本关系为内核的差异性扩大再生产。这个过程同时也表现为资本主义不断突破其时空界限的发展过程。在这个过程中，自然的、历史的和意识形态的因素全部将纳入资本主义生产关系的运动过程中。例如，在分析资本主义的竞争和发展带来的后果时，马克思指出："于是，就要探索整个自然界，以便发现物的新的有用属性；普遍交换各种不同气候条件下的产品和各种不同国家的产品；采用新的方式（人工的）加工自然物，以便赋予它们以新的使用价值。要从一切方面去探索地球，以便发现新的有用物体和原有物体的新的使用属性，如原有物体作为原料等等的新的属性；因此，要把自然科学发展到它的最高点；同样发现、创造和满足由社会本身产生的新的需要。"① 在这个意义上，马克思指出，资本的发展使自然界在真正意义上沦为人类的对象，将其存在的价值贬为对人的需要的服从。② 不仅如此，"资本按照自己的趋势，既要克服把自然神化的现象，克服流传下来的、在一定界限内闭关自守地满足于现有需要和重复旧生活方式的状况，又要克服民族界限和民族偏见。资本破坏这一切并使之不断革命化，摧毁一切阻碍发展生产力、扩大需要、使生产多样化、利用和交换自然力量和精神力量的限制。"③

由此可见，资本主义生产关系再生产的过程也是不断突破自然、历史及其自身所设定的各种界限的过程。为了保障资本主义关系的再生产的顺利进行，资产阶级动员了一切手段，将自然、政治、经济、文化与意识形态等都统统纳入到资本主义体系当中，从而建构了一种总体性的空间社会组织。资产阶级社会作为一个有着复杂结构的有机体，在其发展过程中会不断地生长出它自己所需要的"器官"来。一言蔽之，资

---

① 《马克思恩格斯全集》第 30 卷，人民出版社 1995 年版，第 389 页。

② 参见《马克思恩格斯全集》第 30 卷，人民出版社 1995 年版，第 390 页。有意思的是，马克思的这些思想在一个世纪后的列斐伏尔那里得到了更加激进的响应。列斐伏尔指出，空间作为一个整体，已经被全面纳入到现代资本主义的生产模式中，被利用来生产剩余价值。不仅都市中的流通与交换的多重网络成为了生产工具中的一部分，而且城市及其各种基础设施（如港口、火车站等）都成了资本的一部分，甚至，原先被视为纯粹"自然元素"的土地、地底、空中乃至光线都被纳入到资本生产的体系之中，作为产物和生产的要素而存在。参见［法］列斐伏尔《空间：社会产物与使用价值》，载《现代性与空间的生产》，包亚明主编，上海教育出版社 2003 年版，第 49 页。

③ 《马克思恩格斯全集》第 30 卷，人民出版社 1995 年版，第 390 页。

产阶级“按照自己的面貌为自己创造出一个世界”①。

时至今日，资本主义关系再生产的空间性就更加明显了。② 这一点，既是列斐伏尔从日常生活批判走向空间生产理论的紧紧抓住不放的逻辑中轴，也是哈维立足于后福特制时代对资本在全球范围内的弹性积累和阶级斗争的历史地理分析时极力凸显空间维度的现实依据。他们对马克思资本批判精神、分析方法的继承和由衷的敬意，他们在剖析现实问题上显示出来的理论竞争力及其深远影响，一方面促使我们重新思考和重新发掘马克思资本批判思路中被长久压抑的空间视域，由此释放历史唯物主义与生俱来的空间批判与研究的潜能；另一方面也提醒我们，对空间问题的现实分析或理论探讨都必须深入到资本关系的矛盾运动的历史进程中展开，这就意味着，对当代空间问题与社会关系结构的分析必须坚持马克思的内含着空间视域的完整的历史唯物主义。这也见证了历史唯物主义的当代性。

第二节　意识形态与日常生活的空间性：再生产研究的空间拓展

20 世纪六七十年代以来，社会生活的城市化与城市更新过程引发了诸多现实问题，让人们越来越意识到空间问题的重要性，这也使空间研究吸引了众多人文社会学科的研究兴趣。在这样的背景中，社会批判理论开启了一个意义深远的理论转向，即空间转向。这一理论转向始终贯穿着这样的一个主题，即探究资本主义生产方式的内在空间性及其对于资本主义实现自我再生产的重要意义。列斐伏尔、哈维等学者的研究显示，资本主义的发展过程同时也是资本逻辑对空间进行社会组织化的矛盾进程。资本逻辑主导下的空间的社会组织化进程，不仅仅是资本主义生产关系的一种反映，更是资本主义生产方式得以维系的重要路径。这就意味着，空间必然承载着资本主义发展无法避免的内在矛盾。因

① 《马克思恩格斯选集》第 1 卷，人民出版社 1995 年版，第 276 页。

② 参见［美］戴维·哈维《后现代的状况》，阎嘉译，商务印书馆 2003 年版，第 11、13 章。

此，如何认识这些空间组织形式及其内在矛盾，或更直接而言，如何认识资本主义发展的空间性及其历史效应，就构成了社会批判理论空间研究的焦点问题。从资本主义关系再生产的视角来看，资本主义生产方式批判的空间转向是西方马克思主义资本主义研究的一个自然延伸。这一点，集中体现为意识形态的空间策略与日常生活的空间性问题。

一　意识形态的空间性

关于资本主义社会再生产的研究，从马克思到西方马克思主义始终贯穿的一个焦点问题，即资本主义社会关系的异化及其再生产，其实质是资本对劳动的控制。具体而言，从马克思的拜物教理论到卢卡奇的物化理论与阶级意识研究、葛兰西的霸权理论以及阿尔都塞的意识形态国家机器研究，从列斐伏尔早期的日常生活批判与“消费被控的官僚社会”研究到早期鲍德里亚的消费社会批判，以及法兰克福学派的文化工业批判与工具理性反思，等等，一以贯之的是资本力量如何动员各种力量、采用各种方式来控制劳动的再生产，从而实现资本主义社会关系的再生产。相关的解放主体与解放策略探讨都是基于这一理论焦点之上的。社会批判理论的空间转向延续了这一主题，并且，通过空间视角的引入，从卢卡奇到阿尔都塞所聚焦的意识形态研究与早期列斐伏尔等人所聚焦的日常生活问题都呈现出空间的维度，从而，有关资本积累的时空性及其变迁，以及人们的社会生活体验与感知方式的变迁，都获得了一个新的研究视角。

从这个意义上来看，空间转向实际上凸显了意识形态与日常生活的空间性及其与资本主义再生产的密切关联。从卢卡奇、葛兰西到阿尔都塞的意识理论，有一个共同的主题，即资本主义社会如何借由意识形态来实现再生产。在时代的变迁与研究的推进过程中，意识形态的研究呈现为从生产走向了生产之外的社会生活的扩散过程。具体表现为从卢卡奇基于泰勒制流水线生产过程的物化理论视野，到葛兰西基于美国福特制生产及其相应的生活方式塑造的霸权理论，再到阿尔都塞基于社会生活总体视野下对劳动力再生产机制的意识形态国家机器研究。意识形态研究从生产向社会生活的扩散，实际上是意识形态对于资本主义实现再生产之重要性及其复杂机制的理论反映。空间研究转向，不仅延续了意识形态研究的这一特性，而且以空间这一更具总体性视野的概念范畴对意识形态的问题进行了整合和再现。这一点，既体现在列斐伏尔从意识形态研究历经日常生活批判走到空间的研究，也体现哈维有关后现代主义与福特主义的思考之中。

早在列斐伏尔与古特曼于1936年合著发表的《被蒙蔽的意识》一书中，列斐伏尔就为后来的法国马克思主义奠定了一个持久的议题，即意识形态与资本主义再生产的关系问题。在该书中，列斐伏尔指出，社会生活中的各种意识形式，不论是个人的还是集体的，都受到了资本主义制度的控制。借此，资本主义成功地掩盖了其榨取与积累剩余价值的行径。这一事实的后果之一在于，工人阶级本身很可能尚未意识到他们是怎样被剥削被掠夺的，即便在探寻并找到揭示这一工具性意识形态的神秘面纱的准确方法之前，他们都沉溺于资本主义主导的意识形态之中无法自拔。① 对这个问题的思考，推动着列斐伏尔走向日常生活的研究与批判，同时也影响了阿尔都塞、鲍德里亚、福柯的相关研讨。值得注意的是，列斐伏尔对消费社会的批判，努力要回应的正是工人为何不革命这一在当时十分普遍的疑虑和悲观情绪。因此，一个贯穿的焦点问题是消费社会中的意识形态危机，更直接而言，即工人阶级在“消费被控的官僚社会”的现实语境中何以堕落为资产阶级意识形态的附庸而放弃了自己的历史使命。

二　日常生活的空间性

随着城市化的大步推进，列斐伏尔在20世纪60年代后期转向了有关城市化问题的研究。诚如苏贾所言，列斐伏尔的“城市的”或“城市化”概念早已溢出了城市的基本范畴。“城市化是对现代性空间化以及对日常生活的战略性‘规划’的概括性比喻，而正是这一切，才使得资本主义得以延续，得以成功地再生产其基本的生产关系”。② 因此，在列斐伏尔一系列有关城市化与空间问题的著述中，如《马克思主义

① 参见［法］列斐伏尔、罗伯特·古特曼《神秘化：关于日常生活批判的笔记》，载《社会批判理论纪事》第1辑，中央编译出版社2006年版。

② ［美］爱德华·苏贾：《后现代地理学——重申批判社会理论中的空间》，王文斌译，商务印书馆2004年版，第77页。

观点与城市》（1972）、《资本主义的幸存》（1973）、《空间生产》（1974）等，贯穿前后的一个核心议题就是资本主义生产方式的空间性与资本主义社会再生产的关联。正如《资本主义的幸存》的书名所示，探究资本主义何以存而不亡的奥秘构成了列斐伏尔终身的研究旨趣。在其早期的日常生活批判理路中，他试图发掘出资本主义发展的新特质及其幸存的奥秘所在。如果说，卢森堡关于资本主义与非资本主义的关系思考构成了她探寻资本主义幸存的奥秘所在，那么，列斐伏尔立足于其时代已日益凸显的消费社会特质指出，资本主义幸存的奥秘不仅在于资本主义对非资本主义的殖民，更在于对日常生活的“殖民”。这是一个由资本主义国家一手塑造的“消费被控的官僚社会”，人们的日常生活实践遭到了资本关系的普遍殖民，资本的逻辑已经呈现出一种工具化了的“空间规划”。在以城市为中心主题的系列过渡性研究中，列斐伏尔的日常生活批判逐渐凸显了空间的视域。在他看来，城市化的实质是对日常生活的现代性空间化，正是通过这种战略性的“规划”，资本主义成功地生产和再生产了其基本的社会关系，从而得以幸存。在《资本主义的幸存》与《空间生产》中，列斐伏尔关于空间与社会关系再生产的中心议题更加明确地凸显了。在他看来，资本主义是通过如下的空间策略实现了其社会关系的再生产：打造一种更显包容性、工具性的社会空间结构，并将这种社会生活的空间性加以抽象化、神秘化处理，使其服务于资本积累的基本特质隐藏在各种幻象和意识形态的面纱之下，从而避开了社会批判理论研究的视线。因此，列斐伏尔反对以经验主义、实证主义的研究方式来看待空间，极力凸显空间的社会性、过程性、政治性与意识形态属性，并明确将空间视为一种充溢着各种意识形态的社会过程产物。“空间并不是排除于意识形态和政治学之外的一个科学客体；它始终具有政治性和战略性。……空间已经受历史和自然诸因素的影响和塑造，可这一直是一种政治过程。空间具有政治性和意识形态性。它是实际上充溢着各种意识形态的产物。”①基于这一认识，列

① Henri Lefebvre, *The Survival of Capitalism* , *Reproduction of the Relations of production*. London, 1978, 31. 转引自［美］爱德华·苏贾《后现代地理学——重申批判社会理论中的空间》，王文斌译，商务印书馆2004年版，第122页。

斐伏尔指出，资本主义的空间生产不同于其他空间生产模式的关键在于，资本主义的空间生产是一种同质化、分离化与等级化等空间策略同步进行的矛盾过程，而这种服务于资本积累策略的矛盾过程同时强化了地理不平衡发展的生产和再生产过程。那么，对这些空间生产过程中的“矛盾”的分析与揭示，是我们穿透社会生活的空间性表象与意识形态面纱的必要路径，因此也就构成了列斐伏尔空间研究与批判的着力点。

至此，通过空间的意识形态性质与矛盾生产机制的分析，列斐伏尔领着我们从意识形态到日常生活再到空间，最后似乎又要兜回到马克思的拜物教理论。如果说，马克思对拜物教的思考一方面显示了无产阶级成长过程中的曲折反复与复杂性；另一方面也揭示了意识形态操控对于资本主义再生产的重要意义。穿透这一拜物教的正确方式，只能是从社会现象的表层走到其赖以产生和维持的现实机制，从而由物化的关系表象深入到人与人的社会关系本质，并揭示改造既定现实的可能斗争方向。那么，列斐伏尔借由空间这一主题的研讨，实现了对拜物教理论的空间重构。在列斐伏尔看来，既然人与人的社会关系总是要以物的方式呈现，那么，这种资本主义的“物”实际上也是资本驾驭世界的空间方式。人与人的社会关系被遮蔽在物的关系背后，这实际上也是一种借由大众意识显现的资本主义空间策略，借此，资本主义生产关系的物化结构——一种资本关系为实质的物性空间统治了人们日常生活及其意识形态，时间的维度——资本主义生产关系的历史性生成就被物化了的资本主义空间结构掩盖了。在这个意义上，我们就能更好地理解列斐伏尔将空间问题提升为阶级斗争中心地位的主张，因为“如果没有同时发生的意识上的空间革命，任何社会革命都不可能获得成功。”①

列斐伏尔对意识形态与日常生活空间性的思考，在哈维那里得到了积极的响应。在出版于1989年的《后现代的状况》一书中，哈维深入探究了后现代文化形成的社会历史机制，将后现代主义定性为资本主义时空变迁过程中的一种文化体验。并且，作为一种反映了资本主义时空重组过程及其特质的文化体验，后现代主义同时也构成了资本主义文化

① 参见［美］爱德华·苏贾《后现代地理学——重申批判社会理论中的空间》，王文斌译，商务印书馆2004年版，第141页。

生产与意识形态塑形的重要推动力。在探究后现代主义兴起的社会历史原因过程中，资本主义对时空秩序的重构及其对人们社会生活体验方式与认知方式的影响成为了哈维的关注焦点。哈维指出，如果人们从经验的角度来认知世界，那么资本主义时空秩序重组过程造成的碎片化、离散化、高速流动性等日常体验，必将阻碍着人们对总体社会进程的把握。并且，这一时空体验，恰恰为后现代主义弃绝马克思主义式的元理论叙事提供了现实支撑。从这个角度来说，后现代主义是资本主义积累时空策略的意识形态反映，甚至是资本主义时空重组的意识形态帮凶。投入这种意识形态的怀抱，就意味着向资本主义的时空秩序重组过程投降，放弃去探究其主导过程与内在矛盾，进而也放弃了探寻反抗和改造的斗争可能性。关于这一点，战后福特主义下的工会是一个很好的案例。哈维指出，福特主义下的工会，由于放弃总体的激进革命方案，满足于片段的零散的利益争取，从而表现出明显的保守性、妥协性、分裂性。①

那么，如何才能不掉入后现代主义的意识形态陷阱呢？或者说，如何才能穿透各种笼罩在资本主义历史地理现象之上的意识形态面纱呢？与列斐伏尔一样，哈维也主张向马克思的拜物教研究求助。哈维指出，我们不能停留在个人的经验感受层面上，必须从生活的现象层面走入现象之后或之外，探索社会运作的方式。这就要跟从马克思的步伐，“我们必须走到面纱、市场的拜物教和商品背后，以便把社会再生产的完整故事说出来。……我坚持我们应该运用马克思商品拜物教概念的全部力量。如果我们把个人经验的领域（在超级市场采购、通勤上班，以及到银行提款）当作全部，那么我们就会落入对世界（包括对空间与时间的客观社会定义）的拜物教式的诠释。个人的经验是真实的，也是物质性的，但是它们的组织方式，会掩盖其他的空间与时间定义，而这些定义乃是依据商品生产和资本积累的要求，经由市场定价而形成的。”②因此，哈维主张我们应该研究“商品生产的地理学”，“以及嵌

① 参见［美］戴维·哈维《后现代的状况》，阎嘉译，商务印书馆 2003 年版，第 182 页。

② ［美］戴维·哈维：《时空之间——关于地理学想象的反思》，载《现代性与空间的生产》，包亚明主编，上海教育出版社 2003 年版，第 384 页。

在商品生产与资本循环中的时空定义”。“我们必须穿透拜物教的面纱（由于商品生产和交换体系的缘故，这层纱必然围绕着我们），并且发掘后面藏了些什么。我们特别是要知道这些每天带给我们面包的物质过程，怎么样定义了空间和时间。”①

总体而言，列斐伏尔的研究个案以及后来在苏贾、哈维等学者那里的理论反响，充分显示了资本主义再生产过程中日常生活与意识形态的必然空间性问题。就社会生活与意识形态的空间性问题而言，如果说哈维的《后现代的状况》提供了一个极佳的分析范本，那么，苏贾的如下指认则提供了一个高度凝练的概述。苏贾指出，随着列斐伏尔推动的空间研究转向，普兰查斯、吉登斯以及其他的相关学者之所以都不约而同地对社会生活的空间性进行理论上的重释，是基于如下的共识：“坚持在许多不同层面进行空间组织的工具性权力；这种富有工具性的和惩戒性的权力日益深入到日常生活以及资本主义发展更加全球性的诸过程；在这些权力关系中，不论这些权力关系在何处得到培植，国家在这些权力关系中的不断变化且常常相互矛盾的作用。”②例如，普兰查斯在其《国家、权力与社会主义》一书中就继承了列斐伏尔的空间生产思想，批判主流的马克思主义研究忽略了现实社会生活中物质与意识形态的空间化问题，而后者正是与资本主义的发展与生存密切关联，因为这种空间化与社会劳动分工、国家体制的物质性以及政治、经济和意识形态等力量的各种表现密切相关。③ 因此，当普兰查斯将国家视为一个总体的空间，当哈维将福特主义定位一种内化了国家、意识形态与生活习性塑造等诸多社会环节的总体的、全面的生活方式，意识形态与日常生活的空间规划及其与作为整体的资本主义空间再生产之间的内在关联就显露无遗了。就此而言，空间视域显示出方法论意义上的综合性特质，为西方马克思主义社会再生产思想探讨历程中先后凸显出来的主要议题

① ［美］戴维·哈维：《时空之间——关于地理学想象的反思》，载《现代性与空间的生产》，包亚明主编，上海教育出版社2003年版，第385页。

② ［美］爱德华·苏贾：《后现代地理学——重申批判社会理论中的空间》，王文斌译，商务印书馆2004年版，第194页。

③ Poulantzas, *State*, *Power* , *Socialism*, London; Verso. 1978. 苏贾高度肯定了普兰查斯的研究，参见［美］苏贾《后现代地理学——重申批判社会理论中的空间》，王文斌译，商务印书馆2004年版，第179—181、195页等。

之间的整合，提供了一个卓越的理论视角，从而进一步拓展和深化了历史唯物主义对资本主义的研究。

第三节　空间研究何以需要历史唯物主义的社会再生产研究视域

在苏贾看来，社会批判理论的空间研究转向实际上是现代地理学与西方马克思主义之间的相互影响、相互碰撞与相互渗透的过程，并且这个过程始终是围绕社会生活的空间性这一主题展开的。[①] 很显然，哈维正是这一过程的代表人物。一方面，哈维借助历史唯物主义，在地理学科内部引领了一场剧烈的方法论转变，从而为地理学的升级与更新打开了一条康庄大道；另一方面，哈维的空间研究为传统与主流的历史唯物主义阐释注入了新鲜的血液，进而提出了对历史唯物主义进行空间化升级的主张，借此大大推进了由列斐伏尔首开的“空间”转向。对于哈维而言，“历史唯物主义因此成为联结空间形式与社会进程的首选方式，也因此成为将人文地理学与阶级分析方法、对地理结果的描述与马克思政治经济学所提供的解释结合在一起的首选路径。”[②] 问题在于，为什么列斐伏尔、哈维以及苏贾等学者纷纷将历史唯物主义视为联结空间形式（实质是社会生活的空间性）与社会进程的首选？

一　传统社会理论的空间“近视”与“远视”

这个问题实际上是由历史唯物主义的方法论特性与空间这一理论对象的本质决定的，表现为两方面的原因：首先，历史唯物主义或马克思所努力打造的历史科学，主张深入社会历史进程内部，从一种社会总体再生产的理论视角出发，以一定的生产方式为研究中心，分析其运动过

---

① 参见［美］爱德华·苏贾《后现代地理学——重申批判社会理论中的空间》，第二章，王文斌译，商务印书馆2004年版。

② ［美］爱德华·苏贾：《后现代地理学——重申批判社会理论中的空间》，王文斌译，商务印书馆2004年版，第81页。本书论为，社会批判理论空间转向最早始于列斐伏尔，他在《资本主义幸存》和《空间生产》两本著作中对资本主义何以幸存的研究，及其至关重要的指认——资本主义已经从空间中物的生产和再生产走向了空间本身的生产和再生产，实际上在社会批判理论内部开启了这一重大的空间转向。

程中的内在矛盾从而揭示其包含的未来可能性与历史开放性，从而穿透资本主义物化现实，导向一种积极改变现实、追求未来美好可能性的实践活动。简言之，历史唯物主义立足于社会再生产过程的社会历史总体视角来认知对象，凸显的是社会历史现象的社会性、过程性与实践（主体）性有机统一的本质。这对于社会批判理论告别传统的空间认识范式并形成历史的、科学的空间认知范式具有重要的意义。其次，我们知道，在反思以往的空间认识范式的过程中，社会理论的时间偏好性成为了首要的批判对象。在列斐伏尔、哈维、苏贾等学者看来，社会理论的时间偏好性将空间贬低为物性的、惰性的存在，使之长期笼罩在意识形态的迷雾之中，对于我们理解社会历史演变的内在矛盾与动力机制造成了巨大的阻碍。就马克思主义研究而言，由于对社会历史发展的空间维度的普遍性忽视，在把握资本主义现实变迁的深层逻辑和探讨阶级解放策略等问题上存在着致命的欠缺。因此，对于空间研究而言，进行一场空间认识论的纠偏则势在必行且必须首先进行。如何走出传统的空间认识误区，呈现空间本身的社会性、过程性和实践性本质，自然就成为了社会批判理论空间研究转向的一个重要议题。在这个过程中，历史唯物主义所强调的社会再生产的分析视野实际上构成了空间转向所倚重的方法论视野。借此，空间研究才得以从空间认识论深入到空间的社会生产本质的探讨，即空间的本体论层面。事实上，我们将会看到，这一从空间认识论转向空间本体论的研讨过程，与资本主义研究向空间的拓展与深化是同步同体的过程。

首先，关于空间的社会性、实践性与过程性，是空间研究转向据以反思传统空间认识误区的认识论基石。具体而言，有关空间的社会生产本质，是列斐伏尔、哈维与苏贾等学者立足于历史唯物主义的社会再生产视野，对以往的空间认识论进行方法论反思与批判的过程中共同凸显的一个基础性认识。

依据苏贾的指认，在以往占据主导的空间认知范式大致可分为两类，一种是经验主义、实证主义式的空间“近视”；另一种是诉诸心理、想象等抽象概念构架的康德—柏拉图式的空间“远视”。所谓“近视”，指的是观察视点的焦距太近，常常是见物不见人，见空间表象而不见社会关系与过程。苏贾指出，这其实是一种对空间采取经验主义的认知方式，聚焦于直接的空间表象而无法超越表象本身，因此，致使空间性被还原为物质的客体和形式，并只能被理论化为事物与表象的某种集合。在这个过程中，社会冲突与矛盾及其发生的机制、根源都被遮掩了，并常常简单地还原为一种天赐式个人喜好的总体表现。总之，“消失于视线中的，是空间性更加深刻的社会根源、其具有问题框架特性的生产和再生产及其政治、权力和意识形态的语境化。”① 苏贾特别强调，柏格森对时间的偏爱大大加剧这种空间“近视”。因为，在柏格森的时间绵延之王国中，意识的创造性与精神、意义、情感等作为时间的内涵才是“真正的现实”，空间不过是印证时间之流的惰性—物性参照，难逃被时间的绵延之流摧毁为毫无意义的碎片的命运。在苏贾看来，柏格森的这种思想深深地影响了卢卡奇与其他形式的历史决定论。② 总体而言，这种空间认知模式，实际上深深地笼罩在资产阶级意识形态的浓雾之中。“时间与空间，同商品的形式、充满竞争的市场、社会阶级的结构一样，表征为各事物之间的一种自然联系，在客观上可以从这些事物本身的实质性物质特性和属性的角度得到解释，而不是表征为植根于资本主义劳动过程的一种‘连续的、同质性的、破碎的和零散的空间—时间’”。③

所谓对空间的“远视”，指的是用一种超验的概念构架来统摄具体生活的空间性，将空间问题转换成一种认知与心理设计。“空间性被还原为单单是一种心理构想、一种思维的方式或一种观念作用的过程。”④ 在这样的认知范式下，认识论的概念构架将我们从物质化的社会现实当中抽离出来，同时也使我们的视点远远超出了现实的视野。苏贾指出，这种认知方式的方法论根源也许可以追溯至柏拉图，但毫无疑问，康德的学说才是最具影响的源泉。⑤

---

① 参见［美］爱德华·苏贾《后现代地理学——重申批判社会理论中的空间》，王文斌译，商务印书馆2004年版，第186—188页。

② 同上书，第187页。

③ 同上书，第188—189页。

④ ［美］爱德华·苏贾：《后现代地理学——重申批判社会理论中的空间》，王文斌译，商务印书馆2004年版，第189页。

⑤ 参见［美］爱德华·苏贾《后现代地理学——重申批判社会理论中的空间》，王文斌译，商务印书馆2004年版，第190页。

二　空间的社会过程本质与资本主义研究

那么，如何才能避免对空间的“近视”和“远视”呢？历史唯物主义为我们提供了最好的解毒剂，此即立足于物质生活的社会再生产总体过程，强调空间的社会性与客观性，揭示空间的社会生产本质。这一点，成了社会批判理论空间转向的一个基本共识。例如，在一篇题为“时空之间——关于地理学想象的反思”的论文中，哈维认为必须通过社会再生产的过程研究来确定时空的社会性与客观性。在哈维看来，肯定空间与时间的社会性与客观性，也就是肯定了社会过程与社会冲突在时空的客观化过程中的核心作用。只有基于这样的认识，社会历史理论的研究焦点才会真正转向“研究社会空间和时间在不同的历史与地理脉络中被塑造的方式”。哈维强调，关于时空的客观定义，“首要以对社会再生产的物质过程的研究来理解，而非诉诸思想与观念的世界（虽然这方面的研究也有贡献）。”①

在这一方面，苏贾无疑是哈维的坚定无比的同路人。他拒斥了唯心主义与实证主义或经验主义的时空理解范式，与列斐伏尔、哈维等人一道，突出强调了社会过程对于理解空间性的基础性地位。苏贾界定了三种互相联系互相重叠且不可孤立分离的空间：物质的、心理的和社会的。在辨识这三者关系时，社会生产的空间具有决定性的语境意义，因为社会生产表现出来的融合与转换过程为物质空间与心理空间的独立性设定了重要的限制，用苏贾的概括来说，即“在它们各种适当的阐释性语境中，物性的物质空间与人性的意念空间这两者均必须被视为是由社会生产和再生产的。”② 具体来说，自然的物质性空间并不是独立于社会之外的“物自体”。“在社会这一语境中，自然如同空间性一样，也是由社会生产和再生产的，尽管自然看起来具有客观性和独立性。因而，自然的空间充溢着政治和意识形态、各种生产关系以及富有意味地

---

① ［美］戴维·哈维：《时空之间——关于地理学想象的反思》，载《现代性与空间的生产》，包亚明主编，上海教育出版社2003年版，第374—406、383页。

② ［美］爱德华·苏贾：《后现代地理学——重申批判社会理论中的空间》，王文斌译，商务印书馆2004年版，第183页。

得到转换的可能性。”[①]同理，认知或心理空间同样也是由社会生产和再生产出来的。符号意象、观念、认知以及意识形态等，在空间的社会生产过程起到了不可或缺的作用，或者说本身就是这个过程的构成部分。正是在空间的社会生产过程中，心理空间与认知空间被重新塑造为社会生活的一部分。因此，心理空间与认知空间并不具有本体意义上的独立性。“若要从符号的社会独立性诸过程的视野来力图阐释空间性，那么符号的表征因此也是不恰当的，而且具有误导作用，因为它往往在唯心主义和心理观念歪曲事实的掩护下埋葬各种社会根源及潜在的社会变革，因为唯心主义和心理观念是一种普遍化了的伊甸园式的人类本性，在一种毫无空间和时间的世界中奔腾雀跃。”[②]

哈维、苏贾等人的相关表述充分显示，那些对空间采取经验主义、实证主义或各种唯心主义的研究路径，往往只能停留在客观对象性的层面上，或陷入概念框架的抽象运动中，从而掩盖了现象背后的生成过程、冲突结构与动力机制。空间，被从整体的时间—空间过程中剥离出来，成为客观性的对象与载体，从而也致使我们对其生成机制的探究止步于现象属性的描绘。就资本主义何以幸存这一课题的研究而言，如果从实证主义或自然主义的视角来探究空间，那么作为理论对象的空间实际上仍深深地陷在资产阶级意识形态的泥潭中。因为，这种将空间客观对象化的做法，凸显的是空间的物质性特质，遮蔽了其矛盾的生成机制，呈现给大众的似乎是一种自然的、无须多加怀疑的客观联系。因此，空间的研究不能停留在时间—空间对立二分的认知框架中，也不能仅仅停留在一般规律的抽象层面上来探究人类活动的时空特性，必须进入到具体的历史语境中，从社会再生产的视域中展开，即以历史唯物主义的方式对空间进行历史的语境化研究。

毫无疑问，对马克思主义的社会理论研究而言，空间研究的最大语境显然是资本主义研究。正如施密特在《马克思的自然概念》中所强调的那样，作为第一性的自然先在性并非马克思所关心的，他所真正关

---

① ［美］爱德华·苏贾：《后现代地理学——重申批判社会理论中的空间》，王文斌译，商务印书馆2004年版，第183—184页。

② 同上书，第185页。

心的是被社会实践活动所中介了的（第二性）自然，而我们所谈论的自然对象，必然总是处在一定实践语境中并构成了我们实践内容的社会性存在。同样，我们所探讨的空间，绝非与人的实践活动无所指涉的绝对自然空间，而是与人类的实践活动相互纠缠至深且密不可分的社会活动空间。作为一种占据了主导地位的历史性的社会生产方式，资本主义主宰了我们的实践活动，因而我们的活动方式及其对社会施加的影响方式，无疑都刻上了资本主义的烙印。在这个意义上，苏贾以如下的论断揭示了空间的实践性内涵或者说社会生产本质——“空间组织是一种社会的产物，产生于有目的的社会实践。”[①]如果苏贾的这个论断并不会引起我们的争议，并且考虑到任何一种“有目的的社会实践”总是在一定的社会关系当中展开，而这种社会关系又是由一定的生产方式决定的，那么空间的实践性内涵实际上也是空间的社会生产本质的体现。因此，不仅空间问题的研究不具有相对于社会关系分析的独立性，而且，空间总是一定社会生产语境中的空间。这就意味着，空间研究的具体化、语境化——这是历史唯物主义方法论精神的要求与体现，必然要深入到主导性社会生产方式的分析过程中，以及深入到主导性空间结构的生产和再生产过程之中。苏贾指出，“从唯物主义的眼光来看，重要的是人造的并有组织的空间与在特定的生产方式中的其他结构之间的关系。”[②] 因此，对空间的实践性特质的指认只是第一步，更关键的一步在于引出作为社会产物的空间组织与特定的生产方式之间的关系辨识。这一步的迈出，实际上将在现当代的社会批判理论之空间转向与马克思的资本主义批判理论之间搭起一座逻辑桥梁。

总之，我们对资本主义主宰下的空间的认知不能停留在仅仅作为客体的、对象性的物性载体的意义，而是必须始终立足于社会整体生产和再生产的总体过程当中来探讨。唯有如此，空间才不会被简单地视为被动性的产物或客观且中立的工具性存在，其内在的社会历史属性、政治意蕴以及意识形态功能等内涵才有可能得到彰显；也唯有如此，我们才

---

① ［美］爱德华·苏贾：《后现代地理学——重申批判社会理论中的空间》，王文斌译，商务印书馆2004年版，第122页。

② 同上书，第122—123页。

会更清楚地意识到，空间在我们日常生活中重要性的凸显与社会批判理论的空间转向，并非历史发展的偶然，而是对资本主义生产方式发展的内在空间性及其现实变迁的忠实反映。这样一来，空间对于资本主义发展的重要意义这一问题意识才可能真正地浮出理论研究的水面，成为列斐伏尔、哈维等空间研究转向的思考轴心。

第八章　资本主义幸存与空间生产[①]

1968 年之后，列斐伏尔集中精力研究都市化与空间生产的问题。在他的一系列研讨中，都市化与空间生产这两个主题是交织在一起的。在 20 世纪 60 年代，尤其是经历了“68 风暴”之后，列斐伏尔逐渐认识到日常生活中的都市对于革命的重要意义。值得注意的是，列斐伏尔并非从一个仅仅把都市视为工作生活聚集场所这一简单而狭隘的视角来认识都市，相反，在他看来，都市是未来的革命情绪和政治演化的关键。1968 年学生运动的集中爆发地——楠泰尔大学是一所位于巴黎郊区并靠近贫民窟的大学，以及随后在巴黎城中开展巷战的地理学，在很大程度上促使列斐伏尔开始思考这些政治斗争在特定的都市空间中展开的问题。大卫·哈维指出，“对都市问题的探讨很快就使他（指列斐伏尔）开始否认都市是现代生活中一种有意义的实体。都市将被一种都市化过程，或者更为一般地说，被一种空间的生产过程所取代，这种过程以一种新的、陌生的方式将全球和地方、城市和乡村、中心和边缘连接了起来。”[②] 正是在这个意义上，我们将不难发现，在“空间生产”这一理论与现实背景之中，列斐伏尔前期一直关注的日常生活，以及马克思主义理论和革命的政治经济学，都将获得重新审视的理论视角。

---

① 本章内容已作为先期成果发表于《资本主义理解史》第五卷《西方马克思主义的资本主义批判理论》第二章第三节。原标题为“资本主义空间的矛盾及其前景”。该书由江苏人民出版社于 2009 年出版。

② ［美］哈维：《列菲弗尔与〈空间的生产〉》，载《国外理论动态》2006 年第 1 期。

第一节　再生产理论的拓展：从日常生活到空间

仅从理论表面特征而言，从日常生活到空间的生产这一理论转向似乎意味着列斐伏尔的一次思想大转折。但是，对于列斐伏尔而言，“日常生活”、“都市”、“空间”与“空间的生产”都是一些“近似问题”，这些问题共同的母体都在于马克思的社会关系生产与再生产的辩证法理论。① 事实上，从内在逻辑来看，在列斐伏尔的理论思路中始终贯穿的是一条再生产的线索，即资本主义关系的生产与再生产对于资本主义幸存和发展的重要意义。要把握这个问题，就需要厘清以下两个要点：其一，资本主义是否存在无法克服的危机？这种危机的本质内涵是什么？其二，资本主义如何克服这种危机并取得了增长？

一　资本主义危机本质新思路：关系再生产

很显然，对于第一个问题的回答，任何一个坚定的马克思主义者都会毫不迟疑地给出肯定的回答，列斐伏尔也不例外。只是，与其他许多马克思主义者不同的是，他对资本主义危机的理解已经不再是传统的那种生产过剩的经济危机，而是生产关系再生产的危机。

首先，让我们看看列斐伏尔对于资本主义内在矛盾的分析。从表象来看，现代资本主义通过充分利用科学技术有效地实现了经济的迅猛发展，并呈现出顽强的生命力，从而掩盖了其固有的矛盾。但列斐伏尔指出，在资本主义社会凭借外在因素（科学技术等）而取得经济的不断增长的时候，资本主义社会“内在的”否定因素正逐渐滋生。“否定的因素不再以中断和危机的形式处于过程的‘外面’。而是在过程的内部。破坏成为生产中所固有的和内在的东西”，“否定的因素不再产生在资本主义的外部，而是产生于资本主义的心腹地带”，“破坏在各个方面成为资本主义内部所固有的，这种破坏并不只是由公然宣称的暴力所造成”。因此，“（经济）增长并没有阻止现存社会的解体”，而且

---

① Henri Lefebvre, *The Survival of Capitalism* , *Reproduction of the Relations of Production*. London, 1978, pp. 7 – 8.

“这不单纯是一个发展不平衡的问题，而是一个社会关系逐渐瓦解的问题”。[①] 正是在这个意义上，列斐伏尔认为，现代资本主义社会正面临着一个关系到资本主义存亡的危机，即“资本主义生产关系再生产的危机”。他认为，现代资本主义社会的本质特征在于，资本主义特有的生产关系要求再生产出它自身，也就是说社会是作为社会关系的生产与再生产而存在的。一旦这种资本主义生产关系的再生产出现了危机，革命就会势不可当地爆发。他强调，资本主义生产关系的危机，“不单纯是指资本主义破坏性的一面凸显并发挥作用”，“也不单纯是某种不明的‘死亡的本能’起作用，或唯生产力论和经济主义破产的问题”，“不是肆虐于20世纪30年代早期的那种传统的生产过剩的经济危机”，“它是资本主义的中心和核心的衰亡”。[②] 因此，与马尔库塞把革命重心集中于资本主义的边缘地带的革命策略相反，列斐伏尔认为，资本主义社会中未来的革命必定产生于资本主义的“核心”，产生于资本主义社会的中心城市。

那么，为什么面临着如此无法克服的内在危机的资本主义老是垂而不死、腐而不朽？列斐伏尔认为，关键的原因在于资本主义生产方式的无限扩展性与自我突破性。也就是说，资本主义生产方式在现代社会中已经顺利实现了全面扩展。列斐伏尔认为马克思当年过于局限在资本主义的物质生产和剩余价值生产及其实现形态的研究，后继的马克思主义者大多继承了这种“实体主义”的思维而没有对马克思的再生产理论寄予足够的重视。只有从再生产的视角，资本主义生产方式的扩展性和自我突破性才能得以更准确的认识。正因如此，列斐伏尔转向了日常生活，揭示出了资本主义对日常生活的全面“殖民”及其本质在于资本主义关系的再生产。

二　空间与资本主义关系再生产

经过1968年运动的洗礼，以及同期各种新思潮的冲击，尤其是后

---

① Henri Lefebvre, *The Survival of Capitalism* , *Reproduction of the Relations of Production*. London, 1978, p. 110.

② Ibid. , p. 117.

现代思潮的涌现，列斐伏尔的日常生活批判思想开始了转向。“后现代思想的兴起，极大地推动着思想家们去重新思考空间在社会理论和建构日常生活过程中所起的作用。”① 正是在这样的背景下，列斐伏尔转向了对空间的研究，他的再生产思想得到了进一步的深化。他开始意识到，资本主义生产与再生产从来就不是局限于一个社会内部，或将一个社会按照原来的计划生产与再生产出来，而是突破原来的生产条件的局限，重新生产出一个空间来。他指出，“生产关系的再生产，生产资料的再生产，企业周围的环境（即作为整体的社会）的组织化……所有这一切都依赖于空间的‘发展’。……再生产作为一个整体（生产关系的再生产而不是生产资料的再生产）绝不仅仅处于一定社会的内部，而不如说是处于一定的空间之中。……资本主义已发现自己有能力淡化（如果不是解决的话）其一个世纪以来的内部的各种矛盾。因此，自《资本论》完成以来的一百年中，资本主义成功地取得了‘发展’。我们无法计算其代价，但我们的确知道资本主义获得增长的方式：占有空间，并生产空间。”② 也就是说，资本主义生产的本质不是社会的、人的或者物的利益需要的生产与再生产，而是空间本身的无限拓展与重新形成；不是物在既定的空间中的生产与再生产，而是空间本身对作为碎片的实物与现象的重新整合与体系化，也就是名副其实的空间的生产。

由此可见，在列斐伏尔看来，随着资本主义生产方式对日常生活的全面扩展和拓展，资本主义的生产力及其生产关系的高度发展必将突破空间中的物的生产界限，变为“空间的生产”本身，即资本主义生产关系本身的生产与再生产。从而，作为马克思历史辩证法的最高形态与核心形态，社会生产关系的再生产辩证法的进一步发展就是“空间生产”的辩证法。值得注意的是，马克思当年已经预感到这个问题了。在分析资本的流通过程的时候，马克思指出：“资本按其本性来说，力求超越一切空间界限。因此，……用时间去消灭空间。”“资本一方面要力求摧毁交往即交换的一切地方限制，征服整个地球作为它的市场；

① ［美］迪尔：《后现代都市状况》，李小科等译，上海教育出版社2004年版，第56页。

② Henri Lefebvre, *The Survival of Capitalism* , *Reproduction of the Relations of Production*. London, 1978, p. 83, p. 21.

另一方面，它又力求用时间去消灭空间”。[①] 可见，马克思已经预感到资本主义的生产必然要突破自然空间中物的生产限制，并寻求在一种承载着资本主义关系的生产与再生产的社会空间中实现自我的无限增长。到了列斐伏尔那里，经典马克思主义的“资本主义生产就是要‘用时间消灭空间的限制’”的问题就转变为资本主义生产就是要占有空间并“创造出新的空间”。在列斐伏尔看来，前资本主义社会的生产与再生产都是在绝对的第一自然地理空间中进行的，而资本主义社会的生产关系生产与再生产本身就是空间的，也就是说，资本主义通过占有空间、利用空间并生产空间，实现了资本主义关系的生产与再生产。而这正是许多其他的马克思主义者甚至包括马克思本人都未能看到的资本主义再生产关系的新变化。

第二节　再生产视域中的空间生产

从再生产角度来看待空间，实际上也带来了对空间性质的不同的认识。所以，在列斐伏尔那里，空间最终成为理论得以展开的平台时，他首先就发展出一种独特的空间辩证法。

一　空间的辩证法：从几何—物质性空间到社会—生产性空间

何谓“空间”？首先，列斐伏尔追本溯源，探究了传统认识论对空间的各种含义。他强烈批判了传统的对空间的各种理解，认为传统的各种空间解释大多是从几何学角度把空间机械地理解成客观的“容器”，“在传统意义上，‘空间’一词更多地让人联想到数学、（欧几里得）几何学及其定理，因而它是一个抽象物：没有内容的空壳子”，“空间至多被作为一个空洞无物的领域被扫描，作为对其内容漠不关心的空壳子来看待，但它本身却是被某些秘而不宣的标准所规定：绝对的、光学的、几何学的、欧几里得的—笛卡尔的—牛顿的。”[②] 在这种传统的空

---

① 《马克思恩格斯全集》第30卷，人民出版社1995年版，第521、538页。

② ［法］列斐伏尔：《〈空间的生产〉新版序言（1986）》，载《社会批判理论纪事》第1辑，中央编译出版社2006年版，第177页。

间认识中，空间只是“空洞的空间”。但在列斐伏尔看来，“空间从来就不是空洞的：它往往蕴含着某种意义”[①]。问题是，在传统的认识体系中，不论是一般意义上或抽象意义上的时间和空间都只是表示物质的客观形式，也就是说，传统的时间和空间是与物质紧密关联的。因此，这种对空间的物质性理解“尽管可以给出在于空间当中的诸种食物的清单，甚至提出有关空间的话语，但是它们绝对不可能提出有关空间的知识”。[②] 并且，关于空间的这种物质观往往给所有的空间披上了一层挥之不去的原始感和物质构成感，给人以一种客观性、必然性和物体化的感觉。在列斐伏尔看来，这种对空间抽象化和一般化的物质性解释，无疑妨碍了人们将人类的空间组织阐释为一种社会产物。因为，空间在其本身也许是原始赋予的，但空间的组织和意义却是社会变化与转型以及各种社会经验的产物。因此，列斐伏尔主张不能再把社会的空间与社会的时间当作“自然的”事实来看待，而必须按照某些层次等级加以规范化。也不能把它们视为文化的事实，而必须视其为产物。也就是说，不能再把空间（以及时间的）的生产看作是类似于通过手工与机器而进行的某些“物体”或“事物”的生产，而是作为第二自然的基本特征，作为社会多种活动作用于“第一自然”如感性的资料、物质与能量之上的结果。[③]

由此，列斐伏尔强调，必须揭示出以下三个领域在理论上存在的统一性：即物质领域（自然界）、精神领域（逻辑的和形式的抽象）以及社会领域。他认为，这样做的目的是“把各种不同的空间及其生成样式全都统一到一种理论中，从而揭示出实际的空间生成过程。”[④] 列斐伏尔由此指出，“空间的概念与精神的和文化的，社会的和历史的空间纠缠在一起。它是这样一个重构复杂的过程：发现（新的或未知的空间、大陆或宇宙的发现）—生产（每个社会的空间化组织化特征的生

① Henri Lefebvre, *The production of Space.* Translated by Donald Nicholson-Smith, Oxford (UK), Cambridge, Mass: Blackwell, 1991, p. 154.

② Ibid., p. 7.

③ ［法］列斐伏尔：《〈空间的生产〉新版序言（1986）》，载《社会批判理论纪事》第1辑，中央编译出版社2006年版，第178页。

④ Henri Lefebvre, *The Production of Space.* Translated by Donald Nicholson-Smith, Oxford (UK), Cambridge, Mass: Blackwell, 1991, p. 16.

产）—创造（各种作品的创造：风景、具有纪念碑和装饰风格的城市）。"①

显而易见，在列斐伏尔那里，空间是与社会生产紧密联系在一起的。对他而言，空间是一个社会的生产的概念，而不是自然的概念或某种抽象的精神实体。空间不是通常的几何学与传统地理学的概念，而是一个社会关系的重组与社会秩序实践性建构过程；它既不是一个同质性的抽象逻辑结构，也不是既定的先验的资本的统治秩序，而是一个动态的矛盾的异质性实践过程。换句话说，空间不仅是被生产出来的结果，而且是生产者。生产的社会关系是具有某种程度上的空间性存在的社会存在，它们把自己投射于空间，在生产空间的同时也将自己铭刻于空间，否则它们就会永远处于纯粹的抽象。因此，空间是社会关系的一种共存性与具体化。一言蔽之，"（社会）空间是（社会的）产物"。②

二　空间的社会性：作为社会产物的空间及其与生产的关系

列斐伏尔指出，在讨论空间与社会的关系之前，有个问题无法回避：各种社会关系的存在方式到底是什么？是实在性的？是中性的？还是形式上的抽象？通过对空间的重新阐释和研究，他认为可以给出的答案是：作为一种社会存在的社会关系必然具有空间性。③ 在他看来，空间与生产不是一种简单的单向度的关系，而是一种复杂而辩证的关系。

首先，列斐伏尔多次指出，空间并非某种事物或物体态的产物，而是一种关系。我们再也不能把空间构想成为某种消极被动的东西或空洞无物了，也不能把它构想成类似"产品"那样的现有之物。事实上，它是一种被用来交换的与消费的和处于转瞬即逝中的存在，并且介入到生产与自我生产之中，比如对生产工作、运输、原料与能源流的组织以及产品的分配网络。就其生产性地位作用而言，空间也同时作为一个生产者，并成为生产关系和生产力的一个组织部分。因此，"空间这个概

---

① ［法］列斐伏尔：《〈空间的生产〉新版序言（1986）》，载《社会批判理论纪事》第1辑，中央编译出版社2006年版，第181页。

② Henri Lefebvre, *The Production of Space*. Translated by Donald Nicholson-Smith, Oxford (UK), Cambridge, Mass: Blackwell, 1991, p. 129.

③ Ibid..

念不能被孤立起来或处于静止状态。它变成辩证的东西：产物—生产者，经济与社会关系的支撑物。难道说它不是在发挥着再生产的作用，即在生产设施的再生产，扩大的再生产中发挥作用，难道说它不是那些‘在大地上’的实践中能实现的社会关系的一部分吗？……空间已经达到如此显著的位置，它是某种‘行走在大地上’的现实，即在某种被生产出的社会空间之中的现实，是社会关系的生产和再生产，难道说不是这样吗？”①

其次，列斐伏尔强调，空间是社会性的。它一方面涉及社会关系的再生产，比如性别、年龄与特定家庭组织之间的生物—生理关系；另一方面，它也牵涉到生产关系，如劳动及其组织的分化。正如生产与其产物是同一过程里不可分割的两面，作为生产者的空间与作为产物的空间是作为一个整体存在的。列斐伏尔指出，作为一种社会关系的空间，内含于财产关系（特别是土地的拥有）之中，同时也关联于形塑这块土地的生产力。因此，“空间里到处弥漫着社会关系，它不仅被社会关系支持，也生产社会关系和被社会关系所生产。”② 在谈到空间与生产方式之间的关系时，列斐伏尔承认它们之间并不存在一种直接而透明的、可以迅速被认识的关系。但必须肯定的是，历史中各个时期的生产方式在生产空间的同时必定会将自己投射于空间，并重组出一个新的生产方式和社会关系及其空间，从而继续着历史的生产。只要生产不停止，空间的生产也将无休止地持续着。③ 由此，列斐伏尔强调了这样一个核心论点：“生产方式，与此同时作为特定的社会关系的类型，组织——即制作它的空间（及其时间）。这是它起作用的方式。”④ 因此，各种社会关系与各种空间关系具有辩证的交互作用，并且相互依存；社会的各种生产关系既能形成空间，又受制于空间。并且，只有当社会关系在空间中得以表达时，这些关系才能够存在：它们把自身投射到空间中，在空

① ［法］列斐伏尔：《〈空间的生产〉新版序言（1986）》，载《社会批判理论纪事》第1辑，中央编译出版社2006年版，第180页。

② ［法］列斐伏尔：《空间：社会产物与使用价值》，载《现代性与空间的生产》，包亚明主编，上海教育出版社2003年版，第48页。

③ ［法］列斐伏尔：《〈空间的生产〉新版序言（1986）》，载《社会批判理论纪事》第1辑，中央编译出版社2006年版，第182页。

④ 同上。

间中固化，在此过程中也就生产了空间本身。由此可见，社会空间既是行为的场所，也是行为的基础。①

因此，在列斐伏尔看来，正如马克思对交换价值的讨论一样，空间也是一种"具体的抽象"，因而必须辩证地把握它。空间既是物质实体（具体），即人类劳动的物质化外在化现实，也是生产的社会关系的压缩集束（抽象）。"这种具体的抽象性同时既是社会活动的中介（抽象），因为它构成它们，也是这些活动的一个成果（具体）。易言之，它既是社会活动的结果—具体化—产物，又是社会活动的手段—预设—生产者。"② 正是在这个意义上，我们才能更好地理解列斐伏尔的如下论断："每个社会都处于既定的生产模式构架里，内含于这个构架的特殊性质则形塑了空间。空间性的实践界定了空间，它在辨证性的互动里指定了空间，又以空间为其前提条件。"③ 总而言之，社会空间总是社会的产物。

三　"空间生产的历史方式"：社会历史的空间界划④

从上面的分析可以看出，列斐伏尔对空间的社会性分析是与生产紧密相关的。生产和生产行为空间这两个概念无疑是他的空间理论的核心。值得注意的是，列斐伏尔的"（社会）空间是（社会的）产物"这一理论包含着四条基本准则：⑤（1）物质空间（即自然空间）正在消失；（2）任何一个社会，任何一种生产方式，都会生产出自身的空间。社会空间包含着生产关系和再生产关系（包括生物的繁殖以及劳动力和社会关系的再生产），并赋予这些关系以合适的场所；（3）理论

---

① Henri Lefebvre, *The Production of Space.* Translated by Donald Nicholson-Smith, Oxford (UK), Cambridge, Mass: Blackwell, 1991, pp. 182 – 183, pp. 190 – 191.

② 刘怀玉：《现代性的平庸与神奇——列斐伏尔日常生活批判哲学的文本学解读》，中央编译出版社 2006 年版，第 409 页。

③ ［法］列斐伏尔：《空间：社会产物与使用价值》，载《现代性与空间的生产》，包亚明主编，上海教育出版社 2003 年版，第 48 页。

④ 该部分的研讨参考了刘怀玉教授的归纳，参见刘怀玉《现代性的平庸与神奇——列斐伏尔日常生活批判哲学的文本学解读》，第十章第五节，中央编译出版社 2006 年版，第 411—413 页。

⑤ Henri Lefebvre, *The Production of Space.* Translated by Donald Nicholson-Smith, Oxford (UK), Cambridge, Mass: Blackwell, 1991, pp. 30 – 64.

只是对生产过程的复制，我们对空间的认识就是生产过程的复制和展示。因此，要从关注存在于空间中的认识转移到关注“空间的生产”；[①]（4）如果承认每一种生产方式都有自身的独特空间，那么，从一种生产方式转到另一种生产方式都必然伴随着新空间的产生。

从上述准则来看，一个关键的问题在于：如何判定新空间的出现？新空间在什么时候意味着新的生产方式的产生？弄清了这些问题，在某种意义上就等于厘清了相应的历史分期。为此，列斐伏尔提出了“空间生产的历史方式”这一新概念，并基此将历史上的空间化过程划分为如下几个阶段：[②]（1）绝对空间：该阶段的空间本质上处于一种自然状态，这种自然状态一直延续到它被占领，从而具有了历史性；（2）神圣空间：比如埃及式的神庙以及暴君统治的国家时期；（3）历史性空间：如政治国家、希腊式的城邦、罗马帝国；（4）抽象空间：与积累的空间紧密相连，并且在抽象空间当中，生产和再生产过程相互割裂，空间呈现出工具性特征，例如资本主义或财产的政治经济空间；（5）矛盾性空间：抽象空间的内在矛盾，导致了新旧两个时代之间的分裂，例如当代全球化资本主义与地方化的对立与矛盾；（6）差异性空间：重估差异性与生活经验的未来空间，是不同空间的镶嵌拼接。

列斐伏尔所谓的绝对空间或自然空间是一片尚未被人类殖民的本真之地，对此他很少花时间来研究，而是把兴趣点集中于对抽象空间的分析。在他看来，这种抽象的空间是从一种诸如城市规划设计者那样的抽象的技术主体角度来审视的空间，在这种视角当中某些与绝对空间相关联的事物（如蓝天、树木等）却总是缺席的。这种视角将固定的物体转变为图像或拟像，把空间简化为一种城市规划的对象。因此，抽象空间是一种支配性的、征服性的、控制性的、权威性的空间，因而也是一

---

① 在此，列斐伏尔区分了物质性的空间实践（Spatial practice）（我们的感知）、空间的表象（Representations of space）（我们的认知）以及再现性空间（Space of representation /representational spaces）（我们的体验）三个空间维度。他认为，以上三者根据各自不同的条件，在不同程度上作用于空间的生产。详细介绍及相关评论可参见刘怀玉：《现代性的平庸与神奇——列斐伏尔日常生活批判哲学的文本学解读》，中央编译出版社 2006 年版，第 414—418 页。

② Henri Lefebvre, *The Production of Space*. Translated by Donald Nicholson-Smith, Oxford (UK), Cambridge, Mass: Blackwell, 1991, pp. 48 – 52.

个压迫性的空间。进而言之，它成为了一种权力工具，而统治阶级正是通过借助抽象空间这一权力工具牢牢地掌握着对空间及其扩张过程的控制权。列斐伏尔进一步指出，“当抽象空间开始存在时，统治阶级抓住了对它的控制（他们的政治活动引起了抽象空间的建立，但两者不等同），然后他们把空间作为权力的工具来运用，而没有用作其他被遗忘的用途：生产体制和生产方式体制——换言之，即利润的产生。”[①] 也就是说，统治阶级正是通过利用抽象空间的权力以及对抽象空间的掌握赢得了大量的利润。[②] 很显然，资本主义所创造的正是这样一个抽象的空间。列斐伏尔指出，如果我们同意这样一种观点：空间有它的历史，并且空间具有依据时代、社会、生产模式与生产关系而定的特殊性，那么就会有一种资本主义的空间，此即资产阶级所管理支配的社会历史空间。他进一步指出，作为空间的生产，资本主义的生产是抽象的空间生产；并且这种生产将最终不可避免地导致社会的矛盾，即矛盾的空间与空间的矛盾，或者说空间的多层次性与空间的辩证法。为了克服与超越这个矛盾，列斐伏尔提出了和平共处的差异的空间。

第三节　资本主义空间及其矛盾

列斐伏尔认为，资本主义与新资本主义生产出一个抽象空间。这是一个具体而抽象的空间：我们可以在具体层面上看到公路、机场和各种建筑（包括工厂、住宅等）散布在空间中；在抽象层面上体现为基于商业、银行和主要生产中心所构成的巨大商业网络以及信息资讯网络。这个抽象的空间在国家与国际的层面上反映了商业世界，以及货币的权力和国家的“政治”。在这个空间里，城市已逐渐成为资本积累的摇篮、富裕的地方、历史的主体与历史性空间的中心，并且正急速地扩张着。“二十世纪已经创造出新的全球范围内的空间；它的生产正在无休止地没完没了地持续着。这种新的生产方式（新的社会）正在取用着，

---

① Henri Lefebvre, *The Production of Space*. Translated by Donald Nicholson-Smith, Oxford (UK), Cambridge, Mass: Blackwell, 1991, p. 314.

② 刘怀玉：《现代性的平庸与神奇——列斐伏尔日常生活批判哲学的文本学解读》，中央编译出版社 2006 年版，第 412—413 页。

也就是按照自身的目的占有着预先存在的空间，它们的模型已经事先就形成了。它缓慢地改变和渗透某个已经被巩固的空间，但有时会以粗暴的中断的方式来进行（例如20世纪的农村和乡村风光就是这样）。”①

列斐伏尔进一步指出，空间作为一个整体，已经全面地被纳入到现代资本主义的生产模式中，被用以生产剩余价值。在这个过程中，不仅都市中的流通与交换的多重网络成为了生产工具中的一部分，而且城市及其各种基础设施（如港口、火车站等）也都成为了资本的一部分，甚至，原先被视为纯粹“自然元素”的土地、地底、空中乃至光线都被纳入到资本生产的体系之中，作为产物和生产的要素而存在。② 总之，在这个万物商品化的时代，作为产物和对象的空间已经被资本转化为一种商品，并作为一种稀缺且可以转让的资源来生产。从而，一个必须面对的问题呈现在我们的面前：在资本逻辑全球性的空间扩散进程中，资本主义社会关系通过空间生产的方式实现了再生产。也就是说，空间本身受到资本的全面控制并屈从于资本的逻辑。简言之，空间不仅已经成为资本主义生产和再生产不可或缺的重要因素，更是资本再生产自身的重要方式。

一 空间与资本主义再生产

我们已经提到，资本主义抽象空间的生产已经由传统的空间中物品的生产进化为一种将空间本身作为稀缺的、可供转让的资源来生产的阶段，并且，资本主义不是仅仅停留在已有的空间基础上进行空间的重组与生产，而是要不断开辟出新的空间或空间利用方式，例如，在城市化进程中常见的就是将原先作为资本主义生产枢纽的加工制造业转化为建筑业和休闲工业。正是通过资本的空间生产方式，资本主义关系一方面顺利实现了空间性的生产与再生产；另一方面也实现和强化了资本主义生产方式的无限扩张性和自我突破性。接下来，我们且以列斐伏尔对土地这一有形的空间要素的讨论为例，探寻在列斐伏尔的视野下，空间是

① ［法］列斐伏尔：《〈空间的生产〉新版序言（1986）》，载《社会批判理论纪事》第1辑，中央编译出版社2006年版，第185页。

② ［法］列斐伏尔：《空间：社会产物与使用价值》，载《现代性与空间的生产》，包亚明主编，上海教育出版社2003年版，第49页。

如何被赋予使用价值和交换价值并加入资本与利润生产体系以及空间如何与资本主义各种关系的再生产直接挂钩的。

列斐伏尔首先追溯了土地在马克思的理论图景中的地位和作用。他认为，在《资本论》中，马克思的最初意图是分析和揭露资本主义生产方式内在的矛盾性，这种矛盾表现为资本与劳动的对抗、资产阶级与无产阶级的对抗以及隐性的利润与工资的这类双重性对抗。但是这种对立为了彰显冲突性的二元对抗性，而预先假定第三要素群（土地、地主阶级、土地租赁和农业等等）在这种二元对抗性的理论图景中的缺席。从而使历史中继承的多样性以及前资本主义的自然历史自身逐渐消融并最终也被纳入到经济领域。在这个二元对立图式的情境中，社会实践的空间是难以理解的（或者说是无法感觉到的），而时间则被降低为社会劳动的度量单位。但是，马克思很快清醒地认识到，整个地球空间中的地下和地上资源问题在分析资本生产中日渐重要的意义。由此，马克思根据资本主义生产方式和资产阶级社会中的三个而非两个要素，提供了一个“三位一体”公式。这三个方面的“要素”是：土地、资本和劳动力，它们对应的是租金、利润和工资这三个要素的相互关联。①

至此，列斐伏尔认为，马克思早先的二元对抗（工资对抗资本，资产阶级对抗工人阶级）已经被抛弃。说起土地，他认为马克思并不是简单地指农业。地下资源也是这个图景的一部分。但列斐伏尔指出，由于马克思的健康状况不允许他完成《资本论》，因此马克思对土地的讨论也仅仅停留在这个层面上。如今，尤其面临着这样一个时代，即资本主义通过扩展范围至整个空间而取得了残存与更广泛的发展的时代，对于土地意义的讨论必须继续和深化。列斐伏尔认为，资本主义的触须已经取得了对土地的全方位的空间布展，向下延伸到深埋在地下和海床下的地下资源——能源、原材料等；向上延伸到被称作地上区域的部分，即延伸到了根据它们的高度考虑的体积和建筑及山脉甚至其他星球的空间。土地意义的空间不但没有消失，也没有被合并到工业生产中，相反，土地已经融合到资本主义制度中，它已经也只能作为资本主义制

① Henri Lefebvre, *The Production of Space*. Translated by Donald Nicholson-Smith, Oxford (UK), Cambridge, Mass: Blackwell, 1991, pp. 323 - 324.

度扩张中的一个特殊要素或功能获得力量。[1] 在这个过程中，土地甚至整个空间都被赋予了交换价值，并且，为了能够进入流通领域并被交换，土地必须被剥去作为财富的传统形式或作为世袭遗产的稳固性，成为"商品世界"的其他商品一样。从前"商品世界"及其特性仅仅体现在围绕着空间中生产出的物品及其循环与流动，而如今，"商品世界"已经将空间作为整体来统治，使空间成为了商品。联系现代社会日益凸显的住房消费问题，这个问题就更好理解了。时至今日，空间已经成为人们日常生活中的一个高档消费品，比如被购买的和被租用的各种空间：房间、楼层、公寓、单元住宅、阳台、各种设施（游泳池、网球场、停车库，等等）。显而易见，每一处可以交换的空间都已经进入了商业交易的供求链条和价格链条。[2]

不仅如此，原先一直被经济学家们排除在政治经济学之外的"自然元素"（如水、空气、光线等）都被纳入到资本主义利润生产体系中被赋予交换价值和沦为商品。这些商品从前因为是"自然"产生的所以很丰裕，因为不是产品所以没有价值，现在却变得稀有并因此获得价值。它们现在不得不被生产，而且不仅拥有了使用价值还拥有了交换价值。在大多数现代都市规划中，通过高度完善的技术的广泛应用，一切都是生产出来的：空气、光线、水——甚至土地本身。一切都是人工的，"精密的"；自然已经完全消失，只剩下一些符号和象征——甚至在其中，自然也仅仅是"再生产的"。城市空间和自然空间分离，但是它有能力在自然空间基础上再生成自己的空间。自然空间至少在特定的社会经济情况下，变成稀有商品。因此，一个有趣的现象就呈现了：在今天所谓的消费者社会，工业产品的（相对）丰裕却导致了一种"新型匮乏"。这种匮乏加速了空间的商品化进程，而且被匮乏影响的一切都与地球有着密切关系，比如土地资源、地下资源（石油），以及地上资源（空气、光线、空间，等等），还有仰赖这些资源的，比如蔬菜、动物产品和各种能源。而这正导致了现代社会对空间利用的各种问题，

---

① Henri Lefebvre, *The Production of Space*. Translated by Donald Nicholson-Smith, Oxford (UK), Cambridge, Mass: Blackwell, 1991, p. 325.

② Ibid., pp. 336 - 337.

比如关于污染、对“环境”的威胁、生态系统、自然的破坏以及资源的过度消费等等。[①] 毋庸置疑，只要空间的生产不停止，这些问题只会加剧而不会得到根本性的解决。

可见，空间已经全面进入现代生产的资本主义模式，并被用于剩余价值的产生。整个地球、地下资源、地面上的空气与光线，全部都是生产力的一部分或者作为生产力体现的产品中的一部分。城市建筑以及它的多种交通、交换网络同样也是生产的意义的一部分。城市和它的各种机构（邮局、火车站以及仓库、运输系统和各种服务）是固定资本。空间整体既是生产性消费的对象，正如工厂建筑和工厂、机器、原材料以及劳动力自身，也是生活消费对象，比如住房等。[②]

总之，随着资本主义对空间的全面扩张，生产力取得了巨大的发展，值得注意的是，这种发展无须打破资本主义生产方式和生产关系。并且，作为这种扩张的结果，资本主义生产力在实现迅猛扩张的同时必然伴随着资本主义生产关系的再生产，更重要的是，资本主义生产关系的再生产是在完全占据所有既有空间的同时介入了新空间的生产。换言之，“资本主义不仅仅占有了地球上的现有空间，而且它趋向生产自己的空间。”[③] 正是借助空间的统治策略，资本主义取得了残存和发展。“空间的生产不仅仅独自对资本主义制度的继续存在负责：它决不依赖于资本主义制度向先在空间的延伸。相反，它是一般情况——在空间的完整体中的空间的实践——它拯救了资本主义制度免于毁灭。”[④]

通过上述的分析，列斐伏尔归纳了资本主义空间的各种功能：[⑤]（1）首先，空间是一种生产资料。城市、区域、国家或大陆的空间配置都增进了生产力，如果工厂中或商业里的设备机具一般。利用空间就

---

① Henri Lefebvre, *The Production of Space*. Translated by Donald Nicholson-Smith, Oxford (UK), Cambridge, Mass: Blackwell, 1991, pp. 336 – 337.

② Ibid., p. 347.

③ Ibid., p. 325.

④ Ibid., p. 346.

⑤ Henri Lefebvre, *The Production of Space*. Translated by Donald Nicholson-Smith, Oxford (UK), Cambridge, Mass: Blackwell, 1991, p. 349. 或参见［法］列斐伏尔：《空间：社会产物与使用价值》，载《现代性与空间的生产》，包亚明主编，上海教育出版社2003年版，第49—51页。

如同利用机器一样。例如城镇与都市地区为劳动力提供住房，延续着劳动力的生产等，因而已经不再仅仅是产品，同时也是生产资料。另外，构成空间的那些交换网络与原料以及能源的流动都是由空间决定的。（2）空间是一种消费对象：如同工厂里的机器、原料和劳动力一样，作为整体的空间在生产中被消费。空间有时简单地作为一个巨大的商品被消耗（比如旅行、观光或休闲活动等类似的方式）；有时，在大都市里作为大规模的生产用具被生产性地消耗（例如作为机器）。（3）空间已经成为国家最重要的政治工具。国家利用空间以确保对地方的控制、严格的层级、总体的一致性，以及各部分的区隔。因此，它是一个行政控制下的，甚至是由警察管制的空间。依托空间展开的政治策略大大促进了资本主义对社会的控制。（4）综合上述的各项功能，空间巩固了资本主义生产关系和财产关系的再生产（例如资本主义社会中的土地所有权、空间所有权、位置的阶级排序、阶级结构以及作为资本主义制度一个功能的网络结构等）。概言之，在资本主义的生产方式中，社会空间被列为生产力与生产资料、生产的社会关系及其再生产的一部分。①

二 资本主义空间的矛盾及其后果

作为一个坚定的马克思主义者，列斐伏尔始终强调矛盾的重要性。他认为，当空间成为资本主义残存的重要因素时，资本主义空间也有其内在的矛盾。

列斐伏尔认为，在全球范围内，资本主义世界正逐渐形成一个新的空间，而且这种空间整合和瓦解了传统意义上的国家和地区。资本主义空间生产全球性布展的过程也是一个充满着矛盾的过程。② 在当代资本主义社会，空间变得日益政治化，对空间的控制与反控制的争夺成了冲突的焦点。

---

① 关于空间在历史唯物主义中的基础与总体性意义的讨论也可参见刘怀玉《现代性的平庸与神奇——列斐伏尔日常生活批判哲学的文本学解读》，中央编译出版社 2006 年版，第 407 页。

② ［法］列斐伏尔：《〈空间的生产〉新版序言（1986）》，载《社会批判理论纪事》第 1 辑，中央编译出版社 2006 年版，第 185 页。

在列斐伏尔看来，当代资本主义的核心矛盾之一在于空间在所有层面的全球化与同时发生的破碎化之间的矛盾。一方面，全球性空间的形成意味着对资本主义空间的同质化过程对异质性的普遍压抑，资本冲破了血缘、地域、国家、民族、语言、宗教等界限，具有普遍的全球化性质，在这种全球化的背后实际上是为资本主义开拓了更广大的利润生产空间。空间的生产是资本主义通过世界的生产、通过世界市场的生产超越其局限性的一个主要方法。[①] 显而易见，资本主义空间生产具有显著的同质化特征。这种同质化特性和策略正是空间作为一种紧缺的资源和同质的可计量的商品的证明。事实上，从日常生活的层面来看，我们将不难发现：资本主义空间生产的过程其实是将资本主义生产方式和原则以及相应的社会关系（如科层制统治、个人主义、万物商品化等）推及整个日常生活，造成了地理空间组织的类同（比如人们的非工作生活空间与工作生活空间一样被商品化，传统的“住宅”已经被统一化的“住房”概念取代）、生活地点的分离（如工作地点和住地的分离）、统治地区与被统治地区的等级控制等，由此确保了资本主义关系的生产与再生产。

另一方面，列斐伏尔认为，在全球化的过程中，资本主义的众多空间往往是矛盾性地相互重叠并彼此渗透。资本主义的空间扩张无疑为资本主义淡化社会内部矛盾并使之转移至其他资本空间化相对滞后的地区或国家创造了可能性。因此，资本主义空间生产的一个显著特征在于中心与边缘的策略，即资本主义空间生产的过程是一个不断地创造空间的中心地带，同时也生产出依附于中心的边缘地带。这实际上也是一种差异性的空间生产策略。列斐伏尔指出，在试图对空间及其矛盾进行控制的过程中，资本主义生产方式促成了差异，因此蕴含在空间及其矛盾之中。由此造成的不平衡的地理包括被控制的空间（亦即技术所改变的空间）而不是被挪用的空间（亦即用来满足群体需要和可能性的自然空间）。这样，在资本主义的空间逻辑中，“资本主义的‘三位一体’在空间中得以确立——即土地—劳动力—资本的三位一体不再是抽象

---

① Stuart Elden, *Understanding Henri Lefebvre* : *Theory and the Possible* . Continuum Intl pub Group, 2004, p. 235.

的，三者只有在同样是三位一体的空间中才能够结合起来：首先，这种空间是全球性的……；其次，这种空间是割裂的、分离的、不连续的，包容了特定性、局部性和区域性，以便能够驾驭它们，使它们相互间能够讨价还价；最后，这种空间是等级化的，从最卑贱者到最高贵者、从马前卒到统治者。"[①] 这些正是资本主义的空间生产"中心—边缘"策略的特征。在这种策略中，中心地区主宰边缘地区，并把局部地区与全球联结在一起。时至今日，由于离散而造成的无政府状态到处存在，它对空间的零散出售，即"零散化，并对新空间加以拙劣的模仿"，[②] 以此妨碍新的生产方式的出现，尽管如此，中心地区仍然试图取得全面的主导地位。

由此，列斐伏尔将资本主义生产方式下的空间生产的独特性总结为：同质化—碎片化—等级化。并指出："它们趋于同质化具有各种各样的原因：要素与原料（以及相应地它们所包含的部分要求）的制造，管理与控制的方法，监督与沟通。它具有霸权，却并没有计划或策划。它是虚假的'整体'，却是事实上的统一体。因为这种同质化空间又是悖谬性地被碎片化了的：既是一体的，又是支离破碎的。直至被消解成碎屑而殆尽！它制造出了贫民区，单位，琳琅满目、密如蛛网的独立式住宅，还有那些与周围环境以及市中心了无瓜葛的虚假规划。于是，就有了这样一种严格刻板的等级制：住宅区、商业区、休闲区，以及边缘空白区，等等。"[③]

列斐伏尔常常把城市和城市化作为自己进行分析的理论基石，认为人造环境是"社会关系的粗暴浓缩"。[④] 在他看来，没有什么东西比"城市化"，特别是规划师在卓有成效地拥护资本主义和资本主义国家的过程中所起的作用更为矛盾重重的了。列斐伏尔认为，规划师正置身于主导性空间之中，对空间加以排列和归类，以便为特定的阶级效劳。

---

① Henri Lefebvre, *The Production of Space*. Translated by Donald Nicholson-Smith, Oxford (UK), Cambridge, Mass：Blackwell, 1991, p. 282.

② Ibid., p. 410.

③ ［法］列斐伏尔：《〈空间的生产〉新版序言（1986）》，载《社会批判理论纪事》第1辑，中央编译出版社2006年版，第183页。

④ Henri Lefebvre, *The Production of Space*. Translated by Donald Nicholson-Smith, Oxford (UK), Cambridge, Mass：Blackwell, 1991, p. 227.

他们只关心“空洞的空间，亦即原初的空间，容纳分离内容的空间，不相关的事物、人和动物所在的中立场所”。① 因此，在列斐伏尔的空间生产理论当中，城市空间的分析占据着重要的地位。他把城市空间的分析与对资本主义生产方式、资本循环、资本积累、资本危机等的分析结合在一起，以此揭示资本主义的空间矛盾。他认为，城市在传统上是作为社会文化的中心，是社会关系再生产的主要场所。一旦城市被纳入资本主义空间生产的体系当中，那么统治阶级的政治权力的集中化过程必将导致文化统治的削弱。资本主义空间生产在日益扩张过程中的一个矛盾，就在于使决策中心集中的同时又产生了依赖于中心的殖民地，在中心的周围只有屈服、被剥削及依赖的空间：新殖民地。② 由于主要决策功能开始集中于中心，因而中心的政治权力得到了加强；在这个过程中，由于日常生活同时开始向边缘地区扩散，导致社会的凝聚力不可避免地遭到削弱，这实际上就构成了资本主义社会关系再生产的潜在危机。不难看出，这是一种历史发展内在矛盾的辩证视野。基于这种视野，列斐伏尔指出，资本主义在通过空间生产来再生产自我的同时，也内在地生产出一种威胁资本主义统治的矛盾：如果空间作为一个整体已经成为资本主义生产关系再生产的场域，那么它也就同时开始成为众多社会矛盾与冲突的新天地。因此，围绕空间使用权力与方式的斗争以及对日常生活的控制权争夺已经成为资本逻辑和社会需求之间冲突的核心。正是在这个意义上，列斐伏尔才将资本主义空间的主要矛盾描述为：“空间的主要矛盾源自私人财产造成的空间粉碎化、对可以互相交换之碎片的需求，以及在前所未有的巨大尺度上处理空间的科学与技术（资讯）能力。”以及源自“全体/部分”矛盾的“中心/边缘”、以“可再制者为取向的空间”所采取的同质化和重复性策略与“不可再制者”以及差异性空间之间的矛盾。③ 这些矛盾归根结底都将导致资本主

---

① Henri Lefebvre, *The Production of Space*. Translated by Donald Nicholson-Smith, Oxford (UK), Cambridge, Mass: Blackwell, 1991, p. 308.

② Henri Lefebvre, *The Survival of Capitalism* , *Reproduction of the Relations of Production*. London, 1978, p. 85.

③ ［法］列斐伏尔：《空间：社会产物与使用价值》，载《现代性与空间的生产》，包亚明主编，上海教育出版社 2003 年版，第 51—52 页。

义在空间层面遭遇到生产关系再生产的危机，这点在列斐伏尔看来才是真正致命的危机。

关于这一点，列斐伏尔的弟子爱德华·苏贾的分析是相当准确的。[①] 他认为，列斐伏尔将自己的论点建基于这样一种看法：由社会生产的空间（基本上是在发达资本主义，甚至是在乡村里的城市化空间），就是各具有主导性的生产关系得到再生产之所在。这些具有主导性的生产关系以一种具体的人和人造的空间性形式得到再生产，而这种空间性已继续被一种处于不断推进中的资本主义所“占有”，被分裂为各个部分，同质化为离散的商品，组织为各种控制场所，并扩展到全球性的规模。资本主义的生存已仰仗于这种独特性的生产和对一种零散的、同质化的并具有等级结构性的空间的占有，达到目的的手段主要是通过官僚（也就是说国家）控制的集体消费、在多层面上对中心和边缘进行区分，将国家的权力强行注入到日常生活。唯有在各种生产关系不再能得到再生产，而不是简单地在生产本身被停止（那种工人至上主义的持久性策略）时，资本主义的最终危机才会到来。因此，阶级斗争（是的，这仍然是阶级斗争）必须包括并聚焦于这样一个易受攻击的：空间的生产，即剥削和统治的区域结构，也就是作为一个整体的体系通过空间控制的再生产。况且，阶级斗争必须包括所有那些受到发达资本主义强加的空间组织的剥削、统治和“边缘化”的人：没有土地的农民和无产阶级化了的小资产阶级、妇女、学生、少数民族以及工人阶级本身。列斐伏尔声称，在发达资本主义国家里，这种斗争将以一种“城市革命”的形式出现，为在资本主义国家的区域框架里的城市的权力和对日常生活的控制权而战。在欠工业化国家里，阶级斗争也将聚焦于区域的解放和重构，聚焦于对空间生产及其在资本主义的全球性结构中主导性核心与依附性边缘的两极化体系的控制。

三　走向社会主义空间

虽然，在列斐伏尔看来，空间成为资本主义最重要的统治工具已经

---

① ［美］爱德华·苏贾：《后现代地理学——重申批判社会理论中的空间》，王文斌译，商务印书馆2004年版，第139—141页。

是一个不争的事实，但列斐伏尔并没有像福柯那样，面对无孔不入的微观权力控制而悲观地认定现代人已经“无可反抗”或“无家可依”，而是认为，空间既是压迫的重灾区也是反抗的空隙处。

通过对资本主义空间的矛盾分析，列斐伏尔为我们指出了一个社会变化可期望的方向。他认为，我们将生活在一个对世界的取用关系为主导的世界里。这就是说，人们只是改善着自然空间以便于他们的集体需求之用。所以，列斐伏尔的目标是“生产出人的类存在的空间……一个全球范围内的空间，以作为变革日常生活的社会基础”。[①]他认为，未来空间的生产就是超越资本主义的抽象的物的生产与空间化生产，就是生产出人类生存的空间，就是生产出一个让日常生活成为艺术品的全球的人类乐园。列斐伏尔模仿马克思的语气说，正如每个社会形态都有自己相应的社会空间一样，“社会主义的社会也必须生产自己的空间”。没有空间的生产便没有真正的社会主义革命，“如果不曾生产一个合适的空间，那么‘改变生活方式’、‘改变社会’等便都是空话。”“为了改变生活……我们必须首先改变空间。”“一场没有创造出新的空间的革命其实是并没有充分地实现其潜能的革命；这实际上是无力改变生活本身，而只是改变了意识形态的上层建筑，社会制度或政治设施。具有真正的革命特征的社会变革，必须体现在它对日常生活、语言和空间所具有的创造性影响的能力——虽然它的实际影响在每个地方，不一定在同样的水平上发挥或以相同的力量来发生”。[②] 也就是说，“一个正在将自己转向社会主义的社会……不能接受资本主义所生产的空间……社会主义空间的生产，意味着私有财产，以及国家对空间之政治性支配的终结”，这又意味着“从对自然的支配统治关系转向对自然的一种平等取用关系，以及使用优先于交换。”[③] 社会主义的空间生产不再是资本主义式同质化的抽象空间及其无法消除与克服的矛盾的空间，而是“异质性并存”的、“和而不同”

---

① Henri Lefebvre, *The Production of Space*. Translated by Donald Nicholson-Smith, Oxford (UK), Cambridge, Mass: Blackwell, 1991, p. 358, p. 422.

② Ibid., p. 190, p. 54.

③ Ibid., p. 65, p. 343.

的“差异性空间”。[①]

正如列斐伏尔的弟子爱德华·苏贾所指出的那样：列斐伏尔著述的一个显著特点，就是执着地寻求对以下问题进行一种政治理解——资本主义缘何并以何种方式从马克思时代充满竞争的工业形式生存到今天先进的、由国家管理的并且是寡头卖主垄断的工业资本主义。对此，列斐伏尔终其一生为我们提供了极富独特性的探索——尽管这种探索呈现出前后如此显著的差异性——从他对现代世界中日常生活的概念起步，一路经过革命的城市化和城市规划，直到他对社会空间生产的主要论点，对此，我们可以简单地概括为“日常生活转向”和“空间转向”。之前我们已经提到，在列斐伏尔的各个时期的探索思路中，始终贯穿的是一条资本主义生产关系如何在新时期以何种方式实现再生产的思路。也就是说，不论是前期的日常生活批判理论还是后期的空间生产理论，列斐伏尔始终坚持并自认为是对马克思主义的补充和发展的，正是把资本主义幸存的奥秘与资本主义关系再生产紧密地挂钩，并通过日常生活的研究发现了资本主义正是通过控制消费达到对日常生活的全面控制，从而借此实现资本主义关系的生产与再生产；通过对空间生产的探讨，发现了资本主义取得发展的秘密正在于通过占有空间和生产空间实现资本主义生产方式的自我扩张，亦即资本主义关系的再生产，从而使资本主义焕发出强大的生命力。也就是说，列斐伏尔把对资本主义的讨论与资本主义关系的再生产[②]直接地联系起来，并且发现，“这种社会各种生产关系的再生产，就是作为一个整体的资本主义制度借此有能力通过维系自己的规定结构延长自己的存在的诸过程。”[③]

---

① ［法］列斐伏尔：《空间：社会产物与使用价值》，载《现代性与空间的生产》，包亚明主编，上海教育出版社 2003 年版，第 47—58 页。

② 值得注意的是，爱德华·苏贾认为，列斐伏尔把再生产界定为三个层面，并提出，资本直接干预并影响这三个层面的能力，随着生产力的发展，已得到了长期的发展。第一，具有生物生理的再生产，基本上存在于家庭和家属关系的语境中；第二，劳动力（工人阶级）和生产资料的再生产；第三，各种社会关系更大规模的再生产。参见［美］爱德华·苏贾《后现代地理学——重申批判社会理论中的空间》，王文斌译，商务印书馆 2004 年版，第 139 页。

③ ［美］爱德华·苏贾：《后现代地理学——重申批判社会理论中的空间》，王文斌译，商务印书馆 2004 年版，第 139 页。

作为一个坚定的马克思主义者，列斐伏尔毕生都坚持着这样的马克思主义观：马克思对于我们只是“一个不可避免的、必要的，但并非充分的出发点”。[①] 因此，时代所呈现出来的新变化，尤其是资本主义发展和统治策略的诸变化都一一呈现在列斐伏尔各个时期的理论探索当中。他不仅看到了资本主义剥削的诸变化，而且将马克思限制于社会生产过程中的再生产理论推进到广阔的日常生活中，甚至把再生产理论与空间生产紧密结合，从而指认了资本主义生产方式的自我扩展性及其本质，为我们更好地理解资本主义的变化和把握资本主义的本质提供了极为重要的解读路径。

---

① Stuart Elden, *Understanding Henri Lefebvre: Theory and the Possible*. Continuum Intl pub Group, 2004, p. 65.

第九章　资本积累的时空机制与再生产研究的方法论新架构

列斐伏尔所开启的从空间生产视角着手探讨资本主义幸存的这一思路，在戴维·哈维那里得到了深化与拓展。哈维①紧紧抓住资本积累与阶级斗争的核心视角，承继马克思资本与劳动的矛盾运动分析视轴，从宏观的全球空间到微观的身体空间，并落实于城市化进程的分析，揭示了资本积累的时空策略及其内在矛盾。在这个过程中，哈维通过梳理西方思想史的辩证法，构建了一个过程—关系辩证法。并提出，社会生活是一个多环节的过程，并且每个环节都在社会生活过程之中将其他环节内以及环节之间的联系内化于自身之中。这一方法论构架，实际上构成了我们从时空辩证统一的视角来把握资本主义再生产机制的新的方法论构架。当然，哈维的兴趣并非停留在理论上的方法论阐发，而是要落实到具体的时空语境当中，透视资本积累的核心机制、发展趋势及其界限，从而为积极探寻资本主义的替代方案打开新的可能性。

第一节　资本积累的时空机制及其内在矛盾②

哈维继承了由列斐伏尔开启的空间生产思路，将资本主义何以借助

---

① 哈维（1935—　），美国著名的马克思主义地理学家。其代表作主要有：《地理学中的解释》（1969）、《城市与社会正义》（1973）、《资本的界限》（1981）、《城市经验》（1989）、《正义、自然和差异地理学》（1996）、《希望的空间》（2000）、《资本的空间》（2001）、《新帝国主义》（2002）等。

② 该节内容已发表于《南京大学学报》（哲学·人文科学、社会科学版）2016 年第 2 期。发表时题目为“马克思主义社会批判理论视域中的空间问题——以哈维关于资本积累的空间研究为中心”。部分文字与表述有变动。

空间实现自我再生产作为核心议题纳入到自己的理论研讨之中，从而也将该问题进一步树立为社会批判理论空间转向的中心议题。哈维对该议题的探讨，始终围绕着资本对劳动的控制方式及其历史变化这一焦点。更直接而言，其思考焦点在于资本主义积累逻辑的时空策略。通过将宏观（资本在全球空间流动与劳动的全球空间分工）和微观（作为积累策略的身体）两大视角，并聚焦于城市化这一研究平台，哈维的空间研究为我们更好地透析资本主义积累策略的时代变迁与深层矛盾提供了完整的空间视域。在这个意义上，有学者对哈维进行的如下定位是精当的："从最初以城市这个狭义问题作为焦点与实证主义（即资产阶级意识形态）进行竞争，逐步扩大到以资本积累和阶级斗争为中心视域全面地描述资本主义的空间生产，最后，以不平衡的地理发展为基础自由地穿梭于不同规模的空间（从微观层次的'身体'到宏观层次的'全球'）与各种后现代主义竞争日常生活的政治规划，主张空间的乌托邦。在这一理论递进过程中，他不仅秉承了马克思主义空间探索传统，而且试图从元理论层次发展历史地理唯物主义，从而开辟了一种晚期马克思主义的表述。"①

一　空间与资本积累机制的研究拓展

在马克思之后，如何认识资本主义的变迁并处理好时代变迁与马克思主义经典理论之间的关系，成为了各个时期的马克思主义研究者都必须面对的难题。社会批判理论研究的空间转向也不例外。问题在于，就资本主义积累方式的研讨而言，引入空间的视域是否必要？或者说，社会批判理论之空间视域的凸显是否有其必然性？

资本积累的空间维度在理论上的凸显并非偶然，而是由资本主义生产方式矛盾的必然空间性决定的。前面已经指出，空间维度在马克思的资本分析思路中并非先天的缺陷，而是作为一个尚未展开的议题和一个潜在的视域。这体现为马克思对有关殖民地、世界市场等问题的思考。例如，哈维在《希望的空间》中对马克思资本论批判当中有关殖民问

① 胡大平：《〈希望的空间〉译序》，载《希望的空间》，［美］戴维·哈维著，胡大平译，南京大学出版社2006年版，第12—13页。

题的论述展开了分析。哈维指出，马克思为驳斥洛克等人有关资本对劳动的“剥夺性积累”的合理性论证，不仅在抽象模型中将劳资对立的机制描绘出来了，而且，在《资本论》的最后一章，以殖民问题这一现实与历史问题为主题的分析，为我们识破那些为资本的剥夺性积累行为进行道德美化行径的伎俩，提供了很好的视角。① 因为，正是通过海外殖民，资本对劳动力的控制，通过政治经济等多方力量来抑制劳动力的自我积累，将之转化成为资本积累的内在要素。这一点可以视为资本批判的空间视域，或地理不平衡发展的机制；同时也给我们一个启发，在理解马克思限于抽象劳资对立模式的资本分析思路时，必须意识到其分析的现实历史之“具体”。正是通过这种“具体”，我们将看到，资本主义生产方式的再生产机制当中，空间是必要的内在机制。这也说明，就马克思的资本批判思路而言，资本主义关系的再生产的中心焦点依旧是如何动员各种力量（通过改造既有的、历史的或文化的力量，通过创造新的条件等方式）来驾驭劳动力。正是借助这个视角，文化、空间、日常生活与意识形态等方面显示出内在的一致性。

因此，就马克思资本分析思路中涉及的殖民问题而言，实际上存在着一个核心的关注视角，即资本对劳动的控制与剥夺，其展开机制既表现为文化与意识形态的重新编码，也表现为空间的重组。此外，哈维提醒我们，马克思实际上区分了两种殖民类型：资本主义生产方式占据主导或者非资本主义生产方式占据主导。对于后者，即“在资本家有宗主国的力量作后盾的地方，资本家就企图用暴力清除以自己的劳动为基础的生产方式和占有方式”。② 通过相关分析，在哈维看来，马克思并不认为殖民化（或资本的空间拓展与重组）会最终成为解决资本内在矛盾的可行路径。当然，哈维在《资本的界限》一书中早已指出，在马克思的分析思路中，外贸与外部市场的增扩、生产资本的国际输出以及通过对其他相对落后地区的原始积累而制造出来的劳动力的扩充等因

① ［美］戴维·哈维：《希望的空间》，胡大平译，南京大学出版社 2006 年版，第 28 页。

② 转引自［美］戴维·哈维《希望的空间》，胡大平译，南京大学出版社 2006 年版，第 29 页。

素在短期内将遏制利润率的下降，对于这种可能性，马克思并未排斥。[①] 但是，这些可能性最终无法阻挡资本的内在危机。随着马克思的逝世与资本主义现实的变迁，这种从地理层面上的扩张与空间重组对于拯救资本主义的效力将在哪个时间点上消亡，或者说最终将不可避免要碰触到的界限在哪里，这个问题就成了后来的马克思主义者要直面的难题。从这一点来看，卢森堡的帝国主义理论确实作出了积极的探索。与其说卢森堡为这个探索给出了一个答案，不如说是让空间问题更加清晰地凸显出来了。并且，哈维独具匠心地指出，我们必须思考这个问题，即空间维度的凸显对于我们理解马克思所号召的总体性革命与审视当代的无产阶级革命将带来什么样的挑战？或许，在这里，我们必须重新审视马克思在《共产党宣言》中所高喊的那个著名的口号所包含的丰富寓意，即“全世界无产者联合起来”。这句口号本身已经暗含了这样的一个论断或前提，即资本主义生产方式将不可避免地在全球层面上拓展开来。离开这个现实发展的趋势，谈论无产阶级革命总是空虚的。

当历史的车轮行至20世纪早期，资本主义的垄断特质和殖民地重要性的凸显，使帝国主义和世界市场的研究成为了当时马克思主义思想界必须直面的重点问题。希法亭、列宁、布哈林和卢森堡对这些问题的相关探索，初步描绘出了资本主义研究的空间意象。尽管只是一种粗糙的“空间”轮廓，但他们有关剥削、地理扩张与领土冲突等主题的探讨，实际上是与资本积累紧密相连的。例如，卢森堡将资本主义与非资本主义的关系研究凸显为资本积累与资本主义幸存的焦点问题，为后来的空间转向提供了重要的启发。其后，资本主义中心地带与外围、边缘地区的区分与联系，城乡分立与工业化进程的关系，第一世界对第三世界的剥削，地理的不平衡发展与资本积累等问题就成为了空间研究的重要议题。列斐伏尔有关都市化的研究与空间生产的理论，揭示了资本主义是如何通过差异化、等级化的空间规划实现了自身的长治久安。资本主义已经从空间中物的生产走向了空间本身的生产。但这种空间生产在根本上是一种矛盾的生产，一种不平衡的、差异的空间结构的生产和再生产过程。基于列斐伏尔的空间思考，曼德尔在其《晚期资本主义》

---

① David Harvey, *The Limits to Capital*. Chicago: The University of Chicago Press. 1982.

（1975）一书中明确指出，空间的不平衡发展是资本主义积累本身的内在要求。在他看来，资本主义世界看起来像一个具有不同层次生产能力的等级结构，其中各个国家、各个地区、各个行业部门以及公司等处在一种不平衡发展的状况中，这既是资本主义追逐超额利润和实现资本积累的产物，也构成了资本主义再生产的前提。总而言之，地理的不平衡发展内在于资本积累的过程中，构成了资本主义再生产的重要力量和实现方式。[①] 关于不平衡发展与资本积累的议题在哈维那里得到了更深入的探讨。哈维坚定地将“资本主义怎样生产了它的地理”这个问题置入资本主义研究之中，并在资本的全球性流动及其相应的空间效应、城市化进程与作为资本积累策略的微观空间——身体等不同的时空层面来回自由地穿梭，并紧紧地围绕着资本积累和阶级斗争两大主题来研究资本主义空间重组进程的内在矛盾与斗争的可能性空间，进而提出了将历史唯物主义升级为历史地理唯物主义的主张。[②]

二　空间视域对于资本积累研究机制的推进

如果说，上述分析让我们确认了空间视域对于探讨资本积累问题的必要性，那么，紧接着的一个问题就是，空间维度的引入对于资本积累机制及其变迁的探讨究竟有何推进？鉴于哈维的空间研究很大程度上受到了列斐伏尔的启发，我们且从列斐伏尔说起。

在出版于1972年的《马克思主义观点与城市》一书中，列斐伏尔从空间视角对不同时期的资本主义剥削与再生产方式进行了比较。[③] 他指出，20世纪早期及之前，资本主义的发展主要依赖的是对劳动的剥削和基本生产资料的再生产。因此，资本主义生产关系的再生产主要表

---

① 参见［比］曼德尔《晚期资本主义》，马清文译，黑龙江人民出版社1983年版。苏贾对曼德尔的研究进行了评估，有关评析参见［美］爱德华·苏贾《后现代地理学——重申批判社会理论中的空间》，王文斌译，商务印书馆2004年版，第124—125页，以及第四章、第七章等相关内容。

② 有关哈维的思想历程及其研究评介，建议参见胡大平教授的专题性研讨“大卫·哈维与现代性空间研究”，载《社会理论论丛》第三辑，张一兵等主编，南京大学出版社2006年9月版。

③ 相关概述参见［美］爱德华·苏贾：《后现代地理学——重申批判社会理论中的空间》，王文斌译，商务印书馆2004年版，第133—135页。

现为生产工具（机器等）、商品和劳动力在各种具体的社会法规（劳动协议与合同、民事法等）的再生产，并且这种再生产是在维护资本主义剥削体系的国际暴力机器（军队、警察以及殖民行政管理机构等）的控制下进行的。这实际上是一种以资本关系为内核的空间组织结构，资本关系的再生产就是资本空间的再生产。资本主义发展至当代，由于资本对劳动时间的剥削受到了越来越多的限制，如工作日的缩短、最低限度工资水平的提升与工资协议，以及工人组织和城市社会运动的压力等。资本主义榨取剩余价值的方式也由绝对剩余价值的剥削转向了对相对剩余价值的剥削，比如通过提高资本的有机构成、革新生产技术、让国家更多地介入并发挥更大更普遍的作用等。在这样的情况下，资本主义关系的再生产为了顺利进行，必须通过建构一种总体性的空间社会组织来实现。"资本主义不仅仅占有了地球上的现有空间，而且它趋向生产自己的空间。"① 在列斐伏尔看来，这实际上是一种"抽象空间"。空间作为整体，已经被全面纳入到现代资本主义的生产模式中，被利用来生产剩余价值，服务于资本积累。例如，不仅都市中的流通与交换的多重网络成为了生产工具中的一部分，而且城市及其各种基础设施（如港口、火车站等）都成了资本的一部分，甚至，原先被视为纯粹"自然元素"的土地、地底、空中乃至光线都被纳入到资本生产的体系之中，作为产物和生产的要素而存在。② 总之，在这个万物商品化的时代，作为产物和对象的空间已经被资本转化为一种商品，并作为一种稀缺且可以转让的资源来生产。从而，一个必须面对的问题呈现在我们面前：在资本主义生产力的全球性空间布展进程中，资本主义社会关系通过空间的生产实现了再生产。也就是说，空间本身受到资本的全面控制并屈从于资本的逻辑，甚至表现为资本积累得以展开的方式和路径。

到了哈维那里，列斐伏尔关于资本积累的空间表述得到了更具体的展开。哈维面对的对象同样也是资本主义在 20 世纪特别是战后进行的自我调整。资本追求利润最大化的动机一直不停地推动着资本积累方式

① Henri Lefebvre, *The Production of Space*. Translated by Donald Nicholson-Smith, Oxford (UK), Cambridge, Mass: Blackwell, 1991, p. 325.

② ［法］列斐伏尔：《空间：社会产物与使用价值》，载《现代性与空间的生产》，包亚明主编，上海教育出版社 2003 年版，第 49 页。

的调整，比如调整劳资矛盾，提高工人待遇、搞福利社会，释放社会的消费能力；加速科技更新，提高资本的有机构成；大力缩短产品从生产到消费的时空阻隔（如交通物流方式、通信系统的更新升级等）、产品类型由时效性差的类型转向即时生产与即时消费的类型，零库存、订单式生产，转包生产与资本集中和垄断、文明生产与血汗工厂并行不悖且相互配合，大力倡导文化、景观与影像的生产和消费等。哈维的研究显示，资本积累方式的这些自我调整，实际上是资本积累的空间策略，并且存在着不可克服的内在矛盾。

具体来说，哈维对资本积累空间策略的研讨，主要是从宏观的资本全球流动与地理不平衡发展视角和微观的身体两个维度展开，最终汇集到城市以及作为“战斗的特殊主义”之“地方”这一层次上。

首先，从宏观角度来看，资本“周转时间加速”与“通过时间消灭空间”是资本主义发展的两大根本性需要，也是资本积累的时空策略。

哈维指出，作为一种革命性的生产模式，资本主义总是不停歇地寻找新的组织形式、新的技术、新的生活方式，以及新的生产与剥削的形态。从时空秩序的重组角度来看，资本积累与竞争机制内在地要求不断加速资本周转时间，并同时压缩空间的阻隔。“空间阻碍的减除和‘藉由时间来消除空间’的斗争，对于资本积累的整体动态非常要紧，而且在资本过度积累的危机中格外明显。藉着进入新地盘的地理扩张和一组全新的空间关系的建构，来吸收资本（有时是劳动力）的剩余，已经不是少见的事。”[①] 这种围绕缩短资本周转时间与压缩空间阻隔的趋势，使资本表现出对文化工业的更多的青睐，因为“比起可以触摸的物体，如汽车和冰箱，影像消费的寿命几乎只是一瞬之间”[②]。正因如此，越来越多的资本和劳动涌进了文化、景观生产的领域当中。资本对文化生产领域的渗透，对即时性的消费方式的推崇、组织与控制，例如景观消费、影像消费等，实际上是资本积累模式的更新。这种资本积累

① ［美］戴维·哈维：《时空之间——关于地理学想象的反思》，载《现代性与空间的生产》，包亚明主编，上海教育出版社 2003 年版，第 388—389 页。

② 同上书，第 393 页。

的模式在表面特征上甩开了传统生产的"物质性基石"，从而实现了对生产过程、流通与消费过程的更有效的控制，同时这些景观影像的生产消费过程"可以很实用地兼作资本积累和社会控制的工具"①。因此，景观性、文化性生产与消费的流行，为资本积累与社会控制提供了新的路径与方式。资本积累逻辑对空间压缩和加速时间周转的要求，对人们的时空体验造成了巨大的变化，并体现在现代社会生活方式与消费习惯的巨变上。在理论上的反应是在于，有关消费问题的思考逐渐获得了与生产相比有过之而无不及的理论地位，占据了主流资本主义研究的焦点。

在哈维看来，资本主义生产方式发展推动的时空秩序重组过程，是那些诸如现代主义、后现代思潮等文化运动的现实根源。要理解这些文化运动的特性和根由，一项必要的工作正是深入该文化运动所生发出来的空间中，探索其政治经济转型的现实机制。比如，现代主义所面对的现实情境是这样的，"在那个年代，遍及欧洲资本主义的经济崩溃和政治革命表明，资本主义世界以迄今看来仍不可想象的方式内在地联结在一起。它的速度和同时性都是相当令人不安的，并要求新的再现方式。通过这些方式，互相联结的世界得以再现。简单的叙事结构完全不可能完成这项任务。"于是，才有了波德莱尔对现代主义难题的定义："在一个以（空间的）碎片、（时间的）瞬间和创造性破坏为特点的世界里探寻普遍真理。"在这种现代主义思潮的推动下，文化、绘画以及哲学等诸领域都试图构建一种全新的时空再现模式，"使新的思考方式与新的政治和社会行动成为可能"。② 同样，后现代主义思潮的产生与发展也与特定历史时期的时空经验紧密相连。哈维对后现代主义面对的时空语境进行了如下的概括："那时，多数发达资本主义国家被迫进行生产技术、消费习惯以及政治经济实践的重要革命。强大的创新潮流加快并加速了周转时间。决策的时间视野（今天在国际金融市场中已经以秒来计）大大地缩短，生活方式的时尚迅速地改变。所有这些都伴随着

---

① 参见［美］戴维·哈维《正义、自然和差异地理学》，胡大平译，上海人民出版社2010年版，第278—280页。

② 同上书，第278页。

对时空关系的彻底重组、对空间障碍的进一步消除，以及新的资本主义发展地理学的出现。这些事件产生了强大的时空压缩意义，影响了文化和政治生活的所有方面。为了给创造新事物让路，人们不得不破坏整个景观。当重构——从工业生产技术到市中心的每一种事物——成为主要的关注课题，在这样的时代里，（社群生活、技能和生活方式等方面的）创造性破坏、不断增长的碎片化、瞬间化等等主题已经越来越显著地出现在文化和哲学话语中。”① 可见，后现代主义对于碎片化、非中心化、瞬间化等现代社会生活的敏感，亦是植根于政治经济实践方式的转型中，并且，这种转型呈现出越来越明显的脱离传统的物质基石的特性，这正是后现代主义所传达给世人的“无家可归”感的现实根基。哈维指出，“深入研究融入这些文化和政治运动的矛盾，就会发现它们如何深嵌于资本主义政治经济中。对最近资本周转时间加快和加速的文化反应就说明了这个问题。这预示着消费习惯和生活方式更为迅速的变化，并随后成为生产和消费的资本主义社会关系的焦点。资本对文化生产领域的渗透特别引人注目，因为影像消费的生命周期，与汽车、冰箱那样的有形东西不一样，它们几乎是即时性的。最近数年来，大量的资本和劳动力被运用到支配、组织和策划所谓‘文化的’活动中。随之而来的是对生产可控景观（如奥林匹克运动会）的重新强调，那些景观可以很实用地兼作资本积累和社会控制的工具。”②

上述可见，哈维从资本积累的时空压缩机制出发的分析，为我们理解消费社会议题以及景观社会批判的现实生成机制提供了一个综合性的理论框架。就资本主义社会关系再生产而言，文化分析与消费问题、景观批判等主题，都具有以下的社会过程效益：资本积累、社会控制、阶级矛盾的缓和与冲突的延宕，亦即资本主义何以幸存。基此，哈维重申了列斐伏尔的经典论断，即资本主义通过空间关系和全球空间经济的建构与再建构实现了长治久安。

其次，从微观的空间视角来看，身体构成了资本积累的策略。在西

① ［美］戴维·哈维：《正义、自然和差异地理学》，胡大平译，上海人民出版社 2010 年版，第 278—279 页。

② 同上书，第 279 页。

方思想传统中，身体一直被视为万物的尺度，被视为我们观察和体验世界的中心。例如，近代哲学就将身体指证为一种绝对时空中的实体，财产权是这种身体实体所不可剥夺的属性，代表人物如笛卡尔、牛顿与洛克等。这种身体观体现了一种自然属性、社会属性与政治属性的统一。这种身体观遭到了列斐伏尔与福柯的极力拒斥与反对。哈维指出，列斐伏尔与福柯的身体观存在着一个共同的目标："把感觉和人类身体从那种人为的牛顿/笛卡尔的时空世界的绝对论中解放出来，这成为他们解放策略的中心问题。"[①] 到了哈维那里，身体主要是作为一种资本权力关系作用的微观空间来加以定位的。这个身体空间，并不仅仅是一个自然生理意义上的概念，而是始终与资本积累的问题联系在一起。概而言之，哈维将西方哲学史上作为万物尺度的"身体"概念，置入资本对劳动力的控制与规训的过程中，并与日常生活中的消费问题联系在一起，进而探究资本积累的身体策略。

与其说，哈维的这种身体观受到了列斐伏尔、福柯等人的影响，不如说是对马克思资本分析思路的继承与延伸。哈维指出，马克思对身体的考察主要体现在资本与劳动的矛盾关系中来展开的。马克思指出，资本主义生产方式是奠基在生产者与生产劳动客观条件的分离之上的，基于这种分离，劳动者除了出卖自己的劳动力来谋生以外，别无他路。也就是说，在资本主义生产方式之中，劳动者是靠出卖劳动力为生的。这种劳动力对于资本家而言，是他们以垫付工人的工资形式来购买的商品，因此，他们似乎就天然地获得了对这种劳动力的规训权力。资本对劳动的规训，既体现在通过科技更新与机器的应用，迫使劳动者按照流水线生产与更高效的分工形式进行破碎化、片段化的劳动，也体现在对劳动力的恢复、监管与意识形态控制上。这一点，既体现在葛兰西有关福特主义对劳动者私生活的监管与干预的相关研究中，也体现在福柯有关权力关系对身体的规训之中。

当然，资本对劳动的规训过程并非毫无矛盾与冲突。哈维指出，在马克思看来，"保存劳动者个人和身体在可变资本循环过程内的完整性

① ［美］戴维·哈维：《希望的空间》，胡大平译，南京大学出版社2006年版，第96—97页。

和丰富性是劳动过程内外争论和阶级斗争得以发生的支点。”① 从另一方面来看，随着资本对劳动要求的不断改变，劳动力呈现出高度的流动性、可替代性（非熟练化）等特质，资本生产的发展不断要求机器设备的更新，由此造成对劳动身体变革的要求，因此，劳动者呈现出熟练化—非熟练化—再熟练化的周期循环，从而推动了劳动者素质的丰富与发展，从而也为劳动者提供了很多颠覆与反抗资本力量的空间。此外，为了保护妇女和儿童免受资本主义追逐剩余价值的破坏性欲望的吞噬，引发了有关工作日长短以及工厂雇佣规章制度的斗争。

因此，哈维反对将身体视为一个经验感知的、给定的生理对象，也反对从单子式的视角来看待具体的身体，强调应该将身体理解为一种“身体过程”。换言之，我们必须在社会过程中考察身体，看到身体是一个复杂的权力关系斗争的场所，是社会生活各个环节的相互内化过程。在这个意义上，哈维对于福柯的权力政治学研究给予了高度的赞赏，将其视为马克思资本批判宏大叙事的有益补充。②

随着女权主义、生态主义运动的兴起，身体日益成为社会批判理论的研究热点，同时也构成了西方学界向马克思发动反攻的火力输出点。这一点并不费解，因为，抓住某些马克思未能涉及或未能展开的新兴论题来宣告马克思过时与失效，已然是西方学界流行的一种做法。针对这种做法，哈维指出，马克思关于身体、欲望、性别、种族等议题的“这些缺乏还不能通过抹杀马克思研究的方法或主旨来加以解决，后者是需要依赖的而不是要否定的东西”。就拿身体这个议题来说，人体构成了一个矛盾冲突的战场，其中冲突的社会生态评估与身体再现的种种力量都活跃在这个战场之中。马克思的贡献在于，他“为理解资本主义制度下身体生产的过程和作用提供了丰富的概念工具”。同样，更为重要的是，马克思“为研究如下问题提供了一种适当的认识论（历史—地理的和辩证法的），即在当代资本主义全球化的条件下，人体是

① ［美］戴维·哈维：《希望的空间》，胡大平译，南京大学出版社 2006 年版，第 103 页。

② 参见［美］戴维·哈维《希望的空间》，胡大平译，南京大学出版社 2006 年版，第六章，“作为积累策略的身体”。另见［美］戴维·哈维《正义、自然和差异地理学》，胡大平译，上海人民出版社 2010 年版，第十章，“时空之流”。

如何产生的、它们如何成为意义的能指和所指，以及内在化的身体实践又怎么样反过来改变其自我生产的过程。”①

在哈维看来，马克思为我们认知身体提供的“适当的认识论”，既体现在将身体作为社会权力关系斗争的场所这一过程性认知范式，同时也体现在，当马克思将身体纳入劳资矛盾冲突过程来考察时，这就意味着身体是整个社会生活的其他内容的内化过程。就前一个要点而言，前面已经论及，这里不妨引用哈维的一段论述来加深认知。哈维指出，“资本不断地努力按照它自己的需要来塑造身体，但是同时在其作用方式内使转变结果内在化，并且不断地展开劳动者的身体欲望、需要、需求和社会关系（有时公开表现为集体阶级、共同体或以身份为基础的斗争）。这个过程构成了社会生活的许多方面，如有关性特征和生活繁殖的‘选择’，或者是文化和生活方式的‘选择’，正如那些‘选择’（如果它们真的是那样）更主要是由社会秩序及其占统治地位的法律、社会和政治代码以及规训行为（包括操纵性特征的那些行为）所构成。”② 就后面一个要点而言，哈维准确地指出，当马克思将劳动力—身体作为可变资本循环过程来研究时，马克思强调了这种可变资本循环只是其他众多循环过程中的一个部分，而这些不同的循环过程共同组成了一般意义上的资本循环。“生产资本、金融资本、土地资本和商业资本，这些资本全都有它们自己的运行模式，而且资产阶级税收的循环产生了‘必需品’、‘需求品’和‘奢侈品’之间的复杂关系，这些关系影响了生活方式的选择、身份的象征以及由富人、权势人物和名人所树立的时尚。这些为劳动人民设置了相对标准，因为正如马克思所坚持的，生活安康的感觉是一个相对的而非绝对的标准，贫富之间的差距像绝对生存状况一样重要。”③

当我们将身体的考察从可变资本的循环跳入整个资本循环的整体系统时，我们不难发现，作为劳资矛盾与对抗焦点的身体规训问题，不仅体现在狭义的生产过程当中，还体现在消费过程当中。哈维指出，“劳

① ［美］戴维·哈维：《希望的空间》，胡大平译，南京大学出版社 2006 年版，第 111 页。

② 同上书，第 110 页。

③ 同上书，第 110—111 页。

动者不仅作为制造者和交换者存在于可变资本的流通之中，他/她同样作为消费者和自我的再生产者（既是个人的又是社会的）存在于循环过程之中。”① 哈维的这一个论断并不具有多少原创性，他坦诚地将之归功于马克思有关工人消费与资本再生产总体关系的论述。马克思在《资本论》及其手稿中多次强调，工人的个人消费无论是在车间内外或劳动过程内外，都仍然是资本生产和再生产的一个方面。工人的消费，是资本主义生产过程的附属，服务于资本主义再生产体系。② 马克思的这一思想，实际上构成了我们重新检视西方马克思主义消费社会批判理论对马克思提出的种种非议。因为，在马克思那里，消费始终是作为资本生产和再生产的一个重要方面，因而也并不存在生产与消费之间非此即彼式的选择。③ 哈维指出，伴随着资本逻辑对消费的重视（这在逻辑上也是必然的），资本力量日益重视对劳动者“理性消费”的引导。当然，这种所谓的“理性消费”，自然是服从于资本积累的立场，是以资本积累的需要为中心的对身体需求、生活方式与消费习惯的规划。“新需求的产生、确定不同生活方式和消费习惯的全新生产线的开辟被当成避免危机和解决危机的一种重要手段而推行。……组织、动员并引导人的欲望，以说服、监视和强迫的策略鼓励积极的政治参与，这些成为了资本主义消费机构的一部分，反过来又对身体产生了形形色色的压力，这个身体就是进一步积累所需要的‘理性消费’的场所和执行代理人。”④ 关于这一点，我们只需回想下葛兰西对福特主义的考察当中指认的如下事实即可理解：资本主义异常坚决地介入到工人的私生活当

① ［美］戴维·哈维：《希望的空间》，胡大平译，南京大学出版社2006年版，第106页。

② 马克思：《资本论》第一卷，人民出版社2004年版，第305—307、659—667页。

③ 这里所谓在生产与消费之间做“非此即彼”式选择的含义，主要针对的是那种认为消费已经取代生产的核心地位，成为资本主义社会核心组织原则的观点。这种观点所导向的政治解放策略必然是悲观的。这一点，在列斐伏尔中期的日常生活批判当中已经能看到一些端倪，但他在转向空间研究的过程中，通过向社会关系再生产这一核心逻辑的回归，成功地避开了消费主导这一批判思路的理论困境。他的弟子鲍德里亚则坚决地沿着消费单维的物—符号体系思路，越走越远，最终走出了马克思的理论视野，走向了一种以前现代的象征性交换为替代方案的探寻之路。这无疑是一种彻底拒斥现实与历史过程的悲观论调。

④ ［美］戴维·哈维：《希望的空间》，胡大平译，南京大学出版社2006年版，第107页。

中，对他们的消费习惯进行引导，尤其对于酗酒和纵欲等可能影响其第二天劳作的行为严加看管。也是在这个意义上，葛兰西和哈维都旗帜鲜明地将福特主义视为一种总体的生活方式，而非一个单纯的生产体制。葛兰西之后，法兰克福学派有关消费社会中的文化工业与虚假意识等问题的研究、列斐伏尔与鲍德里亚关于消费社会中资本逻辑对欲望、需求与想象等殖民过程的相关指认，都是对马克思指认的这一消费逻辑的拓展，因而也都必须纳入到资本生产和再生产的总体过程当中来考察。对这个过程的考察，实际上身体是一个极佳的切入点。这也正是哈维的重要贡献之一。基于总体的社会关系再生产过程，哈维将身体的研究上升为整个社会结构与机制的研究，因为身体这一微观的空间，实际上是社会生活其他内容与环节的内化，是各种权力关系斗争的中心场域。因此，哈维强调，"成为'万物尺度'的身体本身就是创造它的各种力量进行争夺的场所。身体（就像人和自我）是一种内部关系，并因此对世界是开放的、易渗透的。不幸的是，相关的身体概念实在太容易发生唯心主义的转变，特别是在学院政治学中。身体不是单子，它也不会随意地漂浮在某种文化、话语和表象的以太之中，无论这些东西在身体的物质化过程中有多么重要。身体研究的基础必须立足于对物质实践、再现、想象、制度、社会关系和政治经济力量主要结构之间的真正时空关系的理解。这样，身体就可以被看作是一个连结点，解放政治学的可能性藉此得以研究。"①

综上，从宏观的资本全球空间流动与劳动分工，到微观的身体，哈维为我们描述了资本积累的时空策略。正是借助这种多维度、全方位的时空策略，资本顺利实现了其扩大再生产的内在需求，实现了资产阶级社会结构与生活方式的转型与变迁。在哈维看来，这个过程并非是毫无冲突、毫无矛盾的过程。

三 资本积累时空机制的内在矛盾

哈维指出，资本主义积累的时空机制存在着不可克服的内在矛盾。

---

① ［美］戴维·哈维：《希望的空间》，胡大平译，南京大学出版社2006年版，第124—125页。

对应于资本积累时空策略的宏观与微观两个视角，资本积累时空机制的内在矛盾与冲突也可以从这两个视角来透视。

从宏观的视角来看，在哈维看来，资本主义生产方式对时空秩序的重构存在着两方面的困境。其一，资本主义生产方式“需要一种特别的空间组织形式来消灭空间，需要长期周转的资本来推动其他资本的快速周转”①。也就是说，为了保障资本积累的顺利实现并在竞争中处于有利地位，就必须加速资本的周转时间。但这种资本周转时间的加速必须通过那些长期的、高成本、周转慢的固定投资，例如电脑硬件、铁路公路与基础设施等。可见，为了实现以时间消灭空间，就必须围绕资本积累的需求生产出特定的空间关系；其二，资本力量不断消灭空间阻碍的过程，实际上也是资本积累逻辑主导下的时空关系的革命，摧毁了先前的时空系统与生活方式，是一种“创造性破坏”过程。“空间障碍的消除既激起排他性的民族主义和地方主义意识，又激起对文化和个人政治认同的异质性和多孔性的欢呼”②。同时，这个过程也激起了地方空间的竞争，推动空间的差异化，地方之间“对空间支配权，特别是对金融和货币流的控制权，比过去越来越鲜明”③。“不同地方的性质（它们的劳动力供应、基础建设和政治的容忍度、资源的种类、市场的所在，等等）之间，小规模的、细微的差异，变得更加重要，因为跨国资本，正处于一个能够更有利地剥削它们的位置。……因此，全球化引发了正好相反的运动：迈向地缘政治的对抗和分化为敌对阵营的充满敌意的世界。在全球资本主义里，地缘政治片断化的威胁——例如欧洲共同市场、北美共同市场，以及日本贸易帝国等地缘政治的权力集团之间的关系——绝非事出无因。”④

从微观的身体空间来看，哈维强调，我们既要看到资本逻辑对身体的驯化和支配过程，同时也要看到，身体构成了我们反叛资本霸权的可

---

① ［美］戴维·哈维：《正义、自然和差异地理学》，胡大平译，上海人民出版社 2010 年版，第 280 页。

② 同上。

③ 同上。

④ ［美］戴维·哈维：“时空之间——关于地理学想象的反思”，载《现代性与空间的生产》，包亚明主编，上海教育出版社 2003 年版，第 395 页。

能性支点。哈维指出，马克思将“保存劳动者个人和身体在可变资本循环过程中的完整性和丰富性，视为劳动过程内外争论和阶级斗争得以发生的支点”①。承继了马克思的辩证分析视野，哈维指出，“身体‘从最深层的意义上来说可以是一个积累策略’，但它也是政治抵抗的场所，……我们是最名符其实的政治动物，具有道德主张并因此能够变革处于任何市民社会中心地位的社会关系和制度。”② 事实上，支撑哈维这一论断的绝非是一种空虚的乐观精神，而是依据马克思有关资本积累界限的研讨并基此所做的拓展和深化。具体而言，这就是哈维在多个文献当中都涉及的问题——可变资本循环过程中的身体界限、道德界限问题。

在马克思那里，资本的内在界限问题无疑是贯穿前后的焦点问题。马克思指出，资本的发展和扩展过程，将不断地遭遇各种界限，其中有自然的界限（表现为自然资源与能源等的时空限制，以及劳动过程中劳动者的生命有机体的自然界限），历史的界限（历史传承中的观念、文化、地域性和排他性发展模式等），以及道德界限。马克思在《资本论》的“工作日”这一章中指出，“除了这种纯身体的界限之外，工作日的延长还碰到道德界限。工人必须有时间满足精神需要和社会需要，这种需要的范围和数量由一般的文化状况决定。因此，工作日是在身体界限和社会界限之内变动的。”③ 从社会发展变迁的历程来看，精神与社会需要的范围和数量虽然在一般层面上是由文化状况决定的，但这种文化状况也不是给定的存在，而是一个多种力量在争夺主导权的过程。遗憾的是，作为一种强大的社会权力，资本力量无疑主导了我们时代的文化状况。而马克思所说的工作日的“道德界限”，也已沦为资本逻辑的权力场域。这一点，大概也可以视为西方马克思主义学者转向意识形态、日常生活与文化生产等这些领域的现实依据。当然，我们不能撤退到绝对悲观的境地，认为这是一个已经被资本逻辑完全占领且毫无夺回可能性的阵地。相反，我们必须肯定，无论何时，就界定工作日和工作

① ［美］戴维·哈维：《希望的空间》，胡大平译，南京大学出版社 2006 年版，第 103 页。

② 同上书，第 125 页。

③ ［德］马克思：《资本论》第一卷，人民出版社 2004 年，第 269 页。

价值与意义的“道德界限”而言，这都是一个可以与资本逻辑斗争的重要阵地。这也正是哈维从空间视角探究资本界限时一贯秉持的理论姿态。

在《希望的空间》一书中，哈维借助巴尔的摩争取最低生活工资运动的例子证明了上述主张。有意思的是，哈维强调了市民社会中的“道德主张”对于团结其他无直接利害关系的社会团体力量（如教会、大学、工会、民间组织等）来对抗资本力量的重要意义。正是基于社会历史进程中不可忽视的道德维度，让我们对人作为政治动物这一命题又多了一个理解向度。人的社会性与在权利斗争中必要的道德诉求，构成了“政治”的实质内涵。当马克思在探讨资本发展的种种界限时，在常规的自然界限、历史界限之外，他强调了道德界限，其深意在于揭示劳动者在生产发展和社会变迁中追逐更美好生活的天然诉求，并且这种诉求是随着社会发展而发展的，因此它恰恰也构成了资本压榨劳动的边界。正是这种边界的存在，构成了我们设想未来社会关系变革的必然性与现实可能性力量的基石。有了上述各种资本界限的综合作用，资本终将面对它最根本的、也是最不可能逾越的边界——资本自身。

就身体作为资本积累的策略而言，哈维指出，“理性消费教条（当然是从资本积累角度来看的理性）也把欲望限制在一个根本没有出口的牢笼之中，不管欲望、活力、能量和想象如何艰难地试图逃出身体的牢笼。然而，身体介入社会生活之际亦有自身的目标和想象，并因此获得改变它的力量，无论这种力量如何微小。……力量无处不在，而且尽管身体、自我不可避免地要涉及的改造工作可以被管理、被协调并被压制，但绝不会完全被支配。”① 哈维的这一立场，充分体现了他对历史发展的辩证视野，这种视野自然是继承了马克思的遗产。面对身体被资本逻辑奴役控制的严酷现实，哈维依旧肯定其解放的潜能，仿若成熟时期马克思的经典异化逻辑向我呈现的那样，异化是历史形成的，异化的过程同时也是克服异化力量的孕育和成长过程，人类必然能走出异化的必然性王国，奔向未来的自由王国。对于哈维而言，身体作为资本积累

① ［美］戴维·哈维：《正义、自然和差异地理学》，胡大平译，上海人民出版社 2010 年版，第 330 页。

的重灾区，同时也是一个反叛资本逻辑的可能性源头。“资本主义积累或许定义了一种时空实践和评价的霸权体系，并且对身体、想象力和自我产生了无数难以估量的影响。但它并没有耗尽全部的替代可能性。在一个极具表现力的差异世界里揭示制图的类同和统一，这似乎越来越成为时代的关键问题。这是任何辩证的历史地理唯物主义理论都必须完成的政治使命。但是，正如资本所为，这项使命必须依赖协同的、共存性的、时空性整体的建设，与社会的、物质实践的、制度的和权力关系的世界保持着积极关系。”①

总体而言，哈维等人的空间研究为我们透视资本主义积累逻辑的变迁及其内在矛盾提供了一个综合性的视域。从宏观的资本全球空间流动与不平衡的地理发展，到意识形态与日常生活的空间规划，从生产过程到生产之外的消费、文化等研究，都在空间的问题框架中获得了一种整合。且不论这种方法论的整合是否成功，都是一种值得认真研究的积极尝试。至少，这一尝试正努力克服西方马克思主义由于聚焦于生产之外的社会生活之中而造成的先天逻辑缺陷，推动了社会再生产研究向作为总体的生产方式研究的重新回归。这种回归，在方法论意义上的进步意义，不仅仅体现在将传统马克思主义的时间偏好性升级改善为一种时空辩证统一的模式，也体现在哈维对再生产研究的方法论重构上，即确立了一种坚持社会过程辩证法视野下的社会生活多环节且相互内化的理论分析模型。② 值得注意的是，这种模型的内核恰恰是马克思在深化政治经济学研究与批判的过程中所倚重的方法论精髓，即马克思在1857—1858年手稿导言中提出的“抽象上升到具体”。这是我们下面一节要重点讨论的问题。

第二节　过程辩证法与社会再生产研究的方法论模型

从前面有关资本积累的时空机制的研讨，我们不难看出，哈维在方

---

① ［美］戴维·哈维：《正义、自然和差异地理学》，胡大平译，上海人民出版社2010年版，第332—333页。

② 参见［美］戴维·哈维《正义、自然和差异地理学》，胡大平译，上海人民出版社2010年版，第二章、第四章。

法论上秉承了马克思的历史辩证法。不论是宏观的社会地理景观变化，还是微观的身体被资本塑型的过程，哈维的分析彰显出一种对表象世界的强大穿透力。关于这种理论的穿透力，在马克思在政治经济学的批判过程或资本主义生产方式分析的过程比比皆是。正如马克思戳穿资产阶级公平交易这一小把戏或拜物教解密过程依赖的分析路径所显示的那样，其核心要义就是从流通或消费的现象领域走入现象背后的生产过程之中。对此，哈维显然并不陌生。诚如他多次提醒我们，从每日送至我们餐桌上的食物来推想该食物的生产过程与流通过程，从而使我们面对日常生活中许多想当然的事物与现象时，能将之与一种总体性的、关系性的本质过程联系起来。如此，一方面实现在不同的时空规模之间的灵活穿梭；另一方面始终牢牢抓住现象与事物背后的产生过程与动力机制，避免陷入单个现象与事物的"拜物教"，也避免陷入现行政治经济权力结构的永恒化、自然化的幻觉之中。因此，当哈维从空间视域出发来努力定位资本积累的时空逻辑时，他也需要打造一个称心适手的方法论模型。这就是哈维跟随威廉斯、奥尔曼等人提出的关系—过程辩证法，并且，将之运用到社会结构分析过程中时，打造了一个社会生活多环节且相互内化于过程之中的社会分析框架。哈维的社会分析方法论模型，恰恰构成了社会再生产分析的重要工具，既是我们梳理空间转向对于社会再生产研究的贡献的重要依据，也为我们把握资本主义逻辑变迁及其在社会生活中的呈现形式、整合各种反抗资本的社会运动和探索未来的可能性世界，提供了一个新的方法论平台。

一　哈维对辩证法的重构：关系—过程辩证法

在《正义、自然与差异地理学》的导论中，哈维明确提出，他将致力于提出"一种辩证的和相关的方法"，"提供一种强调关系和总体性的辨证方法，来反对那些孤立的因果链以及无数孤立的且有时矛盾的假设，这些假设只是在微不足道的统计学意义上才具有正确性。"① 值得注意的是，诚如该书的译者指出的那样，当哈维意图纠正人们对辩证

① ［美］戴维·哈维：《正义、自然和差异地理学》，胡大平译，上海人民出版社 2010 年版，第 7 页。

法的误解，强调一种“相关的”、“关系的”、“总体性的”辩证法时，实际上“表明哈维是从关系入手来推进空间理解的”①。由于马克思本人并未对辩证法形成清晰的研讨，因此哈维主要是借助卢卡奇、威廉斯、奥尔曼、巴斯卡尔等西方马克思主义学者对辩证法的认知来对接马克思。在这个过程中，莱布尼茨、黑格尔、马克思、海德格尔、阿尔都塞、福柯、利科、德里达等不同时段不同倾向的思想家构成了他重构时空辩证法的思想来源。而在理论形式上，怀特海的“过程”思想、大卫·波姆的“有机论”、奥尔曼对“过程”与“关系”的融合等论述，为哈维立足于马克思主义的立场重构辩证法并提出过程辩证法提供了表述支撑。②

在此，我们必须明确，哈维对辩证法的重新审理，并不是一个纯粹的理论爱好。其意图十分明确，即通过梳理西方哲学发展历程中关于辩证法的核心论断，为其剖析资本主义时空构型的本质与现象提供方法论模型。诚如有学者所指出的那样，“就哈维来说，他感兴趣的是‘具体的辩证思考模式’，更直接地说，辩证地理解空间、地方和环境的思维模式。这一模式当然不是现成的，而他给自己设定的任务便是将其描述出来。”③

为了实现上述的这一目标，哈维对思想史上的辩证法争论进行了梳理，并概括出如下的十一个核心命题④：

1. 过程、关系相对于要素、物、结构和组织化系统的优先性。

2. 物与结构化系统是流、过程和关系的产物。

3. “物”和系统是一种由多种过程建构的内在的矛盾性。社会个体作为各种过程（物理、生物、社会等）创造的一个矛盾“物”，并非被动地处在这个过程中，而是具有一定程度的创造性。

---

① ［美］戴维·哈维：《正义、自然和差异地理学》，胡大平译，上海人民出版社 2010 年版，第 7 页，脚注 1。

② 参见［美］戴维·哈维《正义、自然和差异地理学》，胡大平译，上海人民出版社 2010 年版，第二章，“辩证法”。

③ 胡大平：《历史地理唯物主义与希望的空间——晚期马克思主义视域中的哈维》，载《社会理论论丛》第三辑，南京大学出版社 2006 年版，第 66 页。

④ 参见［美］戴维·哈维《正义、自然和差异地理学》，胡大平译，上海人民出版社 2010 年版，第 57—66 页。

4. “物”总是被视为“在每一水平上都是内在地异质（即矛盾）的”，并且这种内在的“异质”性是由构造它们的复杂过程（或关系）导致的。这也就决定了，如果我们要理解“物”的质与量的属性，唯一方式在于理解构造它们的过程与关系。

5. 空间、时间，包含在过程之内，是过程发挥作用和显示自身的形式。

6. 部分和整体相互构成对方。

7. 部分和整体的相互交叉状态必然导致“主体与客体以及原因与结果之间的互换性”。我们必须把个体理解为社会变迁过程的主体和客体，不可限于原因和结果的可逆性来理解社会过程的流变。

8. 改造行为或“创造性”源自系统内部的异质性或矛盾。

9. 变化和不稳定是常态，物或系统的稳定性外观是必须要解释的。理论研究的一个至关重要的主题在于探究日常生活中显而易见的“稳定性”或“永恒性”是如何得以维持并被整合进动态的过程世界中。

10. 研究者与研究对象的辩证关系，都从属于持续性的过程，在过程中建立联系并相互影响、相互使对方内在化。

11. 探究“可能世界”是辩证思维的有机组成部分。

基于上述由哈维所整理出来的十一个命题，我们可以将之大致归纳为如下三个方面：

第一，辩证法的一个核心原则是关系—过程的逻辑优先性，所有的物、要素、组织化结构化系统都是过程和关系的产物，必须在过程当中加以定位和把握。空间和时间是这一过程和关系发挥作用和显示自身的形式；在过程中，部分与整体、主体与客体、时间与空间都是辩证统一的，并且它们之间的关系都是在过程当中得以建构的。换句话说，它们都在过程之中彼此相互建构、相互内化。因此，在本书看来，辩证法对过程的本体论地位的强调，及其对过程何以维持这一问题的发问，是我们穿透日常生活的物化结构的重要利器，也是社会再生产研究要具有的方法论视野。实际上，这也正是马克思的历史认识论所倚重的方法论精神，其资本主义研究的历史穿透性正是在于突破物化之网的稳定性与永恒性，将之刻入历史涌动的生成机制中，并在探讨历史运动的内在矛盾中重新定位这些“物化”的社会环节和形式，为深陷物化之网之中的历史主体揭示一种挣脱的可能性。这也是社会再生产研究贯穿的分析方法。

第二，辩证法的总体性与历史矛盾（构造性对立面）的生成和内在化过程。依据辩证法，历史是一个异质性与内在矛盾不断生成和改造的总体性过程。“在辩证法视野中，相反的力量由过程产生，并反过来成为进一步的改造活动样态的特殊节点。物质和非物质、正负电荷、排斥和吸引、生与死、精神和物质、男与女、资本和劳动等等，都是构造性对立面，一系列改造活动围绕着它们而凝结，那些活动既再生产了对立面又重构了物理、生物和社会世界。”① 这一点对于资本主义的再生产研究而言十分重要。依据这一点，一方面，我们明确了社会生活的本质是一种生成性，而生产过程是一种将其他社会过程与关系的内在化过程，因此是一种作为整体的社会生活过程。另一方面，矛盾源自社会过程，但也构成了下一个再生产环节要消化的对象，在内部差异性的生产和再生产过程中，催生了一种创造性的力量或改造现实的行动意志与力量，历史主体的生产和发育总是在矛盾的社会过程中呈现的，而并非想当然的先在性或毋庸置疑的理论前提，而是要在复杂的社会再生产过程中才可以把捉和定位的。

第三，辩证法的现实根基与指向——探寻“可能的世界”。辩证法的最终旨归，在于通过准确地理解社会过程，探索改善现存的可能性。在哈维看来，辩证法并不是一个简单的解释工具，而是一种阐释社会历史生成改造可能性的原理。辩证法对过程—关系的逻辑优先性的强调，以及内在矛盾与生成过程的论证与揭示，直接导向的是一种基于“解释世界”之上的“改造世界”的实践活动。“作为一种解释工具，理论并不作为简单的事件（事物状态）预言者而起作用。必须将之视为一套生成和改造的原理，它嵌在持续的过程之中，由于内在化的异质性和矛盾，这些原理揭示了创造某种新的然而总是短暂的事物状态的可能性。”②因此，哈维认为，马克思的辩证法思想也应该从这个角度来定

① ［美］戴维·哈维：《正义、自然和差异地理学》，胡大平译，上海人民出版社 2010 年版，第 63 页。

② 同上书，第 77 页。

位。他指出，“马克思辩证思维的根本主题是探究各种潜能：变化、自我实现、建构新的集体认同和社会秩序，以及新的总体性（如社会生态系统）等潜能。……因此，辩证研究必须把伦理、道德和政治选择（价值）的创建整合进它自身的过程中去，并把由此产生的建构性知识视为在具有某种目标的权力作用下的话语。价值和目标（我们或许可以称之为反思思想之‘目的论的’和‘乌托邦的’要素）不是作为普遍的抽象从外面强加的，而是通过活生生的过程（包括知识探究）获得的，那些过程与探究各种潜能（我们自身以及居于其中的世界的潜能）的实践形式和权力作用密不可分。”①

基于上述有关辩证法核心原则的概括，哈维强调，辩证法的目标在于捕捉物象背后的生成过程和关系。这一点，既意味着辩证法的本体论支撑，也意味着辩证法的认识论旨趣与功能。“如奥尔曼指出的那样，对现象多样性和相关性的理解，其目标是识别极少的基本过程，这些过程使现象形成统一性的同时又使它们区分开来。这也正是怀特海关注的焦点。在这一意义上，辩证法就是要寻求一条通往某种本体论安全或还原主义的道路——不是把什么东西都还原为‘物’，而是还原为普通的生成过程和关系。例如，通过这种方式，我们可以想象资本循环的共同过程，它创造了无限多样的自然城市风景和社会形式。”② 哈维之所以将辩证法的目标界定为对“基本过程”——即“物”的生成过程和关系——的识别，在一方面避免了黑格尔的唯心主义倾向，从而坐实了历史唯物主义之根基；另一方面，也为他重构历史唯物主义的时空构架打开了方法论的闸门。时间、空间都是这个更为根本的“生成过程和关系”的表现形式和作用方式。因此，要想定位现当代的现实变迁，穿透纷繁复杂的物象，必须借助这种以识别“基本过程”为旨趣的辩证法。至于这个“基本过程”究竟在当代是以何种面貌出现的，哈维紧紧抓住的资本积累问题以及阶级斗争，自然是延续了马克思的思考路径。正如马克思在《大纲》导言指出的那样，在任何时代都有一种占

① ［美］戴维·哈维：《正义、自然和差异地理学》，胡大平译，上海人民出版社 2010 年版，第 65 页。

② 同上书，第 67 页。

据主导地位的生产方式，它就像普照的阳光、特殊的以太，其他各种社会因素和现象都必须通过它才能得到更准确的认知。毫无疑问，就社会理论或历史研究而言，辩证法要捕捉的“基本过程”就是在特定时空条件下占据了主导性地位的社会生产方式。

此外，哈维强调了辩证法的这些抽象概念与命题实际都存在着历史情境的一定边界。随着历史情境边界的变化，概念与理论的本质也将随之改变。哈维在探讨辩证法的十一个基本命题时指出，“在提出概念、抽象和理论的时候，给空间、时间、规模和环境设置边界就成了主要的战略性考虑因素。这些边界的任何实质性变化都将彻底地改变概念、抽象和理论的本质，这是常见的情况。”① 这一论断包含着很深的辩证法思想。应用于资本主义的研究，我们将得出这样的一般性命题，即资本主义的内在界限总是在运动过程中产生并呈现的，而且界限在历史的呈现过程中并不以固定的形式存在，其实质性内涵也必须透过过程才能定位。界限的历史性运动，本身并不具有外在于社会过程的独立性，恰恰相反，是由这个社会运动过程以使之显现的。资本主义的界限，虽然有时候表现为自然的界限，但其实质是一种特定组织方式的历史活动的界限，在不断变动的界限过程中，我们看到了自然、社会结构、主体（包括意识形态与行动方式等）的随之而变的复杂的互动过程。因此，要捕捉资本主义的最终界限，必须置入在社会过程当中，而不是停留在概念的静态框架中，必须抓住其根本性的内在矛盾，从关系过程的理论视野来加以探讨。这一点，恰恰是马克思的资本主义批判演示过程给我们的。只可惜，急性子或目光短浅的后人只习惯了向马克思询问最后的答案，一旦答案与他们的社会语境有了出入，要么不由分说地将责任推给现实，通过信誓旦旦地指正现实的错误来维系马克思的永远正确的光辉形象；要么坚定不移地宣布马克思过时了，然后迫不及待地推开马克思，奔向一种能跟当下现实调情的时髦理论。

二　社会生活是多环节的且相互内化于过程之中

通过对辩证法核心原则的整理，哈维明确了辩证法的本质与目的，

① ［美］戴维·哈维：《正义、自然和差异地理学》，胡大平译，上海人民出版社 2010 年版，第 61—62 页。

以及其认识论原理。前面已经指出，哈维讨论辩证法的旨趣，并不出于纯粹的理论兴趣，而是为了探讨资本主义空间构型及其内在机制服务的。尽管，哈维已经概括出了辩证法核心的十一条原理，而依据哈维的论述语境，我们又可以将之归结为三方面的内容：过程关系的逻辑优先性、矛盾的内生性与过程的总体性和生产性、辩证法的旨归——探索"可能的世界"或改造世界的可能性。但这些毕竟是抽象的原理，若要将之应用到具体的历史语境的分析，必须借助其他概念工具才能呈现具体的社会过程之流，才能导向一种以"环境、自然、时空、地方和正义"为关键词的"具体的辩证思考模式"。为此，哈维设计了一种"辩证的认知图"。①

首先，哈维概括了历史研究的六个社会过程"环节"：话语/语言、权力、思想/欲望/幻想、制度、物质实践、社会关系。在哈维看来，社会过程中的一系列行动都可以还原为上述社会生活的六个基本环节，"社会过程流入、贯穿并包含着所有这些环节，并且每个个体的行为都同时包含所有这些环节。"② 哈维的焦点在于探讨这六个环节在社会构造和再生产它们自己的过程中是如何将彼此内在化和关系固化或永恒化的。"这种永恒如何能够产生，流动的内部关系如何能够转换成社会因果关系，以及对其他环节发生作用的力量的内部化如何可能限制或破坏与它们相联的社会因果关系。"③ 事实上，哈维此处用的"因果关系"是在大众把握历史和当下的一种习惯性思考路径的意义上。他本人反对依据线性的因果关系来研究社会历史变迁，认为这是一种静态的、结晶化了的认知图式，他更主张坚持过程辩证法的视角来捕捉社会的变迁机制。

因此，为避免对上述高度图式化的理论分析模型采取机械化、静态化的分析，进而重新回到机械的因果关系认知图式，哈维以话语辩证法为思考焦点，强调了以下几个要点：

1. 社会生活的六个环节之间是一种辩证的关系，"每一个环节都被

---

① ［美］戴维·哈维：《正义、自然和差异地理学》，胡大平译，上海人民出版社 2010 年版，第 88—89 页。

② 同上书，第 89—90 页。

③ 同上书，第 93 页。

建构为其他环节在社会和物质生活之流中的内部关系。”哈维以话语分析为例，指出话语实际上把在其他环节的社会内容都内在化了。在话语当中，人类的思想、幻想和欲望都得到了表达，而且这个过程必然植根于社会权力关系之中，以制度性、物质性以及经验生活等表现形式呈现。不仅如此，话语的社会效应与社会过程的其他环节相互影响，例如话语影响了信仰与实践，同时也被它们影响。但是，哈维强调，任何试图将话语凌驾在其他环节上的做法都是错误的，甚至是危险的。“当认为对一个‘环节’的研究就足够理解社会过程的总体性时，错误就产生了。”①

2. 社会生活诸环节之间的内部关系，是通过从一种环节向另一种环节的转化这一方式形成的。环节之间的“转化”，本质上是将其他环节的力量内在化的过程。哈维指出，从一个环节向另一个环节的转换，存在着不同的模式，以话语霸权的维持来说，存在着显性压迫与隐性灌输或导引的方式，对应的例子分别为苏联或法西斯主义、撒切尔主义等。“霸权话语能够通过压迫性政治经济权力机构得以维持（诸如苏联的例子），而无须彻底地侵入坚定不移的信仰、幻想和欲望，这些东西有关种族、民族和性别差异或者上帝、民族和超自然的存在。另一方面，某种政治话语的权力（如撒切尔主义、庇隆主义、法西斯主义和20世纪90年代美国的宗教权力）或许源自那种追逐政治经济权力的离奇能力，既动员并敏锐地促进某种坚定不移的信仰、幻想、担心和欲望来反对其他人，又利用这种动员来维持和促进某种权力关系的构型。”②值得注意的是，后一种分析不能掩盖或替代前面的分析，这正是意识形态专题通过再生产视角要呈现的问题意识。借用哈维的这一分析模式，我们不难发现，西方马克思主义对意识形态研究与日常生活的转向，实际上是意识到社会生产之外的无意识领域（信仰、想象与幻想）和经验的物质生活领域，都已经不可避免地内化了资本主义的权力关系，从而成为资本主义社会关系再生产的重要条件。

---

① ［美］戴维·哈维：《正义、自然和差异地理学》，胡大平译，上海人民出版社2010年版，第91页。

② 同上书，第91页。

3. “每一种环节主要通过来自所有其他环节的各种各样的冲突结果把异质性内在化（阿尔都塞试图通过运用‘过度决定’这个术语来捕获的观点）。”①

4. 哈维主张将环节之间的关系视作一种“流”，亦即一种“不受阻碍地从一个环节向所有其他环节流动的开放‘过程’”。问题的关键在于，流总是表现为物化、固化的过程，那么，“物”是如何在过程中“结晶”的呢？“自由流动过程的物化总是在我们身边的社会和物质世界中创造着实际的‘永恒’”。当然，这种“永恒”是一种相对的“永恒”，如物质景观（城市）、社会制度等。因此，分析的焦点应转向思考如下问题：“这种永恒如何能够产生，流动的内部关系如何能够转换成社会因果关系，以及对其他环节发生作用的力量的内部化如何可能限制或破坏与它们相联的社会因果关系。”② 哈维以民族国家这种表现为相对永恒且被视为许多社会历史现象之因的存在为例，来阐释这种环节之间相互内在化后表现为一种社会因果关系。在国家这个问题上，我们将看到，一种内部关系的辩证视野是多么容易滑向一种因果循环的理解模式。在以民族国家为案例展示内部关系以及诸环节在过程之流中相互内化的辩证视野时，哈维的分析恰恰提示我们，在思考国家这个问题时，存在着两种路径，一种是诉诸社会因果关系的分析，这种分析的要点是将这个复杂的环节内化与转换过程变成一种清晰的因果关联；另一种是从内部关系出发，即哈维的环节在过程之流中内化和转化的观点。哈维指出，“民族国家成功地把广泛的欲望、信仰、话语、社会关系以及制度的和物质的实践都内在化了，并因此成为具有因果力量的实体，正因为这一点，作为人类历史之中相对较晚产生的集中权力，民族国家才具有这种永恒的外观。民族国家作为原因力量发挥作用，否定这一点将是愚蠢的。但是，正如苏联情况所充分证明的，说那些因果力量是永远既定的，不受社会过程产生实体的机制的制约，也同样的愚蠢。”③ 哈维此处的论述，为我们理解西方马克思主义的国家理论提供了一个有

---

① ［美］戴维·哈维：《正义、自然和差异地理学》，胡大平译，上海人民出版社2010年版，第92页。

② 同上书，第93页。

③ 同上。

趣的视角，在这种理解方式与结构主义的理解方式之间来个比较，应该是个有趣的论题。总体来说，哈维对国家的理解视角，更加忠实于再生产的研究视角，即从权力植根的社会生产过程来定位国家，从各个环节的关系内化来理解国家的因果力量。

5. “话语的重要性在于，它是人们之间围绕某种行动或信仰路线进行沟通性说服或讨论的环节。”① 哈维高度肯定了福柯对于话语与权力关系的研讨，在哈维看来，福柯的研究恰恰印证了话语环节将社会生活的其他环节内在化了，它在本质上是一种权力的形式，内化了信仰与欲望构型的模式，它自身也是一种制度，是一种日常生活的经验环节，一种必须在社会关系当中展开的物质实践。因此，我们不能把话语视作纯粹的、孤立的单个社会环节，必须看到它与其他社会生活环节之间的紧密关联。唯其如此，我们才不至于陷入以话语批判代替政治经济学批判的理论幻觉之中。

从上述的几大要点来看，哈维主张的关系过程辩证法，有个重要的方法论环节，即各个环节作为整体的过程的构成要素，在社会过程中相互内化而呈现。通过强调这一点，我们可以避免陷入莱布尼茨的彼此封闭化的“单子论”困境。同时，我们亦可跳离在本质与现象、生产与消费、基础与上层建筑等概念之间进行非此即彼选择的理论困境。如此一来，我们对马克思有关社会发展内在机制的认识，既避免了形而上学的二元论传统，也避免了经验主义和实证主义的方法论困境，并最终跳离了因果观的机械模式。

哈维所主张的内部关系，是一种以历史唯物主义为方法论框架的辩证关系，与之容易混淆的是一种假借内部关系之名的唯心主义。这种唯心主义具有了辩证法的逻辑形式，但在内部关系的形成以及运行机制等问题上投入唯心主义的怀抱。例如，跟着马克思强调“生产”环节的基始性地位，但却将“生产”理解为一个封闭的环节，而不是在持续的社会与政治生活之流中向各个环节保持开放性的环节。这种将社会历史进程中某一环节或因素视为独立的、实体化了的要素的思维方式，实

---

① ［美］戴维·哈维：《正义、自然和差异地理学》，胡大平译，上海人民出版社 2010 年版，第 94 页。

际上是一种唯心主义。在解释变迁与矛盾运动机制时，必将遭遇莱布尼茨式“单子论”的逻辑困境。对此，哈维认为，提出内部关系说只是理论的一个层次，更重要的是，必须把内部关系“看成政治经济再生产全部过程中不同‘要素’（事件、物和实体）的持续变化和内部化”过程。在他看来，马克思有关生产与其他环节之间的内部关系，正是基于这样的一种理解范式之中。“回到马克思的论述，生产、消费、交换和分配都是社会过程之中具有重大意义的环节，它们每一个都是其他环节的内在化结果。”① “生产把与所有其他环节的关系都内在化了（反之亦然）……毫无疑问，马克思的意思是：正是对劳动过程的塑型之火的占用，对各种创造性可能性和劳动力（例如，精神力量和合作能力）的占用，才使得资本在世界上‘存在’。但是，在生产环节上把这些劳动力内在化为资本的力量需要把劳动力转换成资本的附属物，不仅仅在生产中而且在所有精神、社会和物质的活动中。”②

基于社会生活环节相互内化与社会关系—过程之中的理论视野，哈维对马克思有关生产概念的辩证解读，实际上溢出了狭义的经济学视野，将生产之外的社会生活内化到了“生产”这一概念之中。这一点，恰恰构成了西方马克思主义再生产问题研究的核心逻辑，即在作为总体的社会生产过程中（其实包含了狭义生产过程之外的社会生活等领域），资本主义社会关系再生产以何种形式扩大和维系着资本对劳动力的剥削过程。这样一来，生产过程、意识形态、日常生活与空间等主题的研讨，都可以纳入哈维的这个方法论框架当中来加以研讨。此外，哈维这一方法论模型，亦可用来反思传统马克思主义有关基础与上层建筑辩证关系的认知误区。传统的研究往往太执着于将其中的某一个方面视作独立的“环节”，因而有关研讨的焦点都在于探讨这二者的概念边界。这样的研讨，总是会遭遇现实变迁的调戏，因为每当我们按照这种思考范式将其中的某一个概念的边界进行了界定，例如对“上层建筑”的内涵与边界进行界定，现实发展中的情况却总能让我们看到这种界定

---

① ［美］戴维·哈维：《正义、自然和差异地理学》，胡大平译，上海人民出版社 2010 年版，第 84 页。

② 同上书，第 75 页。

的困难。比如，伊格尔顿为了反驳那种将此二者概念边界固定化了的做法，就以“国家”既可视作“上层建筑”也可纳入“基础”部分为例展开了分析。①

总体而言，哈维主张在过程中研究“环节”及其相互内在化的辩证关系，而不是采取单子论的视角。就生产与生产之外的其他环节的关系而言，哈维认为要想展现生产的更为基础性的地位，及其对其他环节的内在化形式与变迁，研究这些其他环节（如消费等）是必要且卓有成效的。基于这样的理论视角，我们来重新审视西方马克思主义的理论贡献。西方马克思主义转向生产之外的文化、意识形态或消费等领域的研究，虽然在主观意识上并非直接为了完善和拓展马克思的再生产理论，但在客观上却为我们更好地坚持从社会生产和再生产的视角来理解社会历史变迁及其趋势提供了丰富的理论资源。概言之，将焦点转向生产之外的其他环节，是为了顺应时代变迁的新课题，更完整地呈现生产之外的其他环节与生产环节之间的互动关系，以及生产如何将其他环节内在化及其实现方式的逻辑变迁等问题。因此，哈维的这一方法论模型，对于我们理解西方马克思主义再生产理论在主旨与方法论精神的延续性，论证消费社会转向本身不具有独立的理论平台意义，而是必须纳入到生产过程分析的主导性框架中分析等问题，都具有重要的启发意义。

第三节　空间研究与对“可能世界”的探寻

社会批判理论的空间转向，及其对历史唯物主义的“空间”升级，并不是一种简单的从理论来到理论去的方法论修缮，而是深深地植根于意识形态与社会生活日益凸显的空间性这一问题。这个问题的根源在于资本主义生产方式的自我调整，更直接而言，是资本积累逻辑的变迁。列斐伏尔与哈维等人对资本积累逻辑变迁的空间化表述，一方面立足于资本主义生产方式本身的空间性以及资本积累与阶级统治的空间策略；

① 参见［英］伊格尔顿：《再论基础与上层建筑》，载刘纲纪主编《马克思主义美学研究》第5辑，广西师范大学出版社2002年版。

另一方面也是试图回应资本主义时空秩序重组过程对无产阶级解放运动带来的空间挑战。这一空间挑战，既表现为第二国际的分裂，也表现为当代资本全球化过程中各国工人阶级及其组织的分裂与对立，同时也表现为后现代主义思潮影响下的性别、种族、生态等激进运动的冲击，从而强化了20世纪以来一直纠缠着激进左派的巨大疑惑——工人阶级为何不革命了。因此，列斐伏尔、哈维等人的空间转向的最终旨趣，在于回应资本积累的空间规划及其对无产阶级解放实践活动的种种挑战，穿透资本主义变与不变的时代迷局，探讨一种摆脱资本积累逻辑的激进空间实践的可能性，在历史与现状中挖掘历史变革活动的潜能和新方向。这就是为什么哈维要对唯物主义研究目标进行这样的重新界定："唯物主义研究的目标不是以某种实证主义的或形式的意义来检验资本循环是否存在（我们知道它存在），而是揭示它以什么形式运行、在什么领域中发生作用（在什么边界内）、具有何种影响，以及存在着何种改造的可能性。"①

一　空间研究与历史变革主体之思

对这种"改造的可能性"的探讨，自然也延伸至对历史变革主体的重新思考。那么，空间研究的引入，对于探讨历史变革主体有何推进呢？

首先，空间转向试图扭转无产阶级不革命的悲观情绪，借由更广阔的空间视域，对阶级斗争主体的范围界定溢出了传统的工人阶级这一中心框架。例如，当列斐伏尔将资本主义幸存的条件界定为对空间的占有和再生产时，这就对无产阶级主体的重新界定及其斗争策略的制定等提出了新的要求。通过对资本主义空间生产机制的研讨，对资本主义官僚控制下的日常生活的现象剖析，列斐伏尔的一个重要的指认正是在于不同于以往我们从生产中心视角所看到的资本再生产及其表现，当代条件下资本主义再生产的重心已经表现为生产过程之外的更广阔的社会生活中。那么，过去的聚焦于生产过程的阶级斗争策略无论如何都是片面

① ［美］戴维·哈维：《正义、自然和差异地理学》，胡大平译，上海人民出版社2010年版，第77页。

的。资本主义剥削方式和条件的时代转变，阶级主体的生活方式的变迁等这些问题，在列斐伏尔那里，正是通过伸张空间性这个维度来加以重视的。也正是基于空间视野下对资本主义时代变迁的考察，列斐伏尔强调，马克思主义理论研究要关注的阶级斗争的主体，应该包括所有那些受到发达国家资本主义强加的空间组织的剥削、统治和“边缘化”了的人，比如没有土地的农民和无产阶级化了的小资产阶级、妇女，学生、少数民族以及工人阶级本身。

列斐伏尔的思考在哈维那里得到了进一步的延伸和拓展。不论是基于“全球化”语境下的资本积累逻辑与地理不平衡发展问题的宏观考察，还是对身体这一微观空间如何构成了资本积累的战场的分析，哈维都证明了空间维度对于探讨阶级主体的构成及其斗争策略等问题的必要性。他的空间研究，揭示了劳资斗争的空间维度，以及反抗主体在资本矛盾运动中的潜在生长。这就要求我们必须具备在不同的时空规模之间来回穿梭的能力，在时空辩证统一的框架中思考阶级斗争的策略和前景等问题，从而避免了从经济中心主义或时间单维的普遍性视角来分析无产阶级的可能性问题。让我们既看到了阶级斗争的复杂性与曲折性，以及资本力量借助空间显示出来的强大的历史变通性；同时也要看到不可克服的矛盾性、内在的发展界限与潜在反抗主体的培育和壮大。如此，既避免了对阶级斗争的盲目乐观，也避免了对无产阶级革命事业的盲目悲观。对于我们推进和深化历史唯物主义的研究而言，借助空间的视域，对历史主体的探讨实现了从西方马克思主义关注的生产之外向作为社会再生产过程总体的生产方式本身的回归。

其次，空间研究在方法论上对于无产阶级历史发展研究的反思与推进。这一点体现为，哈维等人通过引入空间的视域，纠正了以往社会理论的时空偏好性，在普遍性的主导性视野中强调特殊性研究对于探讨阶级斗争问题的重要意义。

我们知道，在研究资本主义时空秩序重组的过程中，哈维牢牢抓住的是资本主义积累和阶级斗争，将之作为“空间生产”研究的核心焦点。哈维的这一选择，是对马克思资本分析思路的继承和发展。在马克思那里，资本积累与阶级斗争乃马克思分析资本主义矛盾运动及其边界的焦点问题，亦即社会关系再生产研究的核心关注点。在马克思那里，这两个方面相辅相成，缺一不可，体现了马克思历史辩证法之主客体向度辩证统一的特点。遗憾的是，后来的主流马克思主义政治经济学对客体向度的经济积累趋势倾注了更多的注意力，主体向度的阶级革命似乎只是水到渠成式的必然后果，就像行进中左脚迈出后必然跟进的右脚。这样的探讨给自己留下了两个难以面对的理论困境：其一，由于对资本主义社会关系本身自我调整能力的估计不足，当面对资本主义通过各种调整来延缓危机时，主流的马克思主义政治经济学显得更加信心不足，或死守马克思作出的资本主义必然灭亡之论断，并不时地换着花样请出来对现实发展作出自欺欺人式的宣判，然后信心满怀地坐待历史发展终将呈现的良机并一举成功；或以现实变迁为由提出对马克思理论的“修正”，并自觉或不自觉地走向了背弃马克思主义核心方法论原则与立场的道路；其二，由于对马克思有关历史主体生成的矛盾性、复杂性与反复性等思想不够重视，将历史主体的问题视为一种终将降临的“弥赛亚”，应对现实变迁中工人阶级不革命或阶级意识资产阶级化等问题时，只能将这一重要的理论阵地无可奈何地交给资产阶级的各种学说，留给自己的只能是失望、心痛与悲观。

二　“战斗的特殊主义”

事实上，关于阶级斗争的复杂性问题，在马克思资本主义批判思路当中已有涉及。比如，《资本论》中关于拜物教的分析，揭示了工人对自身经验生活的想象、欲望表达和追求等方面容易成为资本再生产的重要环节；又如，在《路易·波拿巴的雾月十八日》等文献中关于欧洲革命中法国工人阶级何以被利用、农民为何不能构成一个阶级等问题的思考，揭示了阶级力量与阶级意识在具体历史语境中成长的复杂性、反复性，以及历史、文化的特殊性在普遍性进程中的重要影响。因此，无产阶级运动学说在马克思那里并不是现实运动可以照搬照用的操作细则，更多的是一种方法论框架，其中兼顾了普遍性与特殊性、无产阶级运动趋势（长时段探讨）与当下运动方式的权宜之计（短时段分析）。无产阶级运动更具体、更丰富的内涵恰恰是随着劳资矛盾运动的发展而不断展现出来的，并且，在这一普遍性的趋势之中，那些扎根于地方特性之中的无产阶级也将获得培育和壮大。从空间研究的视域来看，传统马克思主义有关阶级解放策略的失败，是因为他们的时间偏好性，或者说对于普遍性的过于乐观，忽略了空间的差异性，即历史发展的特殊性问题。威廉斯意识到了这个问题，因此他强调在普遍性的诉求和元理论叙事中最需补上的一环，恰恰是对地方特性的尊重。这种对地方特性的强调，从方法论来看，就是以空间的特殊性来弥补时间的普遍性。

哈维顺着威廉斯的主张，对其“战斗的特殊主义”致以充分的尊重和肯定。哈维指出，在亚当·斯密、马克思或韦伯等不同的传统里所建构的社会理论，其论证理路倾向于将时间置于空间之上，这一做法反映且正当化了一种缺乏空间维度的历史进步与革命学说。[①] 鉴此，哈维强调，如果缺乏了空间维度，历史演进机制与阶级斗争的学说都存在着先天的内在缺陷。通过借鉴雷蒙·威廉斯的研究，哈维指出，传统马克思主义的工人阶级运动学说过于强调运动的普遍性，而忽略了任何集体性行动都深深植根于地方性、局部性的社会生活经验中，深嵌于地方特性的权力状况和社会关系之中这一事实。对这一事实的忽略，和对普遍性诉求的主张，导致了现实斗争策略的种种困境。最终演变为一种地方的、局部的或民族性的工人阶级与全球的、普遍意义上的工人阶级之间的分裂与对抗，而后者的理论合法性在过去的一个世纪中遭受到了来自四面八方的普遍质疑。这既是第二国际分裂和瓦解的主要原因之一，也构成了那些在后现代主义思潮荫庇下的各种散裂的、特殊主义的激进运动（围绕性别、生态、种族、身份认同等）风起云涌、热闹异常却收效甚微的原因。

当然，对普遍性工人运动的可能性和必要性的否弃，导向的却是另一个相反的极端。此即，过于强调地方特性，无意或无法由地方性的运动上升到更加普遍的社会总体运动层面上。如此，在这两者之间，在历史认知层面上似乎始终横亘着一个不可跨域的界限。关于这个问题，威廉斯曾以社区斗争何以上升到社会总体层面的斗争这个问题为例，展开了富有启发性的研讨。他认为，工人阶级运动总是未能充分认识到那些在他们前进道路上横亘着各种系统的障碍，因此，如果要实现从地方特

① ［美］戴维·哈维：《时空之间——关于地理学想象的反思》，载《现代性与空间的生产》，包亚明主编，上海教育出版社 2003 年版，第 396 页。

殊主义的斗争上升到更加普遍的总体运动，就意味着必须放弃对直接性的经验感受的依赖，必须借助那些更具普遍意义的从而也更加抽象的概念来穿透经验现实。因此他认为“否定的政治学、差别的政治学、抽象分析的政治学”对于我们理解正在发生的事情都是必要的。① 威廉斯的这一思想，在哈维那里引起了积极的理论回响。在反思各种激进的、相互分立的且远离社会生产过程批判的后现代主义思潮和运动中，哈维强调了马克思主义政治经济学对于社会生产过程分析的重要性。在哈维看来，那些强调差异和特殊性而否定必要的普遍性话语的后现代主义、后结构主义思潮，之所以只能停留在理论层面上的激进并且在现实斗争中总是遭遇到困境，其根由在于他们将社会生活的某一个环节（如话语、性别、生态等）视为凌驾于其他社会环节之上的主导性因素，在对该环节的特殊性与主导性进行过分渲染的同时，却丢弃了产生这种特殊性的主导社会过程。因此，哈维主张，在肯定“战斗的特殊主义”重要意义的同时，也必须坚持“必要的普遍性”分析。所谓“必要的普遍性”，在哈维看来就是指那些被后现代主义否弃了的元理论叙事，而这种元理论叙事能穿透特殊现象，把握时空迷局的主导性生成机制。正是在探究这些“必要的普遍性”过程中，亦即探究那些使这种特殊矛盾在当下时空情境中爆发的、隐藏于背后的更为普遍的主导过程中，那些松散的“战斗的特殊主义”运动才有可能走到一起，团结一致面对共同的敌人，从而避免因斗争的分散化而给资本力量的收编和利用提供了可乘之机。②

此外，基于普遍性与特殊性辩证统一的理论视野，亦即时空辩证统一的研究方法，哈维对作为资本积累策略实施对象的微观空间——身体的研讨，让我们既看到了资本力量的巨大形塑能力，同时也看到了资本运动过程中将遭遇的特殊性障碍与界限，如文化、道德、个体的经验感知与理想追求等扎根于历史过程与空间特性中的矛盾结点，从而在资本积累逻辑这一看似封闭的“结构”中为主体可能的斗争方向和探索未

---

① Raymond Williams, *Resources of hope*: *Culture*, *democracy*, *socialism*. Verso. London and New York. 1989. pp. 115 – 116.

② 参见［美］戴维·哈维《正义、自然和差异地理学》，胡大平译，上海人民出版社 2010 年版，重点参见第 1 章、第 9 章以及第 12 章等。

来的可能世界打开了一条裂缝。

总体而言，哈维的空间研究显示：空间视角的引入，使得有关资本积累的时空性及其变迁，以及对于我们社会生活方式的变化，都获得了一个更为全面的视角，从而也为探讨反抗资本逻辑的主体潜力与解放策略打开了新的维度。空间研究显示，资本主义生产方式在其确立和扩大再生产过程中通过对空间组织的利用、改造和再生产，获得了巨大的成功，也在一定程度上瓦解了全球范围内无产阶级联合起来反抗资本主义的斗争。空间维度的引入和强调，是对历史发展不可避免的不平衡性问题的尊重，这种不平衡性体现在政治、文化、生活方式、种族与信仰以及自然条件等多方面，它们并不是被动地卷入到资本主义生产方式的全球拓展过程中，更不是一个中立的组织。对这一因素的充分重视，有利于淡化马克思资本批判思路中表现出来的时间偏好色彩，即马克思的历史理论是以时间为中轴的、基于更长时段的趋势描绘。而历史长时段过程中的任何一个时间点上，空间维度的重要性是不可忽视的，它表现为差异与不平衡问题，对于探究资本主义生产方式的生产和再生产与无产阶级力量的壮大与斗争的具体策略等问题，构成了不可逾越的理论视野。这是一种深刻的特殊性与普遍性的辩证法，两者互相依存，不可偏废其一。哈维对马克思的重新理解，在方法论上十分倚重这种辩证法。他倡导的历史地理唯物主义实际上是要确保实现在时间与空间之间的辩证穿梭，在普遍性与特殊性之间的辩证穿梭，在不同的时空规模之间的辩证穿梭。这一点，对于我们加深对历史唯物主义的认识，坚定地从社会再生产的总体视野来审视各种理论思潮与资本主义现实条件的历史变迁，并从中探寻资本主义替代方案的可能性无疑具有重要的积极意义。

结论：西方马克思主义对资本主义社会再生产研究的推进

纵观卢卡奇以来的西方马克思主义者在资本主义新时期所生发的各种批判理论，我们很容易从中找出一个“家族类似”，即他们离开了马克思的政治经济学批判的中心视角，将批判的对象转向了社会文化和意识形态等被正统马克思主义视为属于上层建筑构架的、被经济基础决定了的次生领域。由此，卢卡奇将遍布生产过程内外的物化意识作为阶级意识的重要议题凸显出来了，葛兰西揭示了日常生活中的文化霸权问题，列斐伏尔把日常生活视为比马克思的生产过程更重要的领域，阿尔都塞则从再生产的角度剖析了意识形态国家机器对主体的建构作用，马尔库塞对个体成为受技术理性支配的单向度的人的深刻揭示，以及霍克海默和阿多诺对资本主义“文化工业”的批判等。

从理论表层的特征来看，他们的确共同走向了一条意识形态与文化批判的逻辑，将理论的中心视角转向了日常生活中的主体异化现象，即由于资产阶级意识形态对人全面操控而导致的个体对自身主体性存在状态的不自觉逃逸和迷失。大多时候，他们要反对的并不是马克思本人的思想，而是那种对马克思采取经济主义、机械还原论的解读模式的不满。这其中，第二国际的正统马克思主义或苏联教科书式的教义体系是他们努力挣脱的“大他者”。这是因为，这种封闭的、机械的解读模式，恰恰窒息了马克思“历史科学”的与时俱进的活力。在面对现实变迁的时候，尤其是资本主义自身逻辑的时代变迁时，西方马克思主义学者都意识到，必须打破僵化的、机械的马克思主义正统，通过重新挖掘甚至重塑马克思的方法论精神，援引其他人文社会科学的思想资源，来打造一个与时俱进的“马克思”。在这个过程中，意识形态、日常生活与空间生产理论是前后凸显出来的主要议题。透过这些议题，我们不难发现，贯穿其中的是一个共同的逻辑主线——资本主义何以幸存至今？换句话说，资本主义通过何种方式实现了自身的再生产？在思考这个问题的过程中，资本如何驾驭劳动无疑是中心视轴，贯穿于各个时期、各式研究路向和主题之间。他们的研究，在很大程度上，推进和细化了马克思的社会再生产思想，并从马克思主义的立场推进了资本主义的研究。下面，我们首先来看看马克思的社会再生产思想，以此为参照，进而探究西方马克思主义的拓展和推进。

一 马克思的社会再生产思想简论

在历史唯物主义那里，物质生活的生产方式制约着整个社会生活、政治生活和精神生活的过程；人们的社会存在决定人们的社会意识。这个原理可以形象地比喻为上下层建筑之间的关系，处于社会结构基础层次的是经济生产活动，树立其上的是政治、法律以及与之相适应的意识形式等。但是，需要注意的是，这本身只是一个简化的比喻，以便于我们更好地理解特定的社会形态及其运动机制，而不能将之视为万能的公式。也就是说，我们“不能简单地把精神生活、政治生活和社会生活的一般过程归结为它们的共同基础——物质生产过程，恰恰相反，要从物质生活的生产和再生产中，引出全部社会生活、政治生活和精神生活内容和形式。”① 为了更准确地把握这一点，我们需要注意以下三点：

首先，在马克思那里，这种静态的结构分析必须服从于对社会总体过程的分析，也就是说，由于资本生产是一个动态循环的生产与再生产的过程，我们对于资本主义社会的考察，不论采取政治—经济为中心的视角，还是从文化、心理或意识形态的理论视角，都应当立足于资本主义社会的生产与再生产的总体过程。具体到任何一个生产过程，对于资本家来说，并不是一次生产完成后就不再生产了，对他们来说更重要的是如何实现资本的再生产。在资本的再生产过程中，生产、分配、消费、流通的关系就不再是层次鲜明或彼此分离的一种线性的关系，它们

---

① 孙伯鍨、姚顺良：《〈资本论〉中的历史唯物主义》，载《马克思主义哲学史》第2卷，庄福龄、孙伯鍨主编，北京出版社1996年版，第141页。

构成了一个有机的整体，其根本的目的是为了实现生产。就拿消费来说，在分析消费与生产的关系时，马克思指出工人的消费并不是与生产无关的单纯的消费过程。相反，马克思认为，不仅消费的对象，而且消费的方式，都是由生产过程所生产出来的。生产不仅为主体生产对象，而且也为对象生产主体，“这里要强调的主要之点是：无论我们把生产和消费看作一个主体的活动或者许多个人的活动，它们总是表现为一个过程的两个要素，在这个过程中，生产是实际的起点，因而也是起支配作用的要素。消费，作为必需，作为需要，本身就是生产活动的一个内在要素……个人生产出来一个对象和通过消费这个对象返回自身，然而，他是作为生产的个人和把自己再生产的个人。所以，消费表现为生产的要素。”① 同样，在分析消费对于资本实现的再生产意义时，马克思指出，工人的消费实际上也是把作为一种与活劳动相交换的关系的资本再生产出来了，换句话说，工人的消费是资本实现再生产的重要环节：“资本以双重方式进行自身的再生产：资本作为价值，作为重新开始价值增殖过程和重新作为资本进行活动的可能性，是通过换进劳动来进行自身的再生产的；资本作为关系，是通过工人的消费来进行自身的再生产的，这种消费把工人作为可以同资本——工资是资本的一部分——相交换的劳动能力再生产出来。”②

其次，我们还应该采取生产关系再生产的中心视角，而不是仅仅停留在物质生产层面。因为，在马克思资本分析的逻辑框架中，物质生产力的考察并非马克思分析资产阶级社会结构的核心范畴，只是作为分析的起始范畴，而社会结构理论的核心范畴在于生产关系。我们知道，青年马克思在面对物质生产过程时所关注的更多的是这种过程所能产生的物质成果以及在交换与分配层面产生的不公平问题，而到了《57—58手稿》以后，马克思主要是从一种具体的物质生产是在什么样的生产关系中进行的这一角度出发，来探讨具体的生产关系是怎样伴随着物质成果的生产过程而获得生产和再生产的。对此时的马克思来说，生产过程的意义更多地表现在生产关系的生产和再生产上面，正像他在谈到资

① 《马克思恩格斯全集》第30卷，人民出版社1995年版，第35页。

② 《马克思恩格斯全集》第31卷，人民出版社1998年版，第72页。

本主义的生产过程时所说的："生产过程和价值增殖过程的结果，首先表现为资本和劳动的关系本身的，资本家和工人的关系本身的再生产和新生产。这种社会关系，生产关系，实际上是这个过程的比其物质结果更为重要的结果。也就是说，在这个过程中工人把他本身作为劳动能力生产出来，也生产出同他相对立的资本，同样另一方面，资本家把他本身作为资本生产出来，也生产出同他相对立的活劳动能力。每一方都由于再生产对方，再生产自己的否定而再生产自己本身。"① 在这里，马克思已经非常清楚地指出了：资本主义生产过程和价值增殖过程的结果，首先是资本主义生产关系的生产和再生产的过程，它比起资本主义生产过程所能创造的物质成果来说就显得更为重要。准确地把握这一点，不仅有利于我们抓住马克思资本分析的逻辑要点，更有利于推进我们对西方马克思主义思潮的各种理论转向的深入理解。关于这个问题，我们将在后文中借助列斐伏尔的日常生活批判理论加以阐发。

第三，在马克思那里，生产关系存在着狭义和广义之分。狭义的生产关系指直接生产过程中的相互关系，它包括人们对生产要素的关系、他们在生产过程中的地位和相互关系以及对产品的关系，这些关系都是统一的生产关系的不同方面，但它们的含义和地位又是各不相同的。广义的生产关系是指社会生产与再生产总过程中的由生产关系、分配关系、交换关系和消费关系以及它们之间的相互关系组成的关系总体。在马克思那里，"任何一个社会的生产关系都是由再生产过程各个环节中的关系构成的复杂的整体，缺少一个环节，生产的主客观要素就结合不起来，生产与再生产过程就不能进行。尤其是像资本主义这样的社会化生产，更是要通过人类历史上最复杂的社会关系才能得到实现。因此资本主义生产关系，不仅包括着生产过程中的资本对活劳动的榨取、支配关系，不仅包括着作为它的前提的劳动力的买卖关系，而且包括着同商品流通交织在一起的资本流通过程中的全部关系以及分配、支配、消费等关系。"②

---

① 《马克思恩格斯全集》第30卷，人民出版社1995年版，第450—451页。

② 孙伯鍨、姚顺良：《〈资本论〉中的历史唯物主义》，载《马克思主义哲学史》第2卷，庄福龄、孙伯鍨主编，北京出版社1996年版，第159页。

值得注意的是，正是在广义的生产关系中，在分析再生产关系中各个环节相互关系时，马克思强调生产关系对其他关系的支配地位。但是，马克思强调生产关系的主导作用并不是绝对排斥分配、交换和消费关系的作用，而只是强调这些关系必须通过生产关系来起作用，只要它们参与了生产，变成了生产关系本身的构成因素，那么生产关系的决定作用自身就把它们包含在内了。只有抓住了这一点，我们才能理解马克思关于由为直接的使用价值而生产"转变为纯粹设定交换价值的生产"本身就是"生产关系"、"经济关系"的变化的思想，① 以及个人消费会再生产出生产关系乃至整个社会的论述："……产品的消费再生产出一定存在方式的个人自身，再生产出不仅具有直接生命力的个人，而且是处于一定的社会关系的个人。可见，在消费过程中发生的个人的最终占有，再生产出处于原有关系的个人，即处在他们对于生产过程的原有关系和他们彼此之间的原有关系中的个人；再生产出处在他们的社会存在中的个人，因而再生产出他们的社会存在，即社会，而社会既是这一巨大的总过程的主体，也是这一总过程的结果。"②

由此可见，在马克思对生产关系及其再生产的讨论中，我们需要注意有两个理论质点：其一，在马克思那里，关系的再生产过程是区分狭义与广义生产关系的一个关键；其二，生产关系与生产过程之间是一种密不可分的关系，它产生于生产过程，又随着生产过程的发展而发展。

通过上述的分析，一个以资本主义关系再生产为核心的资本分析的有机构架呈现在了我们面前，并取代了以上下层建筑为二分结构的静态分析系统。在很大程度上，后者是西方马克思主义学者们一直要攻占的理论碉堡，这其中指涉了列斐伏尔所引领的日常生活批判转向以及其弟子鲍德里亚所延续并深化了的消费社会批判。当他们在各自的领域中（比如文化、消费、意识形态等），通过像马克思那样揭示出马克思所没有揭示的问题的方式来继续着对资本主义的批判时，不管他们的批判逻辑较马克思而言显现为多么明显的异质性，不管他们的批判视角相对于马克思资本批判的生产中心视角存在着多大的背离，但从社会总体关

① 《马克思恩格斯全集》第31卷，人民出版社1998年版，第370—371页。

② 同上书，第112—113页。

系再生产的理论视角来看，他们并没有彻底否弃马克思资本批判的逻辑框架。这是因为，从根本上来说，资本主义再生产的核心机制并没有变，其为利润而生、为生产而生产的本性没有变，其社会生产活动的基础——资本主义私有制也没有发生根本性的变化。时代发展造就的变化，恰恰在于再生产的实现方式和作用机制的变化。如果我们坚持从一个动态的资本主义再生产的视角来审视他们的批判理论，我们将很容易发现：事实上，他们在以各自的方式回应着时代的变化，将马克思的资本主义关系再生产理论推进到生产以外的广阔的社会生活领域，在一个更大的范围内继续着马克思所未完成也不可能完成的资本批判事业。

二　西方马克思主义视域中的资本主义社会再生产及其层次①

如前所述，在历史唯物主义那里，人们物质生活的生产和再生产过程是历史之本。确立这个历史本体只是第一步，更为重要的是要基于这样的认知前提下，进入到特定的社会历史生产进程中，把握其主导的生产方式的再生产过程。因为在马克思看来，抽离了历史具体内容的一般生产及其研究，虽然是有必要的，但不足以真正把握历史演进的机制。因此，马克思强调，我们所面对的理论对象总是在一定社会形式当中进行的生产。这就意味着，对于某一特定生产方式及其发展阶段的研究，必然就包括了与其相应的社会形式的再生产过程的研究。实际上，在马克思本人的资本分析思路之中，诸如自然的界限、历史与文化的界限以及劳动者的身体之生理界限与社会生活的道德界限等等，都在不同的时期构成了资本发展的界限。但资本逻辑的扩展趋势，通过各种方式，显性或隐性地逐步克服了这些界限，并将它们统统纳入到资本关系再生产的宏大过程之中。在《资本论》及其手稿中，马克思的资本分析思路实际上已经为资本再生产的宏大过程大致勾勒出了一张草图。随着资本主义的时代发展与变迁，资本主义再生产的诸多隐藏的层面逐渐浮出理论的水平面，成为了西方马克思主义学者关注的理论焦点。

总体而言，西方马克思主义先后凸显出来的批判主题——意识形态、日常生活与空间，实际上也代表了资本主义社会关系再生产的三个

---

① 该节的主体内容已发表于《马克思主义与现实》2015 年第 5 期。部分表述有变更。

重要层次。

首先，资本主义再生产的意识形态层次。丹尼斯·德沃金在《文化马克思主义在战后英国》一书中，探讨了西方马克思主义对于英国文化马克思主义研究的重要影响。其中，葛兰西与阿尔都塞是影响最为显著的两个思想家。因为他们从意识形态的视角提供了关于发达资本主义国家中权力关系的重要分析。其核心贡献可归纳为如下四方面："（1）避免了经典模式的还原主义；（2）将文化和意识形态领域看成是在历史性建构的关系中统治和被统治集团之间的冲突的竞技场；（3）反对将霸权简单地等同于统治阶级的统治；（4）理解西方民主中'一致意见'产生的中心性和复杂性。"[①]德沃金的评述十分精当，不过应补上西方马克思主义的开山鼻祖卢卡奇的理论贡献。在源头之上，卢卡奇借助韦伯的思想资源，将生产过程中的物化、合理化过程分析，推进到了社会生活的其他层次当中，涵盖了政治构架、法律与心理意识等层面，揭示了一个巨大的、无所不包的物化意识结构。这一物化现实，在很大程度上掩盖了现实的压迫与奴役现实，构成了无产阶级丧失主体意识、暂时遗忘历史使命的重要原因。克服的方法，正是一种植根于社会总体生产和再生产过程中的意识形态批判。对于卢卡奇而言，以合理化外观包装的物化意识结构，已然冲破了生产过程，走进了更广阔的社会生活之中。

这是一种隐性的意识形态霸权，后来借由葛兰西的文化霸权理论，阿尔都塞将这种意识形态霸权的塑造过程推进到生产过程之外的社会生活当中，引出意识形态国家机器的言说。此后，有关意识形态的研讨自然就拓展到生产过程之外，并且成为主导性的理论视野。代表性研究除了法兰克福学派的工具理性批判思路，还有日常生活与文化批判转向。诚如德沃金所言，意识形态与霸权问题成为了认识资产阶级统治结构与权力运作方式的焦点问题，也是反抗资本霸权、探索无产阶级解放策略的重要切入点。卢卡奇对阶级意识的强调、葛兰西的文化霸权思想即是例证。只是，在理论的聚光灯中，意识形态的概念内涵也逐渐溢出了马

① ［美］德沃金：《文化马克思主义在战后英国：历史学、新左派和文化研究的起源》，李丹凤译，人民出版社2008年版，第196页。

克思生产分析的视野，成为了一种无时无处不在的、普遍的现实结构。一方面，这见证了资本主义社会关系通过意识形态实现自我再生产这一过程的普遍性；另一方面也给无产阶级这一历史主体的生成可能性贴上了历史的封条。这便是阿尔都塞的困境，也是以威廉斯、汤普逊、霍尔等人为代表的英国文化马克思主义强调文化的相对独立性、能动性与创造性的重要原因之一。有意思的是，北美社会学马克思主义的创始人布洛维，却逆流而上，重回生产车间，从生产过程中的管理与劳工协作互动方面探讨意识形态的“同意”制造机制，从中试图发掘工人的主体能动性与创造性。①

总体而言，从卢卡奇的物化理论（由物及心）与葛兰西的文化霸权思想，到阿尔都塞的“意识形态国家机器”理论，西方马克思主义逐渐将资本主义关系再生产的重要维度——意识形态凸显出来了。这是一个从生产过程分析逐渐走向广阔的社会生活分析的理论过程，也是一个从意识形态虚假性指认到意识形态能动性、结构性现实分析的过程。就意识形态而言，也就从一个外在观念体系与生活物化结构合谋的骗局，进化成了一个由无产阶级自我施加的现实认同。意识形态理论的这一个跳跃也并不是单纯在逻辑上完成的，而是有着其深厚的现实根源。这就是随着战后资本主义的复兴与繁荣，在马克思主义看来是假象和意识形态的消费社会及其丰裕景象，却成了无产阶级认同并自我施加的真正“现实”。这就需要进入日常生活的分析视野。

其次，资本主义再生产的日常生活层次。在创立一种新的历史科学之初，马克思明确地将人们的物质生活的生产和再生产作为历史之本。在对资本主义生产方式的分析过程当中，马克思虽然并未对资本逻辑对日常生活的渗透和殖民问题展开论述，但他有关生产与消费关系的辨识以及拜物教分析和批评等零星的论述，实际上已经在理论表层上涉及了资本主义关系再生产的日常生活层次问题。在深层逻辑上，当马克思强调生产关系的生产与再生产比生产的直接物质成果更为重要，或强调关系的生产和再生产比价值的生产和再生产更为关键

① 参见［美］布若威《制造同意：垄断资本主义劳动过程的变迁》，李荣荣译，商务印书馆2008年版。

的时候，他实际上已经为后来西方马克思主义转向日常生活研究与批判开启了方向。

在一定意义上，法国年鉴学派代表人物布罗代尔的资本主义认知，构成了沟通马克思与西方马克思主义的逻辑桥梁。在《15 至 18 世纪的物质文明、经济和资本主义》一书中，布罗代尔将日常的物质生活视为一种变化相对缓慢的长时段结构，而那些受到历史研究青睐的社会变革与动乱、具有重大历史意义的事件与个人等一切看起来比较明显的历史变化，都是建立在物质生活的基础之上的。布罗代尔要考察的这段历程，实际上是一种从基础性的物质生活过程中脱胎而出的市场经济体系——亦即我们现在习惯指称的资本主义，一步步走出“自己家里”——流通与交换领域，并进入“别人的家里”——生产部门的历史过程。不仅如此，作为一种日益强大而且似乎看不到边界的资本主义经济体系，逐渐掌控了人们的日常生活、政治与经济生活，甚至侵入了思想文化等领域。

布罗代尔描述的这个“侵入”过程，正是马克思所简单描述过的生产关系再生产的过程，也是法兰克福学派转向文化工业批判、列斐伏尔与鲍德里亚聚焦于消费社会批判的现实支撑。他们的各自理论表述，实际上揭示了资本主义关系再生产的范围与层次的扩散。在马克思那里，生产关系是与生产过程紧密联系在一起的，生产关系的再生产实际上仍然是围绕经济生产过程进行的。对于在经济生产过程之外的社会生活领域中发生的资本主义关系再生产，马克思并未展开分析。列斐伏尔与鲍德里亚等人无疑是在一个更大的范围内讨论生产关系的再生产问题。他们一方面肯定了马克思强调的社会关系再生产过程的主导地位；另一方面将这一过程推进到狭义生产过程之外的日常生活当中，在人们的休闲、娱乐、消费以及家庭与教育等各个生活场景之中。例如，列斐伏尔就明确指出，“社会关系的生产与再生产并不只是发生在工人阶级行动、思考和被限制的社会场所（即在企业中）。社会关系是在广义的市场中，在日常生活中，在家庭中，在市民中被再生产着。它们同时也在社会的全部剩余价值得以实现、分配和消费的场所，在社会的普遍性机能——艺术、文化、科学和其他领域（包括军队）中——再生产出来。”①

由此可见，在列斐伏尔、鲍德里亚等人那里，资本主义关系的再生产发生的领域已经冲出马克思视野中的经济生产过程，扩展到日常生活中的方方面面。正是在这个意义上，他们转向了对日常生活的研究，指认了现代日常生活中的全面异化现象这一事实，揭示了现代资本主义社会中的日常生活已经完全沦为资本逻辑的操控客体；并且在这个过程中，人们的欲望、心理、生理与想象力都变成了消费控制的对象或手段。不仅如此，人们满足欲望的方式也是被社会隐性操纵着。所谓的社会主体实际不过是被消费意识形态隐性控制和塑造的假象，成了漂浮在“社会想象投射的世界”中的欲望符号和“主体幻象”。现代社会彻底沦为了商品的世界和一个“假装的”欲望普遍化的消费社会。在他们看来，日常生活中所有异化现象的实质正是资本主义逻辑对社会生活的全面掌控，也就是说，资本主义关系的生产与再生产不仅发生在马克思意义上的狭义生产过程中，而且扩展到了生产之外的全部日常生活之中。现代日常生活中的各个阶层正以他们各自的方式、不自觉地参与并保证了资本主义社会关系的生产与再生产，从而使他们自己以及他们的日常生活被全面地组织纳入到资本主义体系中。可见，他们是在一个更大的范围内，准确地说，是在现代社会的整个日常生活中探讨资本主义关系再生产的问题，因此，他们眼中的资本主义生产关系已经不再局限于马克思视野中的与生产过程紧密不分的生产关系。

值得注意的是，此处列斐伏尔说的经济合理性由企业向整个社会的扩散的问题不仅仅指证了关系再生产的领域由经济生产过程向社会生活全面扩散的事实，从更深层意义上来说，它还指出了资本主义生产方式得以残存并显现出强大生命力的奥秘所在，即资本主义关系合法性的再生产问题。

前面已经指出，在马克思看来，工人把物质产品生产出来的时候，同时也把他作为工人的身份以及与资本家的关系生产出来了。在这个过程中，关系的生产与再生产远比物质产品的生产与再生产更为重要。到

---

① Henri Lefebvre, *The Survival of Capitalism* , *Reproduction of the Relations of Production*. London, 1978, p. 96.

了列斐伏尔与鲍德里亚那里，不仅关系的再生产已经全面扩散到广阔的日常生活海洋中，而且在实现资本主义关系的生产与再生产的同时，资本主义也实现了它自身的合法性的生产与再生产。例如，列斐伏尔指出，源于企业内部的经济合理性已经成为资产阶级和工人阶级共有的东西，并且把企业的技术理性推向了社会生活的方方面面，其实质是指认了资本逻辑已经冲出经济生产的过程并实现了对日常生活的全方面殖民的事实。更进一步讲，这同时也是资本主义生产关系的合法性被全面认同并实现其生产与再生产的问题。这一点，其实也是卢卡奇开启的意识形态批判的题中之义。在卢卡奇看来，从生产过程出发向生活过程蔓延和渗透的物化—合理化过程，实际上是一种隐性的意识形态认同机制。这一意识形态认同机制到了葛兰西那里，是一种囊括了政治、经济与思想文化等内容在内的霸权体系；到了阿尔都塞那里，则是一个隐匿于日常生活各个方面之中的“意识形态国家机器”。在消费兴起的时代，在列斐伏尔、鲍德里亚等人看来，意识形态的合法性认同机制主要体现在消费意识形态之中。资本主义控制和引导消费的一个重要手段就是对社会生活的每个个体进行意识形态“盗梦”，即通过广告媒介、文化教育等方式，将一种“虚假的意识”或一种关于生活姿态与方式的欲望和想象置入在每个社会个体之中，让他们在追逐这些虚假欲望的满足过程当中收获主体的存在感与自由平等的幻觉，从而对于资本主义打造的物质丰裕的消费时代感恩戴德。对于法兰克福学派、列斐伏尔与鲍德里亚等人而言，这是一种新型的、深层次的异化现象，从社会关系再生产的视域来看，其实质正是日常生活中的个体对资本逻辑的全面臣服，并且心甘情愿地把自己的日常生活交由资本的逻辑来规划，从而不仅确保了资本主义关系的生产与再生产在日常生活中的全面泛化，同时也不自觉地认同了资本主义关系的合法性。总之，在列斐伏尔所指认的“消费被控的官僚社会”当中，人们正是通过消费的方式不自觉地认同了资本主义生产关系再生产的合法性，资本主义正是通过对日常生活这片“新大陆”的殖民，悄悄进行着资本主义生产关系及其合法性的生产与再生产。

第三，资本主义再生产的空间维度。如果仅从排除了生产过程这一狭义的日常生活视角来定位资本主义社会关系的再生产过程，确实容易走入一种让人绝望的悲观境地。列斐伏尔在其日常生活批判的中后期开始逐渐意识到了这个问题。因为，在消费社会批判的历程中，那些被传统左派理论寄予厚望的潜在革命主体，无一例外地都被纳入到资本主义关系及其合法性的再生产过程之中，工人阶级革命意识与行动的萎缩已是不容置疑的现实。列斐伏尔的弟子鲍德里亚将这一消费社会批判的逻辑推向了极致，物—符号成为了一个无所不包的、自主体系，原来在列斐伏尔那里还尚存总体性革命希望的消费者，已经彻底沦为了符号体系的对象与客体。在马克思那里，基于一定生产方式之上的社会关系再生产与“物”的再生产的关系，到了鲍德里亚那里就发生了彻底的倒转：物—符号体系的自我再生产取代了社会关系再生产的核心地位，并决定了人和社会关系的再生产过程。在这样的情况之中，源自社会关系内部的反抗已经彻底成为了不可能。列斐伏尔意识到了从狭义日常生活这一视角来透视社会关系再生产的局限性，借由都市化过程与城市空间等问题的研究，他回到了早先坚持的总体的日常生活视域中，即包含了生产过程在内的广义日常生活视野。基于这样的总体性视野，他对资本主义社会关系再生产的考察推进到了空间的视域之中。

从日常生活到空间，在理论形式上确实存在着跳跃，但在逻辑上却是连贯的过程。这里有一个逻辑过渡，即社会关系再生产与资本主义幸存的问题。对列斐伏尔而言，从早中期的日常生活批判到后期的空间生产理论，其贯穿的一个问题式是资本主义何以幸存。在探索这个问题的过程中，列斐伏尔始终将社会关系再生产作为核心视轴。他通过日常生活批判，揭示了资本主义幸存的秘密在于，通过对日常生活的殖民取得自我合法性的再生产。而随着战后发达资本主义殖民主义的历史效应与矛盾（或资本全球流动的空间拓展与冲突）、城市化进程带来的社会冲突与矛盾等历史与现实问题的凸显，列斐伏尔意识到资本主义社会关系再生产的核心机密已经不再是对日常生活的殖民，而且是对空间的殖民。用列斐伏尔的话来说，资本主义幸存的秘密在于通过占有空间，并生产和再生产空间。正是在空间这一视域当中，先前的日常生活这一主题得到了更完整的展现，同时也将人的意识形式与生活想象、人与自然的关系（表现为自然资源、能源条件等）等维度也纳入其中。在空间的视域之下，资本主义社会关系再生产的总体性过程就更加明显了。因此，在一定意义上，空间并非列斐伏尔另起的炉灶，而是一个可以将西方马克思主义前后凸显出来的众多主题融为一体的新平台。因为，在列斐伏尔那里，空间绝非传统社会理论所忽略的自然给定或绝对化的容器，而是一种由社会实践活动塑造和推动的空间过程，其本质是实践的、社会的和历史性的，其核心正是占据主导性地位的特定社会生产方式所决定的社会关系。任何一种生产方式必然是一种空间生产的方式，它不仅在空间中生产，同时也生产出它所需要的空间，因此其本身就是一种空间生产。就资本主义社会而言，资本主义生产方式在生产物质产品和社会关系的同时，必将同时生产出一个属于资本逻辑的空间。如此一来，借助社会关系再生产的理论视野，列斐伏尔就从空间中物的生产批判走向了空间生产的批判。

哈维继承了列斐伏尔的空间生产思路，紧紧抓住资本积累与阶级斗争的核心视角，推进和完善了资本主义的空间生产分析。就资本主义社会关系再生产而言，哈维有两大比较明显的贡献。

其一，关于资本主义积累的时空机制的研究。哈维从宏观的全球资本流动与劳动分工、中观的城市化过程研究、微观的身体过程这三个视域，揭示了资本积累的时空策略及其后果：即“时间消灭空间”的资本空间重组与“周转时间加速”。在哈维看来，这是资本逻辑主导下的“创造性破坏过程”，在全球各个空间层面上生产和再生产着不平衡与地理差异。资本周转时间加速的内在要求，推动了社会生产与消费往快速化、景观化、影像化、数码化等形式的快速转化，这也是德波所关注的“景观社会”的背后逻辑。总之，资本积累的时空策略在于摆脱时间与空间的束缚，成为一种无根性的存在，但又无所不在、无时不在。在现实的效应上，资本积累的时空机制让社会个体处于一种破碎化、瞬间化、原子化、高速流动的状态之中，孕育了后现代主义等文化体验与理论表述。另外，从身体这一微观层次的空间来看，资本积累通过各种方式塑造着身体，使之成为资本积累的策略。例如，列斐伏尔和鲍德里亚等人在消费社会批判当中所提及的诸多手段，如控制与引导消费欲望、制造虚假需求或以广告传媒与文化教育等方式塑造引导的“理性消费”理念等，都是资本积累过程对身体的规训过程。因此，哈维反对将身体视为一种给定的生理事实，而是一个社会建构的“身体过程”。不仅如此，哈维还将身体的思考置入到马克思的资本分析逻辑当中，从可变资本循环及其与整个资本循环体系之间的关系入手，将身体这一微观空间的分析与其他层次空间的循环紧密地联系在一起，并始终贯之以劳资对抗与冲突的核心视轴。这样，从微观的身体，到中观的都市空间与日常消费过程，再到宏观的资本全球流动与不平衡发展，哈维实现了在不同的时空层次之间辩证的穿梭。借助这种“空间的想象力”，哈维将资本主义关系再生产的空间维度更加明显地、也更加具体地凸显出来了。①

其二，哈维的过程—关系辩证法与社会生活多环节相互内化于过程之说，构成了社会再生产研究的方法论模型。就空间研究的方法论而言，哈维既反对形而上学的抽象逻辑，也拒斥实证主义、经验主义的研究路径，为了打造一个能对空间、地方与环境等关系形成辩证把握的认知图式，哈维求助于思想史上的辩证法传统，打造了一个过程—关系辩证法。其中，过程对于物、关系与结构等具有绝对的逻辑优先性，后者是前者的产物与后果，并且都必须在总体过程的认知当中得到定位；过程的发展动力在于内在的矛盾冲突的推动，基于这种内在矛盾的运动过程，主体—客体、原因—结构、现象—本质、偶然—必然、普遍—特殊、整体—部分、时间—空间等成对出现的这些概念相互依存并相互内化。依据这种纲领性的过程辩证法，哈维将社会生活划分为以下的六个

---

① 这里所说的“空间的想象力”实际上是对美国著名马克思主义社会学家C. R. 米尔斯提出的“社会学的想象力”这一概念的模仿。在《社会学的想象力》一书中，米尔斯主张，社会科学研究应具备一种社会学的想象力，这种想象力的方法精髓是在不同的窗口之间穿梭。如何理解这个主张呢？依据他对治学方法的研讨，笔者认为米尔斯所说的不同的窗口大抵可以细化为以下几对：个体与社会，情境与结构，结构与趋势，正题与反题，时间与空间等。当然，最后一对概念范畴并非米尔斯表述中原有的，而是笔者的补充性概括。因为有关时间与空间的辩证统一及其对社会理论研究的重要意义的探讨，是在20世纪70年代之后的事情。在米尔斯主张的“社会学的想象力”当中，我们可以看到马克思的影子，也可以明显地感受到结构主义的召唤，以及法国年鉴学派的新历史观对他的影响等。米尔斯的方法论主张，也可解读为试图在经验调查与理论抽象之间、在结构束缚与主体能动之间、在微观生活情境与宏观历史趋势之间进行辩证沟通与统一的有益尝试。其实，布罗代尔对历史时段的划分，其意也在于面对特定事件和情境时能具备在不同的时间层次之间穿梭的“想象力”，姑且戏称为“历史的想象力”；吉登斯的结构化理论，其意亦可解读为在主体能动活动与结构之间具备一种来回穿梭的“结构的想象力”；哈维主张对历史唯物主义进行地理学的升级，这在方法论上意在使历史唯物主义具备在不同的空间层次之间来回穿梭的“空间的想象力”。

环节：话语/语言、权力、思想/欲望/幻想、制度、物质实践、社会关系。这六个社会生活环节或过程在社会过程当中相互内化。其中的任何一个环节都不是单独发生作用，都是一个相互影响、相互内化的过程。

哈维的这一分析模型对于我们探讨社会再生产的机制以及分析有关学者的社会再生产思想之得失，都具有重要的参照意义。具体而言，当某一学者立足于前人所未曾遭遇的新历史情境，将社会生活的某个环节和过程凸显为主导性的过程，并作为独立的因果力量时，我们就必须提高警惕了。我们必须思考，这个学者所论及的，是他认为在当下社会秩序再生产中重要的一个环节，而这个环节与其他环节的关系他是否论及了，他怎么看待的？他依据所捕捉的这个环节，来探寻历史变革力量时，其理论有何得失？比如，卢卡奇的物化理论，直接对应的是泰勒制的生产流水线，也是马克思异化理论的现实语境。但他提出的内化至心灵的物化模式，对于工人阶级的阶级意识是一种迷药，这种迷药致使其丧失了反抗资本力量的意志，也迷失了斗志方向。从这个角度上来看，资本对劳动的剥削关系实现了巩固与扩大。如果仅凭这一点来责备卢卡奇夸大了意识的作用，显然并不公允。借助哈维的社会生活多环节相互内化的分析模型，卢卡奇所看到的，恰恰是将其他环节内化了的意识形态这个环节。当然，这并不是说要为卢卡奇辩护。事实上，卢卡奇的问题本身也恰恰在于，他将意识形态这个环节拔得太高了，视为一种社会因果力量来考虑，并且他对反抗主体的论证方式以及对反抗斗争的可能性空间的论证，最终都没能回到物质生活的生产和再生产过程中去，从而实际上是将社会生活辩证统一的诸多环节割裂开来了。又如，鲍德里亚的消费社会批判思路，由于将消费这一环节拔得太高，脱离了物质生产过程，被视作一个独立的自主过程，未能看到社会生活其他环节在其中的内化过程，最终也走向了彻底的悲观境地。

总之，以资本积累的时空机制与内在矛盾为核心关注，哈维完善和拓展了列斐伏尔开创的空间生产理论。在本书看来，哈维是将马克思历史唯物主义的历史语境化要求当代化了，延续的也正是马克思以资本主义生产方式分析的核心逻辑与最终旨趣。不同于传统马克思主义或西方马克思主义的地方在于，后二者都简化甚至抛弃了马克思完整的生产方式分析思路，而在马克思完整的生产方式分析思路中，那些被视为狭义生产环节之外的社会生活内容，包括意识形态等，都是作为生产方式实现自我再生产的不可分割的构成部分。换句话说，在马克思那里，生产方式的分析是一个立足于社会生活动态进程中的总体性视野，蕴含着哈维后来在思想史中极力挖掘的内部关系、相关性理论与社会过程优先性思想，是一个在劳资矛盾运动的完整过程中才能定位的广义生产（包含了生产、消费、流通与分配等环节的辩证统一）、意识形态、自然（空间）与历史（政治文化制度等）等社会生活各环节相互关联、彼此依存、相互内化与再现的复杂过程，因而是一个社会总体生产和再生产的视野。然而，在正统马克思主义那里，这种完整的社会再生产分析被严重缩水成经济视域中的生产和再生产，并基于经济视域中必将临近的再生产界限与危机来论证无产阶级革命以及相应斗争策略。到了西方马克思主义那里，或许是为了告别正统马克思主义的理解套路，在倒洗脚水的过程中连孩子也倒掉了。于是，匆忙之间，他们将原本完整的社会再生产过程分割成生产与非生产领域，认为随着时代变迁，资本再生产重心已经完成了从生产向生产之外的社会生活领域的偏转，由此获得了更大也更加无法战胜的力量。这种急切宣布马克思已经落后于时代发展的理论心态，或许与当时急于与主流马克思主义的理解模式划清界限有关，或许是一种源自与时代脱节的理论焦虑而采取的应对策略，或许是对马克思的一次美丽的“误会”，然而这些都不是我们所关心的重点。我们关注的焦点恰恰在于，他们以马克思过时了的名义而在理论研究上推动的主题转移与形式创新，究竟是否真的溢出了马克思社会再生产分析的理论视野？究竟给马克思主义研究带来了什么样的挑战？对于我们推动历史唯物主义的时代化研究有何助益？

很显然，深谙马克思资本分析精髓的哈维，对于西方马克思主义的“另辟蹊径”及其遭遇的理论困境应该是有过深入思考的。当他以资本积累这一理论视角来统合各种分析路径时，他不过是将原本完整后来却分裂了的再生产分析视野再次实现了整合，同时力图在具有跨时代特性的、普遍性的生产方式分析与具体的、富有时代特性的资本积累方式分析之间实现了辩证统一；在时间视野与空间分析之间实现了辩证统一；在普遍意义上的劳资矛盾与具体情境中的种族、性别、阶级等斗争之间实现了辩证统一。哈维的工作正在进行中，他对历史唯物主义的地理学升级，恰恰是在不可摆脱的思想史语境与现实语境分析的矛盾当中树起的一面“新”旗号。当然，如果我们深入理解了马克思再生产的理论视野和方法论框架，应该不难看出，哈维树起的这面崭新的旗帜，比大多数写入马克思主义家谱的徒子徒孙们亮出的旗号都更加明确、更加坚定、也更加深入地树立在马克思的思想沃土上。

综上所述，西方马克思主义对社会再生产问题的发展，主要体现在将马克思有关资本主义社会关系再生产的问题推进到意识形态、日常生活与空间等层次当中。其核心问题在于以资本与劳动矛盾运动为中心视轴的资本界限问题。马克思在探讨资本主义的界限时，将自然空间、历史与文化都视为资本主义运动过程中必将要打破的界限，资本最终的运动边界在其自身。从再生产过程来看，套用布罗代尔的表述来说，资本主义一步步从自家（流通领域）走进了别人家里（生产、政治、思想文化等等），最终成为了整个社会生活的主导秩序。这是一个多向度、多层次展开的过程，表现为意识形态（无意识层面）、日常生活与文化、空间等层次，以及在这些层次之间游走的其他主题，如国家、科技、性别与生态等问题。在这个过程中，并没有任何中立的、无辜的存在，社会各方面因素或多或少、或久或暂、或有意或无意地推动了资本扩张与自我再生产的过程。西方马克思主义的理论研究及其意义，通过这种视野将得到新的理解视角。就资本主义研究与批判来说，其逻辑主轴是资本与劳动的矛盾运动。但这并不意味着将物质条件本身的生产和再生产排除在外了。相反，任何时候它都构成了不可忽略的现实基础。只是，就资本主义本身合法性的论证与维系而言，物质条件再生产的危机及其爆发对人们生活与思想的冲击力，都受到了上述其他几个层次的中介。甚至，这些中介本身掩盖了基础，成为了现实。从这个角度来看，《黑客帝国》中的那句台词——“欢迎来到真实的荒漠”，倒像是资本对芸芸众生的严厉警告，不要试图去区分真实与虚假，活着就是一切。

如果仅仅因为列斐伏尔等西方马克思主义者把理论批判的视角停留在意识形态、日常生活、文化心理等所谓的“上层建筑”层面，或者因为他们的解放出路要么呈现出某种程度的乌托邦色彩（如列斐伏尔的“节日”复兴和文化革命），要么在激进的反抗中透露着强烈的悲观底色（如马尔库塞的“文化大拒绝”或鲍德里亚的“象征交换”），从而将他们的理论框定在人本主义或结构主义的逻辑当中加以定位和评价——这无疑是一种曲解和矮化西方马克思主义理论的做法。至少，这种解读模式妨碍了我们从一个理论发展的视角来理解西方马克思主义学者对于马克思主义的贡献。从上面的分析我们已经指出，立足于再生产的理论视角，我们就会发现：西方马克思主义者是积极响应时代的变化，用各自的方式把马克思未作深入阐发的再生产理论推入一个独立于经济生产之外的领域加以分析，从而呈现出强烈的文化批判色彩。比如，列斐伏尔对于素来被正统马克思主义忽略的日常生活领域的批判，不仅指证了资本主义对日常生活的全面殖民，而且揭示了，资本主义正是通过控制消费的方式把日常生活全面组织到资本主义体系中，并悄悄地进行着资本主义生产关系及其合法性的生产和再生产。值得肯定的是，列斐伏尔对于日常生活与再生产关系的分析不仅切中了资本主义新时期的演变与时代特征，而且在很大程度上是历史唯物主义在日常生活领域的运用和拓展，从而为我们探寻资本主义得以幸存并显现出强大生命力的奥秘提供了一个不可或缺的重要路径。因此，仅从列斐伏尔指认出了资本的生产逻辑对日常生活的全面掌控并在日常生活中进行着生产关系及其合法性的再生产这一点而言，日常生活批判的理论对于我们把握新时期的资本主义统治策略的转换有着重要的参考价值，对于马克思主义的理论发展也有着不可忽略的意义。

当然，必须指出的是，在马克思那里，生产关系的再生产作为整个动态生产系统中不可或缺的一个重要环节，其最终的落脚点仍然是那个基于雇佣劳动与资本对立的、以生产资料资本主义私有制为根基的资本生产的总过程。也就是说，不管意识形态、日常生活与文化等问题对于资本主义关系再生产的意义如何重大，但在根本上，资本主义为了生产而生产的本质属性并无变更，因此，如果忽略了这一点，而仅仅停留在社会关系的再生产层面展开批判并在这一层面寻求解放的道路，那么最终的解放道路就难免陷入乌托邦。西方马克思主义在寻求解放道路与策略制定上遭遇的种种困境，实际上也根源于此。

自马克思之后，西方马克思主义关于资本主义再生产问题的思考焦点主要集中于狭义生产过程之外的社会生活领域中，从而将社会再生产的复杂性、多层次性特质呈现出来了。然而，西方马克思主义学者似乎都共享了一个理论假设，即马克思对生产劳动过程中的关系再生产问题已经揭示得很清楚了，后来的社会变迁的主导机制来自于生产之外的社会生活领域中。随着战后资本主义生产方式的自我调整，消费社会与福利社会的特点日渐凸显，有关福特主义、弹性生产与后福特主义等问题的研究逐渐兴起。以日本丰田公司为案例的精益生产方式研究，让管理变迁问题以及资本主义生产领域中的其他新变化成为了当代马克思主义学者必须直面的现实问题。就资本主义研究而言，马克思主义必须重新审视这样一个问题：资本主义生产劳动过程中的新变化对于资本主义关系生产和再生产的意义。遗憾的是，这些问题并不是西方马克思主义乃至西方当代激进左派的关注焦点。到目前为止，极少有此类问题的研究问世。有趣的是，美国社会学家布洛维却是一个例外，他重新转向了劳动过程的研究，并试图由现实问题的经验具体分析上升到方法论层面的抽象，从而打造一个新的研究框架，即公共社会学与社会学的马克思主义。①

从《制造同意》、《公共社会学》等几本核心文献来看，布洛维非常明确地将社会再生产问题作为研究的中心问题。布洛维明确地将马克思主义的核心部分定位为一种阶级社会的特殊类型的社会理论，简单说就是资本主义理论。其中，最核心的三个论题：其一，关于资本主义的历史轨迹和命运问题，即资本关系的历史必然性；其二是关于资本主义内在矛盾的再生产理论；第三，作为资本主义替代的社会主义理论。他试图承继并拓展西方马克思主义对于资本主义关系再生产问题的研究思路，并将之置入社会学的理论视野中加以重构。这一点贯穿于他建构社会学马克思主义的学术努力当中。他将社会学马克思主义的关注点界定为——“通过怎样的过程，阶级关系社会再生产问题新的制度解决方案被生产出来”，即通过从宏观与微观两个层次考察制度危机与革新的问题，将资本主义内在的变革动力与矛盾揭示出来。具体来说，就是将生产劳动过程中的变化与新的劳动控制形式及其在国家制度上的反映之间的动态关联呈现出来。这在微观的层面上表现为生产过程中的管理问

① 参见［美］布洛维《公共社会学》，沈原等译，社会科学文献出版社2007年版。

题，在宏观层面上表现为整个国家制度、法律、媒体、教育等方面。因此，他明确地将如下命题作为社会学马克思主义的元理论："社会关系被社会实践再生产（和转变），而社会实践自身又被社会关系塑造。"正是基于这种辩证的分析视野，他综合了葛兰西与波拉尼的理论视野，探讨了阶级关系再生产的微观"同意"机制与宏观机制。具体而言，他一方面探讨了劳动过程中的"同意"与微观权力关系的再生产；另一方面考察了生产关系的宏观制度性保障，即作为上层建筑的各种形式的政治和意识形态机构，在理论上重新审视了阿尔都塞、普兰查斯等的国家理论以及对基础—上层建筑的功能主义解释。

由此可见，布洛维试图构建的社会学马克思主义这一研究新构架，其实质恰恰在于当代全球资本主义条件下的生产关系生产与再生产的重新理论化。他的"反常"研究，正是马克思再生产理论历经西方马克思主义的反思之后在当代社会理论中的一种积极的反映，也反过来印证了，马克思元理论中的再生产这个核心问题仍然构成现代资本分析与批判的焦点问题。尽管他的讨论和我们传统的哲学讨论有很大的差异。但是这个差异是有趣的、有积极意义的、互补性的差异。既有助于我们打开研究思路，也提醒我们应掌握"社会学的想象力"，实现在不同的理论窗口之间自由穿梭。

三 探索未来的可能性：走向一种"社会主义共同文化"

西方马克思主义转向文化和日常生活的批判思路，在形式上表现出来的是一种告别生产、走进生活的理论偏好。但从社会再生产的角度来看，这也恰恰说明他们已经意识到，对于社会主体的解放而言，社会生活已经取代生产过程的斗争成为中心问题。因为在他们看来，整个20世纪阶级意识的衰退和阶级运动的失败，早已让阶级本身成为了一个需要质疑的范畴。在现实的变迁过程中，让人们对于马克思在逻辑上所倚重的并致力于论证的阶级主体感到困惑的主要原因，并不在传统的生产视域中，恰恰是在广阔的社会生活领域，更具体来说，是文化与意识形态等领域。正是在这些被传统理论所忽视的领域当中，资本主义生产关系以前所未有的速度全面地扩展并顺利实现了再生产。因此，从理论特征来看，西方马克思主义的确逐渐走出了马克思聚焦于生产过程的资本分析思路，并彻底地走向了生产之外的社会生活之中。但从深层逻辑来看，这种理论形式上的转移，其核心视轴依旧可以划入基于社会再生产的理论视角对资本与劳动矛盾运动机制的研究论域。因此，从生产方式分析之上的再生产论述到宏观逻辑的意识形态批判，再到微观具体的日常生活研究，并最终汇聚于空间生产理论，从马克思到西方马克思主义的社会再生产研究似乎也历经了一个正—反—合的辩证发展路径。

诚如哈维基于时空辩证统一的过程辩证法所打造的社会研究框架所示，不论是狭义的生产过程（这既是马克思长期被误解的地方，也是布洛维在西方马克思主义之后试图"回到"的地方），还是意识形态、文化思想与日常生活，抑或国家制度与权力结构，都是在同一过程当中彼此相关、彼此内化的复杂关系与过程。这里的"同一过程"正是由马克思开创、并由后来的马克思主义学者（包括了西方马克思主义）丰富和发展的资本主义社会再生产过程。社会生活多环节相互内化于过程之中的特性，一方面见证了资本主义社会机体结构在当下越发的复杂性；另一方面也决定了同时的、全方位的、彻底反抗资本结构的难度。这就注定了，反抗资本霸权可以是一个多元化的过程，因为任何一个环节都可能表现为资本再生产结构的关键环节或要素，都可以视为反抗的切入点，例如性别、生态、文化等。但这同时注定了，这种多元化的反抗也更容易陷入被资本力量收编的境地。这一点，正是哈维在《正义、自然与差异地理学》当中向我们发出的警告。因此，哈维主张，既然资本主义条件下社会生活的各个环节和层次是相互内化的，那么从单一环节切入的各种"战斗的特殊主义"也必须探讨相互"内化"和相互支持呼应的可能性。这样，一方面可以避免陷入容易被资本力量收编的单打独斗模式；另一方面也可以在全方位、多层次的反抗之中相互呼应，一步一步地将资本逼向其自身发展的界限。应该来说，这是一个值得高度肯定的探索路径。

以哈维的这一思考为参照，我们来重新审视西方马克思主义对未来可能性的探索。总体而言，西方马克思主义先后凸显出来的几大主题，如意识形态与日常生活等，实际上都无可奈何地宣告了阶级与个体的双重萎缩过程。在他们对现实的理论勾画之中，我们总是很容易感受到难以抑制的悲观底色。例如，就结构与主体的拔河比赛而言，20 世纪的社会变迁显示，历史的进程似乎更倾向于站在结构的一边。主体性，在一个日益破碎化、离散化、景观化、单子化的社会现实面前，日益萎缩，也日益破碎化，沦为了阿尔都塞笔下的“意识形态国家机器”产物——“伪主体”；资本，则化身为一种无处不在、无孔不入的现实力量，在主体的社会生活的每个角落存在着，并不时地以结构或符号的方式展现其不可抗拒的力量，也折磨着许多马克思主义思想家。人们的体验，被结构的数码化、网络化、景观化等特质，撕扯成零零散散的碎片。资本逻辑主导下的空间结构，吞噬着每个个体。主体性又如何得到伸张？

然而，社会批判理论的真正使命，不该止步于酣畅淋漓地批判，而应引领我们重思、并重塑我们的历史主体性，从而揭示一种积极的、开放式的未来可能性，展现主体行动的可能性空间。实际上，主流的西方马克思主义思想家并未放弃这一探索。从社会再生产的研究视角来看，他们关于资本与劳动矛盾关系的思考，其实质是对资本主义社会关系再生产的研究，其旨趣也在于寻找权力关系再生产的裂缝，从而揭示一种新的政治行动的可能性。例如，卢卡奇对阶级意识重要性与生成性的历史必然性与复杂性的认识，一方面解释了无产阶级革命事业暂时性失败以及艰巨性的原因；另一方面也将之作为重要的斗争领域凸显出来了。葛兰西对大众日常生活层面中微观意识形式的重要性强调，并基此阐发了作为一种阶级斗争策略的文化霸权思想，强调有机知识分子的重要意义，强调日常生活中各种具体化的意识形态并非给定的或固定不变的，实际上是一个可以斗争的领域。因而，这就给主体的生成空间打开了一道裂缝，借助这道裂缝，葛兰西认为，实践哲学是可以将之扩张为一扇大门，通往一种社会主义的共同文化。然而，在这一方面，阿尔都塞走向了悲观。他眼中的意识形态是一种无法突破的结构性霸权力量，这就让葛兰西指出的这道意识形态裂缝看起来是那么的无关紧要、可有可无。因为，个体无论如何都处在意识形态的封闭空间中，被意识形态质询为“主体”。以威廉斯、汤普逊为代表的英国文化唯物主义，从英国自身强大的经验主义文化特性出发，强调了经验在历史发展中相对自主的理论位置，因而也构成了社会现实生活中的个体行动和认知的重要根基，也是一种突破“结构”意识形态的重要窗口。一方面凸显了主体行动与认知的生成性；另一方面也强调了，文化作为一种整体生活方式所具有的相对独立性。因此，文化构成了与资本逻辑霸权争夺主体塑造权力的可能空间。那么，这是不是意味着一种浪漫主义的文化救赎论呢？

在我们看来，问题并不是那么简单。因为，如果从社会再生产的视角来看，威廉斯所强调的文化，是一种总体的生活方式，其中内化了社会生活的其他环节。在谈论一些英国马克思主义者对“文化”概念的片面和机械理解时，雷蒙·威廉斯指出，当他们把“文化”的规范意义视为一种“社会的智力和想象的产物”时，他们恰恰是在以一种不恰当的方式运用马克思的“上层建筑”的概念。“既然马克思主义者强调社会现实的所有因素彼此依存，既然在分析中强调运动及其变化，马克思主义者应当合乎逻辑地在‘整个生活方式’——一种总体的社会过程——的意义上，使用‘文化’概念，这一点不是咬文嚼字，因为强调后一种用法可以杜绝我们所批评的机械的研究手法，也能为更实质化的理解提供一个基础。不过困难还在于马克思最初描述的公式：如果有人不是把‘基础’和‘上层建筑’看作一种启发性的类比用言，而是把它当作现实的描绘，那么谬误自然也跟随而来。”① 威廉斯对于共同文化的生成性的强调，以及文化在缔造主体及全民的集体实践过程中重要作用的强调，意在从资产阶级立场的学者那里争夺共同文化的定义权，揭示出阶级主体的主体性、创造性。而他们一旦意识到生活方式乃共同文化的内核，那么，社会变革的着力点就不再单一化为经济结构了。这种共同文化的历史生成机制，也为马克思的革命理论所期待的历史主体提供了更为完整的注解。在一定意义上，透过它，我们将为20世纪的革命延宕与失败找到一种新的反思主体的视角，同时避免陷入美学救赎论的泥沼。

因此，当我们强调文化是反抗资本霸权的突破口时，实际上是从社会生活多环节、且普遍联系、相互内化的动态过程中来定位文化的社会再生产功能。在此基础上，揭示其对于主体能动性与生成性的意义。我

---

① ［英］威廉斯：《文化与社会》，吴松江、张文定译，北京大学出版社1991年版，第358—359页。

们不妨以哈维有关身体问题的研究为例。

哈维有关身体问题的研究为我们探索未来可能性提供了很好的分析范例。他是从资本驯化劳动的矛盾冲突过程来思考身体问题的。在他看来，身体即是资本积累的策略，同时也构成了反抗资本逻辑的策源地或可能性空间。

一方面，哈维揭示了资本是如何动员各种资源、采取各种手段来驯化身体，并以“理性消费”的形式让身体沦为资本积累的前沿阵地。“组织、动员并引导人的欲望，以说服、监视和强迫的策略鼓励积极的政治参与，这些成为了资本主义消费机构的一部分，反过来又对身体产生了形形色色的压力，这个身体就是进一步积累所需要的‘理性消费’的场所和执行代理人。”[①] 当哈维这样揭示资本主义所塑造的“理性消费”的发生机制时，与20世纪中期的消费社会批判理论分享着共同的议题。列斐伏尔、鲍德里亚等人正是抓住了资本对消费者的需要、欲望的调动和塑造等方面展开他们的批判话语的。不同的地方在于，哈维将处于“理性消费”这一资本逻辑规划中的身体，视为一个内化了社会生活其他因素和环节的社会过程——身体过程。但鲍德里亚却将消费环节封闭化了，并将之凌驾于社会生活的诸多可能性之上，成了独立的因果力量，也导致了从内在冲突寻求反抗的不可能性。

因此，从另一方面来看，哈维擦除了鲍德里亚等人消费社会批判的悲观底色，并积极寻求突破资本主义消费迷局的可能性。他指出，资本逻辑为了控制、引导劳动者的可支配收入的支出方向而设计的“理性消费”这个概念本身并不是固定不变的，资本主义技术与产品的变革都有可能影响工人的家庭经济状况，从而也改变工人的消费意愿。并且，“假设工人可支配收入的运用中真有任意因素的话，那么在争取生活方式和相关身体实践的社会斗争中就存在着像生产领域中一样的潜能。”[②] 很显然，哈维在这里所提到的“任意因素”事实上广泛地存在于我们的日常生活当中。因为，在最一般的含义上，这种

① ［美］戴维·哈维：《希望的空间》，胡大平译，南京大学出版社2006年版，第107页。

② 同上。

“任意因素”就是不按那些服务于资本积累立场的“理性”套路出牌，从而在设计个体的生活方式以及相关的社会实践活动时，对资本逻辑的各种隐性渗透保持高度的警惕。在根本的意义上，这是一场有意识地与资本霸权争夺“理性消费”定义权的漫长且无硝烟的战斗，从而在生产领域之外的更广阔的社会生活领域中挖掘并培育反抗资本积累策略的各种潜能。

哈维对未来可能性的这种积极与乐观姿态，并不是盲目的，而是对马克思历史辩证分析视野与方法论的继承。一方面，哈维肯定了消费社会批判思路当中共同指涉的核心问题，即资本主义通过控制消费而实现了关系再生产及其合法性认同。哈维指出，“通过使工人受困于生活方式、消费者习惯和欲望这样的概念之中，资本家就可能轻而易举地在劳动过程内获得顺从，并同时为他们的销售活动赢得独特的、扩散的市场环境。”① 如此看来，生产过程中的“同意”与“顺从”或有限的、不痛不痒的反抗路径依赖，和生产之外的日常生活过程被资本逻辑的全面编码，这两个过程是辩证同一的。因此，在方法论意义上必须从整体的过程来考察，而不是非此即彼式的判断思路。后者，正是主流的消费社会批判宣告马克思过时的弊病根结。从另一方面来看，在悲观的激进左派失望的地方，哈维总是积极地探寻反抗与斗争的潜在可能性，因此也更加忠实于马克思的历史辩证法。他指出，“工人如何个别地或集体地履行他们的消费者职责并进行生活方式选择，与资本力量如何试图抓住并指导那些选择朝着有利于可持续积累的理性消费方向发展，这两者之间就产生了斗争。”②

肯定这种斗争的存在，也就意味着以下的这种想法是现实的、并且积极可行的：以拒斥资本积累的可持续性为共同的旗帜，将各种斗争的可能性汇集起来，从而积极探寻一种与资本逻辑保持距离的生活方式。这种斗争的汇集，也许无法直接承担起彻底颠覆资本主义生产逻辑的历史使命，但它也是一种以改造所有制为最终导向的动态趋势，从而毫无

---

① ［美］戴维·哈维：《希望的空间》，胡大平译，南京大学出版社 2006 年版，第 108 页。

② 同上。

疑问地构成了那种以替代资本主义为根本旨趣的整体斗争过程的有机构成部分。我们完全可以预见，拒斥以资本积累为导向的理性消费所带来的生活方式的重新设计，并不预先设定一个同质性的方式，而是一种充分尊重个体差异性的多样性建构过程。尽管形式上的表现多种多样，但就反抗和拒斥资本的同一性逻辑而言，他们又都可以聚结在一个共同的旗帜下，即打造一种社会主义的共同文化。因为社会主义共同文化的内核，就是一种非资本主义的生活方式，其实质是从资本逻辑手中争夺生活方式定义权，去构建一种不受资本逻辑掌控的生活方式。

就资本主义为利润而生产的本性而言，他使人日益工具化的趋势和对于自然无止境的剥夺和破坏，成为了一个巨大的惊叹号悬在了我们的头顶上，未来的解放空间成了一个巨大的问号，飘荡在芸芸众生心中，也游荡在众多支持或同情马克思主义的理论家心中。在生产的组织方式无法一步到位地摆脱资本逻辑的事实面前，我们必须与之争夺的共同文化的定义权和塑造权，无疑是一个阻击资本逻辑布展和再生产的战略重地。正如西方马克思主义学者从各个角度揭示的那样，如果不是建立在生产与生活方式的彻底改变的基础上，任何对资本关系的革命都是一种美好而浪漫的乌托邦。就改变生活方式而言，一种异质于资本逻辑所“殖民”的日常生活的可能性空间的开启，离不开一种社会主义共同文化的塑造。在这个过程中，塑造主体不再是资本为利润生产的动力机制，而是每个社会成员的联合主体，“社会主义共同文化观的充分含义是，应该在全民族的集体实践中不断重新创造和重新定义整个生活方式，而不是把别人的现成意义和价值拿来进行被动的生活体验。”①

可见，从全民族的集体实践出发来与资本逻辑争夺整体生活方式的定义权，构成了威廉斯、哈维与伊格尔顿等人所主张的“社会主义共同文化”的根基。并且，围绕整体生活方式的斗争，其战场不仅涵括了生产劳动过程，也必然延伸至生产劳动过程之外的广阔领域之中，表现为生活方式、情感结构、家庭组织、生殖行为、生活想象、欲望的表

---

① ［英］伊格尔顿：《历史中的政治、哲学、爱欲》，马海良译，中国社会科学出版社1999年版，第140页。

达以及快乐的追求等方面，探寻有意识的抗拒资本逻辑编码的可能性道路。即便不是对资本逻辑彻底的拒斥，但有意识地抗拒，并揭示其他的可能性，本身就是一种积极的反抗。①

借助西方马克思主义的资本批判视野，反观现时代的中国，探索一种异质于资本逻辑主导下的整体生活方式为内核的“社会主义共同文化”，实际上构成了当下我们建设有中国特色社会主义道路的重要维度，因此也是马克思主义中国化应有的题中之义。强调这一点，并不意味着我们可以将西方的资本分析与批判思路依样画葫芦式地照搬，也不意味着我们将“社会主义共同文化”的界定权拱手让给西方激进左派。实际上，一方面，我们要意识到从马克思到西方马克思主义的资本主义研究所具有的时空特殊性；另一方面也要看到以资本主义为内驱力的现代性过程已经成为一个不可逆的普遍性过程。这实际上也是一个普遍性与特殊性的辩证法。诞生于西方文化传统的马克思主义，自然无法摆脱其时空特性与局限性，而普遍性的现代化进程却让我们与西方马克思主义分享了共同的历史情境与现实焦虑。在资本逻辑所导致的日常生活全

---

① 例如，在择偶时，我们可以有意识地拒斥或压抑有车有房等可以理性计算的标准的垄断地位，抬高那些长期动态生活中无法量化的一些标准，如性格、家庭观念与生活诉求等等。由此，让“坐在自行车后笑”在与“坐在宝马车里哭”的竞争中获得更多的女孩的支持。又如，在淘金浪潮泛滥的当下，我们大大抬高家庭生活相对于以“时间就是金钱”或“应酬就是关系、关系就是前途”为内核的工作的权重，让“常回家看看”、为爸妈刷碗、为子女讲故事等所付出的时间对于生活意义的效益与重要性更加凸显，并且与可以量化为收入的那种“时间成本”的竞争中全面胜出，从而告别以“脑白金”等物性支出来弥补因亲情交流与互动匮乏而产生的愧疚之后继续追逐所谓的时间成本与收益这种恶性循环。再如，在工作之余的旅游方式选择上，背上行囊结伴而游的“驴游”，代替那种麦当劳化了的、每个步骤都被设定好、安排好的流水线式旅游模式，从而更加有利于培育和彰显自己的生活能动性与主体性。等等，这些在生活中有着许多实例的例子，恰恰提醒我们，生活中有着多种可能性，而且我们每个人都可以从中找到一种适合于培育自己的能动性与主体性的方式，而不是不假思索和探索地跪倒在资本逻辑祭出的“理性”大纛之下，将生活方式的主动权完全地献给资本逻辑的布道者（如电视广告等）。总之，我们要警惕日常生活中的如下情形：对以富人的生活为标准的时尚的非理性追逐，对亲情、爱情的社会表达的物性依赖与身份象征和身份认同（香车、豪宅、名包、钻石项链等）、让身体感性或文化特质臣服于资本物神等。（在饥渴与可乐之间的等号、在饥饿与麦当劳之间的等号、在高雅、品位、浪漫生活姿态与电影院雅座、咖啡厅或高级餐厅等之间的等号、在美丽、年轻活力与保健品之间的等号、在孝心与“脑白金”之间的等号等……实际上资本逻辑对于我们日常生活的殖民的秘密在于在两个并非密切相关的领域之间画上等号的能力。）

面商品化、并日益表现为铁板一块的社会经济结构面前，如何为马克思所设想的那种真正自由的独立个体联合起来对抗不平等不公正的剥削性社会关系打开一个可能的空间？究竟这一问题能在多大程度上超越时空限制成为一种普遍性，一方面有赖于我们对西方文化与社会机制独特性的研究；另一方面也与我们对自身的民族与文化特性的认知与定位密切相关。从这个角度来看，基于中国的历史与现实实践，探索一种理论与实践辩证统一的"社会主义共同文化"，实际上应当构成马克思主义中国化研究的重要议题。

如果说，马克思主义是现代化进程中的反思与批判，是对这个过程的矛盾性与未来可能性的深入分析；那么，当下中国通过现代化进程来实现民族复兴的伟大过程，是否也将遭遇与西方一样的矛盾？是否存在着共同的未来可能性，而争取让这种未来可能性变为现实的路径是否也与西方一样呢？

在一个帝国林立、弱肉强食的时代，作为一个曾被列强多次欺侮的文明古国，现代化进程早已注定成为不可避免的宿命。改革开放，其实正是向这个宿命大步迈出的一步而已。马克思及其后人的研究，早已向我们揭示了这种以资本逻辑为主导的现代化进程中内在包含的、不可避免的种种矛盾与冲突，那么，我们如何减少这其中的压迫和对抗性，如何对现代化进程与华夏民族的特性进行结合，从而开启另一条少点血泪、少点肮脏污秽的可能路径？在这个过程中，我们如何应对那些产生于西方现代化过程中的以个体主义为核心原则的思想冲击？我们如何在现代化进程中重新定义自己的文化特性，并形成一套与中国特色现代化进程相匹配的思想体系，而不是对西方意识形态的临摹照搬？西方现代性进程中资本关系再生产的过程，与中国现代性中资本关系再生产的过程，存在着哪些共同与差异？这些差异，对于更优实践模式的探索意味着什么？中国现代化进程中，资本力量在其扩展和再生产过程中，将动员什么样的力量，造成什么样的对抗性与压迫性，对于华夏民族追求和谐公平社会的诉求带来什么样的问题，如何避免或减小这种影响，如何约束资本的力量，使其无法弃社会公德、民众共同的社会期待与责任诉求等于不顾，肆意凌驾于民生之上，凌驾于中国独特的政治经济文化系统之上？有没有可能塑造一种有中国特色的社会主义共同文化？

虽然，本书无法对这些问题一一给出答案，但这些问题本身早已作为一种问题意识内化到了本书的研究当中。当然，在一定意义上，我们也可以说，本书的研究最终指向的正是中国正高歌猛进的现代性进程。在这一过程中，我们每个人都不是局外人。

参考文献

中文文献

著作部分：

1.《马克思恩格斯选集》第1—4卷，人民出版社1995年版。

2.《资本论》第1卷、第3卷，人民出版社2004年版。

3.《马克思恩格斯全集》第3卷，人民出版社1960年版。

4.《马克思恩格斯全集》第30、31、45卷，人民出版社1995年、1998年、2003年版。

5.《马克思恩格斯〈资本论〉书信集》，人民出版社1976年版。

6.［德］阿多诺：《否定的辩证法》，张峰译，重庆出版社1993年版。

7.［英］安德森：《当代西方马克思主义》，余文烈译，东方出版社1989年版。

8.［英］安德森：《西方马克思主义探讨》，高铦等译，人民出版社1981年版。

9.［加］阿格尔：《西方马克思主义概论》，慎之等译，中国人民大学出版社1991年版。

10.［法］阿尔都塞：《保卫马克思》，顾良译，商务印书馆1984年版。

11.［法］阿尔都塞、巴里巴尔：《读〈资本论〉》，李其庆等译，中央编译出版社2001年版。

12.［法］阿尔都塞：《列宁和哲学》，杜章智译，远流出版公司（中国台湾）1990年版。

13.［法］阿尔都塞：《哲学与政治》，陈越编，吉林人民出版社2003年版。

14. ［法］鲍德里亚：《物体系》，林志明译，上海世纪出版集团 2001 年版。
15. ［法］鲍德里亚：《消费社会》，刘成富、全志刚译，南京大学出版社 2000 年版。
16. ［法］鲍德里亚：《生产之镜》，仰海峰译，中央编译出版社 2005 年版。
17. ［法］鲍德里亚：《象征交换与死亡》，车槿山译，译林出版社 2006 年版。
18. ［英］博托莫尔编：《马克思主义思想辞典》，陈叔平等译，河南人民出版社 1994 年版。
19. ［法］巴特：《神话——大众文化诠释》，许蔷蔷、许绮玲译，上海人民出版社 2000 年版。
20. ［法］布罗代尔：《15 至 18 世纪的物质文明、经济和资本主义》，顾良译，生活·读书·新知三联书店 1992 年版。
21. ［美］布洛维：《公共社会学》，沈原等译，社会科学文献出版社 2007 年版。
22. ［美］布若威：《制造同意：垄断资本主义劳动过程的变迁》，李荣荣译，商务印书馆 2008 年版。
23. ［美］贝尔：《资本主义文化矛盾》，赵一凡等译，生活·读书·新知三联书店 1989 年版。
24. ［英］贝尔特：《二十世纪的社会理论》，瞿铁鹏译，上海译文出版社 2002 年版。
25. ［德］本雅明：《机械复制时代的艺术作品》，王才勇译，浙江摄影出版社 1993 年版。
26. 陈振明等著：《“西方马克思主义”的社会政治理论》，中国人民大学出版社 1997 年版。
27. 戴阿宝：《终结的力量：鲍德里亚前期思想研究》，中国社会科学出版社 2006 年版。
28. ［法］德波：《景观社会》，王昭风译，南京大学出版社 2006 年版。
29. ［美］迪尔：《后现代都市状况》，李小科等译，上海教育出版社 2004 年版。

30. ［美］德沃金：《文化马克思主义在战后英国：历史学、新左派和文化研究的起源》，李丹凤译，人民出版社 2008 年版。
31. ［法］福柯：《词与物》，莫伟民译，生活·读书·新知三联书店 2001 年版。
32. ［法］福柯：《规训与惩罚》，刘北成、杨远婴译，生活·读书·新知三联书店 1999 年版。
33. ［美］弗洛姆：《健全的社会》，孙恺详译，贵州人民出版社 1994 年版。
34. ［美］弗洛姆：《逃避自由》，陈学明译，工人出版社 1987 年版。
35. ［意］葛兰西：《狱中札记》，葆煦译，人民出版社 1983 年版。
36. ［意］葛兰西：《葛兰西文选（1916—1935）》，人民出版社 1992 年版。
37. ［意］葛兰西：《实践哲学》，徐崇温译，重庆出版社 1990 年版。
38. ［德］哈贝马斯：《作为意识形态的科学与技术》，李黎、郭官义译，学林出版社 1999 年版。
39. ［德］哈贝马斯：《公共领域的结构转型》，曹卫东等译，上海学林出版社 1999 年版。
40. ［德］哈贝马斯：《合法化危机》，刘北成等译，上海人民出版社 2000 年版。
41. ［德］哈贝马斯：《重建历史唯物主义》，郭官义等译，社会科学文献出版社 2000 年版。
42. ［英］霍布斯鲍姆：《资本的年代》，张晓华译，江苏人民出版社 1999 年版。
43. 胡大平：《后革命氛围与全球资本主义》，南京大学出版社 2002 年版。
44. ［德］霍克海默：《批判理论》，李小兵等译，重庆出版社 1989 年版。
45. ［德］霍克海默、阿多诺：《启蒙辩证法》，渠敬东、曹卫东译，上海人民出版社 2006 年版。
46. ［匈］赫勒：《日常生活》，衣俊卿译，重庆出版社 1990 年版。
47. ［英］海默尔：《日常生活与文化理论导论》，王志宏译，商务印书馆 2008 年版。
48. ［美］哈维：《正义、自然和差异地理学》，胡大平译，上海人民出版社 2010 年版。
49. ［美］哈维：《后现代的状况》，阎嘉译，商务印书馆 2003 年版。
50. ［美］哈维：《希望的空间》，胡大平译，南京大学出版社 2006 年版。
51. ［英］吉登斯：《现代性与自我认同》，赵旭东等译，生活·读书·新知三联书店 1998 年版。
52. ［英］吉登斯：《现代性的后果》，田禾译，译林出版社 2000 年版。
53. ［英］吉登斯：《社会的构成》，李康、李猛译，生活·读书·新知三联书店 1998 年版。
54. ［美］杰姆逊：《晚期资本主义的文化逻辑》，张旭东译，生活·读书·新知三联书店 1997 年版。
55. ［美］杰姆逊：《文化转向》，胡亚敏译，中国社会科学出版社 2000 年版。
56. ［美］杰伊：《法兰克福学派史》，单世联译，广东人民出版社 1996 年版。
57. ［美］杰伊：《法兰克福学派的宗师：阿道尔诺》，胡湘译，湖南人民出版社 1988 年版。
58. ［法］吉罗：《符号学概论》，怀宇译，四川人民出版社 1988 年版。
59. ［德］柯尔施：《马克思主义和哲学》，王南湜、荣新海译，重庆出版社 1989 年版。
60. ［德］柯尔施：《卡尔·马克思》，熊子云、翁廷真译，重庆出版社 1993 年版。
61. ［美］凯尔纳编：《波德里亚：批判性的读本》，陈维振等译，江苏人民出版社 2005 年版。
62. ［美］凯尔纳等：《后现代理论》，张志斌译，中央编译出版社 1999 年版。
63. ［美］里斯曼：《孤独的人群》，王崑、朱虹译，南京大学出版社 2002 年版。
64. ［捷］科西克：《具体的辩证法》，傅小平译，社会科学文献出版社

1989 年版。
65. ［意］拉布里奥拉：《关于历史唯物主义》，杨启凌等译，人民出版社 1984 年版。
66. ［美］里茨尔：《社会的麦当劳化》，顾建光译，上海译文出版社 1999 年版。
67. 刘怀玉：《现代性的平庸与神奇——列斐伏尔日常生活批判哲学的文本学解读》，中央编译出版社 2006 年版。
68. ［匈］卢卡奇：《历史与阶级意识》，杜章智等译，商务印书馆 1992 年版。
69. ［匈］卢卡奇：《关于社会存在的本体论》上、下卷，白锡堃等译，重庆出版社 1993 年版。
70. ［英］拉克劳、墨菲：《领导权与社会主义的策略》，尹树广等译，黑龙江人民出版社 2003 年版。
71. ［法］列斐伏尔：《空间与政治》（第二版），李春译，上海人民出版社 2008 年版。
72. ［美］罗斯托：《经济增长的阶段》，郭熙保等译，中国社会科学出版社 2001 年版。
73. ［美］拉什、厄里：《组织化资本主义的终结》，征庚圣等译，江苏人民出版社 2001 年版。
74. 李惠斌、薛晓源主编：《西方马克思主义研究前沿报告》，华东师范大学出版社 2007 年版。
75. 罗钢编：《消费文化读本》，中国社会科学出版社 2003 年版。
76. 许纪霖主编：《帝国、都市与现代性》，江苏人民出版社 2006 年版。
77. ［法］列维—斯特劳斯：《野性的思维》，李幼蒸译，商务印书馆 1987 年版。
78. ［德］卢森堡：《资本积累论》，彭尘舜、吴纪先译，生活・读书・新知三联书店 1959 年版。
79. ［德］卢森堡、［苏］布哈林：《帝国主义与资本积累》，梁丙添等译，黑龙江人民出版社 1982 年版。
80. ［比］曼德尔：《晚期资本主义》，马清文译，黑龙江人民出版社 1983 年版。

81. ［加］麦克卢汉：《理解媒介：论人的延伸》，何道宽译，商务印书馆2000年版。
82. ［美］马尔库塞：《爱欲与文明》，黄勇、薛民译，上海译文出版社1987年版。
83. ［美］马尔库塞：《单向度的人》，张峰、吕世平译，上海译文出版社2008年版。
84. ［美］马尔库塞：《工业社会和新左派》，任立编译，商务印书馆1982年版。
85. ［美］米尔斯：《社会学的想像力》，陈强、张永强译，生活·读书·新知三联书店2001年版。
86. ［德］曼海姆：《意识形态与乌托邦》，黎鸣等译，商务印书馆2000年版。
87. ［英］帕金森：《格奥尔格·卢卡奇》，翁绍军译，上海人民出版社1999年版。
88. ［美］波斯特：《信息方式：后结构主义与社会语境》，范静哗译，商务印书馆年2000版。
89. ［斯］齐泽克等：《图绘意识形态》，方杰译，南京大学出版社2002年版。
90. 孙伯鍨：《探索者道路的探索》，南京大学出版社2002年版。
91. 孙伯鍨：《卢卡奇与马克思》，南京大学出版社1999年版。
92. 孙伯鍨、姚顺良：《马克思主义哲学史》，第2卷，第二、三章，北京出版社1996年版。
93. 孙乐强：《马克思再生产理论研究》，2010年南京大学博士学位论文。
94. ［德］施密特：《马克思的自然概念》，欧力同等译，商务印书馆1988年版。
95. ［德］施密特：《历史和结构》，张伟译，重庆出版社1993年版。
96. ［美］萨林斯：《文化与实践理性》，赵丙祥译，上海人民出版社2002年版。
97. ［美］苏贾：《后现代地理学——重申批判社会理论中的空间》，王文斌译，商务译书馆2004年版。

98. ［瑞士］索绪尔:《普通语言学教程》，高名凯译，商务印书馆 1996 年版。
99. ［英］汤普森:《英国工人阶级的形成》，钱乘旦等译，译林出版社 2001 年版。
100. 唐正东:《斯密到马克思》，南京大学出版社 2002 年版。
101. ［德］图赫舍雷尔:《马克思经济理论的形成和发展》，马经青译，人民出版社 1981 年版。
102. ［德］韦伯:《经济与社会》，林荣远译，商务印书馆 1997 年版。
103. ［德］韦伯:《经济通史》，姚曾廙译，生活·读书·新知三联书店 2006 年版。
104. ［德］韦伯:《新教伦理与资本主义精神》，于晓等译，生活·读书·新知三联书店 1987 年版。
105. ［美］沃林:《文化批评的观念》，张国清译，商务印书馆 2000 年版。
106. ［英］威廉斯:《文化与社会》，吴松江、张文定译，北京大学出版社 1991 年版。
107. ［英］威廉斯:《马克思主义与文学》，王尔勃等译，河南大学出版社 2008 年版。
108. ［英］威廉斯:《关键词：文化与社会的词汇》，刘建基译，生活·读书·新知三联书店 2005 年版。
109. 吴晓明:《历史唯物主义的主体概念》，上海人民出版社 1993 年版。
110. ［英］伊格尔顿:《美学意识形态》，王杰等译，广西师范大学出版社 1997 年版。
111. ［英］伊格尔顿:《历史中的政治、哲学、爱欲》，马海良译，中国社会科学出版社 1999 年版。
112. ［英］伊格尔顿:《二十世纪西方文学理论》，伍晓明译，北京大学出版社 2007 年版。
113. 仰海峰:《走向后马克思：从生产之镜到符号之镜》，中央编译出版社 2004 年版。
114. 仰海峰:《实践哲学与霸权：当代语境中的葛兰西哲学》，北京大学出版社 2009 年版。
115. 仰海峰:《西方马克思主义的逻辑》,北京大学出版社 2010 年版。
116. 衣俊卿主编:《20 世纪的新马克思主义》,社会科学文献出版社 2001 年版。
117. 衣俊卿:《现代化与日常生活批判》,人民出版社 2005 年版。
118. 俞吾金:《意识形态论》,人民出版社 2009 年版。
119. 俞吾金、陈学明主编:《国外马克思主义哲学流派》,复旦大学出版社 1990 年版。
120. 周嘉昕:《马克思的生产方式概念》,2009 年南京大学博士学位论文。
121. 张亮:《阶级、文化与民族传统》,江苏人民出版社 2008 年版。
122. 张一兵:《回到马克思》,江苏人民出版社 1999 年版。
123. 张一兵:《历史辩证法的主体向度》,河南人民出版社 1995 年版。
124. 张一兵:《张一兵自选集》,广西师范大学出版社 1999 年版。
125. 张一兵:《问题式、症候阅读和意识形态》,中央编译出版社 2003 年版。
126. 张一兵、胡大平:《西方马克思主义哲学的历史逻辑》,南京大学出版社 2003 年版。
127. 张一兵:《文本的深度耕犁》第 1、2 卷,中国人民大学出版社 2004 年、2008 年版。
128. 张一兵:《反鲍德里亚》,商务印书馆 2009 年版。
129. 张一兵主编:《资本主义理解史》第 1—6 卷,江苏人民出版社 2009 年版。

论文类(文中直接涉及):

陈振明:《法兰克福学派对大众文化的批判》,载《政治学前沿》,福建人民出版社 2000 年版。

胡大平:《荒诞玄学何以成为革命的理论——鲍德里亚的资本主义批判逻辑》,载《吉林大学社会科学学报》2008 年第 48 卷第 2 期。

胡大平:《空间生产:当代人文社会科学新的理论生长点》,载《中国社会科学报》2009 年 9 月 1 日第 4 版。

胡大平：《戴维·哈维与现代性空间研究》，载《社会理论论丛》，第三辑、张一兵等主编，南京大学出版社 2006 年版。

［美］哈维：《列菲弗尔与〈空间的生产〉》，载《国外理论动态》2006 年第 1 期。

［法］列斐伏尔：《空间：社会产物与使用价值》，载《现代性与空间的生产》，包亚明主编，上海教育出版社 2003 年版。

［法］列斐伏尔、罗伯特·古特曼：《神秘化：关于日常生活批判的笔记》，载《社会批判理论纪事》第 1 辑，中央编译出版社 2006 年版。

［法］列斐伏尔：《〈空间的生产〉新版序言（1986）》，载《社会批判理论纪事》第 1 辑，中央编译出版社 2006 年版。

［英］伊格尔顿：《再论基础与上层建筑》，载刘纲纪主编《马克思主义美学研究》第 5 辑，广西师范大学出版社 2002 年版。

［英］伊格尔顿：《理论的兴衰：20 世纪 80 年代以前文化理论的发展》，载《马克思主义美学研究》第 8 辑，广西师范大学出版社 2005 年版。

姚顺良：《鲍德里亚对马克思劳动概念的误读及其方法论根源》，载《现代哲学》2007 年第 3 期。

周凡：《重读葛兰西的霸权理论》，载《西方马克思主义研究前沿报告》，华东师范大学出版社 2007 年版。

外文文献

1. Agnes Heller, *Everyday Life* . Routledge and Kegan Paul . 1984.
2. Chantal Mouffe（ed.）, *Grammsci and Marxist Theory*. Routledge&Kegan Paul. 1979.
3. De Certeau、Michel, *The Practice of Eeveryday life*, translated by Steven Rendall. Berkeley: University of California Press. 1984. xiv.
4. David Harvey, *The Limits to Capital*. Chicago: The University of Chicago Press. 1982.
5. David Harvey, *Spaces of Capital: Towards a Critical Geography*. New York: Routledge. 2001.

6. David Harvey, *A Companion to Marx's Capital.* Verso. London . New York. 2010.

7. Fromm, *The Dogma of Christ, and other Essays on Religion, Psychology, and Culture.* New York. 1963.

8. Henri Lefebvre, *Everyday Life in the Modern World.* London: The Athlone Press. 2000.

9. Henri Lefebvre, *The Survival of Capitalism, Reproduction of the Relations of production.* London. 1978.

10. Henri Lefebvre, *Writings on cities.* Cambridge, Mass: Blackwell Publishers. 1996.

11. Henri Lefebvre , *Towards a Leftist Cultural Politics* , in Cary Nelson and Lawrence Grossberg, eds. *Marxism and the Interpretation of Culture*, Chicago: University of Illinois Press. pp. 79 – 80.

12. Herbert Marcuse, *Eros and Civilization: A Philosophical Inquiry into Freud.* Boston. 1955.

13. Mark poster, *Existential Marxism in Postwar France: From Sartre to Althusser.* Princeton: Princeton University Press. 1975.

14. Max Weber, *The Protestant Ethic and the Spirit of Capitalism* , translated by Talcott Parsons. London: HarperCollins. 1991.

15. Poulantzas, *State, Power, Socialism.* London. Verso. 1978.

16. Renate Holub, *Antonio Gramsci, Beyond Marxism and Postmodernism.* London. 1992.

17. Raymond Williams, *Resources of hope: Culture, democracy, socialism.* Verso. London and New York. 1989.

18. Stuart Elden, *Understanding Henri Lefebvre : Theory and the possible .* Continuum Intl pub Group. 2004.

后　记

中国近三十年的飞速发展，是一本呈现在我们面前的厚重的社会文本，一本很难打开却亟须被打开的时代文本。因为，在物质世界与欲望飞速膨胀的年代里，我们的文化与思想却像一个步履蹒跚的老者，远远地落在了经济发展的后头，正气吁吁地追赶着。许多的社会现象还没来得及好好理解和消化，我们的社会理论研究马上又被新近引进的时髦理论诱惑到离地三尺的空中。于是，在众声喧哗的“时尚”发布会现场，现实被一堆学术新概念挤到了不起眼的角落里，很少人会关心它到底怎么了，为什么会这样，以后又会怎样。

当然，现实这一文本确实很难打开。这大概也是为什么辩证法大师黑格尔要感叹密那瓦的猫头鹰总是要在黄昏才起飞的原因吧。作为时代精神的哲学，却往往只能无可奈何地跟在时代发展的背后亦步亦趋。但黑格尔又说，太阳底下无新事。任何一种堪称伟大的哲学体系，总是试图为人们编织一个理解历史与当下的宏大框架。这是一种从历史与现实的必然性，走入到理论与逻辑的普遍必然性的过程。从康德到黑格尔，再到马克思，莫不如此。

马克思哲学的伟大之处，并不在于它为我们提供了多少放之四海而皆准的金科玉律，而在于它为我们穿透当下现实提供了一个依旧无法跨越的分析框架。当然，这也仅仅只是一个宏大的框架而已，并不是一个可以不顾地域与文化差异而到处应用的普适性操作细则之集合。其中的许多内容，依旧需要后来者立足于现实变迁来加以不断扩充、细化，甚至加以不断重构。这是历史唯物主义内在具有的历史开放性，也是我们评估和回应种种批评历史唯物主义的声音时应持有的基本理论立场，或者说应该具有的一种坦然而豁达的理论胸襟。我们的坦然和豁达，并不是因为我们已经占有了完整的真理，恰恰相反，我们的焦点并不是要树立一个普适性的真理系统，而是要把握历史、理解当下，并基此以探寻未来的美好可能性，坚持马克思主义理论面向现实的开放性及其与实践的辩证统一。就马克思主义研究而言，我们不仅要力图穿透现实，达到一种科学的“解释世界”的目的，而且要以“改造世界”为最终旨归。

这是不同时期的马克思主义社会理论家所共享的一种理论期待，因而也构成了他们品读其时代文本的最终旨趣。不管他们的言说与马克思呈现出多么大的异质性并且显得相互无法沟通，不管他们所援引的理论资源多么的庞杂以至于他们的研讨形式和主题看起来与马克思的政治经济学研究格格不入，不管他们在未来可能性探寻问题上是显得乐观得“可爱”还是显得悲观得让人痛心……但他们无疑都曾试图立足于一种马克思主义立场上，对他们所面对的现实文本展开他们自己的严肃的思考。并且，这一严肃的现实问诊过程，总是透着一股让人感动的真诚。而他们所力图打开的时代文本，实际上也构成了我们反思中国现代性进程的普遍性与特殊性的重要参照。在这个意义上，他们无疑都是值得尊敬的。本书正是本着这份敬意，试图在他们的理论建构中，为我们把握历史和当下发掘一些富含生命的思想种子，让身处日益复杂的现实情境中的我们，能从中多捕获一些暖意和积极进取之心力。

我想，这大概也是我的授业恩师胡大平教授在我进入研究生阶段伊始就让我以再生产为主题进行阅读和思考的初衷吧。怀揣着这一情怀，我走过了博士学位论文的研究、写作与修改过程。现在看来，这的确是一个很难驾驭的主题。受限于自身的理论准备与研究功力，导师当年心中的美好图景自然无法一一呈现。从最终的结果来看，说它是一件残缺的丑陋作品也不为过，它就像传说中爱因斯坦和凳子这一故事版本中的第一把凳子。的确，这是出自一个笨拙的木工之手的第一把小板凳。当它终于完工时，我也终于释怀了。我的释怀，不是因为它有多么美丽，而是因为它够丑陋，也够真实。它的丑陋，是因为卸去了心头盘旋已久的幻象，却也因此更真实了。这就像人的成长历程，带着华丽的期待和愿景，坠入丑陋却真实的现实。其实，它已经是自己成长的一部分了。尽管结果不尽如人意，但其生产过程却弥足珍贵。因为，这项研究的整个历程，实际上也是自己在学业和生活体验、感悟等多方面交互成长的过程。回首这一历程，似乎应了马克思老人家所说的“抽象上升到具体”。当然，我们选择的时间段的长短也决定了这个“上升”过程的具体内涵。就这本书的积累、研究、写作与修改而言，与之最为密切相关的时段是大学以来的十余年。这十年，我与南大同行，沐浴在南大“诚朴雄伟、励学敦行”的校风之中；这十年，我收获了一段让自己有足够信心相守终老的爱情；这十年，自己对人生、爱情和生活世界等各个方面的思考开始蹒跚起步；也是这十年，导师逐渐走入了我的世界，成为了我在生活、治学与为人处事等多方面的精神导师。导师是一个大度豁达的人，尤其擅于从乐观与成长的长远角度去待人处事。这于我而言，无疑是一种莫大的精神力量。因此，每当自己困惑与迷茫时，导师的热心开解、一贯的信任以及传递给我的积极心态，还有他对学术和生活的真诚，总能一次次地唤醒自己对人生志业的积极与热情。每当自己产生懈怠和悲观情绪的时候，眼前总是会浮现一个勤恳治学、不计得失、诚动天下的身影，在自己的前面领着路，却不时地回过头来，用一种鼓励自己快步跟上的眼神看看自己，一声吆喝或责备也都没有，却在我心中产生了无比强大的牵引力。

借着这一精神上的牵引力，在本书的研究与写作过程中，我常常不断提醒自己：要做自己的研究，而不是为了迎合什么外界力量，或者为了证明自己有能耐而去研究，只为了自己厘清思路，弄清楚问题，锻炼自己穿透字面的能力，以及锻炼穿透当下社会现象或历史表象的能力。就这本书稿而言，这也只是一次正式演出前的排练，也只是一次对自己而言意义非凡的探索和尝试。同时，我也不断提醒自己要尊重自己的现实情况，尊重自己的性情与追求，不能跟着外界的诱惑和他者的目光亦步亦趋，毕竟除了外界的评价标准之外，心里头总还有一个高悬着的、几乎无处不在的明镜。进一步说，那些对自己生活有渗透能力的环境，只须认真考察，就会发现，它的边界其实并非固定的，而是随着你的选择和追求而弹性变化的。画好属于自己的圈，让自己在有限的时空当中努力握住自己生活的主动权。学术的道理应该也是如此。在思想的石林中，像导师一样，做一个简单的石匠，按照自己的心性，选择自己喜欢的方式，在概念的石堆中敲敲打打。而至于能不能敲出耀眼且让世人惊艳的火花，能不能雕出一个举世称道的作品，能不能在那优秀石匠排行榜上留点痕迹，这些自然都不是预先就给自己设定好的东西。“行到水穷处，坐看云起时”。

当然，使本项研究过程显得弥足珍贵的另一个极为重要的原因，是南京大学马克思主义哲学研究团队。这是一个有着良好学术积淀与方法论传承的学科团队，其中的每一个成员都让我受益匪浅且心怀感念。正是在唐正东老师给本科生讲解的马恩原著课堂上，我感受到了马克思与中国当下现实的同步脉动，于是开始对马克思主义哲学产生了浓厚的兴趣并决定将之作为自己将来研究的方向。因此，唐老师是我进入马克思主义哲学的领路人。正是在刘怀玉老师指导的本科毕业论文写作过程中，我初识列斐伏尔，并充分感受到了西方马克思主义的独特魅力，更加坚定了以西方马克思主义作为专业研究方向的志趣。本书中关涉列斐伏尔的部分，更是得到了刘老师的直接指导。在研究与写作陷入困顿的时候，刘老师借用苏轼的那句“山高月小，水落石出”所传达的鼓励与期待，我铭刻于心。张亮老师在硕士课堂上传授的文献收集与利用、文章写作与发表等方法，为本书研究与写作的顺利开展奠定了良好的方法基础与技术路径。姚顺良老师在博士课堂上对马克思主义经典作家以及经典著作的精深研究及其研究理念，为本项研究的开展奠定了坚实的理论基础，同时也构成了以后修改和完善的重要参照。王浩斌老师在论文写作与修改方面给我提供了及时且极为重要的帮助，在反复多次的论文修改中，大到谋篇布局，小到字斟句酌，王老师的亲自示范，让我受益良多，也让我深刻意识到，好的论文都是反复修改锤炼而成的。在研究中写作，在写作中成长，在修改中进步。最后，需要特别感谢的是张异宾老师，在南大的十年，也是看着张老师逐渐由两鬓青丝变为白发的十年。他为这个学科团队的建设和发展呕心沥血、倾尽心力，也为我们这些后辈学者创造了良好的学术条件和学术氛围。也正是在张老师的博士课堂上，我们不仅充分领略了哲学的魅力，感受到了文本的社会深度与历史厚度，同时也被张老师严谨治学的研究态度深深折服。

桃李不言，下自成蹊。学科点的蓬勃发展也吸引了一大批的青年才俊，这也使我受益良多。在周嘉昕、孙乐强、陈培永、孙登峰、付清松、汤树松等师兄身上，我也得到了许多帮助。在本书写作过程中，与挚友陈硕、王波、牛俊伟等诸位博士的多次研讨也让我受益良多。来自各位师兄弟的帮助和厚重的情谊，让我在应对巨大的研究压力和焦虑感时，多了一份从容和淡定。

此外，需要致谢与献礼的对象，自然还包括自己正在融入的新团队。这其中，尤其要感谢白锡能院长与许和山书记引领的厦门大学马克思主义学院领导团队与研究团队。厦门大学马克思主义学院是一个新近成立的学院，我很荣幸作为首批入职的青年教师加入其中，并见证了学院从新建之初至今所经历的彷徨、寻路与快步发展的整个历程。作为其中一员，我深切感受到了马克思主义学院领导团队对于青年学者的殷切期待与关爱呵护。本书稿得以出版，正是受益于他们始终致力于搭建的这一学术交流与发展平台。感谢张有奎教授在书稿修改、成果发表以及课题申请等方面的耐心敦促与悉心指导，感谢孔明安研究员在论文修改与专业课教学等方面的指导与帮助，感谢贺东航、石红梅、原宗丽、张艳涛、宋建丽、吴茜等诸位前辈的关爱提携，感谢洪楼、肖斌、李猛等诸位同辈的砥砺前行。这是一个年轻的、充满了活力与学术热情的新团队，他们中的每一个成员都让我受益匪浅，在此就暂不一一罗列了。当然，任何一个学者的研究与思考都植根于他所处的时代。因此，更远的说，我要感谢的对象还包括自己成长于其中的时代，和那些与自己一样困惑过、失落过但从未放弃希望、从未停止过改变世界与改善生活之种种努力的先行者与同路人。

最后，让这篇论文的生产过程弥足珍贵的重要力量也来自于我的妻子王玉珏博士。在《文化与社会》一书的序言中，雷蒙·威廉斯将他的妻子乔伊·威廉斯称为该书“真正的合著者”。我想，对于威廉斯而言，这本书不是一本纯粹的学科体制中的产物，而是他的社会经历与历史阅历的阶段性结晶，由挚爱始终相伴的社会生活经历是该书成形的沃土，在这个意义上，妻子自然是他的著作的真正合著者了。因为，对他来说，妻子既是他最亲密的思想伙伴，也是最深入的社会生活与个人情爱的忠实分享者。很幸运的是，在这本论著的写作过程中，我的妻子也扮演了这样的角色，因此她当之无愧为本书的“真正的合著者”，尽管这是一本存在着各种大小问题的并不完美的论著。事实上，这本论著并不是在一个与世隔绝的境况下生成的，而是经历了各种复杂的心路历程后的产物。这其中自然有迷失与彷徨，有欣喜与希望，有颓丧与奋起。

所幸的是，这一路下来，一直有挚爱相伴，与自己同悲共喜，一起上课与阅读，一起探讨问题，一起整理思路，一起面对生活中的一切，相互鼓励，相互支持，我想，即便最后的论著离预期的美丽还有很大很大的距离，但生产的过程却是足够美丽的。因为有着这样美丽的“合著者”和美丽的合作过程，我相信，在将来的学术与生活征途中，我都将一路幸运和幸福。

林密

2016 年春于鹭岛集美福信公寓